"中国艺术研究院学术文库"再版序

周庆富

由中国艺术研究院策划、北京时代华文书局出版的大型系列丛书"中国艺术研究院学术文库",历经十余载,陆续出版近150种,逾5000万字,自面世以来取得了很好的社会反响。这套丛书以全景集成之姿,系统呈现了中国艺术研究院新一代学者在文化强国征程中,承继前海学术传统,赓续前辈学术遗产的共同追求,也展现了学者们鲜明的研究个性和独特的学术风格,勾勒出我国当代文化艺术从理论研究到实践探索的发展脉络,对推进中国艺术学学科体系、学术体系、话语体系建设具有重要的史料价值和学术价值。

北京时代华文书局意将整套丛书再版,并对装帧、版式等进行重新设计,让这一系列规模庞大、内容广博的研究成果持续发挥它应有的作用,这无疑是一件好事!衷心祝愿"中国艺术研究院学术文库"再版成功!中国艺术研究院的学者们也将继续以饱满的学术热情,将个人专长与国家需要紧密结合,不断为新时代文化艺术繁荣发展,为文化强国建设贡献智慧和力量。

2024年12月20日

总　序

王文章

　　以宏阔的视野和多元的思考方式，通过学术探求，超越当代社会功利，承续传统人文精神，努力寻求新时代的文化价值和精神理想，是文化学者义不容辞的责任。多年以来，中国艺术研究院的学者们，正是以"推陈出新"学术使命的担当为己任，关注文化艺术发展实践，求真求实，尽可能地从揭示不同艺术门类的本体规律出发做深入的研究。正因此，中国艺术研究院学者们的学术成果，才具有了独特的价值。

　　中国艺术研究院在曲折的发展历程中，经历聚散沉浮，但秉持学术自省、求真求实和理论创新的纯粹学术精神，是其一以贯之的主体性追求。一代又一代的学者扎根中国艺术研究院这片学术沃土，以学术为立身之本，奉献出了《中国戏曲通史》《中国戏曲通论》《中国古代音乐史稿》《中国美术史》《中国舞蹈发展史》《中国话剧通史》《中国电影发展史》《中国建筑艺术史》《美学概论》等新中国奠基性的艺术史论著作。及至近年来的《中国民间美术全集》《中国当代电影发展史》《中国近代戏曲史》《中国少数民族戏曲剧种发展史》《中国音乐文物大系》《中华艺术通史》《中国先进文化论》《非物质文化遗产概论》《西部人文资源研究丛书》等一大批学术专著，都在学界产生了重要影响。近十多年来，中国艺术研究院的学者出版学术专著在千种以上，并发表了大量的学术论文。处于大变革时代的中国艺术研究院的学者们以自己的创造智慧，在时代的发展中，为我国当代的文化建设和学术发展做出了当之无愧的贡献。

为检阅、展示中国艺术研究院学者们研究成果的概貌，我院特编选出版"中国艺术研究院学术文库"丛书。入选作者均为我院在职的副研究员、研究员。虽然他们只是我院包括离退休学者和青年学者在内众多的研究人员中的一部分，也只是每人一本专著或自选集入编，但从整体上看，丛书基本可以从学术精神上体现中国艺术研究院作为一个学术群体的自觉人文追求和学术探索的锐气，也体现了不同学者的独立研究个性和理论品格。他们的研究内容包括戏曲、音乐、美术、舞蹈、话剧、影视、摄影、建筑艺术、红学、艺术设计、非物质文化遗产和文学等，几乎涵盖了文化艺术的所有门类，学者们或以新的观念与方法，对各门类艺术史论做了新的揭示与概括，或着眼现实，从不同的角度表达了对当前文化艺术发展趋向的敏锐观察与深刻洞见。丛书通过对我院近年来学术成果的检阅性、集中性展示，可以强烈感受到我院新时期以来的学术创新和学术探索，并看到我国艺术学理论前沿的许多重要成果，同时也可以代表性地勾勒出新世纪以来我国文化艺术发展及其理论研究的时代轨迹。

中国艺术研究院作为我国唯一的一所集艺术研究、艺术创作、艺术教育为一体的国家级综合性艺术学术机构，始终以学术精进为己任，以推动我国文化艺术和学术繁荣为职责。进入新世纪以来，中国艺术研究院改变了单一的艺术研究体制，逐步形成了艺术研究、艺术创作、艺术教育三足鼎立的发展格局，全院同志共同努力，力求把中国艺术研究院办成国内一流、世界知名的艺术研究中心、艺术教育中心和国际艺术交流中心。在这样的发展格局中，我院的学术研究始终保持着生机勃勃的活力，基础性的艺术史论研究和对策性、实用性研究并行不悖。我们看到，在一大批个人的优秀研究成果不断涌现的同时，我院正陆续出版的"中国艺术学大系""中国艺术学博导文库·中国艺术研究院卷"，正在编撰中的"中华文化观念通诠""昆曲艺术大典""中国京剧大典"等一系列集体研究成果，不仅展现出我院作为国家级艺术研究机构的学术自觉，也充分体现出我院领军国内艺术学地位的应有学术贡献。这套"中国艺术研究院学术文库"和拟编选的本套文库离退休著名学者著述部分，正是我院多年艺术学科建设和学术积累的一个集中性展示。

多年来，中国艺术研究院的几代学者积淀起一种自身的学术传统，那就是勇于理论创新，秉持学术自省和理论联系实际的一以贯之的纯粹学术精神。对此，我们既可以从我院老一辈著名学者如张庚、王朝闻、郭汉城、杨荫浏、冯其庸等先生的学术生涯中深切感受，也可以从我院更多的中青年学者中看到这一点。令人十分欣喜的一个现象是我院的学者们从不故步自封，不断着眼于当代文化艺术发展的新问题，不断及时把握相关艺术领域发现的新史料、新文献，不断吸收借鉴学术演进的新观念、新方法，从而不断推出既带有学术群体共性，又体现学者在不同学术领域和不同研究方向上深度理论开掘的独特性。

在构建艺术研究、艺术创作和艺术教育三足鼎立的发展格局基础上，中国艺术研究院的艺术家们，在中国画、油画、书法、篆刻、雕塑、陶艺、版画及当代艺术的创作和文学创作各个方面，都以体现深厚传统和时代特征的创造性，在广阔的题材领域取得了丰硕的成果，这些成果在反映社会生活的深度和广度及艺术探索的独创性等方面，都站在时代前沿的位置而起到对当代文学艺术创作的引领作用。无疑，我院在文学艺术创作领域的活跃，以及近十多年来在非物质文化遗产保护实践方面的开创性，都为我院的学术研究提供了更鲜活的对象和更开阔的视域。而在我院的艺术教育方面，作为被国务院学位委员会批准的全国首家艺术学一级学科单位，十多年来艺术教育长足发展，各专业在校学生已达近千人。教学不仅注重传授知识，注重培养学生认识问题和解决问题的能力，同时更注重治学境界的养成及人文和思想道德的涵养。研究生院教学相长的良好气氛，也进一步促进了我院学术研究思想的活跃。艺术创作、艺术教育与学术研究并行，三者在交融中互为促进，不断向新的高度登攀。

在新的发展时期，中国艺术研究院将不断完善发展的思路和目标，继续培养和汇聚中国一流的学者、艺术家队伍，不断深化改革，实施无漏洞管理和效益管理，努力做到全面协调可持续发展，坚持以人为本，坚持知识创新、学术创新和理论创新，尊重学者、艺术家的学术创新、艺术创新精神，充分调动、发挥他们的聪明才智，在艺术研究领域拿出更多科学的、具有独创性的、充满鲜活生命力和深刻概括力的研究成果；在艺术创作领域推出更多具有思想震撼力和艺术感染力、具有时代标志性和代表性的精品力作；同时，培养更多德才兼备的优秀青年人才，真正把中国艺术研究院办成全国一流、世界知名的艺术研究中心、艺术教育中心和国际艺术交流中心，为中华民族伟大复兴的中国梦的实现和促进我国艺术与学术的发展做出新的贡献。

2014年8月26日

目　录

戚蓼生、戚本和《石头记序》／1

二知道人（蔡家琬）及其《红楼梦说梦》／59

周春和他的《阅红楼梦随笔》／121

苕溪渔隐和他的《痴人说梦》／133

归锄子（沈懋德）与《红楼梦补》／157

孙桐生与《红楼梦》／168

蔡元培和他的《石头记索隐》／189

王梦阮、沈瓶庵和《红楼梦索隐》／207

邓狂言和《红楼梦释真》／223

胡适对红学的贡献／237

先进的文学思想和悲观主义的人生观

　　——关于王国维的《红楼梦评论》／262

李辰冬和他的《红楼梦研究》／278

何其芳同志和他的《红楼梦》研究／305

吴世昌和他的《红楼梦探源外编》／324

半生辛苦为红楼

　　——怀念吴恩裕先生／337

秋风一载祭英灵

　　——悼念红学家朱彤兄／356

编　后／372

戚蓼生、戚本和《石头记序》^①

内容提要： 戚蓼生不仅保存了一个《红楼梦》的早期抄本，还写了一篇高水平的序文，对《红楼梦》中的诸多问题做了深刻的阐释，是历史上第一位伟大的红学家。然而，《德清县续志》、《湖州府志》和新修《德清县志》中对他的介绍不仅不完整，甚至一直将他初仕时本在户部说成是刑部。2002年夏初，我在《清代官员履历档案全编》中，发现了戚氏父子的极其重要而又极具权威性的四份履历档案，不仅使将近二百年来造成的上述错误得以纠正，而且弄清了他们父子从生到死完整的生平经历。文中对戚蓼生的红学思想和他所做的贡献，也做了较深入的论述。

戚蓼生在中国红学史上是一位做出过突出贡献，有突出成就的人。这不仅因为他保存了一个带有脂砚斋批语的早期《红楼梦》抄本，更因为他为这个抄本写了一篇高水平的序文。后来人们把他的序文和他保存下来的抄本合并印在一起，这就是现在我们容易见到的《戚蓼生序本石头记》，简称为"戚本"。我曾经在《莫累戚翁遭骂名——〈红楼解梦〉评论之一》中说过，从戚蓼生这篇序文中可以看出，他"对《红楼梦》的研究和理解，是何等深刻！

———————————
① 本文曾以"戚蓼生研究"为题，其前两章曾发表在《红楼梦学刊》2003年第1辑、第2辑上。现在的题名是收入本书时改的。

1

他是一个真正读懂了《红楼梦》，而且千百年后，人们也会承认他是红学史上有突出贡献的人"①。经过近两年来进一步研究以后，我甚至还要说：戚蓼生是历史上第一个真正伟大的红学家，他的序言如果后人不给加上标点，虽然只有短短的四百六十七个字，但对《红楼梦》艺术成就的阐释，甚至比后世一些红学家洋洋洒洒大部头的《红楼梦》艺术专著，把握得还要准确，论述得还要深刻。

那么，戚蓼生是什么时代、出生在什么地方的人？他有着怎样的家世和生平经历？他在《红楼梦》研究中做出了一些什么贡献？例如：他对曹雪芹的艺术才能和《红楼梦》的艺术成就做出了怎样的评价，对《红楼梦》的写作手法和总体艺术构思做出了怎样的分析，对《红楼梦》的阅读和欣赏又提出了一些什么样的见解呢？下面，我们试图做一些研究和评论。

戚蓼生的家世

戚蓼生的先世是浙江余姚人，到他的九世祖戚卿时迁移到德清县，所以他是浙江德清人。

在戚氏先人中，戚蓼生的曾祖戚依，对他当有一定的影响，但影响最大最直接的，应该是他的父亲戚振鹭。

（一）

戚依，字次匪，是康熙十四年（1675）举人。他的生平经历，因资料不足征，尚难知晓，只知道因他孙子之故，被赠"中宪大夫抚州知府"②。这只是一个没有实职的荣誉称号。戚振鹭则是雍正、乾隆两朝一位比较有名望的府县两级行政长官。他是雍正七年（1729）举人，次年便中式进士。归安人戴璐在

---

① 《红楼梦学刊》1996年第4辑，第201页。
② 周汝昌：《红楼梦新证》下，华艺出版社1998年版，第769页。

《吴兴诗话》中说：

> 戚太守振鹭，字我雝，号晴川，德清人，庚戌进士，由青阳知县历抚州知府，谪戍军台。宥归。以子蓼生任按察使，赠通议大夫，有《晴川诗钞》。太守自塞外归，至扬州，和卢雅雨山人《红桥诗》，有"白雪文章今历下，红桥烟月旧扬州"之句，雅雨立赠千金。

《德清县续志·人物志》也说：

> 戚振鹭字晴川，雍正八年(1730)进士。初仕为安徽青阳县知县。俗健讼，吏民相倚为奸。振鹭曰："其衅在吏。"痛惩之。吏纷纷请退。振鹭亲理案牍，匝月无废事。吏复请求进，振鹭不许。县中父老为之请，吏亦大悔过，乃许之，由是奸猾屏息。迁六安直隶州知州，旋擢河南归德府知府。丁忧。服阕，补饶州府知府，以伪疏传抄案承审未实，革职，发军台效力。期满赦归。南巡迎驾，复顶带。

上面两处小传中，都没有提到戚振鹭的生卒年代，也没有提到他任青阳知县、六安直隶州知州、归德知府、抚州知府以及因伪疏传抄案"承审未实"、发军台效力的具体时间。至于《续志》中说戚振鹭"补饶州知府"中的"饶州"，则是抚州之误，他根本没有在饶州府（故治即今江西鄱阳县）任过职。今年夏初我从《清代国家官员履历档案》中查出，戚振鹭任青阳县知县始于雍正十一年(1733)[①]，后来，那苏图推荐他出任六安直隶州知州，时间当是乾隆三年(1738)，有履历档案为证：

---

① 见光绪十七年重修《青阳县志·职官志》卷二。

戚振鹭，浙江人，三十九岁，由进士现任安徽青阳县知县，总督那苏图以该员勤敏练达，才守俱优，题请陞补六安直隶州知州。[1]（见右图）

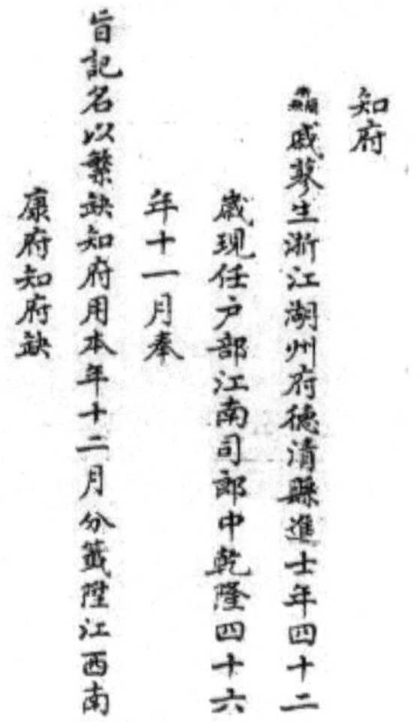

（右侧竖排文字）

旨记名以繁缺知府用本年十二月分签陞江西南康府知府缺

知府戚聚生浙江湖州府德清县进士年四十二

戚现任户部江南司郎中乾隆四十六年十一月奉

这是迄今为止我们找到的清代国家机关保存下来唯一一份戚振鹭的档案史料，具有无可置疑的信史价值。它使我们知道，从乾隆三年上推三十九年，即康熙三十八年 (1699)，是戚振鹭的出生之年，其于雍正八年中式进士时是三十一岁。虽然这份档案中有"中平。可慢用好些的"八字评语，但在康熙朝已是蓝翎侍卫，当过七省总督，当时正任两江总督的那苏图，在他管辖的境内，要推荐一个小小的知州，即使这一评语出自吏部，也不好坚持己见。于是戚振鹭在当了五年青阳县知县之后，于乾隆四年便到六安当知州去了。同治十一年续修《六安州志》卷十七《职官》云：

（知州）戚振鹭，浙江德清人，进士，（乾隆）四年任。

但是，戚振鹭任六安知州只有两年就升任河南归德（按：今商丘地区）知府去了。乾隆十九年纂修的《归德府志》卷五《职官》云：

知府戚振鹭，德清人。

府志上没有注明戚振鹭出任的时间。好在我们发现，继戚振鹭出任六安

---

① 中国第一历史档案馆藏：《清代官员履历档案全编》2，华东师范大学出版社，第334页。

知州的江苏华亭人王祖晋，任职时是乾隆六年。据此可知，戚振鹭出任归德知府也同样是乾隆六年。

《归德府志》上不仅没有注明戚振鹭的出任、离任时间，也同《六安州志》一样，其中没有他的小传，这就证明了履历档案中对戚振鹭所下的八字评语决非诬罔。然而事情往往又这么凑巧，继戚振鹭担任归德知府的，恰好又是曾经继他出任六安知州的王祖晋，而接任王祖晋知州的浙江桐乡人金宏勋，他的出任时间是乾隆十一年。这样就可以推定，戚振鹭在归德知府任期为五年（其间包括因父丧回乡守制的时间），于乾隆十一年卸任后，又到江西抚州任知府去了。《抚州府志》卷三十七《职官·文职二》云：

> （国朝）知府戚振鹭，德清进士，乾隆十二年任。

在戚振鹭的官宦生涯中，以抚州知府任期最长，一共待了六年。如果不是由于"伪疏传抄案"中"承审未实"，于乾隆十八年（1753）被"革职，发军台效力"，他的任期可能还会更长。

（二）

所谓"伪疏传抄案"中戚振鹭的一段遭遇，过去似不见有人正面提到。其实，这指的是当时一件政治大案。它历时一年零七个月，蔓延京师和直隶、山东、山西、江西、江苏、安徽、浙江、福建、湖南、湖北、云南、贵州、广东、广西等十四省，甚至边远土司地区都有流传伪造吏部尚书孙嘉淦的奏稿。案情概要是这样的：乾隆十三年乾隆皇帝弘历东巡，地方官为讨好皇帝，大事铺张，办差务求华美，致使山东、河南人民深受盘剥骚扰。迨到次年开始筹办乾隆皇帝首次南巡时，由于两江总督黄廷桂督责过急，更激起江南①、浙江人民乃至地方官吏的不满。这事乾隆皇帝也有察觉。他说："南

---

① 江南，古省名，清顺治二年（1645）改明南直隶置产，治所在江宁府（今南京市）。康熙六年（1667）分置为江苏、安徽两省。但此后习惯上仍合称两省为江南省。

人风气柔弱，而黄廷桂性情刚躁，几于水火之不相入。此番办差诸事，该省吏民畏惧之心胜，而悦服之意少。"①因此，他决定将陕甘总督尹继善与黄廷桂对调。就是在这股民情民意的形势下，乾隆十五年七月，曾任长淮卫（今安徽凤阳县境内）守备，缘事降调抚州卫千总的四川南部县人卢鲁生，在南昌卫守备刘时达家时，因虑及办差赔累，妄图阻止乾隆皇帝南巡，遂与刘时达合谋，编造伪稿，凑成"五不讲十大过"名目，指责弘历自即位以来的种种过失与错误，并借署当时工部尚书孙嘉淦的名义以广宣传效应，于是伪稿一时传遍全国。

首先揭穿这份伪稿的是云贵总督硕色。乾隆十六年（1751）八月初五日（9月23日），他向乾隆皇帝密奏："赴滇过普（按：即贵州普安县——引者）之客人，抄录传播"一纸，"竟是假托廷臣名目，胆敢讪谤，甚至捏造朱批"，"显系大恶逆徒，逞其狂悖"。②乾隆帝接报后，立即布置步军统领舒赫德及直隶、河南、山东、山西、湖北、湖南、贵州等省督抚密查严办。于是一场追查传抄孙嘉淦伪稿案，紧锣密鼓地在全国进行。三个月后，即当年十一月十一日（12月18日），乾隆帝谕军机大臣曰："伪造孙嘉淦奏折一案，各省查拿根究，得之湖广、江西者为多。今据策楞（按：系满洲正蓝旗人，乾隆间健锐营前锋，从征缅甸，复从征金川。官至正蓝旗汉军副都统——引者）在川省获犯二百八十余人，亦谓各犯供出非传自湖北之荆州、汉口，即携从江西之景德镇，从此追究，或可得其来历。"③

乾隆十七年正月二十一日（3月6日），江西巡抚鄂昌参奏广饶九南道道员施廷翰之子施奕度传抄伪稿。乾隆帝命将施廷翰革职，一并追究。从此施案成为追查伪稿案一条重要线索。但是查来查去，后来发现，这是一件株连甚广的冤案。同年十一月二十三日（12月28日），乾隆帝命鄂昌、尹继善分别带同承审官来京与舒赫德（按：舒为满洲正白旗人，乾隆间由中书舍人累官至武英殿大学士，承审伪稿案军机大

① 《清史编年》第五卷《乾隆朝》上，中国人民大学出版社，第400页。
② 同上，第404页。
③ 同上，第414页。

臣）、刘统勋（按：刘系雍正间进士，官至东阁大学士，加太子太保，乾隆帝常常委派他为钦差大臣，处理重大政事——引者）同审，最后查明，此案系附会成狱。施廷翰父子旋被平反，鄂昌和按察使丁廷让等却因为办案中"错谬百出"，被责令解任候旨，以鄂容安接任江西巡抚、阿桂接任按察使。

乾隆十八年（1753）正月初五日（2月7日），新任巡抚鄂容安奏报，伪稿案原委已经查明。二十五日（2月27日），乾隆帝以首逆卢鲁生、刘时达宣谕中外。谕称："此等奸徒传播流言，其诬蔑朕躬者，有无虚实，人所共见共知，不足置辩，而涛涨为幻，关系风俗人情者甚大，不可不力为整饬。"①著由议政王大臣、大学士、九卿、科道，会同军机大臣"再行详细研鞫，定拟具奏"。而主犯卢鲁生虽曾两次到案，俱被狡饰脱漏，施廷翰父子却几乎错认为捏造正犯的原承审人员"原巡抚鄂昌、按察使丁廷让等（按：此中当然包括原抚州知府戚振鹭——引者）俱著革职拿问，交刑部治罪"②。二月十二日（3月16日），舒赫德奏称卢鲁生病势沉重，请速正典刑。乾隆帝命即将卢"押赴市曹，凌迟处死"③。卢鲁生的两个儿子卢锡龄、卢锡荣"应斩，俱监候，秋后处决"。刘时达经王大臣再三详细审讯，对自己的罪责始终供认不讳，从宽免其凌迟处死，改为应斩④。至于此案中受株连波累人员，更是不可胜数。"承审未实"、"错谬百出"的鄂昌、丁廷让、戚振鹭，后来受到严处，固不用说。他如浙江巡抚雅尔哈善，"因不能实心办案，被交部严议"⑤；卢鲁生、刘时达案已经查清并处决之后，乾隆帝还要谕称：传抄各犯，除平民免究外，其已经查出到案之文员交吏部，武员交兵部，仍照例定拟；情罪较重，已定拟永远枷号人犯，应入于大理寺年终汇奏案内，候旨定夺⑥。

① 参见《清史编年》第五卷《乾隆朝》上，中国人民大学出版社，第449页。
② 同上。
③ 同上，第450页。
④ 同上，第452—453页。
⑤ 同上，第453页。
⑥ 同上，第450—451页。

（三）

后来对鄂昌、丁廷让二人的具体处理情况，我们尚未发现有关史料，不能确切说明。即对戚振鹭，我们虽知道他被"谪戍军台"，但具体充军到什么地方，也很难找到史料根据。幸喜《德清县续志》卷九《艺文志》中著录有他的《吾乡四首》，下有"塞外作"三字题注，这显然是他充军塞北思念家乡时的诗作。全诗是这样的：

山水吾乡好，清妍两字题。
金鹅朝气爽，玉尘暮云低。
夹岸青无数，穿城碧一溪。
梦归何处路，惆怅汝南鸡。

泉石吾乡好，枕榔到处将。
五峰留古刹，半月枕新篁。
风日晴逾美，莓苔滑不妨。
几年虚笠屐，猿鸟错相望。

风景吾乡好，山间复水道。
莺花上巳日，桔柚晚秋天。
树隐杉皮屋，桥藏莲叶船。
龟兹如可借，一枕小游仙。

物产吾乡好，无劳费画叉。
连山饶竹笋，近水足鱼虾。
香稻炊云子，新茶荐雪芽。
荒唐老转甚，为口日吁嗟。

全诗格调通俗清新，通篇极写家乡景物之美好，物产之丰饶。其中第三首诗使我们知道，戚振鹭"发军台效力"的具体地方是龟兹，至少是在龟兹一带。龟兹是古西域国名，在今新疆库车一带。这里清代叫库车州，中华民国初年 (1913) 改为库车县，地处塔里木盆地的北面，南面是塔里木河。这里的居民主要务农，多擅长音乐。农产品有小麦、玉米、水稻和棉花，还盛产水果。

军台，是当时新疆、蒙古两路军队设置的邮政驿站，专门负责递送军报和文书。戚振鹭被发送到这里效力，使他对龟兹即库车一带的景物风光、民情物产都有所了解，他甚至喜爱上了这块地方，以致忽发奇想，要在刑满赦归时，将龟兹"借"到他的家乡去，以便在观赏家乡的美景、享受家乡的美味时，还能饱尝龟兹的瓜果，聆听龟兹优美的音乐，过上神仙似的生活。

（四）

那么，戚振鹭是在什么时候"刑满赦归"的呢？这就有待今后有确凿的史料发现，现在只能根据已有的某些材料做大致的推测了。

我们认为，戚振鹭在伪稿案中被"谪戍军台"一事，应注意以下两点。一是因为他与卢鲁生同在抚州任职。但是，戚振鹭是知府，隶属于布政使司和按察使司，即所谓藩、臬两司，掌一府之政令，总核所属州、县赋役、诉讼等事，汇总于所属上司，是承上启下的正四品地方行政长官[1]；卢鲁生是千总，武职正六品，是省绿营衙门属下的基层单位，上有守备、都司、游击、参将、副将以至于总兵。他们分别属于文、武两个不同的系统，彼此不相连属。其二是戚振鹭参与此案的审理，但他不是主审官；主审官是鄂昌和丁廷让。审判中"承审未实"，甚至"错谬百出"，首要责任人应是鄂昌和丁廷让，而不是戚振鹭。所以，戚振鹭"谪戍军台"的服刑期不会太长；当然也不会很短。因为到乾隆十八年，他已经五十四岁，所以他的官宦生涯无疑到此已经终结。

---

[1] 乾隆十八年改知府为从四品。参见张德泽：《清代国家机关考略》，中国人民大学出版社，第221页。

《德清县续志》说，戚振鹭"刑满赦归。南巡迎驾，复顶带"。那么，他是什么时候被"赦归"，又是什么时候在乾隆帝"南巡"时"迎驾"的呢？这就得让我们稽查乾隆朝的史事，才能做出判断。

我们知道，乾隆帝和他的祖父康熙皇帝一样，也进行过六次南巡。第一次在乾隆十六年，第二次在二十二年，第三次在二十七年，第四次在三十年，第五次在四十五年，第六次在四十九年。第二次南巡前，戚振鹭绝对不可能被"赦归"。第三次南巡时，他有被"赦归"的可能性。到第四次南巡时，则他肯定已经从塞外归来了。但"赦归"只是刑满释放，不是重新起用，他只能回到南方，或许这就造成了戴璐《吴兴诗话》中所说"太守自塞外归，至扬州，和卢雅雨山人《红桥诗》，有'白雪文章今历下，红桥烟月旧扬州'之句，雅雨立赠千金"的故事。

卢雅雨山人，即卢见曾 (1690—1768)，山东济南府德州人，字抱孙，号澹园。"雅雨山人"亦是他的别号。他是康熙六十年进士，从四川洪雅县知县，累官至两淮盐运使。后来他被揭发贪污受贿，被逮下狱，病死狱中。著有《雅雨堂诗文遗集》，计诗二卷、文四卷、《出塞集》一卷。

卢见曾的诗文集中有一篇是《红桥修禊并序》。修禊，是古代的一种迷信风俗，认为每年阴历的三月上旬巳日 (后来固定为三月初三日) 到水边嬉戏，可以祛邪消灾。他还在序中说，原来郡守欧阳修修建的平山堂已经废了，保障湖 (即今天的瘦西湖) 已经淤塞。乾隆十六年乾隆帝第一次南巡后，修好了平山堂；御苑到蜀冈的道路已经疏通。二十二年乾隆帝第二次南巡后，又疏通了迎思河和潴水，使之流入保障湖中，并标出湖两岸的二十个景点：保障湖为拳石、洞天曰西园、曲水曰红桥、揽胜曰冶春、诗社曰长堤、春柳曰荷浦、熏风曰碧玉、交流曰四桥、烟雨曰春台、明月曰白塔、晴云曰三过、留踪曰蜀冈、晚照曰万松、叠翠曰花屿、双泉曰双峰、云栈曰山亭野眺、迎河曰临水、红霞曰绿稻、香来曰竹楼、小市曰平冈艳雪。乾隆帝于乾隆二十七年第三次南巡后，卢见曾说："翠华再过，上巳方新，偶假馀闲，随邀盛会，得诗四律。"其中第一首为：

绿油春水木兰舟，步步亭台邀逗留。

十里生香新闻花，二分明月旧扬州。

已怜强酒还斟酌，莫倚能诗漫唱酬。

昨日宸游亲侍从，文章捧出殿东头。①

然而，除戴璐从戚振鹭和卢见曾四首《红桥诗》第一首中摘存的两句以外，就什么也找不到了。所以卢见曾的二、三、四首，也就没有必要再引。不过，后来我们在阮元的《两浙轩录》中，却读到了戚振鹭的《寺夜》、《园蔬》、《元夕》、《馀斋寄寓僧房，庭隙墙阴编插杨柳，额其楹曰种柳处，纪之以诗，为和三绝句》与《烟火》等五题七首②。这些诗大概都是《晴川诗钞》中的篇什，虽然没有注明写作时间，但内容相关，情绪相近，前后连贯，我认为很可能是乾隆二十七年前期的作品，对我们研究和了解戚振鹭谪戍军台期间的生活、工作乃至被赦归的时间，都很重要。其中的第二和第三两首，尤其如此。

第一首为：

寺夜次朴园韵

竹树阴森梵宇清，自添柏子热残更。

瓦浐落月印孤榻，檐隙射风吹短檠。

帆影飐竿时自转，山魈窥客动还惊。

香林寂寂迢迢夜，咿喔荒鸡乍一声。

---

① 《雅雨堂诗集》下卷，第10页。
② 阮元辑：《两浙轩录》卷十九，光绪十六年浙江书局重刻。

这首诗大概作于乾隆二十七年新年前后，反映戚振鹭谪戍军台时宿于寺庙中的孤独生活。

第二首为：

园蔬次朴园韵

小山东畔小堂西，蔬圃匀匀翠甲齐。

风雨吟边分早韭，酸咸味外试寒菹。

闭门事业烟三径，抱瓮生涯水一畦。

蕉萃十年空浪迹，故园荒尽不成蹊。

诗中的"闭门事业"和"抱瓮生涯"，是对谪戍军台一段经历的委婉说法。专门递送军报、文书，虽然与其他形式的刑罚不同，但刑罚的性质却是一样。三，代表多数；径，小路。《三辅决录》卷一，王莽篡政后，兖州刺史诩蒋"归乡里，荆棘塞门，舍中有三径，不出"。陶渊明《归去来兮辞》中也有"三径就荒，松菊犹存"。戚振鹭这里说的"烟三径"，似指他的住地偏僻荒凉，出入的小路也常笼罩在烟雾、气雾中。瓮，取水的陶器。《庄子·天地》云："子贡南游于楚，反于晋，过汉阴，见一丈人方将为圃畦，凿隧入井，抱瓮而出灌。"戚振鹭效力军台，虽然可以不种粮食，但要种菜，所以诗中有"小山东畔小堂西，蔬圃匀匀翠甲齐"之句，就是在这种环境之下，十年来他被折磨得颜色憔悴，形容枯槁，到处浪游，行踪不定。家园已经荒废，连园中的小路也没有了。

第三首为：

元夜次中丞韵

令节因之故国情，烛花偏傍客愁生。

一年此夕月初满，万里禁春醉易成。

海淀南头灯作市，上林西畔火为城。

（原注：癸酉上元寓居南海淀，遥望西厂烟火，光明如昼。）

前尘仿佛还堪记，坐烬银河直到明。

令节，即佳节；故国情，即故乡情，或曰思念家乡之情。"一年此夕月初满"，一年中的第一个圆月，这里是指乾隆二十七年的元宵节。万里禁春，用王之涣《出塞》诗意。上林，旧苑名，即上林苑。秦始皇三十五年，营造朝宫于苑中，阿房宫即其前殿。秦末，项羽入关，一把火将阿房宫化为废墟。后来汉武帝又收为宫苑，并扩而大之，周围达二百余里，于是有司马相如的《上林赋》。戚振鹭在赴军台效力前，寓居南海淀时所说的上林，当然不是咸阳的上林苑，而是指北京皇宫西面的某皇室庭苑。诗中的注文"癸酉上元"，指乾隆十八年（1753）的元宵节。西厂，官署名，明朝的特务机关。明成祖（朱棣）从南京迁都北京，为刺探惠帝（朱允炆）事，在东安门北设立东厂。宪宗（朱见深）即位后，为加强特务统治，于成化十三年（1477）又在东厂以外增设西厂。前尘，旧事、过去的事，这里应是指谪戍军台以来所经历的事。他说，这些事好像还记得起来。于是他静坐默想，但见天上银河渐渐隐去，一直到天明。

戚振鹭此时的诗作，为什么会这样集中谈他十年来效力军台的情况？这七首诗的前六首，又都注明是"次"（即随从）对方的诗韵，说明这些人是他的亲友，此时都与他有联系，可是他只署对方的别号，不署真实姓名。即使第三首注明是"次中丞韵"，我们又知道"中丞"是清代对巡抚的称呼，但这位巡抚姓甚名谁，是哪一省的巡抚？诗中的内容是什么，与戚振鹭当时的处境有没有关系？现在很难查考。好在后面的三绝句与《围火》等四首显得情绪轻松，心境开阔，地域背景迥异。如绝句三首之一：

独布琉璃坐碧城，传来好句似阴坚。

生憎灞水桥边树，只向关河管边迎。

"'好凭栏槛供吟赏，莫向关河管送迎'，馀斋自题句也。"

阴坚字子坚，甘肃武威人，生卒年不详。他曾仕南朝梁、陈两代。在梁时曾任湘东王法曹行参军；入陈后，官至晋陵太守和员外散骑常侍。他同时也是一位诗人，诗风与他之前的何逊相近。他的新体诗体物深具匠心，斟酌音韵，修辞琢句，也下过苦功夫，对后世有一定的影响。杜甫说，他常"新诗改罢自长吟，颇学阴何苦用心"[①]，又说"李侯有佳句，往往似阴坚"[②]。可见，唐朝的头两大诗人，即李白与杜甫，都受到阴坚的影响。

不过我以为，戚振鹭说馀斋的诗"传来好句似阴坚"只是一方面，恐怕其中还传来有好的讯息，即戚振鹭于军台效力已将期满，馀斋特地向他道喜。不信，请看绝句之三：

> 白下啼鸟翻夕照，红桥细雨飏烟丝。
>
> 兰成无限乡情尽，尽在攀条不语时。

白下，旧时对南京的别称；飏，与"扬"通。前两句对南京和红桥的景物描写，如果没有新的实际生活的体验，戚振鹭凭十年前南方生活的记忆是不可能写得这么真切和形象化的。而且，"红桥"之名于乾隆二十二年才出现，是乾隆皇帝第二次南巡到扬州时，在保障湖（今天的瘦西湖）两岸标出二十个景点，将原来的曲水改成的，这时戚振鹭来军台效力已经五年。后两句表明，当春兰盛开的季节，戚振鹭已经回到家乡，思乡之情已经成为过去。由此可见，他被流放到军台效力的期限是十年，乾隆二十七年已经"刑满"，大概当年元宵节后不久，就被"赦归"了。

第七首《围火》，全诗是：

---

① 杜甫：《解闷十二首》之七，《全唐诗》卷二百三十《杜甫十五》，中华书局，第七册，第2518页。

② 杜甫：《与李十二白同寻范十隐居》，《全唐诗》卷二百二十四《杜甫九》，中华书局，第2394页。

> 毡庐杂眼坐，地火夜深红。
>
> 暖气通毛发，朱颜借老翁。
>
> 附炎同热客，得过学寒虫。
>
> 软语残更里，团栾慰转蓬。

围火，围炉取暖。毡庐，又叫毡包，也叫毡帐。旧时北方少数民族牧民住的毡制帐篷。"包"在满语中是"家"和"屋"的意思，蒙古族牧民居住的毡包，就叫蒙古包。毡包一般为圆形，多用条木结成网壁和伞形顶，上盖毛毡，并用绳索勒住。顶中央有圆形天窗，便于拆装。附炎，趋炎附势。寒虫，即寒蝉。软语，温和而委婉的话。团栾，环聚貌。转蓬，蓬草随风飘转，喻人身世飘零。

这首诗作于"赦归"之后，诗中反映的生活包括初期在新疆的，也包括回到南方家乡后的。中心思想是如何避灾远祸，又使自己的心灵得到安慰。

浙江德清与新疆库车，相隔即使不到一万里，也有七八千里。距今二百四十多年以前，在交通工具非常落后的情况下，戚振鹭要走完全程最少也得要两三个月，甚至更多。他回到德清老家之后，总得停留一些时日，然后出外应酬，来到南京、扬州时，恐怕要到四五月了。根据史料记载，乾隆第三次南巡，开始于乾隆二十七年正月十二日；二月十三日在扬州天宁寺接见哈萨克使臣策伯克；三月初三日到海宁县境内，巡视老盐仓、尖山、塔山等处圩工；十三日奉皇太后自杭州回銮，途经江南时，指示河工机宜；至淮河，阅高家堰，命自济运坝至运口五百余丈一律接筑砖工；至曲阜，谒孔庙，谒孔林；五月初四日回到北京，历时一百十二天①。

此时卢见曾的《红桥诗》"四律"似已撰成，不久，戚振鹭见到了这四首

---

① 《清史编年》第五卷《乾隆朝》上，中国人民大学出版社，第693—700页。

诗，并用卢诗的体裁和韵脚奉和了四首。可惜除戴璐摘存的第一首中的两句外，其余的已难找到了。这两句的前一句是称赞《红桥诗》写得好。历下，古代邑名，汉朝置历城县，明、清两代为济南府治。德州属济南府管辖，卢见曾是德州人，所以整句是称赞卢见曾的《红桥诗》写得好，是"白雪文章"。后句用"红桥烟月"，描写扬州美景，比卢见曾用"二分明月"，不仅更切题，而且带有朦胧色彩，更有韵味。所以卢见曾要"立赠千金"。

由此可见，乾隆二十七年乾隆帝第三次南巡，戚振鹭不可能有"迎驾"事，更不可能"复顶带"。而且，因为八月儿子要考选举人，戚振鹭要回家去帮儿子准备参加浙江的乡试。后来戚蓼生果然中式，考选成了举人，必然为父母带来一种荣誉，所以乾隆三十年乾隆帝第四次南巡，戚振鹭参与"迎驾"就是必然的了。

接着，戚蓼生还要继续准备到北京参加会试，而且乾隆二十八年和三十一年两科，都未能如愿。三十四年第三次参加会试，才终于考取二甲第二十三名进士。在取得授职资格以后，他便留在北京，等待任命。恰好当年秋天是戚振鹭的七十岁生日，他来到北京儿子的住处。于是周汝昌先生说，1958年他曾在北京琉璃厂见到一本册页，是戚振鹭所书七十自寿的一首七言律诗，中有"金茎玉露帝城秋"之句，表明他的七十寿庆是在北京度过的[①]，便得到了证实。

此后，戚振鹭自然还回到了老家，于乾隆四十三年 (1778) 五月病逝[②]，享年七十九岁。至于戴璐在《吴兴诗话》中说，戚振鹭"以子蓼生任按察使，赠通议大夫"，那当然是他死后的事情了。

---

① 参见《红楼梦新证》下，华艺出版社，第795页。
② 后面所引《清代官员履历档案全编》(2) 中关于戚蓼生的第一份履历。

戚蓼生的生平经历

以前容易见到的几份戚蓼生生平史料中，一不提他和他父亲的生卒年；二是说他考取进士并授职以后，是在刑部任职；三是说他曾担任过四川、河南乡试的主考官，出任过云南学政，却又此有彼无。这就造成了人们判断上的困难，甚至导向错误。

（一）

《德清县续志》云：

> （戚）振鹭子蓼生，字晓堂，乾隆三十四年（1769）进士，授刑部主事，洊至郎中。出为江西南康府知府，甫到官，即擢福建盐法道。以公累镌秩，引见奏对称旨，旋擢福建按察使。为人倜傥，不修威仪，使酒好狎侮人。然强干有吏才，案无留牍，以劳悴卒官。[①]

《湖州府志》云：

> 戚蓼生字念功，号晓堂，振鹭子，乾隆四十三年进士，授刑部主事，升郎中，充河南正主考，云南学政，擢福建按察使。为人倜傥，不修威仪，强干有吏才，案无留牍，以劳悴卒。[②]

《府志》中的"乾隆四十三年进士"，显系"三十四年"之误。

1990年新编《德清县志》则云：

---

① 嘉庆十三年（1808）《德清县续志》卷八《人物志》。
② 《湖州府志》卷七十三《人物传·政绩三》。

　　戚蓼生（约1730-1792）字念功，号晓堂，德清人。乾隆三十四年（1769）进士，授刑部主事，升郎中。三十九年任四川副主考，四十二年任河南正主考，旋调云南学政。四十七年出任江西南康府知府，升福建盐法道。五十六年出任福建按察使，次年卒于任。

　　为人风流倜傥，喜饮酒，好谐谑。但处事精明强干，案无留牍。居京期间，购得曹雪芹《石头记》早期抄本，大为赞叹，书序一篇，后人称为戚本，成为研究《红楼梦》重要版本之一。

　　著有《竺湖春墅诗钞》五卷。[①]

上引三志所叙戚蓼生生平经历大致相同。如《德清县续志》、《湖州府志》都未谈到他的生年，《德清县志》只说了一个大概的年代。对他初仕时的任职部门，都一致认定是刑部，又都认为他最后是劳累过度，死于福建按察使任上。然而，三志也有不一致处，如《德清县续志》中未谈戚蓼生任四川副主考、河南正主考，也没有提到他出任云南学政，等等。

　　三志中提到的戚蓼生生平经历的这些问题，都准确可靠吗？我们是否还有可能进行一些探索，以便对戚蓼生的一生做出更准确、更完整的介绍呢？这就需要我们从有关的履历资料中努力地去进行挖掘了。

　　（二）

　　最近，我从《清代官员履历档案》中，既发现了已于上述的一条极为重要的戚振鹭的履历档案，也发现了与三志中谈戚蓼生生平经历的三条不大相同、又极为宝贵的档案材料，它们是：

　　戚蓼生，浙江人，年四十二岁，由进士以主事任。乾隆三十八年十一月内用户部主事；四十年五月内用本部员外郎，本年十二月内用本部郎

---

① 1990年新修《德清县志》第26卷第一章《人物传》，浙江人民出版社1992年版，第669页。

中；四十三年五月回籍；四十五年九月内服阕，仍用户部郎中；四十七年二月，内用江西南康府知府。[①]（见页下左图）

这份履历档案的上方，记有"乾隆五十六年四月内用福建按察使"十五字。行间有两条批语。第一条是"乾隆四十七年二月内引见，竟可。道员人明白而不厚"。第二条是"乾隆五十五年九月内引见，竟可"。

戚振鹭，浙江人，年三十九岁，由进士现任安徽青阳县知县总督那苏园，以该员勤敏练达、才守俱优，题请升补六安州直隶州知州。[②]（见页下右图）

① 《清代官员履历档案全编》2，中国第一历史档案馆藏，华东师范大学出版社，第291页。
② 《清代官员履历档案全编》21，中国第一历史档案馆藏，华东师范大学出版社，第377页。

臣戚蓼生，浙江湖州府德清县进士，年四十二岁，现任户部江南司郎中。乾隆四十六年十一月奉旨，记名以繁缺知府用，四十六年十二月分签升江西南康府知府缺。敬缮履历，恭呈御览。（见左图）

谨奏[1]

乾隆四十七年正月三十日

清代官方保存下来关于戚蓼生的履历档案，现在我们能找到的，就只有这三份。我们认为，这是最有价值、最具权威性的三份档案史料。其中第一份尤为重要，它是乾隆四十六年十一月选官前期，吏部为乾隆皇帝准备的一份戚蓼生的籍贯、年龄、学历资格，以及前此任职情况的材料。后一句是后来加上的戚蓼生在这次选官中的结果。第二份是乾隆帝在当年十一月读了吏部准备的材料后，批示戚蓼生的任职，应在全国繁缺的知府中补用。十二月吏部用抽签方式决定，让戚蓼生出任江西南康府知府，并通知他本人。第三份则是戚蓼生在接到正式任命后呈交的一份个人履历，请乾隆皇帝"御览"。

我们之所以说第一份尤为重要，是因为它为后人了解戚蓼生的一生经历提供了极为丰富而又非常完整的内容，结合其他一些已知的材料，使我们确切地知道：

（1）乾隆四十六年十一月选官时，戚蓼生已经四十二岁，往前推四十二

---

[1] 《清代官员履历档案全编》21，中国第一历史档案馆藏，华东师范大学出版社，第383页。

年，是乾隆四年 (1739)，即是戚蓼生的出生之年。

（2）戚蓼生打从开始做官，从主事、员外郎到郎中，都是在户部，而不是像《德清县续志》、《湖州府志》以及新编《德清县志》等地方志书中说的在刑部。

（3）这份履历档案原是专供乾隆皇帝选知府用的，当然不可能谈到戚蓼生出任盐法道的问题。但是戚蓼生在中选南康府知府，并于乾隆四十七年正月三十日向乾隆皇帝呈交了履历之后，现在我们却在《福建通志》卷百之七《职官·盐法道》中见到：

> 戚蓼生，浙江德清人，乾隆己丑进士，四十七年任。

相反，在《南康府志》中却找不到戚蓼生之名。这究竟是什么原因呢？这可能如周汝昌先生所说："蓼生是乾隆四十七年自刑部（按：应是户部——引者）郎中出守南康，刚一到官，即擢升福建盐法道。"①果然，我们在这份档案的正文行间里，见到了上引第一条批语，说明戚蓼生刚要离京到南康上任时，吏部又引见他，并且决定改任他为福建盐法道，认为他头脑清醒、处事明白，只是不够厚道。所谓"不厚"，大概就像《德清县续志》人物传中所说的"好狎侮人"之类吧，当然，这并没有影响他从四品的南康知府升任正四品的福建盐法道。不过，他首先还是去了南康，而且到九月中旬以前都在知府任上。当年浙江义乌周氏第九次重修《舟墟周氏宗谱》，族中公推周廷熺别号薇者主其事。他请戚蓼生作序。戚蓼生说："予与薇谊属世交，相契弥深，因此事而益重其人，且以知诸族长之人，是以乐为之序。"后面署"时大清乾隆四十七年岁次壬寅九月中浣之吉。赐进士出身诰授中宪大夫知江西南康府事、前户部郎中、提督云南学政、丁酉四川典试官德清年家眷世弟戚蓼生顿

---

① 《红楼梦新证》下，华艺出版社，第775页。

首拜撰。"（见22页图）

　　科举时代同年登科的人互称年家，他们的晚辈称年家子，与戚蓼生这里说的"年家眷"相当。大概当年九月中旬以后，戚蓼生就到福建盐法道上任去了。《南康府志》中没有他的名字，大约是因为他在这里任职时间不长，施政才能还没有展开，政绩还不突出吧！

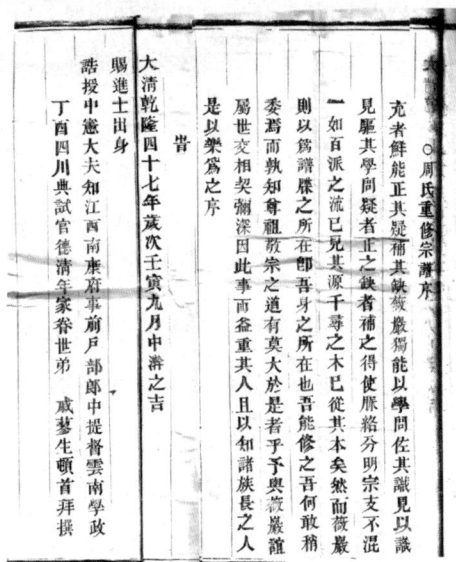

○周氏重修宗源[谱]

……充者鲜能正其疑补其缺薇严能以学问佐其识见以识见厥其学问疑者正之缺者补之得使历络分明宗支不混一如百派之流已见其源千寻之木已从其本矣然而薇严则以笃谭历之所在即吾身之所在也吾能修之吾何敢稍焉而执知尊祖敬宗之念有莫大于是者予与薇严谊属世交相契弥深因此事而益重其人且以知诸族长之人是以乐为之序

告

大清乾隆四十七年岁次壬寅九月中澣之吉
赐进士出身
诰授中宪大夫知江西南康府事前户部郎中提督云南学政
丁酉四川典试官德清年家眷世弟 戚蓼生顿首拜撰

（三）

　　这里，我们还要就戚蓼生充任四川副主考、河南正主考和出任云南学政等问题，顺便进行一些探讨。

　　主考是明清两朝科举考试中主持各省（包括京城）乡试的考官，其职责是总阅应试生员的试卷，分别去取，对取定生员核定名次，最后将他们及他们的试卷奏报给皇帝。主考，在明朝为两人，到清朝则为一正一副，只有顺天府的乡试，到乾隆朝增加到一正两副；道光朝以后，一般都为一正三副。清初，主考官有从举人、贡生出身中简派的，康熙以后，限用翰林官或进士出身的部属官。①由于主考和副主考多系临时派遣，不是固定委用，所以戚蓼生的履历档案中没有体现。

学政，清代学官名，"提督学政"的简称，也叫"督学使者"，每省一人，为管理一省教育事业的最高长官，相当于后世各省的教育厅厅长。学政"以进士出身的侍郎、各寺（如礼部的太常寺、兵部的太仆寺等等——引者）堂官、翰林、科道及部属等官简充，三年一任，各按原官品级"②。据阮元参与主持修纂的《云南通志稿》卷一一八《秩官志》二之一《官志题名十》云：

（学政）戚蓼生，乾隆己丑进士，四十二年以户部郎中任。

阮元（1764—1849），江苏仪征人，乾隆五十四年二甲进士出身，是清代著名学者，也是大政治家，当过浙江巡抚，湖广、两广和云贵总督，累官至体仁阁大学士。嘉庆中期，他任浙江巡抚时，离戚蓼生之死才十几年；道光中任云贵总督，参与主持修纂《云南通志稿》时，也才四十年左右。《通志稿》中说戚蓼生出任云南学政，当属不误。但是戚蓼生出任不久，他的父亲忽然病逝，他匆匆回乡守制，学政一职由安徽旌德人吕光亨接任。乾隆四十五年九月，当戚蓼生服满回到京城时，因他在云南的时间短暂，而且是以原官的品级待遇出任，所以户部让他回部仍任郎中。这大概就是乾隆四十六年十一月选官履历档案中，仍说"四十五年九月内服阕，仍用户部郎中"，略去了云南学政一段经历的缘故。

当我们读了戚蓼生为义乌周家第九次重修《舟墟周氏宗谱》写的序文，以及序尾注明的几处任职经历以后，前面所提问题似已解决。然而，1990年新编《德清县志》却以为戚蓼生是乾隆三十九年任四川副主考，四十二年

---

① 《辞海》缩印本，上海辞书出版社1980年版，第1202页。

② 张德泽：《清代国家机关考略》，中国人民大学出版社，第227—228页。

任河南正主考。这使我认为对此还需要多说几句。我们知道，清代各省举行乡试，都在每逢子、午、卯、酉之年的八月，遇到皇室有重大喜庆之年，还要加开恩科。我们又知道，戚蓼生虽然在乾隆三十四年考取了进士，但到三十八年十一月才内用户部主事，四十年五月内用户部员外郎，十二月内用户部郎中。新编《德清县志》说，三十九年戚蓼生就任四川副主考。这一年甲午，虽然是主办正科之年，但他到主事任上才八个多月，恐怕履历资格还不够。至于说四十二年戚蓼生又任河南正主考，完全否认戚蓼生自己的认定，却又不提出有力的证据来支持这一主张，这是没有说服力的。

前几年我在发现戚振鹭的七首诗的同时，还发现了戚蓼生的诗八首，它们是：

华佗墓

医国不自医，术奇转速朽。
一火谢薪传，贤裁禁卒妇。

过灞桥偶忆渔洋，即次
其韵时悼亡日近

万柳桥头万斛臣，攀条今古泪沾巾。
独怜剩客牛衣冷，不似垂杨料理人。

鸡头关

陇云川树路漫漫，雄隘天高六月寒。
帆影远迷江一线，马蹄危踏路千盘。
赤蛇剑去空城在，铁鸡兵销旧垒残。

（原注：刘镭力战金人于此）

无限兴亡寄遗恨，苍茫日暮独凭栏。

嘉陵江舟中

我本菰蒲客，临流兴自闲。
病惊巴子月，秋老剑门山。
断陇开烧碛，危洲簇沛阛。
最欣双桨划，已报越天关。

彭德府

风物当年盛一时，女墙犹卧断残碑。
冈头公子含愁绝（原注：郡有子建含愁冈），
洹上山人恨故迟（原注：明谢茂秦家此）。
绕郭藕花舟上下，满街槐影屋参差。
剧怜昼锦人难再，如此云山少护持。

宋玉墓

荒阡勒马首频搔，怀土斜阳冷汉皋。
神才不归尤有梦，才人一去更无骚。
残碑何限摩挲恨，故宅空烦指点劳。
底事湘累争赛祀，鄢郢莫与荐芳醪。

有感

两髀消残白鼻骝，出门三月望犹赊。
途长童仆懒成客，役倦邮亭恋似家。

万里不期投日角，一家何意各天涯。

茫茫身世劳奚裨，投镜徒惊鬓有花。

马底驿

凄绝黔安地，经行得未闻。

语音三户别，晴雨一山分。

陡壁腾樵妇，荒鑪坐戍军。

还看溪间畔，虎迹映斜曛。①

我们知道，戚蓼生不仅是一个政治家，而且是一位诗人，著有《竺湖春墅诗钞》五卷。但诗集早已不见流传，《两浙轩录》中收录的这八首诗应是诗集中的篇什，而且多半是戚蓼生在乾隆四十二年任四川乡试副主考和之后不久出任云南学政时的途中所作。关于戚蓼生的诗作，由于我们掌握的资料太少，难以做出评价，之所以把它们一一抄录下来，是希望能为有志研究戚蓼生的朋友们提供一些方便，免得他们再到故纸堆中去寻找、翻阅。当然，我们知道，戚蓼生对出任云南学政一事心情并不舒畅，因为离家不久，与他共守穷困的妻子便已亡故。为了政事，他没料到要去万里之外，一家何意各天涯；路途遥远，出门三月，马的双腿已经消残；童仆疲倦，把邮亭②当家。自己身世渺茫，再辛劳又有什么裨益？往镜中一看，惊见双鬓已有白发。从《过灞桥》和《有感》两诗中，戚蓼生此时的心境，已表露无遗。

由此看来，乾隆四十三年五月，因父亲病逝，戚蓼生回乡守制，对自己实在是一种解脱。

（四）

---

① 阮元辑：《两浙轩录》卷三十二，光绪十六年浙江书局重刻。

② 邮亭，古代设在沿途供送文书的人和旅客住宿的馆舍。

盐法道的上级部门是该省的盐务衙门。清承明制，开始时各省都设巡盐御史，康熙以后改为盐政，由总督或巡抚兼任，管理和督察盐税，调剂盐价，纠察所属盐务官员。各省盐政既由督抚兼管，又无专门办事机构，亦不另设属官，所以实际上只是一个虚衔，具体事务都由盐运使和盐法道两个部门来做。盐运使为正三品，盐法道则前已指出是正四品。他们掌督察盐场生产，盐商之合理利润，平抑盐价，管理水陆运输和按时汇报盐政察核。全国盐运使共六人；盐法道共十三人，其中山西、福建、云南三省并兼运使衔。[①]

在清代，盐官是一个肥差。康熙皇帝知道曹寅在多次接驾中造成了巨大的赔累，便一再命他兼管盐差，赔补亏欠。曹寅深领主子的情意，在康熙四十七年《奏谢授巡视两淮盐课恩折》中感激涕零地说：

> 臣于八月二十五日接阅邸抄，伏蒙圣恩，复差臣巡视两淮盐课。闻命之下，不胜感悚，谨设香案，望阙叩头谢恩讫。窃念臣系包衣下贱，过蒙皇恩优渥，淮鹾重寄，三任于兹，未能报答高厚于万一，惟有益更惕励，矢公矢慎，以仰副皇上简任之至意而已。谨先具折恭谢天恩。[②]

曹寅死后，他的内兄李煦更是毫不掩饰地向康熙皇帝提出要求，让他再代管盐差一年，以所得"余银"，供曹寅之子连生将乃父亏欠钱粮逐项清还。他于康熙五十一年七月二十三日，在《曹寅身故请代管盐差一年，以盐余偿其亏欠折》中云：

> 江宁织造臣曹寅与臣煦，俱蒙万岁特旨，十年轮值淮鹾。天恩高厚，

---

① 参见张德泽：《清代国家机关考略》，中国人民大学出版社，第230—231页。

② 转引自易管：《江宁织造曹家档案史料补遗》上，《红楼梦学刊》1979年第2辑，第341页。

亘古所无，臣等虽肝脑涂地，不能报答分毫。乃天心之仁爱有加，而臣子之福分浅薄。曹寅七月初一日感受风寒，辗转成疟，竟成不起之症，于七月二十三日辰时身故。当其伏枕哀鸣，惟以遽辞圣世，不克仰报天恩为恨。又向臣言："江宁织造衙门历年亏欠钱粮九万余两，又两淮商欠钱粮，去年奉旨官商分认，曹寅亦应完二十三万两零，而无赀可赔，无产可变，身虽死而目未瞑。"此皆曹寅临终之言。臣思曹寅寡妻幼子，拆骨难偿，但钱粮重大，岂容茫无着落。今年十月十三日，臣满一年之差，轮该曹寅接任。臣今冒死叩求，伏望万岁特赐矜全，允臣煦代管盐差一年，以所得余银，令伊子并其管事家人，使之逐项清楚，则钱粮既有归着，而曹寅复蒙恩全于身后，臣等子子孙孙，永矢犬马之报效矣。伏乞慈鉴。臣煦可胜悚惶仰望之至。①

李煦的请求最后当然"蒙我万岁殊恩，特赐俞允"了，次年十一月十三日 (12月30日)，曹頫 (即连生) 在《奏李煦代任盐差补充亏欠折》中云：

江宁织造主事奴才曹頫谨奏：为恭谢天恩事。窃奴才父寅去年身故，荷蒙万岁天高地厚洪恩，怜念奴才母子孤寡无倚，钱粮亏欠未完，特命李煦代任两淮盐差一年，将所得余银为奴才清完所欠钱粮。皇仁浩荡，亘古未有。今李煦代任盐差已满，计所得余银共五十八万六千两零，所有织造各项钱粮及代商完欠，李煦与奴才眼同俱已解补清完，共五十四万九千六百余两。谨将完过数目，恭呈御览。尚余银三万六千余两，奴才谨收贮。②

---

① 转引自王利器：《李士桢李煦父子年谱》，北京出版社，第411—412页。
② 同上，第431—432页。

因亏欠钱粮，弥留之际，还担心自己"无赀可赔，无产可变，身虽死而目未瞑"的曹寅，带着深深的遗憾与恐惧，终于离开了人世。他绝不可能想到，当他逝世一年之后，李煦就用代任盐差所得"余银"，不仅将曹寅"所欠钱粮五十四万九千六百余两"还清，而且还剩余三万六千余两。曹寅如果地下有知，当可以瞑目九泉了。也由此可见，清代盐官的油水是如何之大了。

其实，清代盐官的额外收入绝不仅仅是"盐差余银"一项，盐商还可以有种种名目向盐官做贡献。比如康熙五十七年十一月十六日，李煦在《商人于余银之外，两年共缴十三万余两总收运库折》中云：

> 窃上年掣盐，因卤耗宽斤，商人于余银之外，情愿缴银六万六千两，奴才不敢私自入己，即发运使贮库，具折奏闻矣。今年差内掣盐，照前宽斤，所以商人又缴六万六千两。合两年所缴共有十三万二千两，奴才总发运库收贮。谨以奏闻，伏乞圣鉴。①

清代盐官想要"盐差余银"，可以向最高统治者恳求得来，并堂而皇之地据为己有，但从我们今天的眼光看来，这显然是贪污。其实，到乾隆朝时，这种做法就被认为是犯法的。比如乾隆六十年处理伍拉纳、浦霖案件时，就把收受盐规作为二人重要罪状之一。至于盐商借"卤耗宽斤"的"情愿缴银"，实际上更是商人巧立名目借此行贿，收银的盐官当然是受贿了。对此，李煦是非常清楚的。鉴于康熙末期宫廷内部斗争已到白热化之际，他担心自己的前途命运不保，所以要在向康熙皇帝的奏折中表明，盐商的这项"缴银"，"奴才不敢私自入己"，并已"发运库收贮"，实是企图以此强装自己为政清廉的一种表现。

福建既是一个产盐省份，又同样有盐业运销部门，虽然它的盐业不能与

---

① 转引自王利器：《李士桢李煦父子年谱》，北京出版社，第482页。

盐政衙门设在江苏扬州的两淮盐业相比,但戚蓼生一身兼盐法道与运使两职,在他上面的盐政虽由督抚兼管,但只是一个虚设,全省盐业管理实际上只是由戚蓼生一人说了算。如果他要既收"盐差余银",又收受盐商的"情愿缴银",其数定亦甚巨,何况他在福建盐业部门一连干了整整七年!然而,在清史资料中,却找不到他有贪污受贿的证据,这便可以反证出他是一个与贪污腐败不沾边的清官。

乾隆五十四年,戚蓼生在福建盐法道任职已整整七年,已于上述。这年,他从盐法道卸职,由直隶怀来人孙思庭接任,是正常的职务更替,甚至很可能还是为了让他升任新职,而不是如周汝昌先生所说"戚蓼生去盐法道,原因很可能是父亲振鹭去世,丁忧返里"[①]。果然,这一点在这第一份履历档案行间的批语里,在档案上方所记文字中,就已得到了证实。它们说明,在乾隆五十五年九月,有司就在考虑让戚蓼生升任新职,并且于次年四月最后实现。《清实录》云:

> 四月乙卯（十一日）以福建候补道戚蓼生为福建按察使。[②]

王先谦《东华续录》乾隆朝一百一十三和《清史稿》戚蓼生本传中,也有相似的记载。

（五）

乾隆五十六年四月,戚蓼生继山东福山县（按:今为烟台福山区——引者)人王庆长之后,出任福建按察使。按察使,又称为臬司,是司法之意,其机构名称为"提刑按察使司",一般称为"按察司衙门"。在各省,按察使的职位在总督与巡抚之下,与布政使,即所谓藩司,虽然职位相当,但却低半个品级。布

---

① 《红楼梦新证》下,华艺出版社,第775页。
② 《〈清实录〉二六〈高宗纯皇帝实录〉一八》,中华书局,第480页。

政使为从二品，按察使为正三品。督、抚、藩、臬，是各省的主要四大行政长官。按察使的职任是"掌一省刑名按劾之事，以振风纪而澄吏治"，但重大案件需要与布政使会议办理。他还要兼办全省驿递事务；每三年乡试，他要充任监考官；逢五年"大计"(考察京外官员)，他充考察官；每年办理秋审案件，他充主稿官①。由此可见，他的职守包括甚至超过了现代省一级公检法的全部内容。加以林爽文于乾隆五十三年年初被擒，并于随后在北京就义，他在台湾领导的天地会起义被镇压之后，天地会的一些头领和会众先后转移回大陆。原籍福建同安，向在台湾耕种度日，曾拜天地会李水为师的陈苏老、苏叶，在林爽文起义失败后，即潜伏到内地山区少数民族中。恰在戚蓼生任按察使期间，他们内渡回乡，至晋江纠伙复起天地会。陈苏老并传授三指诀，复令入会人员钻剑设誓，各备刀械，抗拒官兵拿捕②，这就必然招来官兵的进剿。戚蓼生由于职守所在，必然要成为这支镇压队伍的组织和指挥领导者之一，他的任务就更加繁重。据我们从史料中得知，戚蓼生从上任伊始，就频频奔走于以泉州为中心，自福州、厦门至漳州、南靖等广阔的闽南地区。

闽浙总督伍拉纳于乾隆五十六年八月初六日 (9月3日)《奏续获黄江珠等人折》中云：

> 窃照漳泉地方天地会匪，虽经节次大加惩创，但恐尚有余党漏网窜匿，因于查拿洋盗时，臣等仍不时严饬水陆文武员弁，一并留心侦缉，以期尽绝根株。兹据泉州府厅及漳州镇道，督同营县，先后访获从前曾在台湾入会，后因闻拿畏罪潜回内地窜匿，并复犯勘窃为匪之黄江珠及黄循漏、张番乌、林三、石四禄、张结、黄让即黄谅、林老、蔡泼、黄

---

① 参见张德泽：《清代国家机关考略》，中国人民大学出版社，第217—218页。
② 参见《清史编年》第六卷《乾隆朝》下，中国人民大学出版社，第705页。

益、林字即林裕、林水、黄义等十三犯,饬提解省。行据按察使戚蓼生、督粮道钱受椿督同福州府知府德泰并因公在省之泉州府知府徐梦麟确审定拟,招解前来。臣等随督同该司道等,提犯逐加研鞠。

……今黄江珠行劫已至二次,又行窃拒伤事主一次,除入会轻罪不计外,合依"强盗已行而得财者斩"律,应拟斩立决。该犯本系会匪,复敢叠劫拒捕,情罪较重,未便稽诛,臣等于七月二十八日审明后,即恭请王命,饬委按察使戚蓼生会同督标中军副将富森布,将该犯绑赴市曹处斩讫。①

这时离戚蓼生出任按察使刚四个月,而且在处决黄江珠以前,他早已置身于泉州地区镇压天地会会众的第一线。

乾隆五十六年十二月二十一日 (1月14日),闽浙总督伍拉纳、福建巡抚浦霖在《奏审拟廖山等人折》中云:

窃照闽省天地会匪,最为地方风俗之害,业经节次大加惩创,诚恐尚有余党漏匿,臣等仍不时严饬水陆文武员弁,留心侦访缉拿。兹据汀漳龙道督同府县及厦门同知会营,先后访获从前曾在台湾入会,后因闻拿,畏罪窜回内地潜匿之廖山、陈水(即陈改)、张廷路、李爵、叶钗五名,饬提解省。行据署布政使戚蓼生与泉永道德泰,督同署福州府知府邓廷辑确审定拟,招解前来。臣等督同该司道等提犯逐加亲鞠。②

乾隆五十七年正月十二日 (2月4日) 伍拉纳《奏续获施敢等人折》中云:

---

① 中国人民大学清史研究所、中国第一历史档案馆合编:《天地会》第五册,中国人民大学出版社,第424—426页。

② 同上,第427—428页。

切（窃）照闽省天地会匪，虽经节次拿获多名，严加惩创，但非随时搜捕，难免复萌故智。今臣驻扎泉州，复督饬署臬司钱受椿、兴泉永道德泰、汀漳龙道史梦琦，严饬地方文武员弁，留心侦缉。据署厦门同知黄莫邦、署龙溪县李大晋，先后报获从前曾在台湾入会，审回内地潜匿之施敢等六名，提至泉州，行令该司道等，督同泉州府徐梦麟、前署泉州府全士潮，审明定拟，解勘前来，臣随亲提复鞫。①

此份奏折中没有提到戚蓼生，大概是因为他回省里处理其他公务去了，按察使一职暂由钱受椿代理，像前一份奏折中提到布政使由戚蓼生代理一样。署，即代理或暂任的意思。

乾隆五十七年四月二十四日（6月13日）伍拉纳、浦霖《奏续获阮班众等人折》中云：

窃照闽省天地（会）匪案内未获逸犯，经臣等不时严饬地方文武留心侦缉。兹据同安县及厦防同知先后禀报，拿获从前曾在台湾入会，审回内地潜匿之阮班众、黄周、黄家和三名，饬提至省。行据福建按察使戚蓼生督同福州府邓廷辑审明定拟，解勘前来，臣等随提犯逐加亲鞫。②

乾隆五十七年六月十八日（8月5日）伍拉纳、浦霖《奏续获谢妈山等人折》中云：

---

① 中国人民大学清史研究所、中国第一历史档案馆合编：《天地会》第五册，中国人民大学出版社，第429页。

② 同上，第430—431页。

窃照闽省天地会匪，最为地方风俗之害。虽经节次访获多名，痛加惩创，臣等恐根株未绝，萌蘖复生，仍饬水陆文武，留心侦缉，并因督粮道钱受椿于漳泉一带往来督缉，素悉情形，委令于稽查海口之便，会同道府，先后弋获会匪凶盗谢妈山、阮上乙，并纠同叠次抢窃未经入会之许聪俊……等共十五名，就近讯问明确，禀解到省。行据按察使戚蓼生督同福州府邓廷辑审拟，招解前来，臣等会同提犯逐一研讯。①

又，乾隆五十七年八月二十四日（10月9日）上谕：

伍拉纳等奏，据泉州道府营县禀报：访得晋江县属有匪徒陈滋、陈池等，听从同安洪圹乡陈苏老、苏叶暗设觥会，派令伙党，潜往各乡，招人入会，欲图抢掠。伍拉纳即带臬司戚蓼生等亲赴泉州，会同玛尔洪阿，分路围挐，将陈苏老等一百三十二名，并搜出刊刷及墨书各号纸等物，现在研审确情，分别定拟。②

同年九月十五日（10月30日）伍拉纳《奏审拟陈苏老等人折》中云：

窃照泉州匪徒陈苏老等改设天地会名色，纠众图劫，先据道府营县访拿禀报，经臣带同臬司戚蓼生、督粮道钱受椿，亲诣泉郡，会同提臣玛尔洪阿，督饬文武员弁，获犯陈苏老等一百三十二名，业经究出不法情形，会折奏闻在案。因尚有首伙苏叶等犯未获，臣一面亲提现犯严行讯究，并饬道府及各镇将等督饬营县上紧搜捕去后。旋据陆续报获苏叶等九十五名先后共获犯二百二十七名。内查为首之陈苏老、苏叶、陈滋、

---

① 《〈清实录〉二六〈高宗纯皇帝实录〉一八》，中华书局，第432页。
② 同上，第979—980页。

陈池、黄饱、姚训、杨耕送、洪廷贺、王培、王爽、卓三捷、许继等十二名，俱经全获。并先后起出刊刻靛二字印板一块，又刷印顺国源分号纸八十一张、半斩刀九把、铁钯十三把、竹锦八条、木棍十一根，一并提解来泉。臣复督按察使戚蓼生、督粮道钱受椿、兴泉永道德泰及泉州府知府徐梦麟等连日研鞠。①

同年十月初三日（11月16日），伍拉纳在《奏续获苏降等人折》中云：

窃照泉州匪徒陈苏老等改设天地会名，纠众图劫，先经臣亲赴督拿，已获首伙多名，分别正法定拟，恭折具奏在案。尚有在逃余犯，复经严饬搜捕去后。兹据文武各员带领兵役，陆续报获苏降即苏港等二十八名，提解来郡。因泉司戚蓼生业经臣饬令回省办理审转案件，臣随督同督粮道钱受椿、兴泉永道德泰及泉州府知府徐梦麟、漳州府知府全士潮等，提犯研讯。②

同年十一月初六日（12月19日），伍拉纳在《奏续获李应望等人折》中又云：

窃照泉州匪徒陈苏老等改设天地会名，纠众图劫，经臣亲赴督拿首伙多名，第次审办，先后恭折具奏，准到部复，钦遵在案。臣因尚有逸犯未据全获，且恐前供伙党尚有不实不尽，复屡经严饬地方文武密访查拿，勒限侦缉去后。嗣据厦防厅并同安、南靖、长泰等县，会同各营汛拿获逸匪李应望、曾愈、周略、苏法、丁得水、苏繁盛、苏云华、苏忠

---

① 中国人民大学清史研究所、中国第一历史档案馆合编：《天地会》第五册，中国人民大学出版社，第458页。兴泉永道，即兴化府（治所在今莆田市）、泉州、永春州兵备道。
② 中国人民大学清史研究所、中国第一历史档案馆合编：《天地会》第五册，中国人民大学出版社，第465页。

胜、苏悦、苏玉、苏芳时等十一名，先后提解来省。臣随督同按察使戚
蓼生、督粮道钱受椿及福州府知府邓廷辑，提犯研讯。①

现在，我们已找到有关戚蓼生参与镇压福建泉州、厦门、漳州、南靖一
带天地会会众的历史资料，有以上九条。第九条伍拉纳奏折上报的时间，是
乾隆五十七年十一月初六日，乾隆帝收阅后加朱批的日期是十一月二十三
日。此时对天地会会众的镇压活动仍在继续。此后，我们还见到伍拉纳于
十二月二十八日和五十八年正月十六日给乾隆皇帝的奏折。在这两次奏折
中，虽未见到戚蓼生继续以按察使的身份出现，但也没有提到他的健康状况
甚至性命出现了问题。直到乾隆五十八年春官兵在尾巷厅②和同安等地擒获
洪欺、何远等五名"逸匪"和漳浦县缉获"逸犯"吴曰之后，伍拉纳于三月
十九日给乾隆帝的奏折中，才第一次提到"福建按察使钱受椿督同福州府知
府邓廷辑审拟，押解前来"③字样，而不见了原来的按察使戚蓼生。这大概是
因为工作过于劳累，他"以劳悴卒"了，终年五十四岁。

那么，戚蓼生究竟是什么时候死的呢？是像周汝昌先生所说"据《续
志》所云'以劳悴卒官'的话，则戚蓼生即卒于乾隆五十七年冬天无疑了"
呢？还是乾隆五十八年年初呢？我们认为戚蓼生卒于乾隆五十八年年初的可
能性为更大。因为如前所述，伍拉纳于乾隆五十七年十一月初六日的奏折中
表明，当时戚蓼生还在镇压天地会会众的第一线，并未透露出他的健康状况
有异常的迹象。乾隆皇帝收读这一份奏折并加上朱批时已是十一月二十三

---

① 中国人民大学清史研究所、中国第一历史档案馆合编：《天地会》第五册，中国人民大学出版
社，第468页。

② 尾巷厅：福建六个散厅之一，地方行政单位，由福州府管辖，其长官官衔为正五品。参见张德泽：
《清代国家机关考略》，中国人民大学出版社，第222—223页。

③ 中国人民大学清史研究所、中国第一历史档案馆合编：《天地会》第五册，中国人民大学出版
社，第478页。

日，离五十八年元旦只有三十多天；《福建通志》也说，按察使"钱受椿，常熟人，五十八年任"①。固然，王先谦说过：

五十七年十二月乙酉（二十一日），以钱受椿为按察使。由粮道迁。②

这时离五十七年除夕，只有不到十天。即使王先谦所记时间不误，也可能是因为戚蓼生确已病重，而按察使一职急需有人主持，所以急忙由钱受椿继任，尚不等于戚蓼生已经死亡。

（六）

乾隆帝即位之初，曾焚香告天，说他若得在位六十年，即当禅位嗣子，不敢上同乃祖康熙皇帝在位六十一年之数。乾隆四十三年，他更明确宣谕："予寿跻八十有五，当即传位皇子，归政退闲。"果然，一到乾隆六十年，他便紧锣密鼓，积极做"归政"准备。其中的一项重大工作便是整肃吏治，为儿子即位留下一个安定、清廉的社会环境。具体表现是大张旗鼓地处理闽浙总督伍拉纳、福建巡抚浦霖和布政使伊辙布的重大贪污案。乾隆六十年四月十一日（5月28日），乾隆帝收到福州将军魁伦密奏：

地方事务，奴才不能详细周知，但风闻各州县仓储大半多非实贮。似此情形，内地尤觉可虑。……今时势至此，再不据实陈明，即是背负天恩，丧尽良心之至。③

乾隆帝立即命查福建仓库亏空，福建督抚伍拉纳、浦霖贪贿大案从此败露。

---

① 《福建通志·职官》。
② 王先谦：《东华续录》，乾隆朝一百十六，第42页背面。
③ 转引《清史编年》第六卷《乾隆朝》下，中国人民大学出版社，第787页。

其实，乾隆皇帝对伍拉纳、浦霖等贪贿案早有察觉，并采取了一些防范。当年五月初六日（6月22日），乾隆皇帝降旨将伍、浦二人和伊辙布革职；乾隆五十八年时继戚蓼生之后任按察使、后又升任广西布政使的钱受椿亦被革职，一并交魁伦等质讯。乾隆皇帝后又命两广总督长麟驰往福建，接替闽浙总督①。九月初七日（10月19日），长麟查明伍拉纳在任内收受盐规十五万两，浦霖索要盐规二万两。乾隆帝命将伍、浦二人家产严密查抄。嗣后又在浦霖原籍查抄出金锭、金器七百八十余两，银二十八万四千余两，银圆一万三千余枚，另有朝珠、玉器、珊瑚、宝石无数，仅三镶玉如意即有一百五十七柄。伍拉纳家赀亦至三四十万之多，亦有如意一百余柄②。

新任闽浙总督长麟、福建巡抚魁伦经数月查讯，尽得伍、浦收受盐规证据，后来解京经乾隆帝亲自廷讯，由军机大臣会同刑部将二人问拟斩候，请旨即行正法。主要罪状是：（1）隐瞒通省亏空。该省亏空由来已久，乾隆五十五年布政使伊辙布禀告库实亏银一百〇五万两，伍拉纳令少报七十万两，随后陆续亏缺至二百五十万两以上。（2）婪索盐规及下属银两，伍、浦各得盐务陋规十五万两和二万两，各收受厦门同知黄奠邦银九千二百两，浦霖收受知府石永福花边银圆二千圆、代知县史恒岱一千圆。（3）于械斗重案袒护按察使钱受椿抽换原券，蔑法徇情，拖毙无辜十命；不认真缉拿外国盗贼，致使福建海面盗风日积。乾隆帝命照所拟，将伍拉纳、浦霖即行处斩。此案中的原福建省按察使、后升任广西布政使的钱受椿，则令在广西壮族自治区城集众官先施刑夹板责，然后监同正法。原福建布政使伊辙布，因先已病故，不见再做处理。然伍拉纳、浦霖、钱受椿、伊辙布的子嗣，均革去生监官职，发往伊犁充当苦役③。至于福建仓贮亏缺案，除已将数逾一万两之秦

---

① 转引《清史编年》第六卷《乾隆朝》下，中国人民大学出版社，第789页。

② 同上，第796—797页。

③ 同上，第800—801页。

为干、李廷彩斩决，李堂等八人绞决外，十二月初十日（1月19日），又将续查出逾万之胡启文处绞，彭良谡绞候①。

根据以上所述，起码似可得出两点：（1）戚蓼生虽"使酒好猘侮人"，但为官清廉，恪尽职守。伍拉纳、浦霖和伊辙布贪污集团，早在乾隆五十五年便已开始作案，他却与这一集团毫不沾边，所以在这一案件的处理中，自始至终不但没有牵涉到他自己，也没有牵涉到他的后人。这就是我们在前面说他是一个与贪污腐败不沾边的清官的一个佐证。（2）案发时，戚蓼生已不在人世，不然后果不堪设想。因为按察使是省内四大行政长官之一，而前已指出，他是主管司法的官，"掌一省刑名按劾之事，以振风纪而澄吏治"，他在任时，对伍拉纳、浦霖和伊辙布们的罪行却没有察觉、没有检举，这是严重失职，必然受到斥责，结果可能会与乃父一样"谪戍军台"，甚至处罚得还要严厉。

戚蓼生的红学观点

戚蓼生的红学观点都集中体现在他的《石头记序》中。由于序文不长，为了便于分析和讨论，我们把它全文转引在下面：

> 吾闻绛树两歌，一声在喉，一声在鼻；黄华二牍，左腕能楷，右腕能草，神乎技矣，吾未之见也。今则两歌而不分乎喉鼻，二牍而不区乎左右，一声也而两歌，一手也而二牍，此万万所不能有之事，不可得之奇，而竟得之《石头记》一书。嘻，异矣！夫敷华掞藻，立意遣词，无一落前人窠臼，此固有目共赏，姑不具论。第观其蕴于心而抒于手也，注彼而写此，目送而手挥，似谲而正，似则而淫，如《春秋》之有微词，史家之多曲笔，试一一读而绎之：写闺房则极其雍肃也，而艳冶已

---

① 转引《清史编年》第六卷《乾隆朝》下，中国人民大学出版社，第804—805页。至此，全案完结。

满纸矣；状阀阅则极其丰整也，而式微已盈睫矣；写宝玉之淫而痴也，而多情善悟，不减历下琅琊；写黛玉之妒而尖也，而笃爱深怜，不啻桑娥石女。他如摹绘玉钗金屋，刻画芎泽罗襦，靡靡焉几令读者心荡神怡矣，而欲求其一字一句之粗鄙猥亵，不可得也。盖声止一声，手止一手，而淫佚贞静，悲戚欢愉，不啻双管之齐下也。噫，异矣，其殆稗官野史中之盲左、腐迁乎？然吾谓作者有两意，读者当具一心。譬之绘事，石有三面，佳处不过一峰；路看两蹊，幽处不逾一树。必得是意，以读是书，乃能得作者微旨。如捉水月，祇挹清辉；如雨天花，但闻香气，庶得此书弦外音乎？乃或者以未窥全豹为恨，不知盛衰本是回环，万缘无非幻泡。作者慧眼婆心，正不必再作转语，而万千领悟，便具无数慈航矣。彼沾沾焉刻楮叶以求之者，其与开卷而寤者几希！

读完序文，我们可以看出，戚蓼生对曹雪芹的艺术才能和《红楼梦》的艺术成就做出了多么崇高的评价！对《红楼梦》的写作手法和总体艺术构思做出了多么深刻的分析！对《红楼梦》的阅读和欣赏提出了多么好的见解！下面，我们将对此三点试做一些探讨。

（一）

戚蓼生认为，曹雪芹的艺术才能和《红楼梦》的艺术成就，超过了"一声在喉，一声在鼻"的"绛树两歌"和"左腕能楷，右腕能草"的"黄华二牍"，达到了"一声也而两歌，一手也而二牍"的境界。

绛树和黄华是什么地方人？由于史料不足征，已难查考。那么他们生活在什么时代？曹丕说过：

今之妙舞，莫巧于绛树；清歌，莫善于宋腊。[①]

---

① 曹丕：《答繁钦书》，《魏文帝集》卷四，清宣统三年 (1911)，上海文明书局发行。

这样，我们知道，绛树与曹丕是同时代人，生活在汉末至魏初间。又，南朝梁人庾肩吾云：

> 绛树与西施，俱是好容仪。①

这样，我们又知道，绛树也是女性，与西施一样，容颜姣好。

又，元朝人伊世珍所辑《琅嬛记》引《志奇》云：

> 绛树一声歌能两曲，二人细听，各闻一曲，一字不乱。人疑其一声在鼻，竟不测其何术？当时有黄华者，双手能写二牍，或楷或草，挥毫不辍，各自有意。②

这样，我们又知道，黄华也是汉末魏初人。至此，我们若以时下所尚，就可以赐给他们一人一顶桂冠：绛树是著名歌唱家，黄华是著名书法家。从此我们还可得知戚蓼生关于"绛树两歌"、"黄华二牍"两个典故来源之所自。当然，由于"绛树"一典在唐朝人冯贽的《记事珠》中已有记载，而且文字与《琅嬛记》中所引《志奇》文字相同，因此，戚蓼生序文中用来作为此项根据的，或许比伊世珍书中所引的更早。

（二）

"神乎技矣"的"绛树两歌"和"黄华二牍"，戚蓼生自己明确说明他没有听到过，也没有看见过。但他见过有关文字记载，这是毫无问题的。去

---

① 庾肩吾：《绿美人》，见重校精印《汉魏六朝百三名家集·庾度支集》，中华民国十四年(1925)，扫叶山房发行。

② （元）伊世珍辑：《琅嬛记》卷上，第18页。

年春、夏间，友人李郁文兄曾经告诉我，现在我国一些民间歌曲史料和民歌演唱材料中，还能见到这种"两歌"的现象。比如，据说在内蒙古阿拉善盟科尔沁地区蒙古族人民中，曾有一种古老的双声部民歌叫潮尔音道。演唱时不用乐器伴奏，歌手全是男性。首先由一位歌手领唱一句引腔，随即伴唱开始。领唱者先用特殊的发音方法，发出浑厚浓重的持续低音"噢"（音高在大字组C与E之间），接着又用特殊的演唱技法，在发出持续低音的同时，发出与低音相距十二度以上的泛音，叫浩音潮尔。这时，高音区的旋律舒展开阔，壮丽奔放，共同创造出一种深邃浩瀚的艺术境界[1]。这种演唱方法，我们认为与戚蓼生序文中所说的"一声在喉，一声在鼻"的"绛树两歌"颇为类似。

如果说上面介绍的潮尔音道的例子还只是一种文字传说，那么今天新疆北部阿勒泰地区蒙古族人民中的一种被称为"霍勒因楚吾尔"的绝技，就是现今仍在阿勒泰市杭德盖图蒙古族乡等地蒙古族牧民中，还有人能够表演的实际存在了。表演者不用乐器，先从喉间呼出气鼻长低音，一般多在两拍以后，再从口腔中吹出清澈优美的泛音旋律。持续的长低音与泛音旋律同时进行，令人陶醉，令人激赏[2]。

至于"黄华二牍"，据我的浅见，则似乎还能在我们的戏剧舞台上见到，如著名京剧演员孙毓敏饰演《人面桃花》中的叶蓁儿、河北梆子剧团著名演员裴艳玲饰演《钟馗》中的钟馗等等，她们双手各各握一支笔，题字题诗，均属此类。当然，她们不像黄华那样，同时"能楷"、"能草"，那是因为她们不是专门书法家，不必要求到黄华那样专门的程度。

很明显，在这里，戚蓼生是用绛树高超的歌唱才能和黄华高超的书法艺术，来比喻《红楼梦》作者曹雪芹杰出的艺术成就。

记得曾听有人说过，一切比喻都是蹩脚的。这话显然说得过于绝对，刘

---

[1] 参见《中国民间歌曲集成·内蒙古卷》上，人民音乐出版社，第15—16页。
[2] 参见《中国民间歌曲集成·新疆卷》，人民音乐出版社，第1433—1434页。

勰就不这样认为。他在《文心雕龙》一书中，有《比兴》一篇专论，就对比喻这种写作手法做了深入细致的论述。他说：

> 何谓为"比"？盖写物以附意，飏言以切事者也。故金锡以喻明德，珪璋以譬秀民，螟蛉以类教诲，蜩螗以写号呼，浣衣以拟心忧，席卷以方志固：凡斯切象，皆"比"义也。

又说：

> 夫"比"之为义，取类不常：或喻于声，或方于貌，或拟于心，或譬于事。宋玉《高唐》云："纤条悲鸣，声似竽籁。"此比声之类也。枚乘《菟园》云："焱焱纷纷，若尘埃之间白云。"此则比貌之类也。贾生《鵩赋》云："祸之与福，何异纠缠？"此以物比理者也。王褒《洞箫》云："优柔温润，如慈父之畜子也。"此以声比心者也。……至于扬、班之伦，曹、刘以下，图状山川，影写云物，莫不织综"比"义，以敷其华，惊听回视，资此效绩。……故"比"类虽繁，以切至为贵。若刻鹄类骛，则无所取焉。

在这两段引文里，第一，刘勰对"比"这种写作手法做了界说，指出它是用一事物来比附某种意义，夸大其词以说明事理的。如：《诗经》中的《卫风·淇奥》用金和锡比喻美德；《大雅·卷阿》用名贵的玉器比喻贤人；《小雅·小宛》用蜜蜂育螟蛉比喻养育后代；《大雅·荡》中用大小蝉鸣比喻朝政纷乱；《邶风·柏舟》中用脏衣未洗比喻心情烦忧，又用床席可卷反衬自己矢志不变。第二，刘勰指出，"比"这种写作手法，在运用时没有定规，或者比声音，或者比形貌，或者比心情，或者比事物。如宋玉《高唐赋》说：风吹细枝，发出悲声，好像吹竽一样；枚乘《菟园赋》中说，群鸟在空中疾飞，好像尘埃吹进白云；贾谊《鵩赋》中说，灾祸与幸福相连，同绳索交织在一起有什么两样？王褒的《洞箫赋》中说，箫声轻柔温润，犹如慈父之抚育儿女。至于扬雄、班固之流，曹植、刘桢以后的作家们，他们图画山川，描摹云霞，没有不是靠编织比喻来显示文采的；而所以能够受到读者的喜爱和赞赏，也是靠比喻奏效的。所以比喻的运用虽然繁多，但以贴切为上，如果原想画只天鹅，结果却画得像只野鸭，那就没有什么可取的了。

（三）

现在，我们用刘勰的上述理论，来检视戚蓼生用"绛树两歌"和"黄华二牍"同《红楼梦》的艺术成就相比，是否贴切呢？我们认为是贴切的。关于这一点，其实脂砚斋早已指出。比如，当贾琏的心腹小厮兴儿在回答完尤二姐关于贾母、王夫人、凤姐以下诸人，特别是说"生怕这气大了，吹倒了姓林的；气暖了，吹化了姓薛的"以后，接下去第六十六回一开始，就有"鲍二家的打他一下子，笑道：'原有些真的，叫你又编了这混话，越发没有捆儿①。你倒不像跟二爷的人，这些混话倒像是宝玉那边的了。'"这里，己卯、庚辰两本均有脂砚夹批云：

> 好极之文！将茗烟等已全写出，可谓一击两鸣法，不写之写也。

又如，第七回周瑞家的到梨香院向王夫人回话出来，薛姨妈托她将十二支宫花送给迎、探、惜三姊妹和凤姐、黛玉。当最后送到黛玉处时，黛玉问道："'还是单送我一个人的，还是别的姑娘们都有？'周瑞家的道：'各位都有了，这两支是姑娘的了。'黛玉再看了一看，冷笑道：'我就知道，别人不挑剩下的，也不给我。'"这里，甲戌本有脂砚斋批云：

> 余问（谓），送花一回，薛姨妈云：宝丫头不喜这些花儿粉儿的，则谓是宝钗正传；又主（至）阿凤、惜春一段，则又知是阿凤正传；今又到颦

---

① 捆，束缚。没有捆儿，犹如说没有边儿。

儿一段，却又将阿颦之天性从骨中一写，方知亦系颦儿正传。小说中一笔作两三笔者有之，一事启两事者有之，未有如此恒河沙数之笔也。

像这样"一击两鸣"、"一事启两事"，甚至"一笔作两三笔"的例子，不仅仅是上述这两个，这里不再一一介绍。我们想要着重提到的，而且一向被不少读者赞赏不已的，是第四十回"史太君两宴大观园，金鸳鸯三宣牙牌令"中的一段。这一段说的是刘姥姥二进荣国府时，因投贾母的人缘，被称为"老亲家"，留饭留宿，还应邀参加大观园的筵宴。开宴前，鸳鸯、凤姐将她以依附于富贵人家，为主子帮闲凑趣的"女蔑片"视之，决意捉弄她。刘姥姥虽然打从开始就了解鸳、凤二人之意，却不但不恼，反而很主动出色地配合她们演出了这幕"取个笑儿"的悲喜剧。宴会开始，当贾母说声"请"时，刘姥姥便站起身来，高声说道："老刘，老刘，食量大如牛，吃一个老母猪，不回头。"自己却鼓着腮不语。

这突如其来的举动，众人先是一怔。后来一听，又见了她"鼓着腮不语"，待人喂食的样子，于是：

> 上上下下都哈哈的大笑起来。史湘云撑不住，一口饭都喷了出来；林黛玉笑岔了气，伏着桌子嗳哟；宝玉早滚到贾母怀里，贾母笑的搂着宝玉叫"心肝"；王夫人笑的用手指着凤姐儿，只说不出话来；薛姨妈也撑不住，口里茶喷了探春一裙子；探春手里的饭碗，都合在迎春身上；惜春离了座位，拉着她奶母叫揉一揉肠子。地下的无一个不弯腰屈背，也有躲出去蹲着笑去的，也有忍着笑上来替他姊妹换衣裳的……

这是一幅绝妙的群钗笑貌图。她们笑得是那样尽兴、那样自然，而且又与她们的性格、身份和体质状况各各相合。比如，讲究妇德、妇容、妇功的封建淑女薛宝钗，就不可能像"梦态决裂、豪睡可人"^①、"英豪阔大宽宏量"的史湘云那样，笑得把嘴里的"一口饭都喷了出来"，曹雪芹甚至没法写她也笑，倒是乃母薛姨妈笑得把"口里茶喷了探春一裙子"；"泪光点点，娇喘微微"、"病如西子胜三分"的林黛玉，自然难耐大笑引起的强兴奋刺激，以至要"笑岔了气，伏着桌子嗳哟"；宝玉在大笑的同时不忘撒娇，要"滚到贾母怀里"；溺爱孙儿的贾母，也乘势把宝玉抱在怀里叫"心肝"；探春笑得忘情，将手里的饭碗合到了姊姊迎春的身上；幼弱的惜春，笑得要离开座位，让奶妈揉揉肠子；王夫人笑得说不出话来，只用手指着凤姐，意思似是叫她不要恶作剧；等等。这样，我们可以看出，戚蓼生用"绛树两歌"和"黄华二牍"来形容曹雪芹《红楼梦》的艺术成就，不仅贴切，甚至可说是尚未能尽善。因为《红楼梦》的艺术成就，超过了"一击两鸣"、"一石双鸟"、"一事启两事"、"一笔作两三笔"的范围，达到了像脂砚斋所说是"恒河沙数之笔"，或者如有的论者所说，是"水银泻地"似的"生花妙笔"^②。

戚蓼生红学理论渊源

前面，我们着重就戚蓼生用"一声在喉，一声在鼻"的"绛树两歌"和"左腕能楷，右腕能草"的"黄华二牍"与曹雪芹《红楼梦》艺术成就所做比喻是否贴切进行了讨论。至于他"试一一读而绎之"的曹雪芹"蕴于心而抒于手也，注彼而写此，目送而手挥，似谲而正，似则而淫，如《春秋》之有微词，史家之多曲笔"采取的写作手法和取得的艺术成就，则有意留到此后再做研究。

（一）

我们必须指出，戚蓼生这里提到的"注彼而写此"，其实并不是他的首

---

① 《读花人论赞·史湘云赞》，《增评补图石头记》第一册，中国书店。
② 参看何士龙：《手挥五弦，目送飞鸿》，《红楼梦学刊》1987年第4辑，第17页。

创，而是在前人思想观点基础上发展演变而来的。首先要提到的是《易经》。《周易·系辞下》曰：

> 夫《易》彰往而察来，而微显阐幽……其称名也小，其取类也大。其旨远，其辞文，其言曲而中，其事肆而隐。①

孔颖达《正义》曰：

> 夫《易》"彰往而察来"者，往事必载，是彰往也；来事预占，是察来也；而"微显阐幽"者，阐，明也，谓微而之显，幽而阐明也；"其称名也小"者，言《易》辞所称物名多细小……；"其取类也大者，言虽是小物而比喻大事"；"其旨远"者，近道此事，远明彼事，是其旨意深远，若龙战于野，近言龙战，乃远明阴阳斗争；"其辞文"者，不直言所论之事，乃以义理明之，是其辞文饰也……；"其辞曲而中"者，变化无恒，不可为体例，其言随物屈曲，而各中其理也；"其事肆而隐"，其《易》之所载之事，其辞放肆显露，而所论义理深而幽隐也。

其次是《左氏春秋传·成公十四年》云：

> 春秋之称，微而显，志而晦，婉而成章，尽而不汙，惩恶而劝善。②

杜预注云：

---

① 《十三经注疏》上，中华书局1980年版，第89页。以下所引《易经》文字，均来自此书，不再注明。

② 《春秋左传正义》，《十三经注疏》下册，中华书局1980年版，第1913页。

"微而显"，辞微而义显。"志而晦"，志，记也，晦亦微也，谓约言以记事，事叙而文微。"婉而成章"，婉，曲也，谓屈曲其辞，有所避讳，以示大顺，而成篇章。"尽而不汙"，谓直言其事，尽其事实，无所汙曲。"惩恶而劝善"，善名必书，恶名不灭，所以为惩劝。

杜预还在他的《春秋经传集解》所做的《春秋序》中，对上述《成公十四年》的话做了这样的解说：

发传之体有三，而为例之情有五：一曰微而显，文见于此，而起义在彼……；二曰志而晦，约言示制，推以知例，参会不地……；三曰婉而成章，曲从义顺，以示大顺，诸所讳避……；四曰尽而不汙，直书其事，具文见意……；五曰惩恶而劝善，求名而亡，欲盖而章。

所谓"发传之体有三"，即指"旧例"、"变例"和"非例"。杜预在紧接此段之前已经指出：

其发凡以言例，皆经国之常例，周公之垂法，史书之旧章，仲尼从而修之，以成一经之通体，其微显阐幽，裁成义例者，皆据旧章而发例……；诸称书，不书、先书，故书，不言，不称，或曰之类，皆所以起新旧，发大义，谓之变例；然亦有史所书，即以为义者，此盖《春秋》新意……；其经无义例，因行事而言，则传直言其旧趣而已，非例也。

再次就是刘勰，他在《文心雕龙·比兴》中说：

观夫"兴"之托谕，婉而成章；称名也小，取类也大。《关雎》有别，故后妃方德；尸鸠贞一，故夫人象义。义取其贞，无从于夷禽；德贵其别，不嫌于鸷鸟；明而未融，故发注而后见也。

刘勰对"兴"的解释,与《周易》、《左传》所论,是一脉相承的,甚至可以说,刘勰是重复《周易》和《左传》的观点。但是,刘勰用《关雎》的所谓"雌雄有别"是赞美后妃的德行,《鹊巢》中"尸鸠贞一"是赞美国君夫人的德行,来阐释"称名也小,取类也大",那显然是袭用汉代经学家的说法,与《关雎》、《鹊巢》的真实诗意不合,因为《诗经》中的这两篇诗,现在的研究者大都认为是抒写男女爱情的,与所谓"后妃"、"国君夫人"毫无关系。

以上不管是《周易》、《左传》,还是《文心雕龙》中所述,虽然与戚蓼生关于曹雪芹《红楼梦》中"注彼而写此"的写作手法和艺术构思中所提出的问题,在字面上没有明显的相同之处,但精神却是相通的。比如《周易·系辞下》中所谈,以及孔颖达《正义》对此所做的解释,都是讲《周易》是采用由小到大,由远而近,由此及彼,委婉含蓄的写作手法,来阐明幽微深奥的事理,达到说明事物来龙去脉的目的。《左传·成公十四年》中说的"《春秋》之称,微而显,志而晦"等等,以及杜预对它所作的解释,也是指出作者的著书体例,即写作手法,或曰笔法。《左氏春秋》的作者,不管是左丘明还是别的什么人,在写作中很善于根据不同人物、不同情况,进行委婉含蓄、言简意赅的讲述,字斟句酌。或含蓄忌讳,隐恶而扬善;或放笔直书,惩恶而劝善。包括上述刘勰《文心雕龙·比兴》在内,所有这些,曹雪芹都会是很熟悉,而且在他的写作中,实际上也是运用了的。

(二)

当然,我们认为,戚蓼生对这些也会是很清楚的。我们还认为,更有可能的是,戚蓼生在阅读《红楼梦》和撰写《石头记序》的时候,直接吸取和运用了金圣叹批点第六才子书《西厢记》中提出的理论。

金圣叹原名金采,又名金喟,字若采,后改为人瑞,圣叹是他的别号,江苏吴县 (今苏州) 人,生于明神宗万历三十六年 (1608)。稍长应科试,以优异成绩"举拔第一",补吴县庠生。但他一生没有做官,只以评书论文,设座讲学为业。顺治十八年 (1661) 正月初七日 (2月5日),顺治皇帝福临因患天花病逝。越二日,玄烨即位,是为康熙皇帝。同年三月,谥顺治帝为"体天隆运英睿钦文大德弘功至仁纯孝章皇帝"，庙号世祖。

史料记载，清兵入关后，不仅实行走马圈地，使农民，甚至汉民族中的中小地主丧失了赖以生存的土地，而且赋税繁杂。顺治朝末期，又将江南、浙江、江西三省漕粮改为折收银两，并谕吏、户二部：钱粮系军国急需，而各省拖欠甚多，完解甚少，"今后经管钱粮各官，不论大小，凡有拖欠参罚，俱一体停其升转，必待钱粮完解无欠，方许题请开复升转"，还规定"直省巡抚以下、州县以上征催钱粮未完分数处分例"。于是地方官吏乘机聚敛，被累人员极多，江南尤甚，致使抗粮事件屡有发生。苏州府吴县知县任维初，滥用刑罚，贪贿浮征，甚至盗卖常平仓米千石，却令各户分摊补齐，全县人民愤恨不已。至令金圣叹、倪用宾等知识分子，于顺治十八年二月初四日 (3月4日)，利用"哭临大典"集哭苏州孔庙，并到巡抚衙门投递诉状。巡抚朱国治闻知，找任维初诘问所以。任维初说，他才到任两月，无从得银，而抚台索之甚急，不得已而粜粮。朱国治立即改换口气，说哭庙事件之所以发生，是因"县令催征招尤，劣生纠党肆横"，以致"震惊先帝之灵"，说金圣叹、倪用宾等人的目的是要"聚众倡乱，摇动人心"，并以此上报朝廷。清廷派满洲侍郎叶尼前往查处。嗣后报经题准，于同年七月十三日 (8月7日)将金圣叹、倪用宾等十八人处斩[①]。这就是历史上有名的"哭庙案"。

金圣叹一生著述甚多。在他族兄金昌为他刊刻的"第四才子书"《杜诗解》中，附有《唱经堂遗书目录》，分"内书"和"外书"两部分，共三十余种。金圣叹自己在《圣叹外书》"读第六才子书《西厢记》法"中说：

> 仆昔因儿子及甥侄辈，要他做得好文字，曾将左传、国策、庄、骚、公、谷、史、汉、韩、柳等书，杂撰一百余篇，依张侗初先生必读古文旧名，只加"才子"二字，名曰"才子必读书"，盖致望读之者之必有才

---

① 参见《清史编年》第一卷《顺治朝》，中国人民大学出版社，第598—599页。

子也。久欲刻布指正，苦因丧乱，家贫无资，至今未就。

后来他将《离骚》、《庄子》、《史记》、杜甫诗、《水浒》和《西厢》依次命名为六才子书，准备一一进行评点。然而，金圣叹在临刑前寄给金昌的《绝命词》三首之一云：

> 鼠肝虫臂久萧疏，只惜胸前几本书。
> 虽喜唐诗略分解，庄骚马杜待何如？

可见，到他死时，真正评点完了的只有第五才子书《水浒传》和第六才子书《西厢记》。世传第四才子书《杜诗解》，本是未完成之作，是金圣叹被刑后，由金昌搜集汇编而成的。至于《庄子》、《离骚》和《史记》三才子书，则如王大错在《才子杜诗解叙》中所说，"我敢决其未着墨焉"。他还提出"一新见解曰：'先生之评才子书也，盖自下而上，先小说、次诗、次乃及古文，至杜诗未卒业而身已被难'"[①]。

（三）

在《贯华堂第六才子书西厢记》中，有读"第六才子书《西厢记》法"八十一条，这是金圣叹阅读《西厢记》的心得体会和精心研究后的理论总结。我们认为，戚蓼生在他的《石头记序》中，就是利用其中第十五、十六和十七等三条对《红楼梦》做出评论的。金圣叹这三条是：

> 十五文章最妙是目注彼处，手写此处。若有时必欲目注此处，则必手写彼处。一部《左传》便十六都用此法。若不解其意，而目注此处，手亦写此处，便一览已尽。

---

① 《杜诗解》附录二《叙传》，上海古籍出版社1984年版，第277页。

十六文章最妙是目注此处，却不便写，却去远远处发来，迤逦写到将至时，便且住，却重去远远处更端再发来，再迤逦又写到将至时，便又且住。如是更端数番，皆去远远处发来，迤逦写到将至时，便即住，更不复写出目所注处，使人自于文外瞥然亲见。

十七文章最妙是先觑定阿堵一处，已却于阿堵一处之四面，将笔来左盘右旋，右盘左旋，再不放脱，却不擒住，分明如狮子滚毬相似。本只是一个毬，却教狮子放出通身解数，一时满棚人看狮子，眼都看花了，狮子却是并没交涉，人眼自射狮子，狮子眼自射毬。盖滚者是狮子，而狮子之所以如此滚，如彼滚，实都为毬也。

读了以上几条，我们认为，这明显是脱胎于杜预的"文见于此，而起义在彼"。而且我们知道，金圣叹还明确说过：

圣叹本有才子书六部，《西厢记》乃是其一。然其实六部书，圣叹只是用一副手眼读得。如读《西厢记》，实是用读《庄子》、《史记》手眼读得；便读《庄子》、《史记》，亦只用读《西厢记》手眼读得。

又说，他谈到的一些心得体会和提出的写作理论，"《左传》、《史记》便纯是此一方法，《西厢记》亦纯是此一方法"。这就说明，金圣叹不仅熟悉《离骚》、《庄子》、《史记》、杜甫诗、《水浒》和《西厢记》这六部书，同时也熟悉包括《左传》、《国策》、《公羊》、《谷梁》、《汉书》等书的作者和韩愈、柳宗元等人的写作实践，而且还继承了左丘明、杜预、刘勰和孔颖达等历代先人的写作理论，并加以发展和深化。

戚本和《石头记序》

戚蓼生在什么时候购得《石头记》抄本？又在什么时候撰写出这篇高水

平的序文？这恐怕是一个已成为死结的难题，很难有人能够做出准确、切实的回答了。不过，我们还是可以根据红学发展过程中形成的某些历史资料，做出一些合理的和近似的推测。我们认为，戚蓼生购买到这个抄本，当在乾隆三十四年他到京参加会试，中式后在京候职、任职，到乾隆四十二年任四川副主考的七八年之间，而以此一时期前期购得的可能性为最大。因为这时离曹雪芹之死也已有七八年，《红楼梦》的早期抄本已从作者亲朋好友的小圈子中传出，开始在社会上流传。书贾们为了牟利，雇人传抄，"每传抄一部，置庙市中，昂其值得数十金"①。价钱虽然昂贵，但戚蓼生入仕以后，月有俸金，被书中的故事情节所吸引，又有无穷的艺术享受，他买来不时把玩欣赏，当是很自然的事。至于序文的写作，则大约在他任盐法道之后，甚至是在乾隆五十四、五十五年间。经过长期的把玩琢磨，他对《红楼梦》的思想意义、写作特点和艺术成就，有了更深的理解与认识。也许他还想将它与抄本刊刻在一起，永远传之后世。

（一）

我们之所以说戚蓼生的序文是他在卸任盐法道之后，甚至是在乾隆五十四、五十五年写的，更主要的是因为他在序文中已明确提到，序文写于当时有人"以未窥全豹为恨"，正"沾沾焉刻楮叶以求之"的时候。就是说，有人正在从八十回以后补写续书，使之成为一个更加完整的故事，以便能够消除他们"未窥全豹"的遗憾。

楮，植物名，桑科，落叶乔木。它的皮纤维是制纸的原料，可以制成桑皮纸，因此楮叶就成为纸的代称。从字面意义讲，这就足以说明，这时戚蓼生已确切地知道，有人在续写八十回以后的部分。这里，戚蓼生是暗用一个历史典故来表达自己的这一观点。《列子·说符》云：

---

① 程伟元：《红楼梦序》，《红楼梦资料汇编》上册，中华书局，第31页。

> 宋人有为其君以玉（《韩非子·喻老》作"象"——作者）为楮叶者，三年而成。锋（《韩非子》作"丰"——作者）杀茎柯，毫芒繁泽，乱之楮叶中而不可别也，此人遂以巧食宋国。子列子闻之，曰："使天地之生物三年而成一叶，则物之有叶者寡矣，故圣人恃道化而不恃智巧。"①

用三年时间将玉雕刻成楮叶，置之真楮叶中而难辨真假，可见这样的模仿水平达到了多高的高度。后人遂以此作为模仿逼真之比喻。但是，列御寇却不以为然。他认为圣人依恃的是自然法则，而不依靠人们的智巧。戚蓼生在暗用这个典故时，也同样有着这样的用意。他认为世事的兴亡更替不过是一次又一次的循环往复，造成万事万物生成死灭的各种因缘也无一不像泡沫一样，瞬间破灭，不可依恃。作者慧眼婆心，不用做任何解释，读者会顿生观世音菩萨普度众生逃出苦海那样的神力，对《红楼梦》中关于世事由盛到衰，即由"好"到"了"的种种道理，就能够了然领会和完全省悟。那种自鸣得意、沾沾自喜的人，以为通过写作续书便可得到的"全豹"，其实他们与开卷便已领悟个中道理的人，差别是极其微小的。

这里，我们当然无意对戚蓼生"盛衰本是回环，万缘无非幻泡"的观点进行评论，只是想以此证明，他写作序文时，八十回以后的部分不仅正在进行，而且已经接近完成。

我们知道，《红楼梦》的第一种续书，就是高鹗在原书八十回以后续补的后四十回，也即张问陶在嘉庆六年（1801）《赠高兰墅鹗同年》诗注中说的"传奇《红楼梦》八十回以后，俱兰墅所补"。其他续书，则大都产生在嘉庆初年以后，有的甚至到光绪年间才问世。所以，戚蓼生在序文中说的"或者以未窥全豹为恨"、"沾沾焉刻楮叶以求之"的人，当然是指高鹗。

---

① 杨伯峻：《列子集解》卷八《说符篇》，中华书局1979年版，第243—244页。

（二）

从史料中得知，高鹗于乾隆五十三年（1788）顺天府乡试中式以后，次年即五十四年四月开了己酉恩科，乾隆定三鼎甲为：状元胡长龄、榜眼汪延珍、探花刘凤诰三人为进士及第，二甲钱楷等三十三人为进士出身，三甲广善等六十二人为同进士出身；五十五年为本科会试，乾隆帝又亲定状元石韫玉、榜眼洪亮吉、探花王富成等三人为进士及第，二甲辛从益等三十三人为进士出身，三甲邵葆醇等六十一人为同进士出身。但这两次会试，高鹗均未参加。究其原因，一则或如程伟元所说，高鹗在参加顺天乡试之后，极度疲乏，"闲且惫矣"；二则他也是一个多情种子，自号"红楼外史"，被所谓"全豹"所吸引，又在程伟元的鼓动下，全身心地投入了续书的写作，而且进展得比较顺利，乾隆五十五年便已基本完成，甚至在乾隆五十四年，抄本便已流传到了福建。周春在《阅红楼梦随笔》中引杨畹耕语云：

> 乾隆庚戌（1790）秋，杨畹耕语余云："雁隅以重价购钞本两部，一为《石头记》，八十回；一为《红楼梦》，一百廿回，微有异同，爱不释手。监临省试，必携带入闱，闽中传为佳话。"①

杨畹耕，浙江海宁人，与杨嗣曾是兄弟辈。雁隅，即杨嗣曾，字宛东，号两松，又号雁隅②。曾祖杨雍建，累官至兵部左侍郎；祖父中吉，娶江苏丹徒张氏；江宁徐贻，亦娶于张，她们是姑侄。后来贻亦迁丹徒，有子徐沂，曾聘蒋氏，沂早逝，矢志守贞，终归于徐。徐贻求中吉将嗣曾父杨震为沂后，中吉许之。此时嗣曾还是幼童，也跟着到了丹徒。稍长，到了上学应试年龄，丹徒人认为嗣曾是异姓异籍，不得应试。叔父杨让他回海宁，复姓

---

① 周春：《阅红楼梦随笔·红楼梦记》，转引自一粟编：《红楼梦资料汇编》上册，中华书局，第66页。
② 周春：《耄馀诗话》卷三十。

杨，教育成立。乾隆二十八年（1763）考取进士，三十二年分发户部，由主事、员外郎而典试陕甘。擢郎中，分校顺天，接着又督学陕甘。任满回京，念蒋氏抚养之恩，陈请封典——皇上给的一种封典。乾隆帝命江浙抚臣确访，属实，遂准改徐姓①。乾隆四十年授云南迤东道，后来又先后任安徽按察使、福建布政使，乾隆五十年升任福建巡抚②。

此时已是林爽文领导的天地会在台湾起义的时期，清廷派大军剿捕，徐嗣曾渡海筹边。乾隆五十三年二月初一日，林爽文被捉的消息奏报到京，台湾天地会起义以失败告终。闽浙总督福长安密奏："令嗣曾赴军营商办一切安民善后之计。"而且任务完成得很好，乾隆帝称赞："盖平台一役，灭贼者将军之功；统领一切军务者，制府之绩；而招逃抚顺，惩奸安良，俾地方宁谧，过师如枕席，则嗣曾之力居多。"③

（三）

各省省试一般由各省巡抚主持监临。乾隆五十三年的福建省，因徐嗣曾负责台湾安民善后而抽不出身来，改由闽浙总督李侍尧代理。为了庆祝乾隆皇帝的八十大寿，乾隆五十四年，会试和省试都加开了恩科。杨畹耕说雁隅将购得的两个抄本，省试时都携带入考场，只能是该年八月福建的省试。因为第二年七月，徐嗣曾就起程进京参加乾隆帝的寿庆，还到承德接受召见，并当面申请免去自己的巡抚职务。乾隆帝未允。后来徐嗣曾在返回福建的途中，于十一月初一日到台儿庄，病死舟中④，享年五十六岁。著有《思益山房集》。

此时戚蓼生还在等待新职，乾隆五十五年"九月引见，竟可"之后，五十六年四月"内用福建按察使"。如前所述，于五十八年年初（一说五十七年年

---

① 《海宁州志稿》卷二十八《人物志·名臣》。
② 《清史编年》第六卷《乾隆朝》下，中国人民大学出版社，第496页。
③ 嘉庆十年《丹徒重修县志》卷二十《人物·名臣下》。
④ 《清史编年》第六卷《乾隆朝》下，中国人民大学出版社，第657页。

底)死于任所。他藏有的《石头记》抄本和撰写的《石头记序》，此时当然还是各自分开，未能刊刻在一起。

戚蓼生死后，大约到同治末或光绪初，他的藏抄本和序言流传到了张开模手里。[①]后来，张开模在抄本上钤有四枚印章，即"桐城张氏"、"守诠子"、"瓮珠室"和"狼籍画眉"。据说人们就是根据这四枚印章显示的线索查明，张开模字印唐，别署守诠子，安徽桐城人，寄籍江苏淮安，康熙朝文华殿大学士张英的后代，因足病废一肢，不良于行。他能诗文，好藏书，著有《守诠子瓮珠室集联》一册，中华民国二十五年(1936)上海蟫隐庐石印本，卷首有他女婿罗振常(蟫隐庐室主，近代金石学家罗振玉的弟弟)撰写的序文。还有《瓮珠室杂记》残稿本一册。"狼籍画眉"是根据杜甫《北征》"狼籍画眉阔"诗意，钤在藏抄本上的一枚闲章。张开模生于道光二十九年(1849)，卒于光绪三十四年(1908)，享年六十岁。

20世纪六七十年代，据年近八十的罗振常的长女罗仲安回忆：她外祖父生前非常珍视自己藏有的这个《石头记》抄本。他死后不久，外祖母就将它卖掉了。后来听说这个抄本到了有正书店老板狄平子(号葆贤，又号楚青)手里，但其间是否有他人转手，她已记不清楚。不过，也有两种传言：一说狄平子的一位朋友俞明震得到一部有戚序的抄本，后归狄付石印，即有正本；一说狄平子是从北京购买的。但是，不管他是怎么弄到手的，这个抄本是张开模所藏的戚序本是无可否认的。

狄平子得到这个抄本时，上海早已有了照相落石的技术和设备，所以他稍做整理和技术处理，将张开模钤有的四枚印章消掉，于清宣统末年和"中华"民国元年，用"原本红楼梦"的书名，先后出版有正大字本。"中华"民国九年(1920)，有正又用大字本剪贴，照相编印了一种小字本，而且"中

---

① 这以后部分，多半是我根据已故魏绍昌先生发表在《红楼梦学刊》1979年第2辑上《新发现的"有正本"〈红楼梦〉底本浅谈》一文编写的，如有错误和不妥处，由我自己负责。

华"民国十六年 (1927) 还出版了再印本。到1975年6月，人民文学出版社编辑部又出版了《戚蓼生序本石头记》，但《出版说明》却是两年前，即1973年9月写的。

二知道人（蔡家琬）及其《红楼梦说梦》

　　二知道人，真名叫蔡家琬，字右峨。二知道人是他的别号，只见署于他的红学专著《红楼梦说梦》上。他素慕陶渊明之为人，写诗亦学自陶，故又自号陶门弟子。

　　蔡家琬，安徽合肥人。他的父亲"月樵先生，性恬雅，闭户著书，尤耽韵事"。"月樵"二字，似非其名，而是他的表字。他是一个能著书立说，尤擅长作诗的有较高文化素养的人，所以蔡家琬幼年学写诗时，常"乐于指示"。据刘体重在《陶门续集·序》中说："陶门执其尊人遗集及《陶门弟子集》来谒"中的"尊人遗集"，应是他父亲"月樵先生"的诗集，只是现在我们已无法见到了。

　　虽然蔡家琬幼年时期家庭富裕，又出身于当地一个名门大族，因此"颇以门第人才自负"①。但由于他在四十岁以后就离开了家乡，先是流寓在江苏沭阳、海州（治所在今灌云县），后来又长期侨居江西吉安和瑞州（治所在今高安县），最后在吉安逝世。因此，我们现在从《合肥县志》、《庐州府志》中很难找到有关他家世的记载，难于知道他家的世系，甚至他父祖辈的行踪事迹也难以查考。至于他自己的生平事业，他的红学思想和红学成就，则可以从他的诗作、序文和红学专著《红楼梦说梦》中，从他友人遗存的文字中，探索出一

---

　　① 《陶门弟子集·自述》。

个大致的脉络。现在，我们就顺着这个思路试对他做一番研究。

蔡家琬的生平事迹

（一）

蔡家琬是什么时候生人？现在我们很难找到肯定的记载。他自己也没有做过直接、明确的回答。但是他却在好几个地方，让人们从他诗文中透露的线索做出明确的推断。比如他在诗中说：

> 一日清闲一生仙，呼朋同醉好花前。
>
> 也知渐与愁魔近，赚得逍遥二十年。[1]

这首诗作于乾隆四十七年壬寅 (1782)，这时蔡家琬二十岁。往前推二十年，是乾隆二十七年壬午 (1762)。

他在《四十自述》中又说：

> 问年已四十，悠忽到如今。
>
> 谋食亦何拙，入山殊未深。
>
> 江风吹白昼，海月照空林。
>
> 但学养生术，休教华发侵。[2]

这首诗作于嘉庆七年壬戌 (1802)。从本年前推四十年，也是乾隆二十七年。

再如，由于蔡家琬长期侨居异乡，而且将妻子、儿女，甚至将他的母亲

---

[1] 《生日自述》，《陶门弟子集》卷一。

[2] 《陶门弟子集》卷六。

也接来同住，当地人并不知道他出生于何年何月何日。六十岁生日那天，他的夫人（他的第一任妻子已死，这里指的应是第二任妻子）和儿女为他准备了生日酒宴。他首先为母亲祝寿，接着又将邻近的朋友找来同饮，并有《六十生辰》一诗记其事。不想这事立即传到了远近其他朋友耳中，他们责怪蔡家琬没有告诉他们。恰好那年闰三月，闰三月十七那天，朋友们为他准备了筵席，派人送到蔡家，为他做生日，名曰"闰生日"。为此，蔡家琬又写了《谢同人为予做闰生日》并序。

> 道光壬午三月十七，犬马齿周甲矣。侨居逆旅，绝无知者，妻挐治具为余寿。予捧觞为老母庆也，且折柬招邻近之友欢饮竟日。好友甚多，未遍迎也。嗣是众闻之，以此见罪。予笑谢之。是年适闰三月，至十七日，同人突至，共酿为筵，遣人荷至寓所，释担而去，且赐佳名曰"闰生日"。予感其意，乃依前韵以谢之。

> > 岁月惊心六十霜，深惭将母在他乡。
> > 恒言自戒毋称老，好友同来各侑觞。
> > 两度悬弧时最巧，者番酿酒兴弥狂。
> > 诸君礼数真难报，助我频频庆北堂[①]。

从上引蔡家琬三处所述，特别是第三处，我们确切地知道，他出生于乾隆二十七年壬午三月十七日。他的出生之年也即"壬午说"主张者所说曹雪芹的逝世之年。

（二）

前面已经说过，蔡家琬出生于当地一个名门大族，又是一个富裕之家。后来，他父亲蔡月樵在曹操的教弩台下、斗鸭池边，即大约今天合肥市长江

---

① 《陶门续集》卷一。

路、淮河路和蚌埠路接界处附近，建造了一座别墅。这里"泚水环门"、"莳花种竹"①，园中"四百余竿修竹，二十三树梅花"，"林花因时开落，庭草随意枯荣"。②虽是"蜀山高揭城市"，而有"邱壑之情"，是一个难得之境。蔡家琬从幼年时起就"读书其中"，从"初学塗鸭"，到"乘凉晚课，詠雪家庭"。但是，光阴易逝，好景不长。不久，他的父亲病逝。这时，蔡家琬年刚二十。从前引蔡家琬《生日自述》诗中可以看出，这时他虽然"也知渐与愁魔近"，但在富贵门中、温柔乡里生长的年轻人，在突遭巨变、家道中落之时，却不能随时应对，仍"昏昏默默不能安居"③。即使到乾隆五十六年辛亥 (1791)，蔡家琬二十九岁时，他父亲建造的别墅因家境困顿不得已出卖，买主限他五日内必须搬出去时，他在《移居》二首中也只是说：

> 少小嬉游地，中年忽舍之。
>
> 他人旋入室，五日以为期。
>
> 自顾式微族，谁将大厦支？
>
> 琴书随我去，本性不能移。
>
> 暗然拼作别，新筑赋爱居。
>
> 湫隘心无怨，安排意自如。
>
> 露滋庭上草，帘漾枣花初。
>
> 只恐清宵梦，依依恋旧居。④

在诗中，蔡家琬虽对家中的衰落有轻微的哀惋，却又认为他筑就的新居，虽然低下矮小，但无悔怨。唯一担心的是"只恐清宵梦，依依恋旧居"。

---

① 《陶门弟子集·自述》。

② 《斋中杂兴》，《陶门弟子集》卷一。

③ 《陶门弟子集·自述》。

④ 《移居》二首，《陶门弟子集》卷四。

接着，他在下面的《饮酒三首》（其一）中，又说：

> 此中不逼狭，到处俱宽舒。
> 白屋等朱门，志士能安居。
> 门前临陋巷，时驻故人车。
> 何来欸乃声，屋后有清渠。
> 不栽陶令柳，广钟罗涵蔬。
> 终日但饮酒，舍其糟粕余。
> 遁入醉乡中，罩然见太初[1]。

罗涵蔬，即蚕豆，亦称罗汉豆，不仅鲜嫩豆粒可作蔬菜，即成熟之豆，炒熟之后亦是下酒之物。

接着，蔡家琬再说：

> 昨日移新居，於以数晨夕。
> 枣花漾疏帘，老树参碧天。
> 借问此树身，何人植自昔？
> 我今坐其根，读书情大适。
> 此处让他人，亦复不甚惜[2]。

在对家庭生计重新做了一翻安排之后，蔡家琬又开始远游，而远游的目的是游山观景，获取创作素材。这可以从他在嘉庆二年（1797）所写的《将至浙江示内》一诗中得到印证。他说：

---

[1] 《饮酒》三首之一，《陶门弟子集》卷四。
[2] 同上。

吁嗟嘻嘻乎！仆到人间三十年，既不能裘马翩翩北又燕，又不能短衣射虎南山边。学佛学仙非吾分，胡为乎穷愁抑郁与尔对泣三尺之床前。吾闻三浙多幽景，十年南望空延颈。……千里盈盈一水间，拟向长江买舴艋。不求文得山川助，但期囊里多新句。仰止高山登顿时，筋力能添济胜具。萧然囊橐原无金，他日归来仍此度。尔须一笑下机迎，惟问天台曾否住？①

从此以后，他的游兴一发而不可止：

（他）西入秦关，南走吴越，所如不偶，旅馆嗟呀。计此十余年中，把酒问天，拔剑斫地，浮沉苦海，难以形容。虽然西望长安，口常欲笑，历二陵之风雨，看三辅之河山，所过汉寝唐陵，月冷风寒，苍茫满目，胸中添如许胜概，亦生平梦想所不到。至于西山名湖，南朝遗迹，楚江开处，赤壁在焉，固南人所熟游，予亦得其佳境。②

虽然与此同时，他并没有忘记士子谋取功名、走科举主业的终南捷径，但在参加了七次乡试，"不能幸获一第"之后，不免灰心丧气。特别是嘉庆六年（1801），他在最后一次参加江南乡试时，九名考生溺死玄武湖一事给予他莫大的打击。为此，他写出了《闻应试者溺死九人之讣，诗以哭之》：

湖水奔腾杀友生，讣音不一几回惊。
为求虎榜联名列，底事龙宫结队行！

---

① 《将至浙江示内》，《陶门弟子集》卷五。
② 《陶门弟子集·自述》。

> 与古为徒成梦幻，赚人至死是科名。
>
> 怜予连夜萧斋梦，犹与诸君聚石城[①]。

这时，蔡家琬已经三十八岁，两年之后，即嘉庆七年（1802），他写作了前引《四十自述》一诗，认为自己不能再这样"昏昏默默"下去，使光阴虚度，而应该趁花白头发侵人之前学点谋生本领，以便养家糊口。

（三）

"山色久相招，东来百里遥，海滨天下水，城脚石连潮。道远泉相汲，人稀市不嚣。"[②]对蔡家琬来说，这大概是他久已向往的一个地方。所以他在四十岁当年，就到了海州。

海州在江苏省的东北部，嘉庆、道光期间，辖境约当今天的连云港市、东海、沭阳、赣榆、灌云、灌南等地。蔡家琬之所以来到这里，风景优美固然是一个原因。其次，他所景仰的人物吕昌际也是沭阳人。昌际字亭峰，号莱园，生于雍正十三年（1735）。乾隆四十年（1775）卓荐授冀宁道（当时管辖山西太原、汾州、潞安、泽州四府）权按察使事。不久，因父病乞归养，淡于宦情，从此不再出山，优游乡梓三十余年，为全县减免钱粮千余顷，为当地公益及灾害救助出力甚多，毫不自私自利，口碑极好[③]。同时，吕昌际还勤于学习，有较好的文学修养和学术修养。他"家食三十年，韦编日披读"[④]，"题诗好句亲风雅，讲《易》名言粲齿牙"[⑤]。这说明吕昌际对《周易》有研究，有较深的理解，所以讲解起来眉飞色舞，常常露齿而笑。

其实，蔡家琬在嘉庆五年（1800），就曾拜访过吕昌际，受到吕昌际招饮，

---

① 《陶门弟子集·自述》。

② 《海州道中》，《陶门弟子集》卷六。

③ 参见《重修沭阳县志》卷八《乡贤》。

④ 《祝莱园夫子七十寿》，《陶门弟子集》卷六。

⑤ 《呈吕莱园夫子》，《陶门弟子集》卷六。

为此，他作有《吕观察招饮莱园，即席赋呈》。诗云：

> 德星聚处隔淮望，此日初登大雅堂。
> 东道大夫贤可事，穷途小子愧成章。
> 雨滋慈竹春先到，风入乔松韵更长。
> 台榭原非咏鹬地，当年舞遍绿衣场。①

蔡家琬时隔三年之后，即嘉庆八年再去沭阳，应该说就是专门冲着吕昌际而去，准备向他学习，也就是前引《四十自述》中所说"但学养生术"，求得谋生本领。所以这次蔡家琬一到沭阳，就立即写了《呈吕莱园夫子》二首。其中第一首云：

> 才经沧海叹奔澓，仰止龙门识钜公。
> 入座敢叨东道礼，怜才幸见古人风。
> 泽流三晋云山外，业在千秋俎豆中。
> 点也春风侨也惠，乡评卓卓大江东。②

诗中"点也"二句中的"点"指曾点，即曾皙，孔子的学生。据《论语》说，有一次，子路、曾皙、冉有、公西华四人和老师孔子在一起，孔子要四人各各言"志"，曾点说："暮春三月，春衣做成了，穿在身上，约同五六个成年人，带着六七个书童，到沂水去游泳，然后在舞雩台上吹吹风，最后唱着歌一路往回走。"孔子听了，表示赞成。诗中的"侨"，指公孙侨，即郑子产，春秋时期郑国的宰相，是我国历史上的名相。据说孔子评价子产的行为有四

---

① 《吕观察招饮莱园，即席赋呈》，《陶门弟子集》卷五。
② 《呈吕莱园夫子》，《陶门弟子集》卷六。

种合于"君子之道"，即"其行为也恭，其事上也敬，其养民也惠，其使民也义"。当时郑国处于楚、晋两大强国之间，子产执政后，对内整顿田地疆界，发展农业生产；改革田赋制度，按"丘"征税；公布刑法，不毁乡校，听取"国人"意见。外交上，他不卑不亢，周旋于两大强国之间，使国家强盛，受到尊敬；使人民得到实惠，生活安定。

很明显，蔡家琬是将吕昌际与曾点、郑子产相提并论的。当然，乾、嘉时期沭阳的吕昌际与孔子七十二弟子中的曾点，特别是与郑国名相子产，恐怕是不能相提并论的，但据《沭阳县志》中所记，吕昌际辞官归里后，"优游林下"，为沭阳人民的公益事业及救灾抚恤、减免钱粮，给人民带来实惠，尽情享受生活中的乐趣，与曾点、子产的有关作为在精神上是相同的。

蔡家琬于嘉庆十九年甲戌 (1814)，在《陶门弟子集·自述》中说：

> 未几而四十矣，逾淮而北，得遇吕观察莱园。夫子为予讲学，而予亦倦于游矣。明年（指嘉庆九年——引者）迎母至沭僦居。

僦居，即租房居住。这里说"迎母至沭僦居"实际上是指将全家搬到沭阳居住，其中包括蔡家琬的妻子和儿女。这时蔡家琬四十二岁，由于已得到母亲的同意，不再参加科举考试，一心一意跟着吕昌际学习。但是，这样的生活没过多久，三年后，即嘉庆十二年丁卯 (1807)，吕昌际忽然病逝，打乱了蔡家琬原来的计划，被迫提前结束了学业。蔡家琬在他的挽诗中，除对吕昌际的"德如邮上命尤速，心比壶中冰更清。青史凭谁传大略，苍生终古哭先生"表示悲痛和惋惜外，尤其不能忘怀的是，"弥留尤以经传我，难忘依依执手情"①。

在沭阳期间与吕昌际的这段师生情谊，使蔡家琬成就了与日后出任江西

---

① 《哭吕莱园夫子》，《陶门弟子集》卷六。

吉安知府的吕昌际的儿子吕士淑 (号小莱) 之间的兄弟深情。不过这是后话,我们暂且搁下不论。

吕昌际过世三年后,即嘉庆十五年庚午 (1810),蔡家琬的第一任妻子得病而亡。当时,他们夫妻俩都才四十多岁。蔡家琬本以为妻子的病只是暂时的,很快就会好起来,因此,即使当妻子病情比较重时,他写给妻子的慰问诗里,语气也显得是很轻松的:

> 真趣生于冷淡场,贫家风味细评量。
>
> 良宵静坐芸窗下,炉火才红药有香。[1]

然而没有想到,妻子不久便猝然亡故。所以他在所作《悼亡》诗中,便显得格外沉重而悲伤:

> 卅载良缘半离群,贫家家计转纷纭。
>
> 风尘潦倒常怜我,井臼操劳久累君。
>
> 顿悔辞家同蹈海,相期归里共耕耘。
>
> 年将半百先长逝,幼儿啼声不忍闻。[2]

我想,蔡家琬写这首悼亡诗时,真会是字字血、声声泪了。

蔡家琬原来所景仰并为自己授业解惑的吕昌际既已亡故,从前与陶门朝夕相处,"聚首西园,挑灯共读,老鹤警露,月挂重檐,两人纵谈古今,中宵不已"的吕昌际的儿子吕小莱 (即吕士淑),此时又仍任职户部贵州司郎中,这样,蔡家琬继续留在沭阳,就没有意义了。况且妻子已经先他而去,往日夫

---

[1] 《内子病重歌以慰之》,《陶门弟子集》卷六。

[2] 《陶门弟子集》卷六。

妻的温馨不再，家计顿转纷纭，小女子因为没有母亲而时时啼哭，更让他心碎。"物是人非事事休"①。在这种情况下，他再也待不下去了。好在离沭阳不远的海州，不仅是一个风景优美的地方，六七年前当蔡家琬初次游到这里时，又深受当地许姓长者的赏识。后来他又不仅与此老的大儿子许乔林，相识成了好朋友。此老的二儿子许桂林，嘉庆举人，又是一位学者，"于诸经皆有发明，尤邃于《易》"②。所以蔡家琬先是移居到海州南城，后来又在云台山下盖了三间屋：

> 云台山下三间屋，一间兀坐一间宿。
> 药炉茶灶清醽樽，别贮一间殊不俗。
> 择地聊以访隐沦，移居不是夸高躅。
> 夙闻海水能移情，安得成天听我哭。
> 兴到还登望海楼，朝宗江汉归沧州。
> 飓风乍起掀天浪，中有一叶生民舟。
> 生民舟，将何求？令我战栗为尔愁。
> 还坐三间屋，吾生行且休。③

很明显，蔡家琬在云台山下筑造三间屋，不是为了到这里来享受，也不是为了夸耀自己，而是因为向来听说海水能够移情，能改变人的忧伤愁苦的心情。他在诗中还把自己比作在"飓风乍起掀天浪"的大海中，急需得到"一叶生民舟"的落难人。但是，哪里能够找到这样一叶"生民舟"呢？

这一年是辛末（1811），蔡家琬五十虚岁。他在《五十自述》诗中，对自己

---

① 李清照：《武陵春》。
② 《中国人民大辞典》，商务印书馆发行。
③ 《小筑》，《陶门弟子集》卷六。

当日在科场的屡屡失意,尤记心头,不能忘怀:"所如总不偶,无才世亦杀。七度战文闱,纸落羽亦铩。"在这种心境下,他就只有"借酒扫闲愁,聊以延岁月"了。

(四)

两年以后,蔡家琬曾一度回到合肥,并留有《自沭阳归里,怆然有作》诗。他为什么回去,回去住了多久,不得而知。但又隔两年以后,即乙亥 (1815) 冬天,当许乔林将去吉安上任、整装待发时,蔡家琬忽"飘然而至",遂邀同行。次年春,两人道过金山,"挂帆而南,过姑苏,泛钱圹,渡彭蠡,至章门"①。这时许乔林要匆匆赶赴吉安,蔡家琬则还要游"龙眠"。所谓"龙眠",大概是当时的真龙天子嘉庆皇帝高卧之地吧!可是事有凑巧,吕小莱也于"嘉庆丙子授江西吉安知府",而且很快到任。到任后不久,他就到辖区之一的龙泉县 (即今遂川县) 处理了拒捕殴官案,接着又亲自到万安县"查办私枭"。在处理案件中,"无枉无纵"。当时任江西总督的阮元,称赞吕小莱"不动声色,可当大任"。《沭阳县志》还说,吕小莱"在郡三年,百废俱举",还重修了白鹭洲书院,"捐俸增额"。

稍后,蔡家琬也来到了吉安,而且后来有事实证明,他是陪同吕小莱一起来的。他的诗集中有《由南昌至吉安舟中杂》、《登吉安城楼》、《小莱太守有偕游青原山之约,以此答之》等为证。在他来到吉安的初期,他与吕小莱的接触虽然不少,但多是以宾客或朋友的身份出现,但到丙子年当年的后期,特别是到了丁丑 (1817) 元旦,他便以知府衙门幕僚的身份出现了,后来还成了白鹭洲书院的教书先生。由于有沭阳期间的一段经历,特别是由于吕氏父子对他的特殊情谊,所以相隔将近十年之后重逢,双方格外亲切,蔡家琬这时的心情,也显得格外舒畅,并且充分地体现在自己的诗中:

---

① 许乔林:《陶门弟子集·序》。

登高望青原，莲花开朵朵。
半载客庐陵，此山如待我。……①

岁酒衔斋聚主宾，花开四照大江滨。
口碑咸颂风流守，意绪难怜浪迹人。
敢谓因心能作则，须知著手自成春。
无边生意毫端现，掩映晴光淑气新。②

浪游此日溯江滨，探得骊龙颔下珍。
老眼无花心切喜，人云赏识是前因。③

夜半书声出板扉，开门一览会心微。
江心月是山头月，俯仰无非是化机。④

蔡家琬此时的这种心情，是完全可以理解的。我们甚至还可以设想，从他与吕氏父子的关系来说，不仅作为幕僚，即作为白鹭洲书院教师，他对吕小莱的政务，也会非常关心，甚至会为之出谋划策。

然而，就在吕小莱任吉安知府的一年多以后，蔡家琬忽然萌生了回归合肥故里的念头，而且已经成行。我们起码可以在以下三首诗里，看到他一步一步地实现他的回归计划：

---

① 《小莱太守有偕青原山之游，作此答之》，《陶门弟子集》卷十三。
② 《吉安幕中元旦》，《陶门弟子集》卷十三。
③ 《分校吉安试卷漫赋》，《陶门弟子集》卷十三。
④ 《论文五首示白鹭洲书院邓藻垂、刘予山二生》之一，《陶门弟子集》卷十三。

河声不少住，日夜游于东。

滔滔归大海，今古无尽穷。

了不涉人事，胡为萦我胸？

幽忧旧疾作，慷慨悲游踪。

出门三数载，归兴颇宜浓。

若复不归去，此身惭塞鸿。

南征复北向，羁滞惟三冬。

人而不如马，谁辨雌与雄？[①]

冒暑轻千里，安居无几时。

重来莲幕下，相订菊花期。

久聚忍云散，胡为忽去兹？

小人皆有母，未可此身羁。

我欲歌，将母回头故里赊，一身如泛梗，僦屋似浮查。蠡测不知海，枝栖即是家。甘棠无许树，愿就好荫遮。[②]

三千里路一轻舟，归去应逢夜雨秋。

囊橐有无都不管，何当骑鹤过扬州。

恐临杰阁古今同，太息才华一梦空。

作赋王郎如恤我，一帆应助马头风。[③]

从上引三诗可以看出，蔡家琬并不是要完全离开吕小莱太守，只是为了

---

① 《思归引》，《陶门弟子集》卷十四。
② 《留别小莱太守》，《陶门弟子集》卷十四。
③ 《登舟日作》，《陶门弟子集》卷十四。

将他母亲送回故乡合肥。而且特别说明，他要冒暑启程，九月菊花开放的时节，他会重新回到吉安幕府。"莲幕"，即幕府，亦称"莲府"。

我们知道，蔡家琬是嘉庆丙子年 (1816) 春天与许乔林一起同游姑苏、钱圹、鄱阳湖到章门 (即南昌)。然后，许乔林急着到吉安上任。蔡家琬则要独自北上游都门，最后才来到吉安。到戊寅年 (1818)，他离开海州已经三年，因此萌发思归"旧疾"。所谓"出门三数载，归兴颇宜浓"，即其所指。这时蔡家琬的母亲，包括他自己的子女，还在海州"云台山下三间屋"中。"小人皆有母，未可此身羁"。他不能让自己的母亲一直寄居在异乡。他先要到海州接了老母，然后再把她送回合肥。他以为家乡的地方官也是爱护老百姓的，就像周宣王时期的召伯虎一样。他还希望可以在当地找一个忠厚可靠的人，帮助照顾老母。甘棠，树木名，即棠梨。《诗经·召南》有《甘棠》篇。传说周宣王时召伯虎曾断狱于甘棠下。后人为了纪念他而作此诗，并告诫人们不要伤害召伯曾在其下断狱的甘棠树。清代方玉润则云"召伯之政……固非一时一事。而人之所以珍重爱惜，而独不忍伤此甘棠树者，必其当日劝农教稼，或尽力沟洫时，尝出而憩止其下。其后，农享其利，人乐其麻，每思召伯而不得见，唯此树尚幢幢然繁荫茂枝，葱蒨如故，故不觉睹树思人"，"不忍伐而败之"。[①]我认为方玉润的说法，与仅止于甘棠树下"断狱"说，似更合乎事理。

此次蔡家琬为接老母，确是离开了吉安，来到了海州"云台山下三间屋"中。但后来他没有将老母送回合肥老家，而是对原来的计划重新进行了考虑：

> 三年负米竟忘归，此日归来悟昔非。
>
> 况复承欢仍菽水，何曾持禄养庭闱。
>
> 客斋自叹情何报，子舍从知梦亦稀。

---

① 方玉润：《诗经原始》卷二。

但使家居得温饱，慈云深处总春晖。①

在外三年，蔡家琬没有赡养老母，也没有拿俸禄养家，深深感到不对。他以为只要家人都得温饱，母亲就会高兴，不一定必须回到故乡合肥。当然，这时他一定还会考虑到，他在吉安能得到吕小莱知府的支持和照顾，工作会有保障，他也已经有了较好的人事基础。所以他改变了主意，不回老家，而是将家搬到吉安：

阖宅欲何往？将过彭蠡湖。

但能娱菽水，到处即桑榆。

垂老谋生计，扪心倦世途。

逾淮犹未远，风景一时殊。②

江右，即江西。彭蠡湖，即鄱阳湖。从海州乘船经运河，入长江，过鄱阳湖，到南昌，再沿赣江而上，可以直达吉安。"阖宅欲何往？将过彭蠡湖。"这两句诗正道出了蔡家琬此次搬家所要经过的路线。果然，他如留别吕小莱时所约，按时回到了吉安。

就在蔡家琬将家搬到吉安的第二年，即嘉庆二十四年 (1819)，吕小莱忽然死于任所，时年三十六岁。他的逝世，对蔡家琬是一个沉重的打击，不仅使其感情上产生了无限的哀悲，对其以后的生活和工作，也将产生直接的影响。请读他写给吕小莱的第一首长篇悼诗：

君在农部曹，谁能出君右？一麾到西江，无惭民父母。君于风尘之

---

① 《抵舍有作》，《陶门弟子集》卷十四。

② 《移居江右慨焉有作》，《陶门弟子集》卷十四。

中拔下僚，君有杜陵之愿广厦庇。朋友壮年一梦忽然醒，万人悲啼如一口。我与君交二十年，哭时历忆周旋久。风流歇绝人琴亡，睹物怀人触处有。老泪泉涌力莫支，长歌当哭君知否？呜呼小莱长逝耶，昙昙一现空中花。君不念君有老母未归去，君不念阿兄需次留长沙，君有一弟六月息，欲出未出海之涯；凡此君所夙筹画，孝友春生积善家。何乃天竟夺君寿，令我问天仰面徒咨嗟。犹忆春王下九日，章门买棹归来疾。我时襆被随君行，指点文江形似吉。莫春复作章门游，有客偕行我独留。濒行叮咛三致意，欣然握别无离愁。谁知此去成永诀，今生无日同绸缪。官吏士民哭不已，哭声直上闻瀛侍。天乎天乎远莫测，顿觉浮名浮利何须求。①

蔡家琬与吕家的关系太不一般了，他对吕家的家事了解得最清楚，感情最深厚。吕小莱是吉安府的知府，是主人，诗中说是"东道"；蔡家琬是知府衙门幕僚，或曰幕客。但他们又是情同兄弟的朋友，所以蔡家琬在诗中对吕家的种种不幸，对吕小莱的往事，一一道来，真是如泣如诉，令人辛酸，催人泪下。

吕小莱的父亲十二年前已死，但老母尚在，他的哥哥尚留在长沙等候补缺。因此吕小莱的骸骨不能留在异乡，他的遗体要运回沭阳归葬。凭着他们昔日的深厚情谊，蔡家琬伴着吕小莱的灵柩，一直送其到南昌，然后设席祭别，并作挽诗曰：

> 曾伴星轺往豫章，重来生死两茫茫。
> 主宾我忍辞东道？魂魄君应恋北堂。
> 白日无光殊惨淡，好风相送亦凄凉。
> 可堪将母他乡客，自击归舟在断肠。

---

① 《哭小莱太守》，《陶门弟子集》卷十五。

> 执绋章门怅去程，临流哭别不胜情。
>
> 原知游宦皆泡影，始信淘人是水声。
>
> 再具只鸡逢宿草，难磨光镜送行轺。
>
> 形骸从此都暌隔，对榇叮咛似巨卿。[①]

　　轺，轻小便捷的马车。古代称皇帝的使者为"星使"，因称使者所乘的车子为"星轺"。嘉庆丙子年 (1816)，吕小莱由户部贵州司郎中外放吉安知府，即是皇帝或朝廷派出的使者去接掌该府之政令。当年正月，蔡家琬先是与许乔林同游姑苏、钱塘，过鄱阳湖到南昌，然后又独游京师，最后必去见吕小莱。此时恰是吕小莱整装待发的时候，或许这是他们的约定，然后同行。"曾伴星轺驻豫章"，便说明了吕小莱从北京到吉安上任的整个行程，是由蔡家琬一直陪同的。执绋，亦作送葬，引棺材进入墓穴中所用的绳索。执绋，意即送葬。诗中前两句"曾伴星轺驻豫章，重来生死两茫茫"，指出了蔡家琬两次伴吕小莱来南昌时的不同情景。

　　虽然按蔡家琬的本意，此时他还不忍离去，但他的母亲还在吉安，如果将吕小莱的灵柩一直送到沭阳，费时必久。他不能让她老作"他乡客"。这就是他"忍辞东道"而去的缘故。

　　蔡家琬祭别吕小莱之后，立即买舟回吉安。但到吉安之后，他没有再回到白鹭洲书院执教，而是去了庐陵县的石阳书院。这是为什么呢？从下面的这首诗，我们似可以找到原因：

> 岂为坛场耳目新，文章交谊本来真。
>
> 虚怀若谷深惭我，问道于盲大有人。
>
> 桃李递饶千古艳，诗书深酿一堂春。

---

① 《送小莱太守柩至南昌赋比哭别》，《陶门弟子集》卷十五。

但期衮衮登台省，自问何妨老一巾。①

吕小莱死后，吉安知府一职立即由新人接任。蔡家琬还是勤勤恳恳工作，虚怀若谷待人，真心实意交友。可有不少人却是虚心假意，巴结奉承，但求加官晋爵，步步高升。当权者却正欣赏这一套。蔡家琬却不屑于此，他认为与其"问道于盲"，虚心假意，巴结奉承，不如当一辈子平头百姓。但是此时已不是吕小莱当知府的时代，所以蔡家琬不仅被从白鹭洲书院赶了出去，甚至连石阳书院也待不长久。果然，到第二年，即嘉庆二十五年十二月，他不仅离开了石阳书院，也离开了五年来在这里生活和工作过的吉安府。请读他这次在吉安写的最后一首诗：

人地随时亦了缘，全家同上米家船。
雪泥鸿爪原难数，萍寄文江又五年。②

人缘、地缘会因突发原因随时了结，五年来在吉安虽然留有难数的种种往事，但既然缘分已尽，就只有带领全家，远走他乡。匆匆而来，又匆匆而去，吕小莱的生曾经给蔡家琬带来多少向往，而他的死最后又给蔡家琬带来多少懊丧，局外人哪里知晓！

（五）

蔡家琬全家离开吉安后，往哪里去了呢？我们虽然没有发现他有过明确的说明，但可以从他的某些诗作中推出一个大致的行程路线。比如《陶门续集》卷一的第一首诗便是《舟中望庐山》，第二首为《南康郡斋望庐山》，第三首为《雨中独游庐山》，第四首为《赠觉源开士》，第五首为《觉源开士新创一

---

① 《初进石阳书院作》，《陶门弟子集》卷十五。
② 《别庐陵》，《陶门弟子集》卷十六。

室，予题额曰"听泉阁"，赋此纪之》。开士，对和尚的专称。觉源开士，当是庐山某寺庙中一位和尚。由此可见，当年蔡家琬在离开吉安后，曾在庐山停留过一些时日。当然，在他到庐山之前和既到庐山之后，大概都有可能在南昌停留，甚至有可能将老母和儿女留在南昌，然后单独一人外出活动。由于要践约接受龙泉县令刘蔼亭的邀请，他又从赣州逆流而上，经吉安到龙泉（今江西省遂川县，当时也是吉安府的一个属县），并到该县的五峰书院参观访问。此时这里还有他昔日的学生。后来，他又重新回到南昌，凭吊过雍正、乾隆期间的戏剧作家、文学家蒋士铨的藏园。诗集中有《黄理斋世叔招饮百花洲寺楼》、《过徐孺子墓》等诗为证。百花洲，在今南昌市东湖边上。徐孺子，即徐稺，字孺子，东汉时期豫章（今南昌）的高士，即王勃《滕王阁序》中"人杰地灵，徐孺下陈蕃之榻"中说的徐稺。传说陈蕃为豫章太守时，不见宾客，却特设一榻，接待徐稺，徐稺走后，即将榻悬起不用。陈蕃，平舆（故城在今河南省东南部，元代废入汝阳，1914年改为汝南县。1951年仍由汝南析出，恢复平舆原名）人，曾累官至太傅，封高阳侯。桓帝崩，窦太后当朝时，为宦官所害。

以上是我们从《陶门续集》的诗作中，推知到蔡家琬于嘉庆二十五年十二月离开吉安后的第一年，即道光元年（1821）全年的大致行踪。第二年，是蔡家琬六十岁生辰。是年三月十七日，家人怎样为他设生日宴，他怎样招待邻近亲友同饮；闰三月十七日，较远处亲友又怎样替他过"闰生日"：如此等等，我们在本文第一部分（一）中已有叙述，不再重复。我们要指出的是，从此时开始，蔡家琬又转入了他人生历程中的又一个阶段——瑞州幕府阶段。

瑞州在江西省的西北部，唐朝设置，原为筠州。南宋宝庆年间，因避理宗赵昀讳，将筠州改为瑞州，辖高安、上高、新昌（民国期间改为宜丰）三县，治所在高安。中华民国期间被废。壬午年蔡家琬的最后一首诗为《赴瑞州幕感赋》，次年的第一首为《瑞州幕中偕兴国明府伍遐斋先生分校试卷索赠，为赋长句》。可见，从此时开始，蔡家琬便正式在瑞州任职，多半还是从事教育工作。而且，他对与"欢难得大府"（即巡抚），而"罢官不得归"的原兴国知县伍遐斋一类人在一起工作，感到很满意。"我生不得志，老更忘远举。消遣二乡中，何期得俦侣。举酒对君歌，云去空天宇。"①然而，蔡家琬系因何人的推荐来到瑞州，他在瑞州待了多久？因无确实的史料根据，我们不敢臆断。不过从《陶门续集》卷二中，我们发现他有《高安道中》和《高安竹枝词》等诗，从而得知，起码到道光七年 (1827)，蔡家琬还在高安。这时，他离开吉安已经七年。这时期发生的一件大事是"迨六十三岁，老母弃世"②。他六十三岁时是在道光五年 (1825)。本年他只存诗八首。第二首《斋居题壁》犹说："小人有母神明健，儿戏何妨学老莱。"③可见，此时他母亲还很健康。其余六首中，也未提到他母亲的健康状况有什么变化，可《续集》自叙中又明说"老母弃世"。可见，蔡家琬的母亲是道光五年末死的。

第二年他的第一首诗《上冢敬赋》，是为他母亲上坟而作的。诗曰：

柳暗花明大地春，杖藜上冢出城闉。
争如万木枯凋候，犹作高堂侍养人。
吴楚青苍一带山，频频泪眼望乡关。
未知先陇依然否？那得身亲拜扫班。④

杖藜，用藤茎制成的手杖。这里是指居丧期间手里拿的孝杖。陇，通垄；先陇，先人的坟墓，其中当然也包括蔡家琬父亲"月樵先生"的坟墓。蔡家琬在为他新死母亲上坟时，联想到家乡的祖坟。他面对苍天，遥望乡关，不知先人的坟墓是否依然完好，因不能亲自回去祭扫，而倍感悲伤。

（六）

道光十一年 (1831) 春夏间，蔡家琬又张帆文江，重回吉安。他此番重回吉

---

① 《瑞州署中偕兴国明府伍遐斋先生分校试卷索赠，为赋长句》，《陶门续集》卷一。
② 《陶门续集·自叙》。
③ 《陶门续集》卷一。
④ 《陶门续集》卷二。

安时，是一种怎样的心境呢？请读他的《舟抵吉安》：

> 横流送我到文江，青山无数迎轻舸。
> 山意依然如故友，浮岚直欲穿蓬窗。
> 我离文江已十载，须眉白尽容颜改。
> 市人见我适然惊，似讶斯人今尚在？！
> 自愧今吾犹故吾，流连人世缓须臾。
> 浮云富贵不复问，林间听鸟劝提壶。
> 一朝重过旧游地，抚今追昔徒嗟吁。
> 雪泥鸿爪依然在，前度游人记得无？①

整个诗篇情调欢快，活泼轻松。两岸青山像故友一样迎接着小船；江面上飘动着的轻雾，似要争相挤进船窗，对自己表示亲热。作者用拟人化手法将自己此时的心情，表现得淋漓尽致。这与十年前，即嘉庆二十五年十二月，因"人地随时亦了缘，全家同上米家船"离别庐陵时的情景，差别实在太大了。然而是什么人，什么原因，将他与吉安已了结的缘分，又重新续接上的呢？请读刘体重的《陶门续集·序》：

> 曩余需次章门，沭阳吕小莱守吉郡，最相契洽。论政之余，谈及诗古文义，辄称道其友人蔡陶门风雅多才，尤工韵语，凡笔墨事，多所赏晰焉。余心志之。迨丙戌秋，余奉命调守吉阳，阅小莱留题，不禁追念良朋，慨成陈迹，并不知陶门游踪所在。今又五年于兹，陶门适又再客斯郡，持其尊人遗集及《陶门弟子集》等编来谒。窃喜十余年愿见之忱，于兹克遂焉。觌而欢然，若旧相识。至聆其谈吐，读其诗歌，益信小莱

---

① 《舟抵吉安》，《陶门续集》卷三。

不余欺也。①

读了序言的这一部分，用不着再做考证，就能让我们知道，使蔡家琬与吉安府人、地的缘分续接上的，是吕小莱的好朋友刘体重；将蔡家琬重新安排在白鹭洲书院执教，使他"飘然偶寄棠荫下"的，也是刘体重。无怪他在到达吉安后的第一首诗中，感激和颂扬之情充满全诗的始终：

眼界无端一大开，龙门登处仰崔嵬。

岂徒文采风流目，难得清刚隽上才。

一疏奏称嘉绩著，三年歌变颂声来。

飘零偶寄棠荫下，几度追随荷化裁。

日分冬夏辨深微，心地慈祥面目威。

祈祷非图称佛子，庄严岂是近禅机。

借官那得如民愿，报最由来达帝畿。

入觐天颜三年后，隆恩应许锦衣归。②

刘体重，山西赵城（1954年与洪洞县合并为赵洪县，1958年改名洪洞县）人，乾隆朝举人，嘉庆期间由知县累官至湖北布政使。当然，他当布政使是在任吉安知府以后。

蔡家琬重回吉安，仍旧住在螺川。螺川在吉安城北十里，南临赣江，委宛如螺，俗名螺子山，又叫螺岗山。蔡家琬原来之所以选择在这里居住，不仅因为风景好，离白鹭洲书院不远，而且还因为这里住着一位大儒胡揆之，他道德高尚，又受过封典。不过当蔡家琬重回吉安时，这位老人已经过世，因此他写了一首挽诗，以示悼念：

---

① 刘体重：《陶门续集·序》。
② 《呈刘郡伯梅坪先生》，《陶门续集》卷三。

> 侨居螺川仰硕儒，德星高揭曲江隅。
>
> 圣门论士称其次，制诰酬贤命大夫。
>
> 财散乡邻原不惜，名归孝友绝非沽。
>
> 一朝追忆恂恂度，毕世何尝入里趋。①

蔡家琬重回吉安，心境是比较好的，到达后的第一首诗《舟抵吉安》，情调欢愉轻松，已如上述。当年稍后和次年前期他的一些诗里，如《雪中杂兴》、《梅花》、《雪中作》、《王智泉广文招予与石阳书院旧友谦集书斋》、《董秋渔太守延校试卷，试院中度七十生辰》和《试院雨夜作》等，均是如此。只有极个别诗篇，如"侨居仍傍旧文坛，才饮屠苏兴已阑。一样文坛度残岁，鸡豚空忆昔年欢"②，情调显得比较低沉，那是因为想到前吉安知府、好友吕小莱十多年前便已逝去，昔日的欢娱不可再得而兴致顿失。

可惜蔡家琬这次回到吉安不久，刘体重就因为朝廷对他另有任命，被调回京城。次年（1832），刘体重离开吉安时，蔡家琬作送别诗曰：

> 七载仁风两郡扬，锦帆此日忽高张。
>
> 九迁叠沛恩无已，三接频占晋有光。
>
> 舟楫从知由帝简，屏藩仍愿列江乡。
>
> 鲰生自惜年衰老，把酒临歧意更长。③

入觐，进京朝见皇帝。鲰生，犹小生，自称的谦辞。本年蔡家琬七十岁。前

---

① 《挽胡翁揆之先生》，《陶门续集》卷三。
② 《吉安除夕》，《陶门续集》卷三。
③ 《送刘郡伯梅坪先生入觐》，《陶门续集》卷三。

一年他重回吉安时，有《答客问》诗并序云：

予自嘉庆丙子来游吉安，与郡邑两书院诸肄业者相盘桓，至庚辰
腊月卷帐而去。今道光辛卯，复假馆于斯邑，计去来已一纪矣。前度
故人咸谓予别久而容颜如故，殷殷以养生之术是问，予亦掀须自笑，
歌以答之：

昔遇修炼家，夙善导引术。

偶尔从之游，既久旋复出。

随时读我书，兀坐环堵室。

岂无饥寒苦？亦有幽忧疾。

但得酒盈樽，扫去愁与佚。

长有好容颜，东方士可匹。

谓予言不信，寡欲自知逸。[1]

由此可见，上首诗中的所谓"鲰生自惜年衰老"，不一定完全是健康方面的原
因，应该还有心态方面的成分，因为当年他将吕小莱的灵枢送走，再回到吉
安，先被迫离开白鹭洲书院，接着又被迫"卷帐"离开吉安的教训，实在是
太深了。

好在接替刘体重出任代理吉安知府的董斯福，对蔡家琬也很友好，很器
重他。他是江苏监生，接任以后，便聘请蔡家琬审校试卷，又为《陶门续
集》撰写序文。他称赞蔡家琬"负磊落之才，而不为贫困之遇所掩者，惟赖
此诗卷（按：当指《陶门弟子集》及《续集》——引者注）常备于不朽耳"[2]。蔡家琬对刘体
重、董斯福二人也很友好和敬重。他说：

---

① 《陶门续集》卷三。

② 董斯福：《陶门续集·序》。

　　道光辛卯夏五月，假馆吉安，就正于郡伯刘梅坪先生。今年（按：指壬辰年——引者注）春二月，复就正于郡伯董秋渔先生。二公者，俱以培植学校为首务，宏奖人伦，提倡风雅，且于萍寄之人，赞叹不置，而余则感恩知己，兼而有之。①

可惜他们相处的时间不长，两年以后，即从道光癸巳年（1833）开始，就不见他们之间再有文字交往，这或许预示着蔡家琬又将遭遇一次工作和生活的转折。

（七）

　　道光癸巳年，蔡家琬七十一岁。当年他为自己筑了一座坟墓，并为此写了《自题生圹》诗并序：

　　仆于道光十三年五月八日，筑生圹于庐陵长安岭之原。自知归宿之处，亦一快事也。东坡诗云："是处青山可埋骨，又何间于淮之南、江之北哉！"

　　来从来处去于斯，一任何年月日时。

　　每值踏青堪席地，未曾埋骨且吟诗。

　　行将中寿应知足，修到长生亦是痴。

　　绝妙好辞谁赐我，摩挲先备墓前碑。②

圹，墓穴、坟墓。生圹，为活着的人筑造的坟墓。中寿，中等年寿，对此古人有四种说法：(1)《左传》僖公三十二年："中寿，尔墓之木拱矣。"孔颖达

---

① 《陶门续集·自序》。

② 《自题生圹》，《陶门余集》卷一。

《疏》："上寿百二十岁，中寿百岁，下寿八十。"（2）《庄子·盗跖》："人上寿百岁，中寿八十，下寿六十。"（3）《淮南子·原道训》："凡人中寿七十岁。"（4）《吕氏春秋·安死》："人之寿，久之不过百，中寿不过六十。"蔡家琬的这首诗作于他七十一岁时。诗中既说"行将中寿"，就说明还没有到"中寿"，但不久就要达到"中寿"。这就不是《淮南子·原道训》中说的"中寿七十岁"的"中寿"，更不是《吕氏春秋》"中寿不过六十"的"中寿"。《左传》孔颖达《疏》中说"中寿百"，又相隔太远，不能说是"行将"。可见，蔡家琬这里说的"中寿"，是《庄子》中说"中寿八十"中的"中寿"。摩挲，抚弄。这里指的是打磨出一块石碑，供别人在上面刻写。为活着的人筑墓，古今皆有，而在墓前立碑供别的活着的人题诗、题词，且后来得到的和作者竟有十三人之多，除蔡家琬外，我真不知道古今是否还有第二人！

蔡家琬活着时，为什么要为自己筑造坟墓呢？是不是因为闲着无聊，别出心裁，要变着花样吸引远近爱舞文弄墨的诗友来互相唱和、消磨时光？真实情况恐怕也并非如此。活着的人为自己预筑坟墓，是我国固有的一种陋习，不仅古代有，据媒体介绍，前些年南方某些地方也有。蔡家琬之所以在活着的时候就为自己修墓，据他自己说，是因为"每值踏青堪席地，未曾埋骨且吟诗"，也是一件"快事"。实际情况当然不完全是这样。前引其《答客问》诗中已经明确说过，他既有忍饥受冻的痛苦，又有过度忧劳犯下的病症，只要酒壶里酒常满，心中的愁苦和曾有过的过失就可以忘得一干二净。可见他的"好容颜"，只是在酒精抑制大脑高级功能时留下的假兴奋现象。一旦谋生之路堪忧，樽中无酒，饮食难继时，年逾古稀之人，见归宿已有准备，心里会更踏实些。我想这大概是他活着的时候就为自己预筑坟墓的主要原因吧！

果然，在此后的两三年里，蔡家琬感到孤独了："惟有梁间双燕宿，朝夕相依听睹熟"[①]；"林花大放凭谁赏，梁燕双棲亦互怜"[②]。其不再谈养生之道，而是谈自己的老且病了："养真吾自娱吾老，尚可因循几许年"[③]；"潇潇风雨娱花辰，寒有余威到病身"[④]；"白发催成诗境老，青衫浣却泪痕多"[⑤]。至于自己的贫穷，蔡家琬向来就不讳言，这时候谈得就更多了："立锥无地况无锥，犹借他人土插枝。不是衰翁偏好事，生生那得息机时。"[⑥]他甚至要靠卖书度日："书籍不乐置？其如口腹何；撑肠千卷少，别绪一时多。贫病休怜我，吟哦且望他。残卷仍满架，足以备观摩。"他感谢庐陵知县郎寅宾赠送粮食，又承认自己是迂腐保守、不合时宜的读书人："老去羞将夹自弹，花封聊借一枝安。何当独首归乡里，忽漫猪肝累宰官。枭谷遍苏黎庶困，春粮独授腐儒餐。笑予不惜人兴谤，粒粒俱从掌上看。"[⑦]尤其是在自己垂老之时，因食不果腹，治病无钱，眼睁睁看着自己儿女死去时，更是无可奈何、悲痛欲绝："遇人不淑寻常事，意外艰虞似尔稀。历劫翻嫌存子嗣，弥留何苦累庭闱。暮年残喘知无几，异地游魂且暂依。不料白头垂老日，伤心泪复向风挥。"[⑧]

为什么在这两三年里，蔡家琬的思想感情、家境变化，这么明显、这么迅速，与重回吉安初时的心情又如此迥异呢？他"历"了什么"劫"，为什么在这垂死之年，对自己存在子嗣还要嫌忌呢？此无他，定是在谋生之路上又出现了问题，即由于刘体重的升迁，董斯福的职位可能有了异动，他又遇上了十多年前，即吕小莱死后，于庚辰腊月被从吉安"卷帐而去"的尴尬。当

---

① 《放歌行》，《陶门余集》卷二。
② 《雨中作》，《陶门余集》卷二。
③ 同上。
④ 《答龙泉明府杨蓉渚先生途次见寄之作》，《陶门余集》卷二。
⑤ 《偶感》，《陶门余集》卷二。
⑥ 《陶门余集》卷二。
⑦ 《谢庐陵明府郎寅宾先生米二石》，《陶门余集》卷二。
⑧ 《哭女》，《陶门余集》卷二。

然，此时因已到垂老之年，他虽知道有可能又会被从白鹭洲书院排挤出去，自己也无力远走他乡了，果然，我们从杨蓉渚为《陶门余集》卷三所做的评语中得知：

> 乙未（嘉庆十五年）仲冬，陶门先生在西昌解馆，即买舟遂江，因得盘桓数日，情款甚洽，出其本年所著《余集》第三见示。读讫为评数言于篇端。

西昌，县名，故城在今江西泰和县西，吉安府的属县。盘桓，逗留。道光十五年（1835）旧历十一月，蔡家琬从西昌某书院年终放假后，乘船到龙泉（即今遂川县），看望知县杨蓉渚。他在这里逗留了几天，并拿出他当年所撰的诗作，请杨蓉渚作序，然后返回螺川。由此可知，蔡家琬又一次被从白鹭洲书院排挤出去，已确凿无疑，只是还有待考证，是始于癸巳，还是甲午，或者乙未而已。至于他此后的下落，则恐怕更难查证。不过，有一点似可以肯定，道光丙申（1836）年年初，大概他还活着，这时他已经七十四岁了。

蔡家琬于嘉庆甲戌（1814）五十二岁时说："日者谓予生命行年九十有二而卒。果如其言，尚有四十寒暑，吾将致力于诗，窃比于康衢击壤之老人也。日者幸毋欺予。"[①]根据从癸巳到乙未（1833—1835）三年间蔡家琬的心境、老病和家境变化情况，大概他活不到算命先生所说的年寿。但是，他究竟在什么时候死的，就无法查考了。

蔡家琬的《红楼梦说梦》

（八）

蔡家琬的红学著作是《红楼梦说梦》，以他的别号"二知道人"名义发

---

① 蔡家琬：《陶门弟子集·自叙》。

表。书的每页中缝处有"解红轩"三字，这是他的书斋名，说明他的书是在这里写成的。但写作于何时，什么时候刊刻的，却没有交代。朱黼在为本书所作序文里，许乔林等十四人的题词中，也都不署时间。幸而在朱序结尾处，有"澄江画翁朱黼，时年八十有四"字样，从而为我们探知此书的刊刻年代，提供了可能。

澄江，是江苏省江阴市的别称。传说古代长江流经到这里，江面骤然开阔，水流减缓，泥沙下沉，江水清澈，故有是称。据《江阴县志》云："朱黼字与持，乾隆乙酉年（1765）拔贡生，沭阳县教谕。少贫孤，好学不倦，善画工诗，擢四川芦山县知县。年老告归，仍寓沭阳，遂家焉，年八十余卒。著有《画亭诗钞》。"又据《明清江苏文人年表》云："江阴朱黼，雍正七年己酉（1729）生。"从雍正七年出生，到他八十四岁时，应是嘉庆十七年（1812）。这个年份，是朱黼作序的年份，也是《红楼梦说梦》解红轩本刊刻的年份。这时，蔡家琬正好五十周岁。当然，蔡家琬写这本书的时间，可能要早一些。至于他开始阅读《红楼梦》的时间，更要早得多。他在书的开头曾说：

> 曩阅曹雪芹先生《红楼梦》一书，心口间汩汩然欲有所吐，辄思秉笔觐缕，以手为口，为朋侪遣睡魔。谋生碌碌，无暇及此。幸而一日清闲，北窗卧觉，梦余说梦，意到笔随，不自知痴性之复发也。

于是，我们能在将近两百年以后，读到蔡家琬留给我们的这本《红楼梦说梦》。

我们认为，蔡家琬的《红楼梦说梦》，不仅在嘉庆、道光时期是一本重要的红学专著，20世纪前期也是一本很有价值的红学专著，甚至到今天，还有重要的参考价值。它以读书札记形式出现，虽然总共只有131条，但内容十分广泛，涵盖了红学中一些重要的基本问题，而且对问题的认定，又是完全肯定的，不用"或曰"之类的疑似语气，尤其是关于《红楼梦》的作者，更是这样。现在，我们就这个问题做些评述。

（九）

蔡家琬《红楼梦说梦》中的131条札记，谈《红楼梦》作者是曹雪芹的就有21条。除第1条"曩阅曹雪芹先生《红楼梦》一书，心口间汩汩然欲有所吐……"已于上述外，第2条说："蒲聊斋之孤愤，假鬼狐以发之；施耐庵之孤愤，假盗贼以发之；曹雪芹之孤愤，假儿女以发之：同是一把酸辛泪也"；第3条"雪芹一生无好梦矣，聊撰《红楼梦》，以残梦之老人，唤痴梦之儿女耳"；第4条"《邯郸梦》、《红楼梦》，同是一片婆心，玉茗先生为飞黄腾达者写照，雪芹先生为公子风流者写照，其语颇殊，然其归一也"；第5条"盲左班马之书，实事传神也。雪芹之书，虚事传神也，然其意中自有实事，罪花业果，欲言难言，不得已而托诸空中楼阁耳"；第6条"雪芹之书，历叙侯门十余年之事，非若《邯郸》、《南柯》一刹那之幻梦耳"；第7条"《红楼》情事，雪芹记所见也。锦绣丛中打盹，珮环声里酣眠，一切靡丽纷华，虽非天上，亦异人间"；等等。这里我们还要特别提到第122条，他说："太史公纪三十世家，曹雪芹只纪一世家。太史公之书高文典册；曹雪芹之书，假语村言，不逮古人远矣。然雪芹纪一世家，能包括百千世家；假语村言，不啻晨钟暮鼓。"你看，哪一条不是斩钉截铁的完全肯定的语气，容不得读者有半点怀疑！

为什么会这样呢？究其原因，大约有三：

蔡家琬青少年时期家庭比较富裕，读过和拥有《红楼梦》的时间早。他在《红楼梦说梦》中说，自己惯喜说梦。以前"读曹雪芹先生《红楼梦》一书，心口间汩汩然欲有所吐，辄思秉觚缕"，用委曲详尽而有条理的语言，以手为口，写成一书——《说梦》，为朋友们遣睡魔。然而不久，父亲病逝，家庭重担落在自己肩上。这里说的是乾隆四五十年间之事。此后，由于家境窘迫，谋生碌碌，乾隆五十六年，父亲建造的别墅不得不卖出去，《说梦》之事已无法顾及。后来情况好转，"一日清闲，北窗梦觉，梦余《说梦》，意到笔随"。《说梦》的成书，已是嘉庆十七年了。

第二，南京是曹雪芹的故乡，人文渊薮。江南（省名，顺治二年改明朝南直隶置。治所在江宁，即南京）乡试就在这里举行。每逢子、午、卯、酉年一次，考选举人。

乾隆四五十年代，读过《红楼梦》的人越来越多，曹雪芹幼年时期的小伙伴，可能有人还活着，何况乾隆二十四五年间，曹雪芹还曾回南京充当两江总督尹继善的幕僚一事，还会留在一些人的记忆中。

第三，蔡家琬又是一个比较时尚而且非常活跃的人。如前所述，他七次参加乡试，终未获得一第。乾隆五十四年他第三次参加乡试前后，曾写过《袁简斋夫子》二首，其一曰：

> 居近棠阴即是归，宰官忍与士民违？
> 六年政事传歌颂，一代文章订是非。
> 流水去来春不管，好山高下屋相依。
> 停车问字人多少，都是仓山款竹扉。

后来，蔡家琬又有《简斋夫子招陪姚姬传、毛俟园两先生暨郭某谦集小仓山房，即席赋呈》：

> 叨坐随园一月春，藤花深处本无尘。
> 香山结社推三老，沂水从游只二人。
> 自有古欢来胜地，却欣时雨及良辰。
> 须知此会传千古，敢向琼筵记夙因。

姚姬传，即姚鼐，字姬传，又字梦縠，生于雍正十年 (1732)，卒于嘉庆二十年 (1815)，活了八十四岁，安徽桐城人，散文名家，桐城派的主要作者。桐城派虽创始于方苞，但方苞空谈义理，强调雅洁。到姚鼐，"桐城派才正式形成，桐城派的文论，才成为一个体系"。晚年他主讲钟山书院，由于姚门弟子的参与，桐城派才形成一个有力的运动，姚鼐也蔚然成为一代文宗。①

乾隆五十四年，袁枚招蔡家琬陪姚鼐谯集小仓山随园时，袁枚已七十四岁，姚鼐五十八岁，蔡家琬才二十七岁，可见当时蔡家琬在袁枚心目中的位置。况且袁枚又是明义的偶像。乾隆皇帝于乾隆四十九年第六次南巡时，作为上驷院侍卫的明义扈行前来，到南京时，曾亲自去随园拜访，虽因袁枚外出碰壁而不免失望，但蔡家琬从此多了一个消息通道却是不争的事实。明义《题红楼梦》二十首，我认为最晚也是从袁枚口中知道的。蔡家琬的足迹甚广，他曾"西入秦关，南走吴越"，"历二陵之风雨，看三辅之河山"；"至于西子名湖，南朝遗迹，楚江开处，赤壁在焉，固南人所熟游，予亦得其佳境"。他甚至还有"龙眠之游"，往回走时，又是伴随吕小莱赴吉安知府上任的"星轺"，同到南昌的。他的消息通道甚多。这次他到北京待了多久，是否还解决了他以前还没有解决的问题，就无法知道了。

前面说过，蔡家琬生于乾隆二十七年（1762）。曹雪芹生于康熙五十四年（1715），死于乾隆二十八年（一说二十七年，又一说二十九年），活了四十八岁，从年龄上看，他们明显是两代人。且蔡家琬于四十岁以后的三十多年里，一直生活在江苏沭阳、海州和江西吉安、瑞州，地处偏僻，远离京城，讯息不畅。然而他对曹雪芹的生平和《红楼梦》的写作，为什么会了解得这么清楚，而且又这么肯定呢？我以为这是因为：从《红楼梦》甲戌本诞生，曹雪芹逝世，到蔡家琬《红楼梦说梦》的问世，虽然只有五十八年，但在这期间，除脂砚斋在曹雪芹的创作中有较多的配合协作外，还有不少曹雪芹的亲朋好友，最突出的如敦诚、敦敏和西郊当地那位私塾先生张宜泉，都与曹雪芹经常往来，诗酒唱和。如敦诚有《赠曹雪芹》、《寄怀曹雪芹霑》和《挽曹雪芹》等等；敦敏有《芹圃曹君霑别来已一载余矣，偶过明君琳养石轩，隔院闻高谈声，疑是曹君，急就相访，惊喜意外，因呼酒话旧事，感成长句》、《赠芹圃》和

---

① 参见刘大杰：《中国文学发展史》下，上海古籍出版社1982年版，第1139—1143页。

《河干集饮题壁，兼吊雪芹》等等；张宜泉有《怀曹芹溪》、《题芹溪居士》和《伤芹溪居士》等等。

曹寅在世时，由于女婿平郡王纳尔苏亲王的人事原因，曹家与康熙皇帝的第十四皇子允禵走得较近一些。雍正继位后，允禵成为被整治的重点对象之一，曹寅、曹颙父子虽已逝去，嗣子曹𬮿仍然被革职抄家，全家被送回北京。允禵的孙子永忠在曹雪芹逝世前，已将近三十岁，而且知道曹雪芹撰写有小说《红楼梦》，但不敢与之结识，更不敢看他的书，到曹雪芹死后五年，即乾隆三十三年，他通过墨香才读到《红楼梦》。由于书中概括了极为深广的政治内容，他就再也控制不住自己的心情，写下了这样深情悲悼的诗句：

> 传神文笔足千秋，不是情人不泪流。
>
> 可恨同时不相识，几回掩卷哭曹侯。
>
> （《因墨香得观〈红楼梦〉小说，吊雪芹三绝句》之一）

墨香，名额尔赫尼，是敦诚、敦敏的叔父，乾隆皇帝的侍卫。诗上还有弘旿 ^{（乾隆帝的堂兄弟，永忠的堂叔瑶华）}的批语："此三章诗极妙。第《红楼梦》非传世小说，余闻之久矣，而终不欲一见，恐其中有碍语也。"

稍后又有明义的《题红楼梦》二十首。诗前有小序云：

> 曹子雪芹所撰《红楼梦》一部，备记风月繁华之盛，盖其先人为江宁织造；其所谓大观园者，即今随园故址。惜其书未传，世鲜知者，余见其钞本焉。

明义姓富察氏，字我斋，满洲镶黄旗人，大约生于乾隆初年。他是都统傅清的儿子，明仁的弟弟，还可能是明琳的堂兄弟。他一生任上驷院侍卫，替乾隆皇帝管马执鞭。母舅永珊将自己的岭善园留给他，后来改名环溪别墅，俗称三贝子花园，即今天北京动物园的所在。敦诚、永忠等人常往来其间。明义喜欢写诗，著有《绿姻琐窗集》。他对当时颇负盛名的诗人袁枚最为崇拜，所作之诗大都拿去向袁枚请教。

袁枚，字子才，号简斋，浙江钱塘人，生于康熙五十五年 (1716)，卒于嘉庆二年 (1797)，活了八十二岁。他是乾隆四年进士，曾任江苏溧水、江浦、沭阳和江宁等地知县，年未四十辞官，闲居随园。乾隆四十九年 (1784)，明义扈从乾隆帝第六次南巡时，曾亲自到小仓山随园拜访，不料袁枚已外出远游，败兴而返。后来袁枚得知，有《明我斋参领扈踪南来，见访不值，将园中松竹梅兰分题四首而去。余归后欣迟不已，寄五言一章》：

> 我与我斋公，相知廿载宽。
>
> 南北虽乖分，吟笺常往还。
>
> 终是两人诗，不是两人面。
>
> 两人心凄然，今生可得见？
>
> 欣闻銮舆巡，知君必扈行。
>
> 遍观从臣单，竟无君姓名。
>
> 因而走东粤，不复候里巷。
>
> 岂知君竟来，敲门失所望。

由此可知，明义与袁枚的"吟笺往还"，当始于乾隆三十年稍前。明义的《题红楼梦》二十首，约作于乾隆三十年中期，袁枚当然读过，《随园诗话》卷二第二十二条就是证明：

> （曹寅）素与江宁太守陈鹏年不相中，及陈获罪，乃密疏荐陈，人以此重之。其子雪芹撰《红楼梦》一部，备记风月繁华之盛，明我斋读而羡之。当时红楼中有某校书尤艳，我斋题云："病容憔悴胜桃花，午汗回潮热转加。犹恐意中人看出，强言今日较差些。""威仪棣棣若山河，应把风流夺绮罗。不似小家拘束态，笑时偏少默时多。"

袁枚在这一百多字的一段记述里，根据明义《题红楼梦》二十首并序，说《红楼梦》是曹雪芹撰写的，当然不会错，但是他起码有两大错误。一是明义说"曹子雪芹"中的"子"字，是美称或尊称，袁枚说是指曹寅的儿子。二是明义《题红楼梦》二十首的第十四首"病容愈觉胜桃花"，是咏黛玉的，袁枚却说这是咏明我斋《红楼梦》中某"女校书"的。"女校书"本是说女才子，如汤显祖《牡丹亭·训女》："谢女（指东晋女诗人谢道韫）、班姬（指东汉史学家班昭，又名姬，班固的妹妹）女校书。"唐朝女诗人薛涛本是长安人，幼时随父入蜀，后为乐伎，能诗，时称女校书。诗人王建有《寄蜀中薛涛校书》："万里桥边女校书，枇杷花里闭门居。"后来就称妓女为女校书。其实，袁枚只是臆想，他甚至连《红楼梦》也没有读过。当然，由于他的这一段话是根据明义《题红楼梦》二十首的小序而发的，所以他认为"雪芹撰《红楼梦》一部"，也是不会错的。

像袁枚这种情况的人还有西清。据邓之诚《骨董琐记》卷八引西清《桦叶述闻》云：

> 《红楼梦》始出，家置一编，皆曰此曹雪芹书。而雪芹何许人？不尽知也。雪芹名霑，汉军也。其曾祖寅，字子清，号楝亭，康熙间名士，累官通政。为织造时，雪芹随任，故繁华声色，阅历者深。懋斋诗："燕市哭歌悲遇合，秦淮风月臆繁华。"敬亭诗："劝君莫弹食客铗，劝君莫叩富儿门。残杯冷炙有德色，不如著书黄叶村。"两诗画出雪芹矣。[①]

西清字研斋，姓西林觉罗氏，满洲镶蓝旗人，雍正皇帝重臣鄂尔泰的曾孙。他应黑龙江将军观明之邀，于嘉庆十一年（1806）开始兼任卜魁（今齐齐哈尔）旗人子弟义学教师，十五年底离去。道光间主政黑龙江银库。

---

① 《红楼梦资料汇编》上册，卷一，中华书局，第13页。

据《黑龙江志稿》云：西清"娴雅博学，工诗古文辞"，"官黑龙江数载，公余必检署中书，摭拾旧闻。出，遇村民野老语、国初故事，必驻足听；归，必一一录之"。就这样，他对之前黑龙江的历史人物、历史事件、地理疆界、风土人情，做了翔实的记述，又旁征博引，做了多方面的考察，于嘉庆十五年完成了一部有价值的地方史志性著作——《黑龙江外记》。他请刚流放到黑龙江的原浙江省学政（相当于现代的教育厅厅长）、嘉庆皇帝的文学侍从刘凤诰以"旧史氏"名义为之作序。刘凤诰说："爰有西林觉罗氏，善择政暇，博采土风，写往代墨云。""《黑龙江外记》，托燕山旧卫之舆图，本辽东三省之地志，左右龙虎，咫尺方蓬，日落不昏，星高愈大。二岭嵯峚夫兴安，千卡搪撑夫雅萨，陇榆田稯，唐哉有土之精；谷马河鱼，包尽无人之境。"当作者"袖管疾书"时，他就"爱挑灯细读"。他认为这是一部"体务见大，事取传信"的著作。①

从邓之诚《骨董琐记》所引《桦叶述闻》中的文字可知，西清对曹家的情况并不甚了解，如曹寅是雪芹的祖父，他却认为是曾祖；雪芹生于康熙五十四年，曹寅于康熙五十一年便已逝世，他却说曹寅"为织造时，雪芹随任"。当然，西清说《红楼梦》是"曹雪芹书"，这是不错的，他确实读过敦敏的诗《题芹圃》和敦诚的诗《寄怀曹雪芹霑》及该诗诗注"雪芹曾随其先祖寅织造之任"。不过敦诚的这个注本来就已错误，西清只是又将曹寅提高一个辈分而已。我怀疑的只是西清是否真正读过《红楼梦》。

（十）

我们记得，曹颙寅之子曹于康熙五十四年正月初八日死后，曹頫奉旨承继袭职。他在三月初七日的《代母陈情折》中说："奴才之嫂马氏，因现怀妊孕已及七月……将来倘幸而生男，则奴才之兄嗣有在矣。"然而，后来马氏是什

---

① 见拙文《嘉庆皇帝为什么坚持将刘凤诰流放黑龙江》，《边疆文化思辨录》，中国文史出版社，第162—163页。

么时候生产的？生的是男是女？因不见留下确实的资料，这些已无从查考。幸而雍正皇帝在位时间不长，于雍正十三年八月二十三日驾崩。九月初三日皇四子弘历即位，是为乾隆皇帝，第二年改国号为乾隆元年。

有清一代，共十个皇帝，历268年。雍正在位虽然只有十三年，但他实行铁腕统治，且手段极其残忍。他的大哥允禔、二哥允礽，虽在康熙朝便已被禁锢，雍正又将他们监禁至死。雍正最恨八弟允禩、九弟允禟，先是撤去他们的黄带，将他们禁锢，削去宗籍，又令他们改名阿其那（狗）、塞思黑（猪），对他们进行人格侮辱，百般折磨，最后秘密毒死；允禩之妻被革去福晋，休回娘家，最后令其自尽，焚尸扬灰。[①]三哥允祉、十弟允䄉、同父同母的十四弟允禵，被永远监禁。因他不准母亲见允禵，使她气愤得在铁柱上撞死。自己的第三个儿子弘时已婚生子，因事得罪，令交与允禩为子。当允禩被撤去黄带，从玉牒除名后，又立即撤去弘时的黄带，交允禩约束养赡。雍正五年八月初三日又将其处死并削去宗籍，当时弘时才二十四岁[②]。五弟允祺之子弘升、七弟允祐子弘曙，被削去世子封号。还有那数不尽的王公、宗戚和大臣，也以种种罪名被杀被关，或轻罪重罚，夺爵削籍，抄家流放。

雍正即位时，弘历十二岁，雍正死时，他已经二十四岁了。在这十多年里，他从一个刚开始懂事的孩子，发展成为一个思想成熟、历练老成的青年。他对父亲的残暴统治，给宫廷和社会造成的伦常惨变，不论从伦理上和道义上，都是难以认同的，但碍于父子之情，他又难走三阿哥的老路。何况"从前三阿哥年少无知，性情放纵，行事不谨，皇考特加严惩，以教导朕兄弟等，使之儆戒"，又明显有杀鸡给猴看的意思。于是，他把对父亲的种种不满深深埋在心底，将全部时间和精力放在对我国历史人物、历史事件，特别是对历代帝王将相的成败得失、是非功过的学习和研究上。因而在他的

---

① 参见《清史编年》第四卷《雍正朝》，中国人民大学出版社，第178—179页。
② 同上，第182页。

《乐善堂集定本》中，留下了数十篇政论和史论名篇，为日后立国执政做了充分的思想准备和理论准备。尤其是他的《宽则得众论》一文，更值得我们注意。文中说：

> 泰山不让土壤，故能成其大；河海不择细流，故能就其深；王者不却众庶，故能明其德。何则？宽以容之故也。诚能宽以待物，包荒纳垢，宥人细故，成己大德，则人亦感其恩，而心悦诚服矣。苟为不然，以褊急为念，以刻薄为务，则虽勤于为治，如始皇之程石观书，隋文躬亲吏职，亦何益哉！[①]

弘历大肆宣传宽大政治，认为"王者"（即国君）要能忍受别人一时的羞辱，宽宥别人的小过错。这样才能成就自己的"大德"，人家才会心悦诚服。如果气量狭窄，性情急躁，冷酷无情，像秦始皇、隋文帝那样，虽然都能勤勤恳恳，各各成就自己的事业，为国家的统一做出了自己的贡献，但他们又都很残暴。秦始皇父子杀戮甚多，滥用民力，修长城，筑阿房宫，在骊山造坟墓。他本以为自己是"始皇帝，后世以计数，二世、三世，以至无穷"[②]。然而，他死后的第四年（前206），秦王朝就在陈胜、吴广领导的农民起义军的影响下，被刘邦、项羽为代表的反秦主力推翻了。

隋文帝杨坚革除北周宇文氏暴政，恢复汉、魏官制和汉族政权，奖励良吏，严惩不法官吏，厉行节俭，统一全国，"使连续三百年的战争得以停止，南北民众获得休息，社会呈现空前繁荣"[③]。然而，隋文帝对待臣下却极为严厉，经常派人侦察京内外百官，发现有人犯罪便加重罚，甚至秘密令人给

---

① 《乐善堂集定本》卷一。
② 《史记》卷六《秦始皇本纪》。
③ 范文澜：《中国通史简编》修订本第三编第一册，人民出版社，第3页。

官吏送贿赂，发现有人接受，便立即处死。"往往小罪重罚，在朝廷上杀官员。"①他考核官员，严惩贪官，但有时考核流为猜忌，严惩流为苛刻。他发现太子杨勇奢侈好色，便废黜杨勇，立杨广为太子。他依靠一些左右亲信为耳目，来发现百官中的"罪人"，这样使得他容易听谗言、受蒙蔽。杨广奢侈好色，甚至比杨勇还更厉害，但因为他善于伪装，又有独孤后和大臣杨素帮他说好话，所以终于被立为太子。不久隋文帝又可能对他产生了怀疑，并且在梦话中说了出来："文帝寝疾，以广所行无道，欲废之。"②后来，杨广在杨素的助力下，于仁寿四年（604），将他的父亲杀死在仁寿宫中，自己继皇帝位，是为隋炀帝，第二年改国号为大业元年。炀帝酷爱奢侈，大兴土木，造西苑，建离宫，开运河，筑长城，动用民工，不可胜计，沉湎酒色，无意南归，导致众怨沸腾，群雄并起。右屯卫将军宇文化及等隋官，煽动卫士，攻入宫中。隋炀帝更换服装，逃进西阁，被隋叛官捕获，后来就被缢杀了。③

由此可见，弘历对父亲的残酷统治可能带来的负面影响是何等重视。他有针对性地将秦始皇、隋文帝的最终命运与清王朝的命运联系起来观察考虑。他要力挽狂澜，使爱新觉罗的帝祚永在，使清王朝能够长治久安。他即位后，由于"深知从前奉行之不善，留心经理，不过欲减去烦苛，与民休息"，为此，他大刀阔斧，雷厉风行，于雍正十三年十月初八日发出第一道谕旨，命再议允禩、允禟子孙屏除宗牒案：

阿其那、塞思黑存心悖乱，不孝不忠，获罪于我圣祖仁皇帝。我皇考即位之后，二人更心怀怨望，思乱宗社，是以皇考特降谕旨削籍离宗。究之二人之罪，不止于此，此我皇考至仁至厚之宽典也。但阿其那、塞

① 范文澜：《中国通史简编》修订本第三编第一册，人民出版社，第8页。
② 《中国历史大事年表》（古代），上海辞书出版社，第225页。
③ 范文澜：《中国通史简编》修订本第三编第一册，人民出版社，第61页。

思黑孽由自作，万无可矜，而其子若孙实世祖仁皇帝之支派也，若俱屏除宗牒之外，则将来子孙与庶民无异。当初办理此事，乃诸王大臣再三固请，实非我皇考本意。其作何办理之处，著诸王大臣、满汉大臣、翰詹科道，各抒己见，确议具奏。

十一月二十八日，将允禩、允禟子孙均给予红带，收入玉牒。

至于允禩、允禟二人的处理，由于在政治上最为敏感，乾隆帝一直把它搁置起来，直到乾隆四十三年在正月十三日的上谕中才说：

圣祖第八子允禩、第九子允禟结党妄行，罪皆自取。皇考仅令削籍更名，以示愧辱。就两人心术而论，觊觎窥窃，诚所不免。及皇考绍登大宝，怨尤诽谤，亦情事所有，特未有显然悖逆之迹。皇考晚年屡向朕谕及，愀然不乐，意颇悔之，若将有待。朕今临御四十三年矣，此事重大，朕若不言，后世子孙无敢言者。允禩、允禟仍复原名，收入玉牒，子孙一并叙入，此实仰体皇考仁心，申未竟之绪，想在天之灵，亦当愉慰也。①

十月十三日命总理事务王大臣等，将各处高墙及九门所有类似之永远枷号、锁禁、圈禁等犯，具行查明是否应赦。庄亲王允禄等旋查明此类人犯共一百二十六名，除九名外，均与恩诏赦款相符，各予宽免释放。

二十四日宽宥允䄉、允䄸。谕：

"从前允䄉、允䄸狂肆乖张，不知大义，罪戾种种，皆获罪皇祖之人，我皇考悉皆宽免。因恐其在外生事，复罹重遣，不得已加以拘禁，

---

① 转引自戴逸：《乾隆帝及其时代》，中国人民大学出版社，第105页。

乃委曲保全之大恩也。今朕即位，念二人收禁已经数年，定知感皇考曲全之恩，悔己身从前之过，意欲酌量宽宥，予以自新。著总理事务大臣、宗人府、九卿会议具奏。"经议，将二人从宽释放。乾隆二年四月，以二人宽释后能深知前非，安分家居，各赏给公爵衔。乾隆六年，允裪卒，以贝子品级祭葬。十二年，允䄉晋贝勒。十三年，晋恂郡王。二十年卒。

接着，乾隆皇帝又将许多被禁锢的王公宗室，包括新德、新福、云乔顺、鄂齐、丰库、德存、勇瑞、讷尔苏（曹寅的女婿）、广宁、杨德、华玢等释放回家。将许多重要的王公宗戚如延信、苏努、乌尔古、阿灵阿的子孙，也恢复了原来的身份。[1]

当然，乾隆帝也不会忘记昭雪死去的三阿哥弘时，承认他的皇子身份，将其收入谱牒。

于是，在短短的三四个月里，乾隆帝就了结了这场历史公案。他小心翼翼，既要尽量维护父亲的威望，又要避免出现秦始皇、隋文帝那样的历史教训。然而，他的目的达到了。当然，乾隆帝的初政也有人反对，此人便是王士俊。王士俊，贵州平越（今福泉市）人，康熙进士。雍正初，以知府发河南，后来成为田文镜的心腹，累迁至河南巡抚，后又继田文镜任河南山东总督。乾隆即位后，撤了这一职位，调王士俊代任四川巡抚，这实际上是降了他的职。因此他心怀不满，于乾隆元年七月初四日"密陈四事"。他以为现在"有一批固宠希荣之辈，少年新进之流，辄敢斥某事为雍正某年某月奉旨云云"。甚至对众扬言："今日只须将世宗时事翻案，即系好条陈。"[2]御史舒赫德参奏王士俊"奸顽刻薄，中外共知。其河东总督任内，勒令州县捏报垦荒，苦

---

① 戴逸：《乾隆帝及其时代》，中国人民大学出版社，第105页。
② 《清史编年》第五卷《乾隆朝》上，中国人民大学出版社，第21页。

累小民"。"我皇上至仁如天，犹冀其改恶向善，曲赐矜全。乃王士俊丧心病狂，妄发悖论。请明正其罪，不宜仍畀封疆。"①疏入，七月二十九日，乾隆帝于养心殿召见王大臣、九卿等，逐条批驳王士俊所陈四事。针对所谓"翻案"，乾隆帝谕称：从来为政之道，损益随时，宽猛互济。圣祖深仁厚泽，垂六十余年之久，遂有法网渐弛、风俗渐玩之势。皇考加意振饬，使纲纪整肃，弊革风清，"又岂得谓翻圣祖之案"？皇考初政峻厉，至雍正九年、十年以来，人心已知法度，吏治正渐澄清，未始不敦崇宽简，至遗诏中有"向后政务，应从宽者，悉从宽办理。"由此可见，"皇祖、皇考与朕之心，原无丝毫间别"。王士俊乃訾为翻驳前案，是诚何言？是诚何心？乾隆帝命将舒赫德参奏原折交与王大臣、九卿会议具奏，后来将王士俊压解来京，交法司严审定拟。法司照大不敬律拟斩立决，乾隆帝改为斩监候，秋后处决。第二年正月却下诏将他释放回籍为民。②

(十一)

如前所述，雍正皇帝一生的最大政治问题，最受指责也最不能被人原谅的，是他夺得皇位后，实行铁腕统治，镇压骨肉兄弟，打击异己分子，诛戮宗室和宗戚大臣，不少人被轻罪重罚，无辜被杀，株连受累。他甚至还逼死了自己的亲娘，处死了自己的儿子。弘历即位以后，他小心翼翼，既要避免出现秦始皇、隋文帝那样的历史教训，又要尽量维护父皇的威望。在当时那样复杂的历史情况下，他用三四个月的时间就了结了这一历史公案。当然，这样做的效果还只是初步的，为了做得更细致、更可靠，他注意到内地汉族人民编修家谱所具有的宣传教育功能，于雍正十三年十二月初一日发出纂修"八旗氏族通谱"的谕旨：

① 《清史编年》第五卷《乾隆朝》上，中国人民大学出版社，第21页。
② 同上，第21—22页。

八旗满洲氏族众多，向无稟载之书，难于稽考。著将八旗姓氏详细查明，并从前何时归顺情由，详记备载，纂成卷帙，候朕览定刊刻，以垂永久。著满洲大学士会同福敏、徐元梦遵照办理。①

为什么要编纂这样一部宗谱？乾隆帝希望它拥有什么样的功能呢？请读他为此书所写的序文：

我祖宗诞膺天定，勃兴东土，德绥威脅，奄甸万姓。维时龙从凤附之众，云合响应，辐辏鳞集。强者率属归诚，弱者举族内附，我祖宗建师设长以涖之，分旗隶属以别之。厥有熊罴之士，不二心之臣，效命疆场，建谋帷幄，亲以肺腑，重以婚姻，酬以爵命。迨入关定鼎，或集居辽左，或散处燕畿，锡之土田，爰及苗裔，至今已百五六十年，生聚蕃衍，时万时亿。累朝修养熙植，鞠保胥勤，越我嘉师，咸能永世以滋大。朕维祖宗德泽之深，不可不继修令绪，益绵延惇固于无疆。重虑物阜且博，代序日远，族姓日繁，不为之明章统系，俾知世得所自，将罔克念先人之勤，无以光昭前烈。爰发金匮石室之藏，征载籍，稽图谱，考其入我朝来得姓所始，表之以地，系之以名，官阶勋绩，缀以小传。勋旧戚畹以及庶姓，整然备具，秩然有条，与国史相表里。昔周小史定系世，辨昭穆。左氏内传言，天子建德，因生赐姓，胙土命氏，而司商吹律以定姓名。盖万物本乎天，人本乎祖；木有根而枝附焉，水有源而流出焉。谱牒者，所以联人情之涣，而维旧俗之漓不可忽也……②

清王朝的统治者是我国的少数民族之一——女真。他们的直系祖先，原

---

① 《清史编年》第四卷《雍正朝》，中国人民大学出版社，第687页。
② 御制《八旗满洲氏族通谱·序》，第一册。

来居住在黑龙江北岸，后来一部分人南迁中原。随着社会经济迅速发展，他们在与汉人长期的共同生活中，逐渐与汉人融合。仍然留在东北的女真则发展缓慢，元朝时归合兰府（故治在今吉林省宁安市境内）管辖。明代女真分为建州女真、海西女真和野人女真三个部分。明朝政府在当地设都指挥使司、卫、所等行政机构，管理军政事务。后来努尔哈赤统一女真各部，建立后金政权。皇太极继位后，改女真为满洲，改后金为清。辛亥革命后，将其统称为满族。[①]

努尔哈赤是我国历史上的杰出人物之一。他于明嘉靖三十八年（1559）出生于建州左卫的一个奴隶主家庭。万历十一年（1583）起兵时，他是建州女真中一支弱小的势力，建州内外却有许多强大的敌人。经过五年的征战，一跃而成为女真族中一支最强大的力量。他不仅是一位能战惯战的军事领袖，创立了军政合一的八旗制度，又善于用兵和带兵[②]。乾隆帝说他的祖宗"勃兴东土"时，"龙从凤附之众，云合响应……强者率属归诚，弱者举族内附，我祖宗建师设长以涖之，分旗隶属以别之。厥有熊罴之士，不二心之臣，效命疆场，建谋帷幄，亲以肺腑，重以婚姻，酬以爵命"，我以为主要指的是努尔哈赤时代，当然也包括皇太极、顺治和康熙三代。在乾隆帝看来，清前期的君臣、君民关系是好的、融洽的，只是现在不行了，所以他要"继修令绪"，纂修"八旗满洲氏族通谱"。于是他打开"金匮"、"石室"，取出朝廷所藏的资料图谱，考查内外朝臣是什么时候归顺的，是什么地方人，叫什么名字，有什么官衔，有什么勋绩，用这些连接成一篇小传。这样"勋旧戚畹以及庶姓，鳌然备具，秩然有条，与国史相表里"。

乾隆帝说："盖万物本乎天，人本乎祖，木有根而枝附焉，水有源而流出焉。谱牒者，所以联人情之涣，而维旧俗之漓不可忽也。"涣，涣散；漓，兴

---

① 参见《辞海·满洲》条，上海辞书出版社1979年缩印本，第981页。

② 参见戴逸主编：《简明清史》第一册，中国人民大学出版社，第36—42页。

致淋漓。编纂谱牒，就是要把涣散的人心联系起来、团结起来，对先人兴会淋漓的遗风旧俗要好好维系，不能忽视。

（十二）

雍正十三年十二月，乾隆帝发出纂修八旗满洲氏族通谱的谕旨以后，到乾隆九年十二月初三日，《御制八旗满洲氏族通谱》纂修完成，历时整整九年。全书共八十卷，分装成二十四册。

这九年时间里，乾隆帝的初政，特别是关于他修改父皇的施政路线，应该说是比较顺利的。不过也发生了两桩事故。一是乾隆元年王士俊指责乾隆帝"惟在翻驳前案"，已于上述。二是乾隆四年十月十六日，宗人府议奏庄亲王允禄与弘晳、弘升、弘昌、弘晈等结党营私一案，请分别革爵禁锢。乾隆帝谕庄亲王允禄乃一庸碌之人，但无知之辈群相趋奉，恐将来有尾大不掉之势。庄亲王允禄从宽免革亲王，其亲王双俸、议政大臣、理藩院尚书俱著革退；弘晳革去亲王，免其圈禁高墙，仍准在郑家庄居住，不许进城；弘升永远圈禁；弘昌革去贝勒；弘晈从宽仍留王号，终生停俸。嗣后，有人检举弘晳曾问安泰，准噶尔能否到京，天下太平与否，皇上寿事如何？经平郡王等审实，拟以大逆重典。乾隆帝令从宽免死，永远圈禁。弘晳及其子孙，照阿其那、塞思黑子孙之例，革去宗室，给予红带子。

到这里，我们觉得有必要对弘晳和他的父亲允礽做点介绍。允礽生于康熙十三年五月，次年十二月册立为皇太子。四十七年九月，康熙帝于行猎途中，至布尔哈苏台驻地，召诸王大臣、侍卫及文武官员等齐集行宫前，命皇太子跪地，垂泪训曰："今观胤礽不法祖德，不遵朕训，惟肆虐众，暴戾淫乱，难出诸口。朕包容二十年矣，乃其恶愈张，僇辱在廷诸王、贝勒、官员，专擅威权，鸠聚党羽，窥伺朕躬"。"更可异者，伊每夜逼近布城，裂缝向内窥视。从前索额图助伊潜谋大事，朕悉其情，将索额图处死。今胤礽欲为索额图报仇，结成党羽，令朕未卜今日被鸩，明日遇害，昼夜戒慎不宁。似此之人，岂可付以祖宗弘业！"①十六日回抵京城，召诸王、贝勒、满汉文武大臣于午门内，宣布废斥皇太子，随即将胤礽幽禁咸安宫。②

后来皇三子胤祉奏称：他牧马厂的蒙古喇嘛巴汉格隆，自幼习医，能为咒人之术。大阿哥胤禔知道后，把他传去，同另外两个喇嘛时常在一起。康熙帝命将三个喇嘛和胤禔王府的护卫锁拿，交侍郎满都、侍卫拉锡查审。巴汉格隆等供："直郡王欲诅咒废皇太子，令我等用术镇魇。"随差侍卫又搜出镇魇物件，命交显亲王衍璜等严拟具奏。十月三十日，康熙帝谕侍卫内大臣等："大阿哥胤禔素行不端，气质暴戾，行事比废皇太子胤礽更甚，断不可以轻纵。"次日革去胤禔王爵，幽禁于其府内。③

十一月十六日，康熙帝又召胤礽及诸王子、达尔汉亲王额附班第、领侍卫内大臣谕曰："今观废皇太子虽有暴怒捶挞伤人事，并未至人于死，亦未干预国政。"且"此等事皆由胤禔魇魅所致。胤禔所播扬诸事，其中多属虚诬"。于是当众释放胤礽，康熙四十八年三月，复立胤礽为皇太子。④

然而，三年以后，即康熙五十一年九月，康熙帝自热河返回京城，驻畅春园，召诸王子谕曰："皇太子胤礽自复立以来，狂疾未除，大失人心，祖宗弘业断不可付托此人。"十月初一日，又亲笔朱书谕诸王大臣等：胤礽"自释放之日，乖戾之心即行显露。数年以来，狂易之疾仍然未除，是非莫辨，大失人心。朕久隐忍，不即发露者，因向有望其悛 之言耳。今观其行事，即每日教训，断非能改者。朕年已六旬，知后日有几？况天下乃太祖、太宗、世祖所创之业，传至朕躬……五十余载，朝乾夕惕，耗尽心血，竭蹶从事，尚不能详尽。如此狂易成疾，不得众心之人，岂可托付乎？故将胤礽仍行废黜禁锢。"本月十九日将胤礽禁锢于咸安宫。接着又以再废太子事祭

---

① 《清史编年》第三卷《康熙朝》上，中国人民大学出版社，第311—312页。
② 同上，第314页。
③ 同上，第320页。
④ 同上，第330—331页。

告天地、宗庙、社稷，并诏告全国。^①康熙帝死后，雍正将胤礽继续禁锢，直到他死去。

弘晳是胤礽的第二个儿子，康熙帝的皇长孙。前面已经说过，胤礽出生的第二年，即康熙十四年，就被册立为皇太子。弘晳出生最早当在康熙三十年，或稍后。他幼年时期，得到皇祖康熙帝的疼爱，并且被带在身边，他的地位自然与众不同。虽然，朝鲜使臣对弘晳的人品和才情评价甚高，甚至认为有了他，康熙要废掉胤礽也很难，因为"皇长孙颇贤，难于废立"。又说："或云太子甚贤，故不忍立他子。"^②但康熙五十一年再次将胤礽禁锢乾安宫，并将废太子事祭告天地，诏告全国以后，胤礽就再也没有出来了。由此看来，后来弘晳虽然承袭了理密亲王的爵位，但他的所谓人品才情，与胤礽的废立，并没有什么联系。

我们知道，弘历出生于康熙五十年，这时弘晳已是二十上下年纪了，康熙帝驾崩时，他肯定已不小于三十岁。雍正上台后的铁腕统治、杀戮政策，弘晳不仅不敢有非分之想，而且竭诚拥戴雍正。乾隆即位时，弘晳已近知命之年，弘历才二十四五岁，他认为此时该有所作为，于是与胤祺之子弘升（都统）、允祥之子弘昌（贝勒）等数人，追随允禄，形成一个势力集团。他们虽然不可能掀起大的政治风浪，但凭借特权，相互援引勾结，甚至对乾隆帝的新政，也表现出不满和非议。这是新皇帝不能容忍的。他果断出击，消除了隐患。戴逸先生说：允禄、弘晳案的处理，"标志清朝前期皇族内部长期纷争的终结。由于乾隆帝坚决把亲贵宗室排斥于中枢政权之外，此后一百多年，皇族内部再也没有发生重大的斗争，保证了中央专制政权的巩固与稳定"^③。因此，他才能有条件，有时间，有精力，引导我国政治、经济、军事、文化学

---

① 参见《清史编年》第三卷《康熙朝》上，中国人民大学出版社，第392—393页。
② 参见戴逸：《乾隆帝及其时代》，中国人民大学出版社，第43页。
③ 同上，第128页。

术和文学艺术，达到我国封建时期的最高峰。

一般人都以为康熙、乾隆两朝是盛世，我认为到乾隆朝的四五十年代，才是这一盛世的鼎盛时期，乾隆帝既继承了自康熙以来的建国遗产，又有自己即位以来取得的施政业绩。如平定了天山北路准噶尔的叛乱，粉碎了天山南路伊斯兰教大、小和卓木，即所谓"回部"上层势力的骚扰，平定了大、小金川，镇压了林爽文和他领导的台湾农民起义；赢得了东南邻邦朝鲜、缅甸、南掌（在今老挝琅勃拉邦建立的国家）和安南遣使来同大清国修好；严拒英国特使马嘎尼尔的侵略性要求；加强了中央政府对西北地区的管理，使边境相对安宁，农业生产得到发展，仓廪较前充实；文化学术和文学艺术较之前代也是异彩纷呈，一片繁荣。

（十三）

此前我们已经提到曹雪芹的一些亲朋好友，最突出的是宗室的敦诚、敦敏和香山那位私塾先生张宜泉，都与曹雪芹经常来往，诗酒唱和。而且他们的诗作中，都隐约指出《红楼梦》是曹雪芹创作的。如：敦诚的《寄怀曹雪芹霑》："劝君莫弹食客铗，劝君莫叩富儿门；残杯冷炙有德色，不如著书黄叶村"；敦敏《赠芹圃》诗："燕市哭歌悲遇合，秦淮风月忆繁华"；张宜泉的《伤芹溪居士》："北风图冷魂难返，白雪歌残梦正长"。至于敦诚、敦敏的叔父，乾隆皇帝的侍卫墨香；允禵的孙子永忠；永忠的堂叔瑶华（即弘旿）等人，早就知道《红楼梦》的作者是曹雪芹，只是因为怕书中有"碍语"，原来不敢看而已。《八旗满洲氏族通谱》中关于曹家一节的记述，我认为对了解曹家的历史，是有帮助的。现在按照"通谱"原来的格式，加上标点，引录在下面：

《八旗满洲氏族通谱》卷之七十四目录
附载满洲旗分内之尼堪姓氏
· · · · · · · · · · · · · · · · · · · ·

曹氏

　　曹锡远，正白旗包衣人，世居沈阳地方，来归年分无考。其子曹振彦，原任浙江盐法道。孙曹玺，原任工部尚书；曹尔正，原任佐领。曾孙曹寅，原任通政使司通政使；曹宣，原任护军参领兼佐领；曹荃，原任司库。元孙：曹颙，原任郎中；曹頫，原任员外郎；曹頎，原任二等侍卫。曹天佑，现任州同。①

我们知道《八旗满洲氏族通谱》，是乾隆即位后，为了适应当时"联人情之涣，维旧俗之漓"的需要纂修的一部官书，其中曹锡远一支所收共十一人，都是有官职的，并按官职大小程序排列。前十人，即自曹锡远至曹颙，原来我们已很清楚，至于曹天佑，我们读了"通谱"以后，也心中有数，不致感到突然。因为我们知道，曹颙于康熙五十四年正月初八日死后，是由康熙皇帝出面，要内务府总管去告诉李煦，务必在曹荃的儿子中，找到能奉养曹颙之母如同生母的人。最后确定由曹荃第四子曹頫给曹寅之妻为嗣，并补放曹頫江宁织造缺。康熙五十四年三月初七日，曹頫《代母陈情折》中有：

　　　　奴才之嫂马氏，因现怀妊孕已及七月，恐长途劳顿，未得北上奔丧，将来倘幸而生男，则奴才之兄嗣有在矣。②

真是天从人愿。大约一两个月后，马氏生下来的正是一个男孩。这标志着曹寅之妻李氏及其一家人祈祷上苍保佑马氏"幸而生男"，成了事实。按照曹家的习惯，从儒家经典的《诗经·小雅·信南山》中的第二章"上天同云，雨雪雰雰，益之以霡霂。既优既渥，既霑既足，生我百谷"和第四章"中田有庐，疆场有瓜，是剥是菹，献之皇祖。曾孙寿考，受天之佑"中拈出"霑"

---

① 《御制八旗满洲氏族通谱》卷之七十四，第二十二册。
② 《关于江宁织造曹家档案史料》，中华书局，第128—129页。

字为学名，"天佑"二字为乳名。又按曹家的习惯，男孩出生之后，就向政府捐一个前程，或曰谋一个出身。政府收取捐款后，按照所捐数目，授予相应的官职，或虚衔，或实职。虚衔不带地名，实职有地名。《红楼梦》第二回冷子兴道："若问那赦公，也有二子，长名贾琏，今已二十来往了……身上现捐的是个同知"。这里说的贾琏捐的同知未标地名，故知是个虚衔。如果曹天佑出生后，也像康熙二十九年曹寅、曹荃为各自的儿子捐纳监生时，曹颜只有三岁、曹颙两岁、曹頫五岁这样的年龄段捐前程，那么到乾隆朝初纂修"宗谱"时，曹天佑也有二十多岁了，但是和贾琏一样，他的州同资格上也没有地名，只是一个虚衔。所以王利器先生说，贾琏捐同知，即影射曹天佑的"现任州同"。①

然而，这对我们来说要更费周折，因为当曹雪芹在世的时候，他的亲朋好友即知道他的家世情况、晚年的作为，包括他在创作《红楼梦》，为什么这时只提他的大名或者说学名曹霑，却不提他的乳名曹天佑。而参与纂修"宗谱"的人员却不提曹雪芹的名字，更不提他创作了一部伟大小说《红楼梦》。此无他，因为他改了名。然而，他为什么要改名？又是在什么时候改名的呢？答案应是在"通谱"修成以后不久。乾隆十三年十一月十八日，平郡王福彭忽然病逝。福彭是曹雪芹最敬重的表哥，他也一直受到表哥的关照和爱护。雍正六年，曹頫被革职抄家，送回北京，当时老平郡王纳尔苏已被革职，由福彭承袭王位，王府成为曹家全家生活的依靠。

前面已经说过，福彭的人品才情优异，受到康熙、雍正和乾隆三代皇帝的欣赏和重用。雍正继位后，先是命福彭承袭父亲的王位，陪同皇子读书，使他成为弘历的挚友。继又任命他为定边大将军。雍正死，乾隆帝即位，立即调回福彭协办总理事务。乾隆四年允禄、弘晳案发，经平郡王等审实处理后，乾隆帝为了吸取前朝宗室干政的教训，让福彭也退出了总理事务衙门，

---

① 王利器：《耐雪堂集》，中国社会科学出版社，第313—314页。

且此后一直不让他担任要职。他的才华不得施展，郁郁不得志，乾隆十三年，年刚四十岁的他就过早地死去了。

福彭一死，曹家失去依靠，顿时生活困难，这对曹家是一个重大打击，也触动了曹雪芹的心灵，使他认识到没有什么上天保佑，继续用天佑之名对自己是莫大的嘲讽。因此，他决定弃天佑之名不用，改名曹雪芹。

曹雪芹改名的想法和做法，大概是在乾隆十三年以后，他在西单石虎胡同右翼宗学工作期间很隐蔽地进行的，知道的人很少。即使有如敦诚、敦敏等人在场，由于他们了解曹雪芹的处境与心情，也不愿意去捅破。只有敦诚在他的《寄怀曹雪芹霑》一诗里吐露了一点消息，但又很容易被人误解。现将全诗转录在下面：

> 少陵昔赠曹将军，曾曰魏武之子孙。
> 君又无乃将军后，于今环堵蓬蒿屯。
> 扬州旧梦早已觉（雪芹曾随先祖寅织造之任），
> 且著临邛犊鼻裈。
> 爱君诗胆有奇气，直追昌谷破篱樊。
> 当时虎门数辰夕，西窗剪烛风雨昏。
> 接䍦倒著容君傲，高谈雄辩虱手扪。
> 感时思君不相见，蓟门落日松亭樽。
> 劝君莫弹食客铗，劝君莫叩富儿门。
> 残杯冷炙有德色，不如著书黄叶村。[①]

这首诗作于乾隆二十二年（1757）秋天，当时敦诚在喜峰口，替他父亲瑚玠做松亭关收税的差使，曹雪芹在北京西郊黄叶村写作小说《红楼梦》。当时有传言

---

① 敦诚：《四松堂集》。

曹雪芹要到南京去做两江总督尹继善的幕僚，敦诚不赞成，想用这首诗去劝止。有人把这首诗看作是抒写曹雪芹的史诗，其中第五、六两句尤为重要，表示曹雪芹历史上的两大转折。第五句的"扬州旧梦"，是指曹雪芹少年时代在江宁织造府的繁华生活，并憧憬有朝一日能继承祖业、再度辉煌，却随着叔父被革职抄家送回北京，像做梦一样，早已觉醒。第六句，用《汉书·司马相如列传》中的典故，暗喻曹雪芹改名。

《司马相如列传》中的典故，一般读者都很熟悉，其中最有名也最浪漫的是"求凰"和"当炉涤器"。"求凰"是说卓文君新寡，仍爱好音乐。一次，卓王孙大宴宾客，起先司马相如"谢病不能临"，后来又假装对文君很敬重，暗中却"以琴心挑之"。"当炉涤器"是说大宴宾客后，文君夜奔相如，被父亲逐出。为了生活，她（他）们开了一个小酒店，文君当炉，司马相如穿着犊鼻裈（当时的一种工作服），与堂倌们一起洗涤杯盘碗筷。直到现在，一些红学家还喜欢从不同角度，用司马相如与卓文君这种浪漫主义的典故解读敦诚的这一句诗。这是解释不通的。因为曹雪芹是不满意自己原来的名字，并决意要改掉它，如果用司马相如与卓文君这种浪漫主义的典故去解读敦诚的这句诗，不仅不知所云，甚至牛头不对马嘴。

既然用"求凰"和"当炉涤器"与曹雪芹之所为不能相比、解释不通，那么《司马相如列传》中是否还有别的什么典故与曹雪芹改名相比的吗？有的。于是我们发现，司马相如也有一个改名的故事。记得北京有一位王启熙先生，也曾谈起过这个故事，但是没有引起人们的注意[①]。现在我们请读者读读《司马相如列传》中开始的第一段：

> 司马相如字长卿，蜀郡成都人也。少时好读书，学击剑，名犬子。相

---

① 王启熙：《曹雪芹即曹頫遗腹子的几点确证》，《红楼梦学刊》1983年第3辑，第313—315页。

如既学，慕蔺相如之为人，更名相如。①

司马相如改名，是因为学成之后，声名大振，经常官盖车骑相随，再叫犬子（狗儿）不雅。曹雪芹改名，是因为他认为没有所谓上天保佑，如今仍用天佑这个名字，是对自己的嘲讽。两人改名的原因虽然不同，但实质却是一样。所以，用司马相如改名的典故来与曹雪芹改名相比，不仅贴切，而且再也恰当不过。同时也可以看出，曹雪芹就是曹天佑，又是马氏的遗腹子。

（十四）

二知道人（蔡家琬）在《红楼梦说梦》中对《红楼梦》的艺术特色和艺术成就的解读，虽然不一定能超过戚蓼生《石头记序》中的高度理论概括和形象化的艺术分析，认为曹雪芹的《红楼梦》超过了"绛树两歌，一声在喉，一声在鼻；黄华二牍，左腕能楷，右腕能草"，达到了"两歌而不分乎喉鼻，二牍而不区乎左右，一声也而两歌，一手也而二牍"。但二知道人的一些评语不仅显得恰当而准确，有的甚至深刻而精彩。如：（1）"蒲聊斋之孤愤，假鬼狐以发之；施耐庵之孤愤，假盗贼以发之；曹雪芹之孤愤，假儿女以发之，同是一把辛酸泪也。"（2）"《邯郸梦》、《红楼梦》，同是一片婆心。玉茗先生为飞黄腾达者写照，雪芹先生为公子风流者写照，其语颇殊，然其归一也。"（3）"盲左班马之书，实事传神也，雪芹之书，虚事传神也，然其意中，自有实事，罪花业果，欲言难言，不得已而托诸空中楼阁耳。"（4）"红楼情事，雪芹记所见也。锦绣丛中打盹，珮环声里酣眠，一切靡丽纷华，虽非天上，亦异人间。"（5）"《红楼梦》有四时气象。前数卷铺叙王、谢门庭，安常处顺，梦之春也；省亲一事，备极奢华，如树之秀而繁阴，葱茏可悦，梦之夏也；及通灵玉失，两府查抄，如一夜严霜，万木摧落，秋之为梦，岂不悲哉？贾媪终养，宝玉逃禅，其家之瑟缩愁惨，直如冬暮光景，是红楼之残梦耳。"（6）"左氏叙鄢陵

---

① 《汉书》卷五十七《司马相如列传》二十七上，中华书局，第8册，第2530—2531页。

之战，晋之军容，从楚子目中望之；楚之军制，从楚人苗贲皇口中叙之。如两镜对照，实处皆虚，所以为文章鼻祖也。雪芹先生得其金针，写荣国府之世系，从冷子兴闲话时叙之；写荣国府之门庭，从黛玉初来时见之；写大观园之亭台山水，从贾政省功时见之。不然，叙其世系，适成贾氏族谱；叙其房廊，不过此房出卖帖子耳。雪芹锦心绣口，断不肯为此笨伯也。"（7）"大观园之结构，即雪芹胸中丘壑也，壮年吞之于胸，老去吐之于笔耳。吾闻雪芹缙绅裔也，使富侔崇、恺，何难开拓其悼红轩，垒石为山，凿池引水，以供朋侪游憩哉？惜乎绘诸纸上，为亡是公之名园也。"（8）"小说家之结构，大抵由悲而欢，由离而合，步步引人入胜。《红楼梦》则由欢而悲，由合而离也；非图壁垒一新，正欲引人过梦觉关耳。"（9）"贾蔷宠爱龄官，特购一串戏雀儿供其玩弄，而不知适逢彼怒也。谚有云：相对矮人休说短，蔷之受其丑诋宜矣。世之不善逢迎者，往往愈令人喜，正愈令人怒耳。"（10）"雪芹先生亦梦中身也，开眸四顾，地非邯郸，闲弄笔头，无非漫与委婉，达痴儿之意，思量写处子之心，艳语生香，柔情欲滴矣。何物管城，生出如许之碧桃红药哉！"（11）"一日众友群居，评骘红楼女子，有取宝钗之稳重者，有取黛玉之聪颖者；或爱熙凤之才能、湘云之爽直，或爱袭人之和顺、晴雯之袅娜；又有憎黛玉之乖僻，厌凤姐之擅权，恨袭人之柔奸，恶晴雯之利口者，议论沸腾，爱憎不一。予时默无一语。客诘之，予曰：此曹雪芹纸上婵娟也，设诸君真遇其人，未必不变憎为爱也。言毕，众皆粲然。"（12）"太史公纪三十世家，曹雪芹只纪一世家。太史公之书高文典册，曹雪芹之书假语村言，不逮古人远矣！然雪芹纪一世家，能包括百千世家，假语村言，不啻晨钟暮鼓，虽稗官者流，宁无裨于名教乎？"

以上所引十二例，最后一例是对《红楼梦》思想内涵的典型性诠释，越来越被人们理解和接受。如蒋和森在《曹雪芹和他的〈红楼梦〉》中说："《红楼梦》虽然只着重写了一个贾府，但充塞在这个封建家族里的那许多腐败现象，那种复杂错综的矛盾关系，还有那种'高标见嫉'、'直烈遭危'的现象，却不是一家所独有，也不是荣枯相连的贾、王、史、薛四家所独有，而是可通于国，可通于整个历史时代。因此，《红楼梦》所表现的盛衰之理、人情之常，便有了包孕无尽的含义，它总是引人感慨万端地想到深处、远处。"所以，"从这个意义上来说，在《红楼梦》里凝聚着一部《二十四史》。但是，《红楼梦》是小说，而不是史书，它并不像'红学家'所力证的影射了什么历史事实，而是曹雪芹以一个天才作家的艺术手腕，反映了历史上常见的许多带有本质意义的典型现象"[①]。

杨光汉也引佛教的"劫波"说，认为世界有周期性的生灭过程，即"成劫"期、"住劫"期，"坏劫"期和"空劫"期；又有"轮回"说，认为众生各依善恶业因而在天堂、人间、阿修罗、地狱、饿鬼、畜生等"六道"中升沉异趣，轮回相续。它们描绘的世界与人生，同中国历史上王朝的兴亡更替、人世的升降浮沉，在现象上是多么相似，它或许是印度思想家用宗教语言对他们的历史和现实人生所做出的概括和表述。虽然曹雪芹并不信奉佛教，但"四劫"、"六道"中所包含的哲理，又不能不被熟谙祖国悠久历史文化的曹雪芹所欣赏，甚至渗透到他的历史观中，浸透到他的艺术描写中。我们发现《红楼梦》的总体构思，正是受这种历史观的支配。既然一部《二十四史》所记录的无非一个又一个王朝的兴亡更替，一次又一次循环过程，那么扎扎实实写透一个王朝的兴亡，写透一次循环过程，即由"了"到"好"、由"好"到"了"的过程，也就把一部《二十四史》包容在里面了。既然人生总是在存坏、起灭、生死中流迁无常，经历一个又一个的劫波、一次又一次的轮回，那么，写透一个劫波、一次轮回，也就把天上地下、古往今来都包容在里面了。曹雪芹这样做，他成功了，于是，我们也就有了一部包容古今、总汇万状的《红楼梦》。[②]读了上面蒋和森、杨光汉两位的解读，我们对二知道人这一经典性阐释，也就更容易理解、更容易接受了。

---

① 蒋和森：《红楼梦论稿》，人民文学出版社1981年第2版，第168页。

② 杨光汉：《一次历史的轮回——论〈红楼梦〉的历史容量》，云南大学出版社，第42—43页。

（十五）

至于前引蔡家琬第一至十一例诠释，从现在的眼光看来，似应包括深入现实生活，生活的积累，艺术表现手法，环境描写，人物描写和典型塑造，等等。按照二知道人的观点，即使是大观园，也只是曹雪芹"胸中丘壑"，即心中一个深远的意境，是曹雪芹绘在纸上的"亡是公的名园"。戴逸先生也说，大观园是"曹雪芹为《红楼梦》中众多人物进行活动而虚构的空间环境，它是艺术创造而非实在建筑。执意寻找它是哪个园子，何处府第，岂非刻舟求剑？但是艺术创造决不能凭空想象。没有现实中的名园盛景，曹雪芹才能再高，想象力再丰富，也难以虚构一座宏伟雅丽、诸景具备的大观园。大观园是乾隆初年皇家造园风尚鼎盛时期的产物"。如果这是曹雪芹在听到甚至见到乾隆皇帝御题"大观"二字的"圆明园全图"触发的灵感，那么圆明园和其他御园很可能是他塑造大观园的主要借鉴。[①]

至于红楼女子，则不管是宝钗、黛玉、熙凤、湘云，还是袭人和晴雯，二知道人说，她们都是曹雪芹的"纸上婵娟"。其实，何止十二钗如此，书中不论是"水做的骨肉"，还是"泥做的骨肉"，不也是一样吗？她(他)们都是曹雪芹写作这部伟大小说时必须塑造的各种各样的人物，来满足他在书中所要完成的各种各样的写作任务，但是，现在要说出她(他)们任何一个人的原型姓甚名谁，恐怕也难。当然，我们红学圈内一般都会知道，贾宝玉身上有作者自己的影子。甚至我还知道，北静王水溶的原型是平郡王福彭，这是七八年前我读了弘历(乾隆皇帝)未登基以前写的《送定边大将军平郡王西征序》之后知道的。

我们知道，福彭生于康熙四十七年。他的父亲讷尔苏是镶红旗第五族、郡王，康熙四十年袭封多罗平郡王。母亲曹佳氏，嫡福晋，曹寅的女儿。曹雪芹是他的亲表弟。福彭英年早慧，很小就受到康熙皇帝的宠爱，被养在宫

---

① 参见戴逸：《圆明园与大观园》，《乾隆帝及其时代》，中国人民大学出版社，第498页。

中读书。雍正四年，讷尔苏因事被革退王爵，福彭袭封多罗平郡王。雍正六年，福彭已二十一岁，皇子弘历和他的弟弟弘昼也都已十八岁。雍正帝把品学兼优的福彭挑选入宫，陪同皇子读书，使他们健康成长。后来弘历与福彭成为同窗挚友。雍正十年正月，福彭管理镶蓝旗满洲都统事务；闰五月，授宗人府右宗正。十一年二月，充玉牒馆（管理皇家谱牒的部门）总裁；四月，任军机处行走[1]；七月初九日，授定边大将军。此时，由于清军与准噶尔作战已有多年，而守将靖边大将军、顺承王锡保"身为大将军以来，每闻贼至，惊惶无措，兵丁时撤时拨。二年之内，马匹伤损数万，阖营无不怨恨。夫身膺大将军之任，贼来不能邀击，及深入之后，又令兔逃，此皆调遣失宜，怯懦畏葸之所致也"。故其随即被革去锡保亲王和大将军之职，并命他"听平郡王指示"[2]。

同年八月初三日，定边大将军平郡王祃旗[3]。启行，弘历亲自送到清河，尤依依不忍离别。回宫后，弘历写了一篇《送定边大将军平郡王西征序》。文虽长，但尚易寻找，且真情实感如出肺腑，能够使人们更好地了解这对同窗挚友的情谊，这是一篇难得的文字，故全文录之于下：

> 惟上帝眷顾我国家，太祖、太宗，肇基盛京，既创既承，顺天麻命，以造万世无疆之丕基。惟时英藩良弼，罔不一乃心力克宣，乃歙董疏附，先后奔走。御侮之臣而甄其才，以致其力，因赞我王室式辟四方，若川有舟，实共济之；若木有本，实枝干之。诗所谓"维藩维垣，维屏维翰"。伟哉，隆古以来，懿亲之宣力，未有若斯之盛也。逮我世祖章皇帝，定鼎燕京，奄有九有，惟时平郡王之始祖礼亲王，实统貔貅

---

[1] 参见《关于江宁织造曹家档案史料》，中华书局，第219—220页。

[2] 《清史编年》第四卷《雍正朝》，中国人民大学出版社，第581页。

[3] 祃旗，古代军队出征时一种仪式。见《宋史·礼志》。

之旅，以勤襄王事，功绩彪炳，载在国史，王其七世孙也。王幼而侍圣祖仁皇帝宫中，躬承恩眷。我皇父临御，凡事皆仰体圣祖之心，祗承勿替，况在宗藩，尤所惇叙，以养以教，罔不勤勖其身，诱迪厥德，而王以孙枝之近，眷顾尤隆。雍正六年，皇父特命王同我兄弟读书内廷，以培其才。又二年，知王之可用也，爰命管理旗务及为宗正，理益以明，政益以。又二年，知王之果可大用也，遂有定边大将军之命，而统西征之师。夫准噶尔自策妄阿喇布坦造孽，据有波罗搭拉，被我圣祖皇帝曲赐矜全之恩，及我皇上赦过宥罪之德，跳梁踯躅，至于今十余年。今其醜子噶尔丹侧楞袭其凶逆，抗我颜行，幸不可再，祸不可踵，此盖天亡准噶尔之日，而王建功立业之秋也。王器量宽宏，才德优长，在书斋中与之论文，每每知大意，而与言政事，则若贯骊珠而析鸿毛也。夫战者孔子所惧，王者不得已而用之，所以止戈戡乱，遏刘诛暴。我皇上克承先志思维，小丑累世负恩，实天人所共愤，王法所必诛。而历年以来，董兵之臣，率不能宣德威而奏肤功，用是以西陲重任畀之于王。王必有以副皇父简用之恩，佐国家赫声濯灵之大业，相事宜慎，权变和辑。我士卒淬历，我将校恩威并行，信义昭著，克歼逆憝，永息边氛，皇哉堂哉，莫与京矣。王以八月三日之吉，祃旗启行。

余与王敬业乐群者六年于兹，今之往也，其可以无赠？然惟赠人以物，不若以言为切也。赠人以颂，不若以箴之为益也。言而以箴，宜赠王矣。复念王日承皇父圣谟，凡军机要务，制敌御将之方，筹饷治兵之略，闻之熟而奉之谨，以是始之，以是成之，总不出圣天子定算之中，而更何俟余之以言赠哉？故为王敬述王祖父为国宣力勋名赫奕之事于右，及引书传所言者，欲王效法乃祖，而以敬谨将事也，王其勉之哉！祗迓天之明命惟聿，将其恪恭，整我六师，以伐不敬，在此行乎，在此行乎！余自今数王至军之日，请勒为饮至之歌以俟之。①

到这里，我觉得将《红楼梦》的北静王水溶请出，看看曹雪芹是怎样塑造这一形象的，是很有必要的。

（1）那时官客送殡的有镇国公牛清之孙牛继宗；理国公柳彪之孙柳芳；齐国公陈翼之孙陈瑞文；治国公马魁之孙马尚；修国公侯晓明之孙侯孝康；缮国公诰命亡故，其孙石光珠守孝不得来。这六家与荣宁二家，即当日所称的"八公"。余者更有南安郡王之孙蒋子宁，定城侯之孙谢鲲，襄阳侯之孙戚建辉，景田侯之孙裘良。还有锦乡伯公子韩奇，神武将军公子冯紫英，陈也俊、卫若兰等诸王孙公子，不可枚数。堂客算来亦有十余来顶大轿，三四十顶小轿，连家下大小轿车辆，不下百十余乘。连前面各色执事、陈设、百耍，浩浩荡荡，一连摆三四里远。

走不多时，路旁彩棚高搭，设席张筵，和音奏乐，俱是各家路祭：第一座是东平王府祭棚，第二座是南安郡王祭棚，第三座是西宁郡王，第四座是北静郡王的。原来这四王，当日为北静王功高，及今子孙犹袭王爵。现今北静王水溶年未弱冠，生得形容秀美，情性谦和。近闻宁国公家孙妇告殂，因想当日彼此祖父相与之情，同难同荣，未以异姓相视，因此不以王位自居。上日也曾上祭，如今又设路奠，命麾下各官在此伺候。自己五更入朝，公事一毕，便换了素服，坐大轿鸣锣张伞而来，至棚前落轿。手下各官两旁拥侍，军民人众不得往还。

一时只见宁府大殡浩浩荡荡，压地银山一般，从北而至。早有宁府开路传事人看见，连忙回去报与贾珍。贾珍急命前面驻扎，同贾赦、贾政三人迎来，以国礼相见。水溶在轿内欠身含笑答礼，仍以世交称呼接

---

① 弘历：《乐善堂定本》卷七。

待，并不妄自尊大。……遂回头命长府官主祭代奠。

水溶十分谦逊，因问贾政道："那一位是衔玉而诞者？几次要想一见，都为杂冗所阻，想今天是来的，何不请来一会？"贾政听说，忙回去，急命宝玉脱下孝服，领他前来。那宝玉素日就曾听得父兄亲友等说闲话时，赞水溶是个贤王，且生得才貌双全，风流潇洒，每不以官俗国体所缚。每思相会，只是父亲拘束严密，无由得会，今见反来叫他，自是欢喜。一面走，一面早瞥见那水溶坐在轿内，好个仪表人才。[①]

（2）话说宝玉举目见北静王水溶头上戴着洁白簪缨银翅王帽，穿着江牙海水五爪坐龙白蟒袍，系着碧玉红鞋带，面如美玉，目似明星，真好秀丽人物。宝玉忙抢上来参见，水溶连忙从轿内伸出手来挽住。[②]

这样，我们就知道，世祖章皇帝（即顺治帝）定鼎燕京，当时平郡王（福彭）之始祖礼亲王，统领一支勇猛的军队，努力协助皇上办理国事，功绩彪炳，载入国史。平郡王是他的七世孙。弘历的"序"是史论，要根据史实写作。《红楼梦》是文艺小说，细节可以改写，甚至虚构。所以曹雪芹没有提礼亲王之名，首先就提到秦可卿出殡时东平郡王、南安郡王、西宁郡王和北静郡王四家的祭棚，好像这几家都是承袭先人的王位。前三家我们不敢说是纯粹的虚构。第四家一不提实在的礼亲王和平郡王，却塑造出来一个北静王；二不提福彭，却塑造出来一个水溶。这就可能使《红楼梦》故事中甄（真）、贾（假）两家的关系纷乱，不易分辨。这也许是小说写作中的一种特殊情况，会有一种特殊的效果，所以曹雪芹在塑造水溶这一形象时，就尽量与宝玉"女子是水做的骨肉，男子是泥做的骨肉"的怪论贴近，说"北静王年未弱冠，生得形容秀美，情性谦和"，"水溶是个贤王，且生得才貌双全，风流潇洒"，"面如

---

① 《红楼梦》上，人民文学出版社1985年版，第196—197页。
② 同上，第199页。

美玉，目似明星，真好秀丽人物"。可能因此之故，使二知道人没有将水溶归于秦钟、蒋玉函的行列之中，把他们"谦而名之曰泥水匠"的缘故吧！

最近听说周汝昌先生认为《红楼梦》中的北静王水溶，与乾隆第六子永瑢有关。"水溶"二字，纯取"永瑢"二字之形，而各减一笔，一见可识[1]。这种意见似难成立。不说这种搭积木式的识字法不仅不可靠，而且永瑢生于乾隆八年，《红楼梦》甲戌本则乾隆十九年便已完成，曹雪芹不可能把一个十一岁的小孩，塑造成一个功勋卓著的大将军。再者，弘历在"序"中说，平郡王是雍正皇帝任命的大将军，曹雪芹将其塑造为北静王水溶，永瑢有何德能成为如此重要的历史人物？我觉得周先生恐怕还需深入一步检索，从弘历"序"中，从《红楼梦》书中，甚至从别的史料中，得出正确的结论。

---

① 《红楼家世》，黑龙江教育出版社，第462页。

周春和他的《阅红楼梦随笔》

自有《红楼梦》以来，就有译《红》之文、评《红》之诗，不久又有评《红》之书。评《红》之文、之诗，由来久矣，如果将脂砚斋的评点和敦敏、敦诚以及张宜泉等人与曹雪芹的唱和诗一并算上，那么先有评《红》之文，还是先有评《红》之诗，恐怕就很难分辨清楚。至于评《红》之书，则我以为当以周春的《阅红楼梦随笔》、二知道人（蔡家琬）的《红楼梦说梦》和苕溪渔隐（范锴）的《痴人说梦》三书为最早。蔡、范二人之书，我已有专文论述，这里只试对周春其人及其书做一些评说。

一

周春字芚兮，号松霭，晚年又号黍谷居士。原来人们以为他生于雍正六年（1728），卒于嘉庆二十年（1815），享年八十八岁。实际上周春是乾隆十五年考取举人，十九年考取进士，注籍吏部候选。之后，他回到家乡浙江海宁，等了十二年，到乾隆三十一年广西岑溪知县缺出，才补了该县的知县。这有周春自己缮写的履历为证：

> 臣周春，浙江杭州府海宁县人，年三十五岁。乾隆十九年进士，候选知县。今挈得广西梧州府岑溪县知县缺，敝缮履历，恭呈御览。谨奏。

乾隆三十一年五月初一日^①

由此可见，周春不是生于雍正六年，因为他在"恭呈御览"的这份履历档案中说，乾隆三十一年，他是三十五岁，那么前推三十五年，即雍正十年(1732)，才是他的出生之年。到嘉庆二十年，他是八十四岁，而不是八十八岁。

岑溪在广西的东南部，东西与广东的罗定州(中华民国元年改为罗定县)相接，地素荒陋。周春于当年冬日到任后，即立书院学规，训练士子。"革除陋规，几微不以扰民。均斗，称以定交易之准；清田户以息掠夺之风；劝修上化乡悠久官陂，以为旱涝之备"^②。在任二年，"揉邪哺穷，人乐其政"^③。越二年丁亥，因丁父忧去官。当时岑溪人民旧欠未完，周春乃借谷七百石，捐俸代老百姓偿还。岑溪人民原来祀有周春以前的县令山阳(今江苏淮安)人刘嘉、金坛县(今金坛市)人于炟于忠烈祠。周春离任后，又为他构筑生祠，将其与刘、于二人之祠并称为"岑溪三贤祠"。

周春自幼好学勤读，朝经暮史。考取进士以后，在居里候补的十二年中，笺经注史，旁及诸子百家，刻所著书六种行世。自岑溪去官归里丁忧后，更潜心著述，淡于宦情。为父母守孝期满，虽不到五十岁，便决意不再出仕。"所居书斋，终岁不扫除，凝尘满室，插架环列，卧起其中者三十年。四部七略，莫不浏览。复以其暇为诗，长篇短谣，亦多可存。"^④已经刊刻的有《十三经音略》十二卷、《辽金元姓谱》一卷、《杜诗双声迭韵谱括略》八卷、《选材论》一卷、《辽诗话》一卷，总曰《松霭遗书》。对经学虽然没有别为一家之说，而长于训诂音韵，如《杜诗音韵》，实于他书有所发明。他还有《孝经外传》一卷、《海潮说》三篇、《昙花馆小稿》一卷以及《尔雅广疏》、

---

① 《清代官员履历档案全编》19，华东师范大学出版，第205页。
② 《海宁州志稿》卷二十九《人物·儒林》。
③ 支伟成：《清代朴学大师列传》，岳麓出版社，第94页。
④ 同上。

《西夏经》等二十余种未刊行。①支伟成在他的《清代朴学大师列传》一书中，将周春定为"皖派经学家"②。

<h2 style="text-align:center">二</h2>

周春的《阅红楼梦随笔》曾长期是一个手稿本，1958年10月，中华书局上海编辑所才将它铅印出版。

该书由三部分组成，一曰"红楼梦记"，二曰"红楼梦评例"，三曰"红楼梦约评"。第一部分末有"甲戌中元日季谷居士记"，第二部分末又有"乙卯正月初四日炙砚书"。可见周书写作于乾隆五十九至六十年。周春在第二部分还说："余所作七律八首，记一篇，杭越友人多以为然，传抄颇广。"这就使我们得知，周书的第三部分"红楼梦约评"，大概是在"诗"、"记"思想的基础上写成的。

周春的七律八首，即《题红楼梦》四首和《再题红楼梦》四首，因为一粟的《红楼梦资料汇编》中已全部收入，容易寻找，为节省篇幅，恕不转录。周春虽是著名学者，"皖派经学家"，但他的这几首诗，实在不怎么高明，亦如嘉庆、道光以后的《红楼梦》"绣像题咏"和"本事题咏"一样：思想迂腐，态度轻浮，堆砌典故，播弄辞藻。红学史家韩进廉更以《红楼梦》中的第一首为例，认为周春之所咏，也只是宝玉"多情"和梦中"云雨"之类，其中"梦里香衾窥也字"这样的诗句，更是轻薄下流。写出这样的诗，已不堪入目，但他怕读者不懂，还要特别注明："也"字取《说文》本意，女阴也。韩进廉问："《红楼梦》中何尝有过这样的情节？"③

《再题红楼梦》中的第二首是歌咏曹寅的，其前四句云：

① 支伟成：《清代朴学大师列传》，岳麓出版社，第94页。
② 同上，第93页。
③ 韩进廉：《红学史稿》，河北人民出版社，第160页。

　　廋词隐约姓名传，双木林曹小比肩。

　　廿载江南持使节，一门蓟北写吟笺。

　　廋词，谜语，这里指以"曹"字为谜底的字谜。周春说："曹则何以廋词曰林？盖曹本作棘，与林并为双木。"他认为《红楼梦》中的林如海即"曹雪芹之父楝亭"。这完全是在玩弄文字游戏。然而，即使在写的曹字中含两个木字，但姓曹的人颇多，怎能断定这个曹姓人就是曹寅，而他又是隐写《红楼梦》中的林如海呢？此无他，只不过是周春的想当然罢了。

　　曹寅字子清，号荔轩，又号楝亭，生于顺治十五年（1658），卒于康熙五十一年（1712），享年五十五岁。原为御前侍卫，康熙二十九年（1690）三十三岁时，由广储司郎中兼佐领，外任苏州织造。三十一、三十二年兼任江宁织造，接着又正式任江宁织造并四任巡盐，最后死于任所。周春撰写《阅红楼梦随笔》时，离曹寅之死才八十二三年。曹寅虽只是四品郎中，却是康熙皇帝的亲信。他被外任江南尚有一项未明确宣布的任务，就是安抚明末遗民。使命重大，但他为官清正，口碑甚好，声望甚高。杨（徐）嗣曾的曾祖，周春的太老爷（老外公）杨庸建在《题曹楝亭画卷》中歌颂曹寅：

　　平阳姓氏重江乡，父子同官世泽长。已信皇猷誇黼黻，重开衮职焕衣裳。高亭遗爱皆堪思，老干开花到处香。我亦有心歌盛事，诗成聊以寓甘棠。[1]

　　甘棠，树木名，即棠梨，又叫杜梨。这里指《诗经·召南》里边的《甘棠》篇名。传说周宣王时召伯虎奉宣王之命，平定淮夷，承袭祖先召公奭的封地。传说他主政时，亲临乡间群众之中，并曾在甘棠树下断狱，无私而公

---

　　① 阮元辑：《两浙輶轩录》（光绪十六年重刻本）卷二。

证。后来人们感谢他、怀念他，目睹此甘棠树仍葱翠茂密，苗壮生长，因见物而思人，思人而爱物，他们教诫后人不要伤害它，更不能砍伐它。杨雍建将曹寅比作周宣王时率军兵征伐淮夷的召穆公 (召伯虎)，可见他对曹寅的评价是多么高。

周春虽然从历史资料中知道了曹寅是一位声望甚好的朝廷命官，知道他出任二十年江宁织造，又是"蓟北"的一位诗人，但周春对曹寅的家事并不了解，比如曹雪芹是曹寅的孙子而不是曹寅的儿子这一点。当然，把曹雪芹说成是曹寅的儿子，并不开始于周春，而是袁枚。袁枚字子才，号简斋，浙江钱圹人。乾隆四年进士，曾任溧水、江浦、沭阳、江宁知县。后来购得隋赫德南京小仓山废园，即原来曹寅时代的曹家花园，并稍加修葺，改名随园。辞官后，在随园闲居。年未四十，无意仕途，"尽其才以为文辞歌诗"，成为负有盛名的诗人，号称随园先生，受到"上自朝廷公卿，下至市井商贩"的崇拜。明义就是他的崇拜者之一。明义姓富察氏，字我斋，镶黄旗人，都统傅清的儿子，乾隆皇帝孝贤皇后的侄子，生于乾隆初年，终其一生为上驷院三等侍卫兼参领，为皇帝管马执鞭，跟随乾隆皇帝走南闯北。他年轻时就喜欢写诗，时常将自己的诗作寄给袁枚。乾隆四十九年 (1784)，明义随乾隆帝第六次南巡到南京时，还特意抽空到随园拜访袁枚。不巧当时袁枚外游，明义没有见到。后来袁枚寄给明义《明我斋参领扈跸南来，见访不值，将园中松竹梅兰题四诗而去。余归后钦迟不已，寄五言一章》。诗云：

> 我与我斋公，相知廿载宽。南北虽乖分，吟笺常往还。终是两人诗，不是两人面。两人心凄然，今生可得见？欣闻銮舆巡，知君必扈行。遍观从臣单，竟无君姓名。因之走东粤，不复候里巷。岂知君竟来，敲门失所望。[1]

---

[1] 转引自李广伯：《袁牧所知曹雪芹之点滴》，《红楼梦学刊》2006年第4辑。

可见明义与袁枚的文字交——"吟笺常往还",始于乾隆三十年以前。

大家知道,明义撰有《题红楼梦》二十首,每首分咏一个故事或一个情节。诗前还有小序云:

> 曹子雪芹出所撰《红楼梦》一部,备记风月繁华之盛,盖其先人为江宁知府,其所谓大观园者,即今随园故址。惜其书未传,世鲜知者,余见其抄本焉。

这二十首诗并序,大约撰作于乾隆三十五年左右,明义肯定寄给了袁枚,于是我们在《随园诗话》卷二第二十二题里,读到了这样的记述:

> 康熙间,曹棟亭(棟字读为"练")为江宁织造,每出拥八骏,携书一本,观玩不辍。人问:"公何好学?"曰:"非也。我非地方官,而百姓见我必起来,我心不安,故借此遮耳目。"素与江宁太守陈鹏年不相中,及陈获罪,乃密疏荐陈,人以此重之。其子雪芹撰《红楼梦》一部,备记风月繁华之盛,明我斋读而羡之。当时红楼中有某校书尤艳,我斋题云:"病容憔悴胜桃花,午汗潮回热转加。尤恐意中人看出,强言今日较差些。""威仪隶隶若山河,应把风流夺绮罗。不似小家拘束态,笑时偏少默时多。"

这里袁枚有两个错误。一是明义称曹雪芹为"曹子雪芹"是称,袁枚在称赞曹寅"素与江宁太守陈鹏年不相中,及陈获罪,乃密疏荐陈"的美德后,接着说"其子雪芹撰《红楼梦》一部",就是将曹雪芹当成了曹寅的儿子。此其一。其二,如前所述,明义在《题红楼梦》二十首中,每首分咏一个故事或一个情节。袁枚在这里提到的两首是其中的第十四和十五。吴世昌在《论明义所见红楼梦初稿》一文中说:第十四首以桃花比病容,《红楼梦》第三十四回描写黛玉在宝玉送给她的旧手帕上题三绝句后,还要往下写时，"觉得浑身火热，面上作烧，走至镜台揭起锦袱一照，只见腮上通红，自羡压倒桃花，却不知病由此萌"。吴世昌还说，黛玉写此诗时，已在掌灯时分，与明义诗说"午汗回潮"似不相当；后两句又像宝玉去问病，黛玉安慰他说，今天觉得好些。这些情节，书中随时可见，但前八十回中却没一处这样连着描写。所以他说："可以认为：此诗所咏内容，已在八十回以后。"①至于第十五首，则吴世昌与蔡义江都认为是咏王熙凤的。吴世昌说："但全诗只写他的性格容态，而没有说具体情节，不易确定是指某回某事。"②袁枚却以为明义见"《红楼梦》中有某校书尤艳"，"读而羡之"，所以写出这样的诗。校书，即妓女。袁枚误将《红楼梦》中的某金钗说成妓女，难怪郭沫若要讥讽说：

> 随园蔓草费爬梳，误把仙姬作校书。醉眼看朱方成碧，此翁毕竟太糊涂。
>
> 诚然风物记繁华，非是秦淮旧酒家。词客英灵应落泪，心中有妓奈何他。③

三

周春在《阅红楼梦随笔》(红楼梦记) 中一开始就引杨畹耕语云：

> 乾隆庚戌 (1790) 秋，杨畹耕语云："雁隅以重价购抄本两部：一为《石头记》，八十回；一为《红楼梦》，一百廿回，微有异同，爱不释手。

---

① 吴世昌：《论明义所见<红楼梦>初稿》，《红楼梦学刊》1980年第1辑，第12页。
② 同上。
③ 转引自蔡义江：《红楼梦诗词曲赋评注》精装本，北京出版社，第451页。

监临省试，必携带入闱，闽中传为佳话。"

这是周书中一条最重要、最有价值的材料，值得我们深入研究。

杨畹耕，浙江海宁人，与杨嗣曾是兄弟辈。雁隅，即杨嗣曾，字宛东，号两松，又号雁隅①。曾祖杨雍建，累官兵部左侍郎；祖父中吉，娶江苏丹徒张氏；江宁徐贻，亦娶于张，她们曾是姑侄辈。后来贻亦迁至丹徒，有子徐沂，曾聘蒋氏。沂早逝，矢志守贞，终归于徐。徐贻求中吉将嗣曾父杨震为沂后，中吉许之。此时嗣曾还是幼童，也跟着到了丹徒。稍长，到了上学应试年龄，丹徒人以为嗣曾异姓异籍，不得应试。叔父杨詠让他回海宁，复姓杨，教育成立。乾隆二十八 (1763) 考取进士，三十二年分发户部，由主事、员外郎而典试陕甘。任满回京，念蒋氏抚养之恩，陈请封典（皇上给的一种封典）。乾隆帝命抚臣确访，属实，遂准改徐姓②。乾隆四十年授云南迤东道，后来先后入安徽按察使，福建布政使，乾隆五十年升福建巡抚③。

此时已是林爽文领导的天地会在台湾起义的时期，清廷派大兵剿捕，徐嗣曾渡海筹边。乾隆五十三年 (1788) 二月初一日，闽浙总督福长安密奏："令嗣曾赴军营商办一切安民善后之计。"而且后来任务完成得很好，乾隆帝称赞："盖平台一役，灭贼者将军之功；统领一切军务者，制府之际；而招逃抚顺，征奸安良，俾地方宁谧，过师如枕席，则嗣曾之力居多。"④

各省省试一般由巡抚主持监临。乾隆五十三年的福建省，徐嗣曾因负责台湾的安民善后，抽不出身来，改由浙闽总督李侍尧代理。为了庆祝皇上八旬大寿，乾隆五十四年会试和省试都加开了恩科。杨畹耕说雁隅将购得的两个抄本，都携带入了考场，只能是在当年八月的省试，因为第二年的七月，

---

① 周春：《耄馀诗话》卷三十。
② 《�宁州志稿》卷二十八《人物志·名臣》。
③ 《清史编年》第六卷《乾隆朝》下，中国人民大学出版社，第496页。
④ 嘉庆十年《丹徒重修县志》卷二十《人物·名臣下》。

徐嗣曾就得起程参加乾隆皇帝的寿庆，最后还得到承德避暑山庄接受召见，并当面申请免去自己的巡抚职务。乾隆皇帝未准。后来徐嗣曾在返回福建的途中，于十一月初一日到达台儿庄，病死舟中。①

四

周春在"记"中又说：

> 相传此书（按：指红楼梦）为纳兰太傅作。余细观之，乃知非纳兰太傅，而序金陵张侯家事也。忆少时见《爵帙便览》，江宁有一等侯张谦，上元县人，癸亥、甲子间（按，此指乾隆八、九年），余读书家塾，听父老谈张侯事，虽不能尽记，约略与此书相符，然犹不敢臆断。再证以《晴书亭集》、《池北偶谈》、《江南通志》、《随园诗话》和《张侯行述》诸书，遂决其无疑议矣。案靖逆襄壮侯长子恪定侯云翼、幼子宁国府云翰，此宁国、荣国之名所由起也。襄壮祖籍辽左，父通，流寓汉中之洋县，既贵，迁于长安。

> 恪定开闸云间，复移家金陵，遂占籍焉。其曰代善者，即恪定之子宗仁也，由孝廉官中翰，袭侯十年，结客好施，费家资百万而卒。其曰史太君者，即宗仁妻高氏也，建昌太守琦女，能诗，有《红雪轩集》，宗仁在时，预埋三十万于后园，交其子谦，方得袭爵。

周春主张的张侯家事说，据说是他从"父老"那里听来的，还有多人的书证。又说"蘅芜庆生辰，鸳鸯于行酒令时戏对宝玉说这叫做张敞昼眉，明明白白说张侯家事"。张敞，字贯之，西汉宣帝时官京兆尹，社会秩序很好，

---

① 《清史编年》第六卷《乾隆朝》下，中国人民大学出版社，第657页。

"市无偷盗"。传说他为妻子画眉，引起人们的议论，有人将此事上奏皇帝。宣帝问他，张敞回答说："臣闻闺房之内，夫妇之私，有过于画眉者。"帝不乏责①。这是宝玉、宝钗结婚后，贾母为宝钗过生日，鸳鸯在行酒令时，利用掷骰子取笑宝玉，意在问他是不是为宝钗画过眉。宝钗听见后飞红了脸，宝玉明知是取笑他，但又不好回答，于是只得认罚。

然而，周春提到朱彝尊的《曝书亭集》、王士禛的《池北偶谈》和袁枚的《随园诗话》等书中都难找到对他的主张有什么实证意义的东西。比如他提到的《随园诗话》，袁枚只是说张宗仁的妻子叫高景芳，是闽浙总督高琦的女儿，她能写诗，著有《红雪轩集》。她还以长远的眼光观察和考虑问题，在丈夫好客喜施、大手大脚花钱的时候，预埋三十万于后花园中，以使儿子张谦在家中破产以后仍有钱袭爵。如此而已，这与《红楼梦》中的内容，有什么相干？鸳鸯在行酒令时，将一个历史典故顺手拈来，作为对宝玉、宝钗取笑的资料，只因为典故的主人翁张敞姓张，周春便以为这是"明明白白说张侯家事"的一个有力证据，这一定会使识者哑然失笑。

不错，曾被人们认为是"糊涂人"、嗜酒如命的"黑小胖子"张勇，原是明朝的一员福将，福建人。顺治三年 (1646)，他往江西九江投降清军。顺治六年九月他四十一岁时，从陕西固原镇富平营守备②，历任三等轻骑都尉，湖南经略右标总兵，云南、甘肃提督；康熙十四年 (1675) 授靖逆将军，节制全省军务；十五年加封一等侯，袭爵十年。二十二年"以老疾乞休"。当年四月卒，享年七十四岁。康熙皇帝得凶信后云："张勇韬钤素裕，殚心尽职，久镇严疆，剿御贼寇，固守地方，筹划周详，劳绩懋著，边防戎务，倚毗方殷，奄逝忽闻，深为转恻。"③命从优议恤，赠少师，仍兼太子太师，谥襄

---

① 参见《汉书》卷七十六《张敞传》第十册，中华书局，第3222页。
② 参见《清史列传》卷七十八《贰臣传·张勇》，中华书局，第20册。
③ 同上。

壮。康熙皇帝对张勇如此看重，这"黑小胖子"一生戎马生涯中的功绩，就可以想见了。

张勇死后，长子云翼袭爵。云翼字鹏扶，一字又南，生年无考。原先以阴得陕西指挥，后为福建提督，康熙四十八年，死于江南提督任上，著有《式古堂集》十卷[①]。孙宗仁，则周春已经指出，他袭爵十年，结客好施，废资产百万而卒；曾孙张谦，虽有乃母"预埋三十万于后园"，得以袭爵，但不见有什么值得称道的业绩。至于玄孙张承勋，则"因旷班革去散秩大臣，在三等侍卫上行走"[②]。此后，张家的家声就逐渐淹没了。加以周春的《随笔》又长期是一个手稿本，流传不广，也就不见有人附和。

在隔了一百五十多年以后，周春才有了一个知音。据周汝昌在《红楼梦新证》1976年版的"引论"中，引1949年1月5日北平《中国晚报》上刊登的草衣《红楼梦与南京》一文中说：

> 《红楼梦》这部书，是曹雪芹在他父亲栋亭官江宁织造时写成功的。过去的织造衙门，在淮清桥头，民国后，易为觉林蔬菜社。后面一亭，传即当年写作的地方。至于取材方面，有人说是完全采自大中桥下的侯府，府为清朝靖逆侯张勇的宅第，有花木之盛。
>
> 因为张氏与曹氏有通家之好，雪芹时常过从，目击其家中一切，涉笔成此杰作。当年张勇长子云翼世袭为恪定侯，幼子云翰，官宁国知府，所以《红楼梦》中有宁国、荣国之名。代善即恪定侯之子宗仁。史太君即宗仁之妻高氏，能诗，著有《红雪轩集》。此中并穿插若干自家的事，所谓林如海，即指其父栋亭。[③]

---

① 参见《清人别集总目》中册，安徽教育出版社，第120页。

② 参见《清史列传》卷七十八《贰臣传·张勇》，中华书局，第20册。

③ 转录周汝昌：《红楼梦新证》第一章第二节《红学一斑》，人民文学出版社1976年版，第11—12页。1988年华艺出版社出该书新版时作者将该节文字删掉了。

　　草衣大概是一个笔名，他姓甚名谁，现在恐怕很难查找了。他在文中也只是重复周春的一些基本观点，并悬拟出一些细节，想要加以证实。可惜此公对曹家的家事，对康、雍、乾时代的一些史事，用力不勤，读书不细，以至将一些问题弄得牛头不对马嘴。比如曹雪芹是曹寅的孙子，他却跟着袁枚、周春和俞樾等人说成是曹寅的儿子。曹寅死于康熙五十一年七月二十三日，曹雪芹生于康熙五十四年，草衣却说，《红楼梦》是曹雪芹在他父亲曹寅江宁织造任上写成功的。他说"张氏与曹氏有通家之好，雪芹时常过从，目击其家庭一切"，却不知曹頫被革职抄家，雪芹随叔父及其家人于雍正六年春天回到北京时才十三周岁。他于乾隆九年开始《红楼梦》的写作，经过"批阅十载，增删五次，纂成目录，分出章回"，才成为现在我们能见到仅存十六回的《脂砚斋重评石头记》甲戌本残本。等到他再回到南京时，已是乾隆二十四五年，这时雪芹已经四十五六岁。两三年后，就因"前数月，伊子殇，因感伤成疾"[①]，"年未五旬而卒"了。况且，在历史资料中，尚未发现有张、曹二氏往来的线索，所以我们认为所谓"张、曹二氏有通家之好，雪芹时常过从，目击其家中一切"，完全是草衣凭空想象、虚拟出来的。

　　还有，既说张勇长子恪定侯云翼、幼子宁国府知府云翰，是"宁国、荣国之名所由起"，则云翼为宁国公，云翰为荣国公，怎么一下子又说"其曰代善者，即恪定之子宗仁"，使宁荣二府的顺序来一个颠倒？宗仁之妻高氏能诗，且有《红雪轩集》，《红楼梦》第五十回"芦雪庵争联即景诗"时，不会作诗的王熙凤尚且能说出一句"一夜北风紧"的"粗话"开篇，以高氏冒称的史太君，在《红楼梦》中，怎么找不到她会作诗的一点影子呢？这样草衣的说法可信与否，周春的主张能否成立，就一目了然了。

---

　　① 敦诚：《撤免曹雪芹》诗"肠回故垄孤儿泣"句下小注。

苕溪渔隐和他的《痴人说梦》

苕溪渔隐，又叫苕溪渔叟，真名叫范锴，乌程南浔镇人。乌程是古代的县名，故城在今浙江吴兴县南，明、清两朝，均为吴兴府治，今属湖州市。南浔镇在吴兴县东大运河的北面，与江苏吴江县（今吴江市）接境，是水陆交通要道。《南浔镇志·人物志》云：

> 范锴，初名音，字声山，号白舫，又名苕溪渔隐，例贡生。其先明祭酒应期，居菁山。殁后，族党散处各郡。祖颖通，字希贤，号栖园，监生，攻轩歧术，精脉理，自圹栖迁浔，著《砚北居锁录》，皆载故里文献。父宗镐，字学周，号检斋，监生，辑浔著二卷。锴有俊才，工诗，尤善词。中岁以后，远游四方，磊落好交，寓意盐笑，往来楚、蜀者三十年。留心掌故，故《南浔纪事诗》七十首，征引记载，遗闻轶事，靡不毕具。客蜀，著《蜀产吟》；侨居汉上，著《汉口丛谈》，皆不愧作家。晚岁寓居扬州，卒年八十余。锴兄登，字既亭，号烟畦，县学生，亦有文行。登子来庚，初名濂，字小庭，秀水县学生，尝刊《南浔镇志》。

这篇小传，从范锴的先祖明祭酒范应期开始，到范锴哥哥的儿子范来庚，都一一做了介绍，使我们知道，这一家族，世代都是书香门第。但传中一没提到范锴还有红学著作《痴人说梦》，二没有指出范锴的生卒年月。

　　不提《痴人说梦》，大概是由于毛庆臻、梁恭辰们认定《红楼梦》"诱坏身心性命"[①]，是"诲淫之甚者也"[②]，故从嘉庆、道光年间开始，《红楼梦》就遭到查禁，致使不少对《红楼梦》进行过评论或撰写过《红楼梦》续书的人们，在他们的著作中都不署真实姓名，范锴即是其中之一。为范书作序、作"小引"和题词的三位，亦分别只署"仙掌峰樵者"、"观闲居士"和"止止道人"，这为后来红学史的研究平添了不少麻烦。

　　其次，传中虽没有指出范锴的生卒年月，但我们从下面范锴自己的文字中，很容易找到一个能准确推算出他出生年份的起点。他说：

　　　　余少失学，长而浪游，衣食奔走，岁时虚负。忆余山邮水驿，恒以一卷自随，偶有所触，则握管载之，以备遗忘。至于游迹所及，目见耳闻，往往时有所纪，亦以附焉。积年既久，稿似束笋，族孙臻见而乞汇录之。纸墨残丛，无以类列先后，余亦衰老，未克重为编次。以其抚今追昔，感逝书时，纪乱无章，故题曰"杂笔"。癸卯夏末，录及五卷未竟，不意族孙臻于七月初，忽以暴疾亡，余为嗟悼者屡日。今春孙煌，请以续书，共得六卷。余年八十矣，久无记事珠，儿孙辈将付剞劂，以佐偶觞，翻阅间，觉曩时羁旅天涯，风镫雨夕，别有遣愁之状，恍如昨日，姑留以示家塾子弟，非敢问世，更益浅陋之诮也。

　　　　时道光二十有四年，岁次阏逢执徐，月在桔涂，醉司命日，苕溪渔叟范锴于竹窗客舍。[③]

　　按，《尔雅·释天》："太岁在甲曰阏逢"；"在辰曰执徐""十二月为涂"，

---

①　毛庆臻：《一亭考古杂记》，转引自《红楼梦卷》第二册，第358页。
②　梁恭辰：《北东园笔记》，转引自《红楼梦卷》第二册，第366页。
③　范锴：《华笑庼杂记·自序》。

疏曰："十二月得乙则曰桔涂"。司命，此指文昌第四星，也即《楚辞·九歌》中的少司命。姜亮夫《少司命》题解引《汉书·郊祀志》云："荆楚有司命，说者曰文昌第四星也。"又引五臣云："司命星名，主知生死，辅天行化，诛恶护善也。"①《楚辞·九歌·少司命》："登九天兮抚彗星。"王逸注云："九天，八方中央也。言司命升九天之上，抚持彗星，欲扫除邪恶，辅仁贤也。"②按，旧时学者，多以少司命为男性，且多从君臣关系立言，即如朱熹，也只是说："少司命亦阳神而少卑者，故为女巫之言以接之。"③20世纪80年代，袁珂以"少司命为古代传说中执掌人间子嗣及儿童命运的女神……她对儿童充满着慈爱，对新生一代的命运无比关注，同时，也就表现了对人民的热爱与关怀。她秉公持正，宜为万民的主宰。她手挥大帚，横扫奸凶，为民除害"为说，随后又申明"笔者诚作如此读法，以求正于大方"④，表示并不自以为是，但我却觉得更符合诗中之意和南方一些地方的民俗。记得幼时家家设司命神位于堂屋墙壁上，两旁有对联云："上天呈善事；下地降吉祥。"天天上香供奉。民间还传说每年腊月二十四日，司命娘娘要上天呈报人间善恶，三十日再回到大地普降吉祥；所以每当她上天之日，必设酒食，为之饯行。范锴是浙东人，曾较长期地生活在四川和武汉间，且又远游四方，磊落好交，他说的"醉司命日"，大概就是这种民俗在浙、赣、川、鄂、湘一带盛行的反映。

由此可知，范锴为自己的《华笑庼杂笔》作序是在甲辰年，即道光二十四年十二月二十四日。当时，他已八十岁。往前推八十年，是乾隆二十九年甲申（1764），即"甲申说"者所主张的曹雪芹逝世之年，也即范锴的出生之年。又，《幽华诗略》卷四有范锴好友常道性的一首七古，题目是"甲申六月，范

① 参见姜亮夫：《屈原赋校注》，人民文学出版社，第240页。
② 洪兴祖：《楚辞补注》，中华书局，第73页。
③ 朱熹：《楚辞集注》，上海古籍出版社，第39页。
④ 袁珂：《屈原赋译注》，齐鲁书社1984年版，第106页。

白舫六十寿辰，时君客夔府，爰赋长诗寄祝，以为一觞之献"。这里的甲申，是道光四年（1824），这与我们的推算正相符合。而且，这里又使我们知道，范锴的生日在六月。另据《苕溪渔隐诗稿》中收的范锴最后一首诗，写于道光二十四年除夕。他的友人孙燮为《华笑庼杂笔》作序尾，署的是"道光二十有五年岁次乙巳重阳后三日"。"重阳后三日"，即九月十二日，这时范锴八十一岁，犹健在，大概此后一两年或最多三数年就去世了。

二

范锴一生没有做过官，但学识渊博，著述甚多。湖北蒲圻人张玉曙云：

> 君寓匡济之怀，负经世之略，使早乘时而兴，必当有所树立，垂声两间，以施荣于乡里。……徒以老大一处士，行万里路，著等身书。[①]

范锴于中年以后，远游四方，磊落好交。交游既广，见闻必多，且勤于著述。有人统计，他的著作共有十五种，即《吴兴藏书录》、《南浔刘氏眠琴山馆藏书目》、《华笑庼杂笔》、《浔溪纪事诗》、《湖录纪事诗》、《蜀产吟》、《感逝吟》、《续汉上题襟集》、《浔溪渔唱》、《苕溪渔隐诗稿》、《苕溪渔隐词》、《华笑庼词》、《幽华诗略》、《汉口丛谈》和《痴人说梦》[②]。

但是，我认为前两种是范锴编辑的藏书目录，不能算作著述，但是他为南宋词人张炎的《词源》和《乐府指迷》撰写的《附记》可以补入，仍旧是十五种。道光中范锴刊有丛书两部，一为《范白舫所刊书》，一为《范声山杂著》，均为乌程范氏刊本。其中既有范锴自己的著作，也收有别人的作品。

---

① 张玉曙：《浔溪纪事诗·序》。
② 陈毓罴：《红楼梦说书考》，《红楼梦研究集刊》第8辑，第223页。

当时，人们对范锴的诗、词比较看重，特别是词，熊士鹏甚至说：

> 白舫有俊才，而家贫工诗，尤善词，合姜、史、苏、辛为一手，浙东西无出其右。游汉上，与常芝仙交最久。芝仙善画马，白舫善词，得两人一画一词，世称双绝。[1]

范锴的词或许确实写得好，但说他能融合宋代大词家姜白石、史达祖、苏东坡和辛弃疾四人之长"为一手"，这样的评价就是无以复加的了。但不知范锴词真已达到如此高的境界，还是熊士鹏有过谀之言，我们未做研究，不敢妄加评论。这里，我们想要提到的是他的《浔溪纪事诗》。该书有诗七十首，每首二十八字，虽然总共不过一千九百六十字，但是由于范锴"颠末搜集繁富，考订精博"，又仿"春秋调人法"，其"征引记载，则如注之有疏，纲之有目，不难次第寻绎"[2]，所以最后竟成一部一二十万言的大书。

浙江钱塘人陈文述还说，范锴的《浔溪纪事诗》"清远澄澹"、"词文旨远，遇事劝惩"[3]。湖北蒲圻（按：现为赤壁市）人张玉曙则云：

> 君于是捃摭图籍，搜寻闻见，繁征肆引，既竭吾材，又复运以精思，缀之韵语，如制锦然，玄黄纠互，织之濯之，费凯成章；如铸剑然，顽金委积，灌辟四周，精英焕发。苟非胸有炉锤，目拭银潢，纵复罄励，仍落凡径，乌能生面别开，而九变复贯若此哉？则是编也，不当仅以词章目之，即谓之浔书，谓之镇志焉，谁曰不宜？[4]

---

[1] 熊士鹏：《汉口丛谈·序》。
[2] 陈文述：《序》，范锴：《浔溪纪事诗》。
[3] 同上。
[4] 张玉曙：《序》，范锴：《浔溪纪事诗》。。

其实，究其初始，南浔本无镇志。据张鉴云，元朝人戴表元始将镇名著之于诗，"至正（1341—1368）重修南浔城碑，遂有镇儒学之设，而文献阙焉"①。明朝诸生董若雨辑有浔书，但所辑均为浔镇四十四位先贤艺文，不及其他，且又早已亡失。清初潘尔学夔著《南浔镇志》，然其"体例之妄，纪书野表科目，几同优孟衣冠，虚贲言笑"。因此，张鉴与范锴、刘疏雨等人商量，决定重新编纂镇志。尤其是范锴，更为积极。在他们阔别十余年之后，范锴一到汉阳，就将此期间所有著述梓行出版。第二年回到南浔，又将《浔溪纪事诗》送给张鉴。张鉴认为，书中对"昔人一言一行，遗闻佚事，靡不毕具，不特潘书从此可废，即十余万卷，不啻亦在眼前"②。大约一百年以后，周延年于1936年辑《南林丛刊》，其中也收录了范锴此书。他说：

> 《浔溪纪事诗》为范白舫先生所撰，于里中掌故采取宏富。读此一书，而数百年史实，可以了然。③

近几年来，由于研究红学人物，当然也有其他方面的需要，我读过不少地方志书，如省志、府志、县志和镇志。它们都是采用一样的格式，基本一致的关目，用的都是叙事性文章语言，而"运以精思，缀之韵语"，即以诗的形式写作，可"谓之浔书，谓之镇志"，"生面别开，九变而复贯若此"者，唯《浔溪纪事诗》而已。因此，我特别对它做了如上的介绍。

三

范锴一生没有做过官，且又长期在外，然而他的著作却能及时梓行出

---

① 张玉曙：《序》，范锴：《浔溪纪事诗》。
② 同上。
③ 周延年：《南林丛刊·跋》。

版，那么，他的经费和生活来源出自哪里呢？于是，有人见《南浔镇志》小传里，说他"寓意盐筴，往来楚、蜀者三十年"，就认为范锴是一个盐商。这个看法是值得研究的。因为清代康、雍、乾、嘉之世，盐业非常发达，盐商都是大富家。所以康熙五十一年曹雪芹的祖父曹寅死后，李煦要奏请代管盐差一年，以所得偿还曹寅生前亏欠，而且果然得到了康熙皇帝的同意。第二年期满，不仅偿还了所有亏欠，而且还有剩余。曹頫在康熙五十二年十一月十三日《奏李煦代任盐差补充亏欠折》中云：

> 皇恩浩荡，亘古未有。今李煦代任盐差已满，计所得余银共五十八万六千两零，所有织造各项钱粮及代商完欠，李煦与奴才眼同俱已解补清完，共五十四万九千六百余两。谨将完过数目，恭呈御览。尚余三万六千两，奴才谨收贮。①

这是一个多么巨大的数字啊！然而，这还仅仅是曹寅死后，李煦代任设在扬州的两淮盐政的"盐差余银"。如果再加上盐商借"卤耗宽斥"的"情愿缴银"，那么盐官所得就更多了。传说乾隆皇帝南巡到扬州，忽然想着北海公园的白塔。盐商得知后，连夜在瘦西湖用盐筴堆成白塔模样，以解乾隆想念之情，以后依式建造。今天全国一些地方留下来的豪华会馆，据说多系盐商出资建成。然而，范锴当时却显得非常清贫。《幽华诗略》卷四中收有方东山诗一百四十首，范锴在为方东山写的小传中，摘引自己所著《揽茝山房漫记》②中的话说：

> 嘉庆丙寅（1806），盐务长鲍筠长（兆瑞）邀余赏雪探梅，狐貂盈座，而

---

① 转引自王利器：《李士桢李煦父子年谱》，第431—432页。
② 范锴曾借住汉口吴氏之"揽茝山房"，故以此作题名。

> 余则衣蔽缊袍，操觚自若。君闻之，语人曰："斯人也，守贫介介，谁识之哉？"一日见访旅居，握手言欢如旧识。由是讨论经史，互相研砺。丁卯（1807）冬，侵晨大雪，君寝未兴，惊曰："范叔得无寒乎？"急遣人贻以羊裘。①

后来又说：

> 庚午（1810）余为儿子（清）纳婚，赁屋维艰。君（按：指方东山——引者）闻之，指所居后宅，修饰毕具，招留栖止岁余。②

如果范锴是盐商，绝不会如此寒酸。在鲍兆瑞为赏雪探看梅花举办的宴会上，满座宾客都穿着名贵的狐貂皮衣，范锴却穿着以乱麻为絮的长袍，以致到第二年冬天一个大雪的早上，方东山醒来还没有起床，想着头年赏雪时范锴在席上"衣蔽缊袍"的样子，唯恐他冷着受冻，便急忙派人给他送来一件羊羔皮衣。后来范锴的儿子范清结婚，因为没有钱租房，又亏了方东山将自己后院的空房加以修饰，为范清提供新房，让他留下住了一年多。

但是，范锴的一生又确与盐商有着十分密切的关系，他"往来楚、蜀者三十年"肯定与此有关。甚至他晚年也要移居到盐商云集的扬州去，并最后死在扬州。所以陈毓罴先生说，范锴是"以名士身份依附于盐商，有时也为他们办些文墨之事"③，这不仅可能，甚至在业务经营上范锴为他们出谋划策，都是有可能的事。

---

① 范锴：《汉口丛谈》卷五。
② 同上。
③ 陈毓罴：《红楼梦说书考》，《红楼梦研究集刊》第8辑，第223页。

四

范锴的红学著作主要是《痴人说梦》。此书仅一卷，现在我们所能见到的最早版本是嘉庆二十二年丁丑 (1817) 怀红楼刊本。书首有仙掌峰樵者所作序。中云："丁丑之夏，遇苕溪渔隐于京师。"可见范锴其时正在北京，时年五十三岁。此书的写作当然是在此以前。书中有"槐史编年"、"胶中余牒"、"鉴中人影"和"镌石订疑"四个部分。每一部分的"自题"中，范锴对自己为什么要这样写，都一一做了说明。书末还绘制有大观园图。

第一，范锴在"槐史编年"的"自题"中云：

> 大槐国中有岁月乎？《安世房中歌》云"春非我春，夏非我夏，秋非我秋，冬非我冬"①，皆自无而之有者也。夫自无而之有，岂独大槐也哉？一部廿一史作如是观。

槐史，大槐国的历史，即唐代传奇作家李公佐《南柯太守传》中描写的吴、楚游侠淳于棼途中醉酒，由二友人扶归，卧于所居宅南大槐树下梦中的一段经历。

写到这里，我们要暂时腾出手来，对范锴这里引所谓《安世房中歌》歌词稍做讨论。《乐府诗集》卷第一引《乐记》曰：

> "王者功成作乐，法定制礼。是以五帝殊时，不相沿乐；三王异世，不相袭礼。"两汉以后，世有制作。……武帝诏司马相如等造《郊祀歌》诗十九章，五郊互奏之。又作《安世房中歌》诗十七章，荐之宗庙。②

---

① 郭茂倩：《乐府诗集》第一册，第5页。
② 同上，第1页。

范锴这里所引的《安世房中歌》歌词，其实是出自《郊祀歌》中的第九章《日出入》，只是他略去了前两句"日出入安穷，时世不与人同"和后七句。虽然他这里引此四句，从字面意义讲，与他所要表达的思想并不相悖，《安世房中歌》和《郊祀歌》，也同属《郊庙歌辞》中的篇什，但它们所要祭祀的对象和祭祀时的环境却不相同。《郊祀歌》是祭天或祭地时用的，而且要"五郊互奏"。《安世房中歌》则是在祭祖宗时用的，即所谓"存之宗庙"，"房"是古代宗庙中陈列祖宗神主位的地方，所以二者不能混用。

现在，我们要重新回到《槐史编年》关于《南柯太守传》的评价中来。

小说写淳于棼入梦后，由二紫衣使者引入槐安国，很快得到国王的宠信，被招为驸马，以次女瑶芳妻之，并令他出任南柯太守。二十年中，他连连加官晋爵，享尽荣华富贵。后来，檀萝国入侵，国王命驸马选择统帅，训练士卒，前去征讨。由于领兵将刚勇轻敌，大败后"单骑裸身"逃归。淳于棼将他囚禁起来，并向国王请罪。不久，公主病死。淳于棼请求解除太守职务，护送公主灵柩回到都城。由于淳于棼镇外藩，交接甚广，与贵族豪门，关系融洽，在京出入无常，宾客日盛。于是谗言四起，造谣中伤。有的甚至上疏，诬淳于棼有政治野心。国王撤了他的侍卫，将他软禁起来，不许他与外界接触，后来竟至令他"暂归本里"。

淳于棼从梦中醒来，见两友人正在床前洗足，太阳还没有被西墙遮挡，酒杯中的残酒，还清亮地放在东窗上，转眼之间，梦中却像度过了一生。于是，他将梦中情景告诉两位友人，并一起寻找槐下洞穴；又命仆人去除繁枝茂叶，寻穴探源。最后知道，梦中他任南柯太守的所在，竟是大槐树下洞中的一个蚂蚁王国。淳于棼感人生之无常，富贵荣华之虚幻，便潜身空门，后来病死家中。

李公佐字颛蒙，甘肃陇西人，生于唐代宗时期，曾举进士，宪宗朝当过钟陵县（故城在今江西进贤县西北）从事。这是一个小官，是当时州郡长官私下召的僚属。在小说中，他用虚幻的象征手法，描写封建社会人生无常、富贵荣华之不足恃，最后借用李肇的话"贵极禄位，权倾国都，达人视此，蚁聚何殊"作结，表达了自己对当时社会政治的否定。

范锴不仅同意李公佐的上述意见，而且大大发展了李公佐的这种思想观点，即不但否定了大槐国中反映出的中唐社会人生无常、富贵荣华虚幻，否定了《红楼梦》中描写的清代前期，即从顺治入关时起到乾隆前期的社会政治和人际关系，他更进一步指出，一部"廿一史"，也应"作如是观"，与大槐国中描写的无异。"廿一史"，是清朝嘉庆年间校刻的一部史书，是在宋朝人所说的十七史（即《史记》、《汉书》、《后汉书》、《三国志》、《晋书》、《宋书》、《南齐书》、《梁书》、《陈书》、《后魏书》、《北齐书》、《周书》、《隋书》）之外，加上《宋史》、《辽史》、《金史》和《元史》。《明史》首撰于清顺治二年，撰撰停停，到雍正十三年才定稿，乾隆四年（1739）才刊行。范锴没有提《明史》，却提到了反映清前期社会现实的《红楼梦》，这是连类及之的。其否定了清前期的社会政治、经济和人际关系，当然也就否定了明朝时期的社会政治、经济和人际关系。这里丝毫没有表示出范锴认为自《史记》以后的"廿一史"和清前期历史中反映出来的政治、经济和人际关系都不好，唯独《明史》不可"作如是观"的。这就表明，范锴对整个中国自奴隶社会到封建社会的政治历史都是持否定态度。这比李公佐在《南柯太守传》中表现出来的思想倾向更为激进。这又使我感到，他这里表现出来的思想与鲁迅在《狂人日记》中说的"我翻开历史一查，这历史没有年代，歪歪斜斜的每页上都写着'仁义道德'几个字。我横竖睡不着，仔细看了半天，才从字缝里看出字来，满本都写着两个字是'吃人'！"简直是同一个路数。

虽然范锴对中国奴隶社会、封建社会以奴隶主和封建统治者为主体的政治、经济和人际关系是彻底否定的，但这不妨碍他为《红楼》故事所历时间编年。他以年份干支为纲，统系回目，回目下面系何月何日之事。因为《红楼梦》第九十五回说元春死于甲寅年十二月十九日，立春却在头一天十二月十八日，所以她死时"已交卯年寅月"。十二生肖中，寅属虎，卯属兔，这就应了《红楼梦》第五回十二钗册中"三春不及初春景，虎兔相逢大梦归"这句预言。范锴就以此为支点推及前后，以为一百二十回《红楼》故事起于己酉、终于丙辰，共历时八年。

第二，胶东余牒。

胶东，这里指胶东侯贾复，字君文，河南冠军县人。据说汉武帝封霍去病，因他功冠诸军，故为冠军侯，治所在今邓州市西北。贾复初为都护将军，迁左将军，光武帝刘秀即位后，累功封胶东侯。《红楼梦》第二回"贾夫人仙逝扬州城，冷子兴演说荣国府"中有：

> 贾雨村笑道：原来是他家。若论起来，寒族人丁却不少，自东汉贾复以来，支派繁盛，各省皆有，谁能逐细考察？若论荣国一支，却是同谱。但他那等荣耀，我们不便去攀扯，至今越发生疏难认了。

接着，冷子兴对贾雨村详细介绍了贾府自贾演、贾源，即宁国公、荣国公以后的基本情况，特别是人丁繁衍情况。因为他是荣国府管家周瑞的女婿，了解贾府的根底。范锴就曾根据书中描写的这些线索，为宁荣两支修列家谱，即贾复这支余脉的家谱，所以说"余牒"。他在"自题"中说"仆和人游，必识其姓焉。甄耶？贾耶？其甄也，虽近似者，吾必择言焉。其贾也，则建德国中，尔公尔侯，以为东京之苗裔，奚不可？"这里的"东京"，即指东汉时期的东京洛阳。兹录荣国公一支于下：

> 一世贾源，一作法，封荣国公。娶氏，生、卒俱失考。子，长，代善。
>
> 二世代善，源长子，袭爵，生于××年正月初一日，卒失考。娶史氏，生于甲子年八月初三日，卒于丙辰年二月，存年八十三岁。子二：赦、政。女三：长、次失考；三，敏，适御史林如海。
>
> 三世赦，代善长子，字恩侯，袭一等将军，缘事革职。娶邢氏。妾翠云、嫣红，生俱失考。子三：长，幼殇；次，琏；幼，琮。女一，迎春，适指挥孙绍祖。
>
> 四世×，赦长子，名失考，幼殇。

琏，赦次子，候选同知，生于××年三月初九日。娶王氏，生于壬辰年九月初二日，卒于丙辰年五月；妾平儿、秋桐、尤二姐。女一，巧姐，适周。

琮，赦幼子。

× × ×

三世政，代善次子，字存周，恩赐工部主事，升员外郎，××学政，升郎中，授江西粮道，复任工部员外郎。以兄赦缘事革职，袭一等将军，升郎中。生于××年四月。娶王氏，生于××年三月初一日；妾，赵氏、周氏。子三：珠、宝玉(王氏出)、环(赵出)。女二：长，元春(王出)，奉选入宫；次，探春(赵出)，适镇海统制周琼子。

四世珠，政长子，庠生，生、卒失考。娶李氏，生失考。子一，兰。

宝玉，政次子，丙辰科举人，生于丙申年四月。娶薛氏，生于乙末年正月廿一日。

环，政幼子。

五世兰，珠子，丙辰科举人，生于辛丑年。

蓝，源分支嫡派。

菌，源分支嫡派。

第三，鉴中人影。

这一部分是范锴对《红楼梦》全书人物进行统计的。他在"自题"中说：

玉台之镜，仅容一面，则已隘。浮提一大圆镜，远近毕见，则已广。吾之鉴，居二者之间，可容数百人。虽然镜之照物，以见无留影也，今乃著影于镜中。

这就表明，范锴要对红楼人物进行统计，把他们一一记录在他的《痴人说梦》中。

范锴将《红楼梦》中人物分成十五类。

第一类，包括贾宝玉、林黛玉、薛宝钗到王熙凤、香菱在内的诗社人物，共十四名。

第二类，包括贾演、贾源、贾代化、贾代善、史太君、贾敏、王夫人、贾元春到卜氏（贾芸母）、周氏（贾芹母）、娇杏（适贾雨村）等贾氏宗族，共七十四名。

第三类，包括林如海、王子腾、王仁到尤三姐、夏亲家太太（夏金桂母）、薛姨妈等姻亲，共四十九名。

第四类，皇太妃、周太妃等宫闱，共二名。

第五类，包括东平王、西平王、北静王到北静王妃、缮国公诰命、镇国公诰命等爵族，共二十九名。

第六类，包括云光（长安节度使）、冯胖子（永兴节度使）、张如圭（平安节度使）、杨提督太太、傅秋芳等宾客，共二十三名。

第七类，包括胡山子野、卜固修到詹光、王尔调等幕宾，共七名。

第八类，包括王君效、王济仁到鲍太医等太医，共七名。

第九类，包括抱琴、鸳鸯、金钏、袭人、晴雯到臻儿（香菱婢）、小霞（彩霞妹）等侍婢，共六十八名。

第十类，包括赖大、林之孝、吴新登到杏奴（柳湘莲仆）、霍启（甄士隐仆）等厮仆，共六十名。

第十一类，包括赖嬷嬷、赖大家、林之孝家、周瑞家到王善保家到周妈妈（湘云奶妈）等仆妇，共四十八名。

第十二类，文官、龄官、芳官等女乐，共十二名。

第十三类，蒋玉菡、云儿、李先儿等"娼优"，共三名。

第十四类，包括甄士隐、柳湘莲、葫芦僧、癞和尚到木居士、灰侍者、都判官等"方外"，共三十四名。

第十五类，包括封肃、长安守备公子、冷子兴、石呆子到张金哥、二丫头、马道婆等"外录"，共二十五名。

加上悼红轩主曹雪芹，全书共有人物四百五十六名。

第四，镌石订疑。

这一部分是关于版本校勘的。范锴在《自题》中说：

> 言之不可为信也，托之笔。笔犹有疑焉，著之梨枣，又镌之金石。石者，众信之府，而疑之所取决也。石而疑，安往而不疑？请问茫茫大士、渺渺真人，更当向何处证此一段公案也？

范锴因为对《红楼梦》中的一些人事、情节觉得可疑，便用当时通行的一百二十回本——大约是程甲本，与他拥有的一个"旧抄本"进行互校。结果发现，从第二回到第一百十四回有五十九条异文（周策纵教授说是六十一条），他指出了不妥之处，并提出了改正的具体意见，而且这些意见大都是正确的。例如：

> （1）第二回："冷子兴说：'第二胎生了一位小姐，生在大年初一，就奇了。不想次年生了一位公子'。"
>
> 范锴说："元春生于甲申，宝玉生于丙申，宝玉小于元春十二岁，'次年'应该为'次后'。"

按：范锴用修纂谱牒方法，动辄定××生于××年，这是否准确我们姑置不论，但《红楼梦》第十七至十八回说："那宝玉在未入学堂之先，已得贾妃手引口传，教授了几本书、数千字在腹内了。其名分虽系姊弟，其情状有如母子。"这绝非大一岁的姊姊对小一岁的弟弟所能做到。说"情状如母子"，更不符合情理。范锴将"次年"改为"次后"是合理的，而且我们从戚序本见到，"次年"就是"后来"。

> （2）第五十一回："分头派四个有年纪跟车的。"
> 范锴说："旧抄本'分'作'外'。"

按：这是因袭人母亲病危，袭人将回家探视时，凤姐特别吩咐周瑞家的："再将跟着出门的媳妇传一个，你两个人，再带两个小丫头子，跟了袭人去。分头派四个有年纪跟车的。要一辆大车，你们坐，要一辆小车，给丫头们坐。"周瑞家的和小丫头子们，当然都是在府内活动的，跟车的当然主要是府外活动。所以范锴指出"旧抄本'分'作'外'。"而且我们发现，除程甲本（包括近五十年来以程甲、程乙为底本的《红楼梦》）外，所有各种脂本中"分"均作"外"。

（3）第一〇四回："贾政道：……我忙着磕头"。奏明："先祖的名字是代化。"

范锴说："贾政是代善次子，代化系代善同祖之兄。'先祖'应改'先伯'"。

按：范锴所说极是。贾代化是长房宁国公贾演的长子，代善是二房荣国公贾源的长子。贾政是代善的次子，他叫贾代化当然是伯父。遗憾的是，我拥有的几个从20世纪50年代到90年代重新整理出版的几部《红楼梦》，几乎毫无例外地都仍旧沿袭原有的错误称谓。

（4）第五十四回："父母也忘了，书也忘了。"

范锴说："旧抄本'书'作'礼'字。"

按：这一条的情况比较复杂。手头的几个版本，如庚辰、程甲两本均作"父母也忘了，书礼也忘了"；梦稿、列藏两本，改"书礼"为"诗礼"；蒙府本作"羞耻也忘了"；戚序则只有前句，而无后句。新中国成立后重新整理出版的本子，如人民文学出版社1957年版为"书也忘了"，1982年版和浙江文艺出版社1993年版均作"书礼也忘了"；北师大出版社1987年版为"书也忘了"。《红楼梦》中的这一段原文，是女先儿说书说到《凤求鸾》时，贾母连忙止住，并说这些书是一个套子，"最没趣儿。把人家女儿说得这么坏，还说是

'佳人'。开口都是乡绅门第，父亲不是尚书，就是宰相。一个小姐，必是爱如珍宝。这小姐必是通文知礼，无所不晓，竟是'绝代佳人'。只是见了一个清俊男人，不管是亲是友，想起他的终身大事来，父母也忘了，书也忘了，鬼不成鬼，贼不成贼"。

我以为，贾母这一段议论的中心之点在于：大凡女儿（或曰小姐），应该"通文知礼"，否则就会是"鬼不成鬼，贼不成贼。"当然，"通文"并不一定是必具条件，"知礼"则是核心内涵。那么，这里"礼"的具体内涵是什么？这就是孟子说的：

> 子未学礼乎？丈夫之冠也，父命之；女子之嫁也，母命之，往送之门，戒之曰："往之女家，必敬必戒，无违夫子！"以顺为正者，妾妇之道也。[1]

又曰：

> 丈夫生而愿为之有室，女子生而愿为之有家；父母之心，人皆有之。不待父母之命，媒妁之言，钻穴隙相窥，逾墙相从，则父母、国人皆贱之。[2]

贾母的议论，就很完全准确而又生动具体地阐释了孟子的思想观点。所以我认为，范锴拥有的旧抄本"书"作"礼"，似比我们所见的诸本更为简洁、准确。

（5）第七十一回："赵姨娘便说：'这事也值一个屁。开恩呢，就不

---

① 《孟子·滕文公下》，杨伯俊：《孟子译注》上册，第140—141页。
② 同上，第143页。

理论，心窄些儿，也不过打几下就完了，也值得叫你进来！你快歇歇去，我也不留你吃茶了。"

范锴说，旧抄本作："赵姨娘原是个好察听这些事的，且素日又与管事的女人们最厚，互相联络，好作首尾。方才之事，已经闻得八九。听林之孝如此说，便这般如此地告诉了林之孝家一遍。林之孝家听了笑道，原来是这事，也值屁。开恩呢，就不理论，心窄些儿，也不过打几下就完了。赵姨娘道：我的嫂子，事虽不大，可见他们太张皇些，爬爬的传你进来，明明戏弄你，顽笑你，快歇歇去吧，明儿还有事呢，也不留你吃茶了。"

按：范锴这里所说旧抄本中内容比程本好。而且，我们经查对发现，庚辰、戚序、列藏、梦稿诸本中的文字，与范锴说的旧抄本基本相同，这就为周策纵教授认此本是脂本系统的一个别本提供一个有力的佐证。不过必须指出，诸脂本中的文字，相同中也有差异，最大的差异是"这事也值个屁。开恩呢，就不理论，心窄些儿，也不过打几下就完了"，庚辰、戚序、列藏诸本，是林之孝家说的；梦稿和悼红轩本，则是赵姨娘说的。

五

范锴的谈《红楼梦》之作，还有一些他与友人在汉口听说书人说红楼故事，并相与切磋的篇什，见于他的《苕溪渔隐词》和《汉口丛谈》中。如《苕溪渔隐词》卷一有一首《玲珑四犯》并序，全文是这样的：

寒食日，方东山招饮汉阳山墅，雨阻不果，移席洪石农太守行馆，听周生说《红楼梦》。仿石帚体，为赋一解一纪。

杏酪送春，饧兰迎暖，番番春信过半。冶游天一炉，小雨吹花惯。空期踏青旧伴，恨东风霎时心换。吐翠殷勤，落红辛苦，谁证此公案？高斋且开文宴，听着前说梦，多是情幻。柳丝千万缕，定把韶光绾。天涯乐事惟诗酒，又何须舞裙歌扇？看瞢眼睛光启，寻芳未晚。

方东山名晶夫，东山是号，安徽歙县灵金村人。父唏原，有文名，乾隆丙子 (1756)，江南乡试主考官朱　以为他必高中第一，方唏原却因病未赴试，四年后卒。因有祖业在汉口，方晶夫常来汉口寓馆。丙寅年冬天，在鲍兆瑞邀友人赏雪探梅的一次宴会上，初次与范锴见面后，"一旦见访旅居，握手言欢如旧识"。此后，"常与考研经史，讨论往还，无十日相违"[①]。在生活上，他有时也对范锴给予帮助，庚午 (1810) 秋，方东山歙县应试。甲戌年 (1814)十二月逝世。

范锴在《汉口丛谈》中又说：

　　方晶夫招同曹问天、黄心盦出游汉阳郊墅，因雨阻不果，移席洪石农先生寓馆，听说书者周在溪说红楼梦野史数则。是集也，觥筹履舄，雅致缠绵，各赋十绝句纪事。心盦诗云："流红未可付春澌，合筑香泥葬玉肌。传得女郎情态好，教人一倍惜花枝。""杏子樱桃且慢肥，柳绵榆荚莫轻飞。欲将春雨潇潇曲，翻作花开缓缓归。"余作云："葬花人独荷香锄，听说红楼一卷书。试问阿谁能遣此？伤春那不渺愁余。""秋赋槐黄看拾才，待君秘籍校兰台。也须先解文园渴，金烛金尊醉百桮。"时晶夫将归江南赴试，故云："漫唱玲珑四犯词，不争日暮江官诗。姓名倘入江湖集，肠断江湖醉醒时。"先生读至此首，再三吟讽，曰："大有遗韵绕梁，不仅风调佳也。"嗣问天、晶夫、心盦相继徂谢，先生远涖山左，余犹旅食汉口，老作江湖之客。回首前欢，宛如昨梦，能不黯然！[②]

---

① 范锴：《汉口丛谈》卷五。
② 同上。

其实，这两则所写是指同一件事。不过后一则谈得更详细些，不仅交代了移席洪石农寓馆时参与的全体人员姓名，还记下了每人"各赋十绝句纪事"时黄心盦所作的两首和范锴自己的三首，又明确指出了席间说书人"周生"叫周在溪。不过，《玲珑四犯》是嘉庆十三年寒食日所作；《汉口丛谈》中的这一条，是若干年后追记的，这从"嗣问天、邑夫、心盦相继徂谢，先生远涖山左，余犹旅食汉口，老作江湖之客。回首前欢，宛如昨梦"等句可证。曹问天是方东山的岳父，看来他死得最早。方东山死时，黄心盦还健在。洪石农名范，石农是字，也是歙县人。他在赴京应进士考试时，被福康安延聘为书记，从征西藏。事平，提升为四川松滋同知，后升为陕西同州知府。任未满，回乡守制。后补山东曹州知府，道出汉上，小住数月，故能与方东山等诗酒唱和，接着就到曹州上任去了。范锴写后一则文字时，是在黄心盦逝世之后。从他们两人所存的五首诗中，我们还可推知，那天说书人周在溪所说红楼故事，计有"黛玉葬花"、"杏子阴假凤泣虚凰"和"史湘云偶填柳絮词"。

汉口自古以来就是我国著名的商业都市，是商旅云集、货物聚散的水运码头。黄心盦说"常说及昔日汉上盐蓤盛时，竞重风雅，四方来往名士，无不流连文酒。晶窗洞房，杏窈咸具竹石花药之盛。且半临后湖，可舒远眺，白云漾空，宛若身在画中。每当雅集，相与共研诗词，品论书画。时或舞扇歌裙，浅斟低唱，大有觞咏升平之乐。"[1]虽然自嘉庆至道光间，已不复有康乾盛世景况，但也余风未尽，所以洪石农、鲍兆瑞、方东山、曹问天、黄心盦和范锴们还能常相聚宴，吟诗论文。也许还会有周在溪和他一类艺人说唱红楼故事，但此类活动已非我们主要注意所在，就不再去查考了。

---

① 范锴：《汉口丛谈》卷六。

六

以上，我们对范锴的家世出身、生平经历、诗词创作，都一一做了介绍，不拟再做赘述。对他的红学研究及其成果，虽也做了评介，并且谈得比较全面系统些，但是还想做些补充和总结。

周策纵教授曾经这样说过：

> 至于范锴，他应该是裕瑞、周春以后，王希廉、张新之、姚燮以前最优秀的《红楼梦》研究者，也许可能是第一个真正的"红学家"。他的书最先为《红楼梦》编年，最先为大观园制图，最先为《红楼梦》做校勘记，为《红楼梦》版本研究之始祖。[①]

这里我还想做两点补充。第一，范锴是红学史上第一个为《红楼梦》里的贾府编修家谱；第二，他第一个对《红楼梦》里的人物进行了统计。

但是我们必须指出：《红楼梦》是一部文艺小说，其中所反映的事实，是作者在对社会现实生活进行观察、体验，经过典型加工和艺术处理的结果，不是当时现实生活的如实写照。《红楼梦》的作者是曹雪芹，但书中的贾宝玉绝不会是完全意义上的曹雪芹自己，贾政也不会是曹雪芹自己的父亲，贾演和贾源更不可能是东汉时期胶东侯贾复的真正后裔。仙掌峰樵者说得好：

> 夫《红楼梦》……要出一时适情寄兴之笔，其所谓大观、会芳园者，固在无何有之乡，即贾、林、史、薛，亦皆子虚乌有之属耳，子必为之

---

① 周策纵：《论一部忽视了的〈红楼梦〉旧抄本——痴人说梦〉所记抄本考辨》，《红楼梦学刊》1993年第1辑，第39页。

列谱牒，次岁月，不几于窍混沌而画蛇足乎！①

况且对《红楼梦》中的史事编年，说者也见仁见智。比如早生范锴二年的二知道人蔡家琬说：

> 或问于子曰：雪芹之书，历叙侯门十余年之事，非若邯郸、南柯一刹那之幻梦耳。②

当今周汝昌先生也说：

> 八十回《红楼梦》原书，实写了十五年的事情。③

清朝乾、嘉、道间的蔡家琬和当今的周汝昌，应当说两人的看法相近。周汝昌认定前八十回写了十五年，这与范锴认定全书写作只有八年，差距就十分明显。究竟谁对呢？是信范锴，还是信周先生？

况且，蔡家琬还说：

> 大观园之结构，即曹雪芹胸中丘壑也，壮年吞之于胸，老去吐之于笔耳。吾闻雪芹缙绅裔也，使富侔崇、恺，何难开拓其悼红轩垒石为山，凿池引水，以供朋侪游憩哉？惜乎绘诸纸上，为亡是公之名园也。④

曹雪芹塑造的大观园，既然可以说成"亡是公之名园"，生活在大观园

---

① 《痴人说梦》。仙掌峰樵者序。
② 二知道人（蔡家琬）：《红楼梦说梦》。
③ 周汝昌：《红楼梦新证》第六章《红楼纪历》。
④ 二知道人（蔡家琬）：《红楼梦说梦》。

中的公子和小姐，难道不也是曹雪芹"壮年吞之于胸，老去吐之于笔耳"的"子虚先生"和"乌有小姐"？为这些小说人物的活动编年，我真不知道是否值得，是否真有意义。

当然，范锴《痴人说梦》中也有一些有意义的东西，我认为至少可以包括以下三点。

第一，如前所述，范锴对《红楼梦》一书思想意义的认识是比较深刻的。他从《南柯太守传》中看出，反映在《红楼梦》中的清前期统治者们也同蚂蚁王国中的统治者一样，阿谀逢迎，溜须拍马，造谣中伤，落井下石，并对他们的荣辱毁誉、朝夕变换进行了揭露和否定；其深刻认识更表现在他认为自《史记》以后"廿一史"中各朝各代统治者们的所作所为也应与大槐安国中的统治者们一样"作如是观"。这样，范锴对《红楼梦》思想意义的认识，与他以前的红学人物相比，就到达了一个空前的高度。

第二，范锴在"镌石订疑"，也即版本校勘部分提出的问题，有的比他从通行本中所引的似更合理，有的则明显纠正了通行本中的错误，这从我们在介绍这一部分时所举的例证中，可以得到证实。

第三，范锴当时拥有的旧抄本，从他所引的例证看，应该是脂本系统中的一个本子。周策纵教授说，这个本子有几点重要性。(1) 他可能是"己卯"、"庚辰"稍后或同时的一个别本，也许比"列藏"和"有正"还早；其中有些材料也有可能比"己卯"、"庚辰"还早。(2) 有些文字乃是其他各本所无。(3) 有些文字比其他各本都妥当或较好。(4) 这个本子或其类似本可能曾经程伟元和高鹗参考采用过。[①]我热诚地期望红学界同仁，尤其是搞版本研究的红学同仁，能对范锴透露出的这些材料进行仔细探考，努力探索出这个旧抄本的真面目，使脂本系统的研究又添一份更有价值的新材料。

---

① 周策纵：《论一部忽视了的〈红楼梦〉旧抄本——〈痴人说梦〉所记抄本考辨》，《红楼梦学刊》1993年第1辑，第39页。

最后，我还想请周策纵教授注意：如前所述，范锴生于乾隆二十九年，豫龄亲王修龄次子裕瑞却生于锴后七年——乾隆三十六年；裕瑞卒于道光十八年 (1838)，范锴于道光二十五年犹健在。《痴人说梦》首见有嘉庆二十二年怀红楼刊本，完稿当在此以前。裕瑞死时，《枣窗闲笔》却一直是个稿本，无法查其成书年代。所以，说范锴在裕瑞后似与史实不符。

归锄子（沈懋德）与《红楼梦补》

一

归锄子，即沈懋德，浙江省桐乡县（今桐乡市）濮院镇人，《红楼梦》续书之一《红楼梦补》的作者。沈懋德的后世同乡夏辛铭得岳昭垲所纂《濮录》残稿，于1927年编撰《濮院志》时，转录其中材料云：

> 沈懋德字寅恭，桐乡人，廪贡生，海鸥裔孙。少倜傥，有大志，工诗文，尤善词曲。幕游山右，暮年归里，遂号"归锄"。文均散失。所传传奇数种，见《艺文》。

又《濮院志》卷二十四《艺文志》中，沈懋德名下，著录有《香雪缘传奇》、《补红楼梦传奇》、《旌烈记传奇》和《后白蛇传奇》四种。然而《补红楼梦》另有其书，琅嬛山樵撰，此当为夏辛铭编撰《濮院志》时致误。

归锄子此书，今天所见，以嘉庆二十四年己卯（1819）藤花榭刊本为最早。作者在序末署有"嘉庆己卯重阳前三日，归锄子序于三时定羌幕斋"。由此可见，沈懋德写这篇序文时应是当年九月初六日，正是他将要离开但又还没有离开定羌幕斋的时候。

何谓"三时"？据已故红学家徐恭时先生考证，所谓"三时"系"三晋"

之误；"时"，古字写作"旹"，后人传抄时致误。《史记·晋世家》云："晋静公二年（前376），魏武侯、韩哀侯、赵敬侯灭晋侯，而三分其地。"史称"三晋"。此三国地本来还包括山西以外的地方，如战国晚期，还包括河南省的中部、北部和河北省的南部、中部，但后人习惯以"三晋"为山西的古称。"定羌"亦为古地名。北宋时在河东路设定羌军，真宗（赵恒）景德元年（1004）改为保德军。金于军治设保德县，升军为州。元省县入州。明又降为县。清朝雍正时升为直隶州。今天山西省保德县境，即其属地：

> 保德东有高山垅、石梯之严峻；南则王湖、济道诸岭；西则禅师、黑石等崖栈，理贤垅、西廓诸山，互相控扼；北则长河天堑，襟带环绕，是真表里河山，地形四塞，天下之雄国也。又况前朝所设墩塞，星罗棋布，璧合珠联，虽复倾颓，而基址尚存，一修复之，即有长山蛇阵，首尾击应之势。①

又云：

> 旧志论曰：保德逼河，而城东北至正西皆河也。河外俱陕西府台地界，上下六堡皆兵戈之区。②

归锄子在其书的第一段也说："是年馆塞北，其地环境皆山。"正说明保德的是边塞之地，所以过去历朝历代都驻有重兵防守。正如前已指出，清雍正朝还将保德升为直隶州。虽然直隶州与散州的长官，都叫知州，但他们的官衔却

---

① 《保德州志》卷二《形势》。
② 《保德州志》卷一《因革》。

不同，即一为正五品，一为从五品①。光绪三十三年 (1907) 督修《保德州乡土志》的知州延址，他的官衔甚至是四品！

二

现在，我们已无法确考沈懋德是哪一年到的保德，他是何人的幕僚，是凭何人的引荐，作幕的时间有多长；也无法确考他的生卒年，只能根据某些可能有的线索，做出大致的推测。但是有一点是清楚的，即他开始充当幕僚时的年龄，大约总不会在三十岁以前。如果按徐恭时先生所说，古人多喜欢以生年的地支取名与字，则沈懋德字寅恭，当出生于乾隆五十九年甲寅 (1794)。这恐怕与实际情况不符。因为按这样推算，沈懋德于嘉庆己卯为自己的书作序时，也即刊本问世之时，他才虚龄二十六岁，实为二十五周岁。这样的年龄，要写出《红楼梦补》这样的作品，恐于社会阅历，生活积累，文学修养，都难达到。此其一。其二，沈懋德序末所署，说明他此时已决定辞幕归田 (归锄，也即归田)，就是所谓告老还乡，并且是在他将要离开而又还没有离开"定羌幕斋"的时候。所以，如果沈懋德字寅恭确系按地支纪年而来，那么，他的生年应该前推两轮，即乾隆三十五年庚寅 (1770)，作序时他虚龄五十，周岁四十九，这才与《濮录》所谓暮年归里，遂号"归锄"相合。至于沈懋德的卒年，更难确考，因为我们手边没有濮院镇的沈氏家谱。当然，当岳昭垲于同治十一年 (1872) 开始纂《濮录》时，沈懋德恐怕早已去世了。

谈到这里，我们就会很自然地提出这样一个问题，那就是沈懋德是凭着什么人的引荐，要天远地远地从浙江东北的南国水乡，跑到山西边远的保德去充当幕僚的呢？要搞清楚这个问题，当然有点难度，好在下面这条线索为我们提供了探索的余地，并可在此基础上进一步去做出合理的推测：

① 《保德州志·考略》，第223页。

　　沈锷颖，字起雷，号剑文，乾隆丁酉年桐庠岁贡，文行兼优，以义方教子，卒年七十余。子润芳，由举人任知州。①

　　我们仅仅从沈锷颖本人名下是查找不出什么结果来的，因为他仅仅是桐乡县选送到国子监读书的一个生员，查不出他有什么为官作宰的经历，也查不到他有什么留传给后人的著述。我们着眼点是因为他有一个做官的儿子：

　　沈润芳，字芳含，号谱兰，又号漱六。锷颖子。乾隆庚子举人，任山西猗氏、阳曲二县知县，升保德州知州。②

杨树本也云：

　　沈润芳，字芳含。剑文子。乾隆庚子举人。山西猗氏知县，迁保德直隶州知州。③

沈润芳乡试中式成为举人的庚子年，是乾隆四十五年 (1780)。明、清科举取士时代，考取举人大多在二十至三十岁之间。我所知道的年龄最小的一位，是江西省萍乡县 (现为萍乡市) 的刘凤诰。乾隆四十四年他乡试考取举人时年仅十八岁。沈润芳于乾隆四十五年考取举人时是多大年纪呢？因未能掌握足够的史料，我们尚难确考。不过从他有一个较好的家庭环境，他

① 《濮川所闻记》卷三。
② 同上。
③ 杨树本纂：《濮院琐志》。

的父亲不仅是一个知识分子，又能"以义方教子"等情况看，他的年龄似也不会太大，姑且算他二十岁吧，这与此时的实际年龄相比，纵使稍有出入，差距应不会太大。

但是，沈润芳不是在中举以后就立即当知县的。我们从《猗氏县志》中得知：

> (知县)沈润芳，浙江桐乡人，举人，嘉庆三年任。[①]

从乾隆四十五年到嘉庆三年 (1780—1798)，其间共历十八年。在这十八年中，当然也有他经过不懈努力，准备到京城参加会试的可能，像前面提到的刘凤诰中举以后，"攻苦十年"，"五试春官"那样。只是刘凤诰在殿试中高中一甲第三名，沈润芳却最终落榜而已。当然，这里只是我们的猜想，实际情况并不一定就是如此。不过，借用现代的说法，这十八年中他起码有一部分时间是在家"待业"，那肯定是不会错的。

然而，沈润芳在猗氏县知县任内，似乎工作得还不错，一任就干了八年，到嘉庆十年才调任山西阳曲，仍当知县：

> 沈润芳，浙江桐乡举人，嘉庆十年任。[②]

但是，沈润芳在阳曲的时间不长，两年后，即嘉庆十二年，他的职务就由他的浙江同乡会稽人吴祖安接任。从上引多项资料看，无疑他已升任保德知州去了，只是我们至今尚未找到他出任和离开保德直隶州知州的时间。幸而在《保德乡土志》中，我们找到了这样一份资料：

---

① 同治六年续修《猗氏县志》卷二《职官》。
② 道光二十三年 (癸卯) 重修《阳曲县志》卷四《职官表》。

州城中无水，取汲者必至城外，巉岩曲折，登降艰难。乾隆五十年，知州王秉韬，乃于西门外北隅，掘成一井。又河中产鲤，每年例贡一百四十尾。后列副贡馈送各名目，加至四千有零，秉韬减至二千五百尾。

嘉庆年间，连岁歉，尸横载道，逃亡尤多，知州沈润芳请求永免徭银七百十七两零。①

这份资料中提到的王秉韬的情况如何，不是我们所要知道的，这里姑且不论。至于沈润芳则因他能为保德受官府剥削压迫的人民群众利益着想，帮他们"永免徭银七百十七两"，当然会受到广大人民的拥戴，他们会承认他是好官，他在保德任职的时间就会更长一些。我想沈懋德有可能就是在这个时期由沈润芳带他，甚至是要他来保德为自己办事的，因为他们不仅同是濮院镇人，而且是一家子，沈润芳又比沈懋德大约小十岁左右，知根知底，办事放心。如果我们在前面推测到的沈懋德出生年代不误，则他此时已是三十多岁的人了。当然，在此以前，他还可能在家乡桐乡或别的什么地方经受了一番锻炼。

沈润芳在保德任知州的时间，我们认为虽然可能会长一些，但也不大可能长到沈懋德于嘉庆二十四年"辞幕归里"的时候，纵使沈懋德在保德前期是为沈润芳工作，后期则无疑是为另一人当幕僚了，只是我们现在还无法考证出这另一人究竟是谁。

三

《红楼梦补》全书四十八回，故事从高鹗续书第九十七回后写起。归锄

---

① 光绪三十三年延址督修《保德乡土志》第二章第十三节。

子在书的《叙略》中说：

> 此书写黛玉回生，直接前书九十七回，自黛玉离魂之后写凡九十七回
> 以前之事，处处照应，以后则各写各事。

又说：

> 此书首回写警幻仙议补离恨天，则此书未了情缘，自必一一补之。而
> 宝玉又推己及人，如小红、万儿、龄官诸人，俾得各如所愿。至死于前
> 书九十七回以前之金钏、尤三姐、司棋等人，不能尽令回生，只可礼忏
> 超度，以酬死着，归结前书而已。

至于沈懋德为什么要写此书，则犀脊山樵为之作序时，代为答曰：

> 夫前书乃不得志于时者之所为也。荣府群艳，以王夫人为之主，乃
> 王夫人意中，则以宝钗为淑女，而袭人为良婢也；然宝钗有先奸后娶之
> 讥，袭人首导宝玉以淫，是淑者不淑，而良者不良，譬之人主，所谓忠
> 者不忠，贤者不贤也。又王夫人意中，疑黛玉与宝玉有私，而晴雯以妖
> 媚惑玉；乃黛玉临终有我身干净之言，晴雯临终有悔不当初之语，是私
> 固无私，惑亦未惑，譬诸人臣，所谓忠而见疑，信而被谤也。归锄子有
> 感于此，故为之雪其冤，而补其阙，务令黛玉正位中官，而晴雯左右辅
> 弼，以一吐其胸中郁郁不平之气。

归锄子自己也在"序"文和"叙略"中说，此书之所以直接前书第
九十七回，由警幻仙抽改十二钗册，从黛玉离魂写起，实因"林黛玉系书中
之主"，使她死而复生，让"大观园里，多开如意之花；荣国府中，咸享太平
之福"。这样，读者必能"扬眉吐气，一雪前书中之愤恨"。归锄子还说，"传

163

奇之续，无不自传终后再开生面，然而续传明翻前事，亦尽属子虚乌有之谈"，所以"与其另营结构，何如曲就剪裁，操独运之斧斤；移花接木，填尽头之丘壑。转路回峰，换他结局收场；笑当破涕，芟尽心中恨事"。

全书的中心情节是这样的：

> 黛玉焚稿气绝，魂出躯壳。刚出潇湘馆，便由金钏导引，来见警幻仙。警幻告诉她，已与女娲氏商量好，令黛玉返魂。因黛玉已看破红尘，决计割断情丝，返回扬州故里。宝玉在病犹未愈中，与宝钗成婚。然而，他终不能忘怀于林妹妹，便借应试之机，逃出荣国府，首到大荒山，继又追到扬州。宝玉出走后，宝钗郁郁成疾，呕血而死。后来贾府得知宝玉下落，又知黛玉未死，便派凤姐赴扬州说媒，又有皇上降旨赐婚，使宝黛最终成为夫妻。黛玉正位中宫，主持家务，晴雯左右辅弼，清除积弊，开源节流，终于扭转荣国府经济困境。宝钗后来也借体回生，与宝黛等人重聚。其他薄命女子，亦有完满归宿。下人中，困苦的，在宝黛的关怀下，改善了境况；有罪愆的，在宝黛的感召下，也回心向善。荣府上下，其乐融融。一年岁尾，众人都来给宝玉辞岁，遍寻不着。后来知他去见妙玉时遇着警幻仙子，告诉他因绛珠要了结灵河岸上夙缘，她改了十二钗册，并同意他抄录回来。

最后，全书是这样结束的：

> ……宝玉无奈，只得把抄的词句揣在怀里，拜谢仙女，离了太虚宫回家。
>
> 径至怡红院，见黛玉、宝钗、湘云、迎春、鸳鸯、香菱、晴雯、袭人这许多人，坐的坐，站的站，满屋子里莺声燕语，翠簇珠围。先是湘云开口道："我们都来给二哥哥辞岁，丫头们满园子找你不见，躲到哪里快乐？"宝玉道："刚才妙师父送了咱们半仙阁的赏梅诗来。"湘云不等宝

玉说完，忙接口道："在那里？快拿出来，给咱们瞧瞧妙师父怎样评的？"宝玉道："且慢瞧这个，有一件事告诉你们。妙师父送了诗来，还有帖儿邀我去说话。我赶忙到那里，妙师父不见，倒遇着一位神仙姊姊，引我到一个地方，拿出许多册子给我瞧。他说是太虚幻境的警幻仙，为了绛珠仙子要了结什么灵河岸上的凤缘，因此把注定的册子改了。其中道成全了咱们'金陵十二钗'里头几个人，不信现有抄来册上的词句。"说着，便向怀里掏出。众人争着来瞧，宝钗笑道："我瞧起来，明明说着咱们呢。"黛玉道："姊姊，你这么一个聪明人，怎么说起糊涂话来？你想，世界上那里有什么太虚幻境，难道咱们这班人都从太虚幻境来的？统是他编造出来的，说谎言哄骗咱们的。"说着，便要撕毁。宝玉慌忙伸出手来，只听得院子里山崩的震响，众人赶出去瞧，道："天上塌了一块大石下来。"宝玉惊醒，并无黛玉、宝钗诸姊妹，晴、袭、鹃、莺一个人在眼前，原来是红楼一梦。

鲁迅在《中国小说史略》中评论了高鹗续书之后，接着又说：

> 此他续作，纷纭尚多，如《后红楼梦》、《红楼后梦》、《续红楼梦》、《红梦复梦》、《红楼梦补》、《红楼补梦》、《红楼重梦》、《红楼再梦》、《红楼幻梦》、《红楼圆梦》、《增补红楼》、《鬼红楼》、《红楼梦影》等。大率承高鹗续书而更补其缺陷，结以"团圆"；甚或谓作者本以为书中无一好人，因而钻刺吹求，大加笔伐。但据本书自说，则仅乃如实抒写，绝无讥弹，独于自身，深所忏悔。此固常情所嘉，故《红楼梦》至今为人爱重，然亦常情所怪，故复有人不满，奋起而补订圆满之。此足见人之度量相去之远，亦曹雪芹之所以不可及也。①

---

① 《中国小说史略》第二十四篇《清之人情小说》，《鲁迅全集》卷八，人民文学出版社，第200页。

这里，鲁迅是将《红楼梦补》赫然列入"更补其缺陷，结以团圆"的《红楼梦》续书之内的。而归锄子之所以要如此写，则前已指出犀脊山樵已代为答曰：是因为以王夫人为主体的前书中"淑者不淑，而良者不良"，"私固无私，惑亦未惑"。所以他要从九十七回写起，由警幻修改十二钗册，令黛玉回魂，让"大观园里，多开如意之花，荣国府中，咸享太平之福"，使读者能"扬眉吐气，一雪书中之愤恨"。在这种思想的主导下，尽管归锄子在书中也写得花团锦簇、其乐融融，且有借尸回魂等荒诞不经的情节，然而书中对生活细节的展现基本上还是写实的。最后又以李公佐"南柯一梦"式的写法结束全书，明示书中所写不过子虚乌有。这就比那些纯写神仙人鬼式"大团圆"结局和诸事美满的续书要高明得多。

此外，归锄子的文化底蕴和写作水平都高出其他续书作者之上。他在环境、景物描写和人物性格、心理活动的刻画方面也有精彩的表现。至于"凡九十七回以前之事，处处照应，以后则各写各事"，更显得前后首尾相接，一气呵成。难怪吴克岐称赞说："解盦居士称，翻案诸作，此为第一。吾云亦然"；"至于通体口吻，与原书逼肖，可谓善于摹仿者矣！"[1]

四

天津师范大学中文系赵建忠先生，在1997年由天津古籍出版社出版其所著《红楼梦续书研究》一书中披露，他在撰写本书时，发现有《红楼梦补》的异名版本《红楼梦姊妹篇》，每回回末有逸梅氏、梦梦儿二人的评点，除原有归锄子自序、犀脊山樵序外，还有梦梦儿的"再叙"。序文是这样的：

> 归锄子《红楼梦姊妹篇》，余师空空竹临终所传。遗本为石刻本，全

---

① 吴克岐：《忏玉楼丛书提要》。

书四十八回，五、八余万字，是页十一行，是行三十三字。惜三十八回最后一页残缺，又第四十八回尾处少逸梅氏评曰，甚憾之。

事后又有《红楼梦补》、《红楼后梦》出土，三相参照，只为版本、题目有异，文字则大同，余疑二书有诈，只为真伪难辨，不敢妄言而已。

今再刻新本，余自加评曰，可谓不痒不疼。又原缺处检"补"、"后"二书行文补齐，再前后观看，自觉全瓯无缺矣。

于此，一曲《红楼姊妹》，事事丰满，阅人谁不改哭脸为笑脸耶？

民国初年雪斋梦梦儿再叙

据赵建忠先生说，他用两书对校，就回目而言，除第七回《梦补》作"巫峡残云对姊唤妹"，《姊妹篇》将"姊"改"姐"外，其余无异。一般内文，则《姊妹篇》除第一回开首，"归锄子"前加"清人"二字、将林黛玉"承睫方干"改"瞳睫方干"，第三十一回"庚开府遗稿"中的"庚"显系"庾"之外，其余均同，可见《姊妹篇》只是《梦补》的一个异名。

然而，我们已经确知，《红楼梦补》的最早刊本，是于嘉庆二十四年(1819)问世的，"雪斋梦梦儿"为《红楼梦姊妹篇》"再叙"，是在中华民国初年(1912—1919)，其间相隔已达百年，谁先谁后，自不待辩。而所以如此之故，在于书贾随意改换书名，招来顾客，从中牟利。

孙桐生与《红楼梦》

　　孙桐生是一位著名学者，也是一位做出了重要贡献的红学家，他花了十五年时间，对张新之的《妙复轩评石头记》进行整理、编排、抄录，写了"叙"、"跋"，然后筹措资金，刻板刊行，进行了大量的工作，付出了艰辛的劳动。过去由于资料收集不全，对他的全面情况了解得不充分，所以很少有人对他做全面深入的研究，做出恰如其分的、比较有分量的评论。即使是对其中的某一部分，比如说他对红学方面的作为和得失，直到现在，也还很难找出一篇公开的、比较深入系统的评论文来。

　　1961年5月，胡适在《跋乾隆甲戌〈脂砚斋重评石头记〉影印本》一文里，在考察该书第三回第二面反面署名"左绵痴道人"的一条墨笔眉批时说："这位批书人就是绵州孙桐生。……我要请读者认清他这一条长批的笔迹，因为这位孙太守在这甲戌本上批了三十多条眉批。"1974年，台湾红学家潘重规在《甲戌本〈石头记〉核论》一文的"附记"里，进一步检出孙桐生的实际批语数，比胡适说的还多。近年来，孙桐生故乡的濮实和刘长荣两位先生，经过深入调查，广为搜罗，收集了包括孙氏手编《生平大事记》、《绵阳县志·孙桐生传》等未刊孙氏撰著和有关孙氏重要文献资料共二十余种，五百余万言，这就为对孙桐生进行全面深入的研究提供了方便，创造了条件。我在本文中，将利用其中的有关资料，对孙桐生的生平和为人做出必要的介绍，对他在红学方面的作为和得失，试图做出一个比较公正的评论。

一

孙桐生，字筱峰，别号痴道人、忏梦居士、饮真外史，四川绵阳人。因绵州府治在绵山的东面，故又称左绵，因而孙桐生又自称左绵痴道人。他出生于道光四年 (1824)，卒于光绪三十年 (1904)，享年八十岁。[①]

咸丰二年 (1852)，孙桐生二十九岁。正月初，他第一次来到北京参加初试、复试、殿试、朝考皆中，成进士，旋改翰林院庶吉士。咸丰三年六月，选授湖南安仁县知县。赴任前，先回乡里稍做准备，次年二月起程，水路至湖北宜昌，闻鄂、湘两省形势紧张，路上甚不安全。绕道前往，费时太多，限期已过。为安全计，他乞病归乡。咸丰五年 (1855)，应岳池知县武静山之邀，主讲凤山书院。咸丰六年三月北上，至八月，才"由吏部带引见于勤政殿，奉旨'著照例发往原省，坐补原缺'"[②]。咸丰七年四月抵长沙，八月湖南补行壬子 (1852)、乙卯 (1855) 两科乡试时，他充任第一房同考官。十一月任酃县 (今炎陵县) 知县。在任期间，因治安有功，咸丰十年 (1860) 保奏加知州衔。同治元年 (1862) 正月，奉委署理安福县 (清置，民国改为临澧)。同治二年八月，奉檄先行赴桃源县任。同治五年，在省交卸安福、桃源两县任毕，九月从水路经汉口、上海、烟台抵京。同治六年四月引见，奉旨以知府发往湖南试用。九月中，"因家口浩烦，薪水支持匪易，决意回籍措资，遂蒙上宪札委回籍坐探军务"。同治八年二月，奉湖南省防剿局信札，调贵州帮办定中营军务，九月接任永州太守。同治九年九月，卸任回省，决计引退。同治十年六月回到故里绵阳马家巷。孙桐生在《妙复轩评石头记叙》中说：

---

① 建民先生曾撰《〈红楼梦〉与绵州孙筱峰》一文，载于内部资料《绵州文史资料选辑》第3辑，1984年出版。文末附录《孙桐生年表》说，据孙桐生曾孙女楚素回忆推测，孙桐生死于光绪三十四年 (1908)，所以我写《红楼梦大辞典》孙桐生条时说他活了八十四岁。现据《红楼梦学刊》1991年第2辑濮实、刘长荣先生的《四川早期红学家——孙桐生》一文改。

② 《生平大事记》咸丰六年条。以下凡引"大事记"中记载，不另注明。

丙寅（1866）寓都门，得友人刘子重贻妙复轩《石头记》评本，逐句梳栉，细加排比，反复玩索，寻其义，究其归，如是者五年。

又在《生平大事记》同治十一年（1872）条中说：

里居无事，将《妙复轩评〈石头记〉》排比，逐句审定，算自辛未抄起，迄丙子冬始竣事。竭尽无限心力，始成此一部大观。

这就说明，从同治十年六月孙桐生卸永州太守任回到家乡之后，他就开始从事这项工作，到光绪二年（1876）冬完成，恰是整整五年。

先是道光二十年（1840），孙桐生十七岁，兄弟分家另过时，他分得水田四十亩、街铺两间。岁入本来无多，加以数次从绵阳进京谋取功名，每次得手后，又必先回乡里，携家小赴任。拉家带口，数度往返，所费必巨，故从同治年间，便已开始当押房舍田产，以补不足。于今里居五年，坐吃山空，"家境日蹙，不得已复作出山之计"，并于当年十月，得李子政资助，"其有不足，又加山田押租钱二百千文"以为盘缠，由绵州买舟仍赴湖南候补。次年，即光绪三年（1877）八月"奉藩宪委估勘长（沙）善（化）二县监狱"（清朝时善化与长沙均为湖南省治，民国废入长沙）。不久，又奉委办理宜（章）临（武）卡局、衡州卡局和岳州卡局。光绪六年六月委署郴州，任郴州太守。光绪八年（1882）二月卸任。从此以后，他永远脱离仕途，并于次年正月回到绵阳，不复外出。不过，这时他已五十九岁了，光绪十一年以后，他一直主讲绵阳治经书院。这个工作坚持到什么时候，目前尚难考定，因为他手编的《生平大事记》只写到光绪十五年（1889）他六十五岁时为止，目前尚未发现有别的资料可供参考。

从上面这个介绍中我们可以看出，孙桐生的经历是比较丰富的。他是一位政治家，当过四个县的知县（其中安仁县未到任即乞病还乡）、两个州的太守，"估勘"过两个县的监狱（这是各省按察使司系统中的狱司的属官）；他是一位军事家，同治六年，四川军方请他回籍坐探军务，同治八年冬湖南刘中丞又咨调他赴贵州帮办定中营军务；他是一位贸易经营家，同治八年夏，奉委赴辰州办理转运司，采买谷米，接济沅州饥民；他是一位教育家，主讲过凤山、治经两书院；他是一位诗人和散文家。不论在政治、军事、贸易经营、教育和著述诸方面，孙桐生都有建树。比如他为鄮县知县时，劣绅把持公事、鱼肉乡民，刁矜私抽团费、擅作威福，他都"详革完办，民困乃苏"；任安福知县期间，因前任处理张姓族内奸情命案时畏事图脱，苟且了事，祸及十数名外姓无辜，孙桐生暗访明察，究明真相，秉公处理，赢得"心地明敏，办事果毅"的上司考语。在军事上，因资料不足，他回四川"坐探军务"和赴贵州帮办定中营军务时的事迹无法查考，但他在鄮县任知县时，便已在这方面表现出不寻常才能。当时鄮县社会混乱，民不安生，孙桐生召集干勇，在城操防训练，以供随时调遣；又在四乡各处择立团长，训练壮勇，有警则飞调听任。咸丰八年七月，金竹山股匪越境焚劫，孙桐生率士勇往剿，擒获其首领七名，验明立即正法。又与附近四县会哨搜山，各有擒斩，地方乃保安定。至于贸易经营方面，他在办理转运司、采买谷米时，深知谷（稻谷）米特性，办谷不办米。同行中办米者无不亏损，赔累甚多，独他与吴石臣太守例外。所以他说，即使这类工作，也是"择术之道，不可不慎"。

当然，对于上面这些评价，我们主要是利用孙桐生自己提供的资料。这些资料是否有夸大失实处，根据它们做出的评价是否都准确？因为历史播迁，我们同孙桐生的立场观点都不尽相同，因此难以遽下结论。但有一点是清楚的：孙桐生忠于职守，比较正直，"不为势屈，不为利诱"[1]，所以得到群众的拥护，有的地方的群众甚至称他为"神君"。

孙桐生作为一位教育家，具有极大的吸引力，他主讲的治经书院刚一成

---

① 《绵阳县志·孙桐生传》，1965年石印本。

立，就"学徒鳞萃"，"自与及门切究古学数年，左绵学风为之丕变"①。作为一位诗人和散文家，他的著作甚丰，其重要者有：《楚游草诗》四卷，《卧云山房文钞》二卷，《未信编、续编、余编》各二卷，《湘中时政论》一卷，《永鉴录》、《郴州日记》各一卷，辑录《明臣奏议》十二卷，集刊《全蜀诗钞》六十四卷，等等。当然，这些都只做一简单的介绍，我们的主要注意力是在评价作为红学家的孙桐生在红学中的作为和功过得失。

二

前面说过，孙桐生在红学工作中主要做了两件事。一是花十年工夫，为张新之的《妙复轩评石头记》进行了整理、排比、眷写，为它写了"叙"、"跋"；又五年，筹措资金，制版印刷，刊布行世，做了大量艰苦细致的工作。二是比较细致地研究了甲戌本，在该本的有关位置加了五十条眉批和侧批②，约在二十个地方加了墨圈，还写了《编纂石头记评葳事奉和太平闲人之作即步原韵》三首，每首并加注解。

那么，孙桐生的主要红学观点是什么呢？我们从他的《妙复轩评〈石头记〉叙》中就可以看得很清楚。他说：

是书之作，六十年来③，无真能读真能解者，……太平闲人发其瞆，振其聋，俾书中奥义微言，昭然若揭……

张新之"揭"出了什么呢？

---

① 《绵阳县·孙桐生传》。
② 这个数字是指那些有评论性观点的，指示性批语不计在内。
③ 孙桐生为《妙复轩评石头记》作叙在同治十二年癸酉（1873）。这时离甲戌本问世（1754）已119年，即使从程甲本问世之年（1791）算起，也已82年。孙桐生说才60年，不知何据。

孙桐生说：

> 如含玉而生，实演明德；黛为物欲，实演自新。此外，融会四子六经，以俗情道文言……尤奇者，教养常经也，转托诸致祸蔑伦之口；仙释借径也，实阴辟异端曲学之非。……至其立忠孝之纲，存入禽之辨，主以阴阳五行，寓以劝惩褒贬，深心大义，于海涵地负中自有万变不移，一丝不紊之主宰……

孙桐生在光绪二年写的《妙复轩评石头记跋》中又说：

> 评《石头记》一书，穿天心，蹑月窟，广大精微，表章绝业，洵足与原书并传不朽，而有功世道，不致使愚顽者误入歧途，尤见所学之正，与救世之慈……

这样，孙桐生就把张新之的红学推崇备至到了无以复加的地步。

张新之是评点派红学的代表人物之一。虽然他对《红楼梦》的艺术结构和写作手法上不乏好的见解，但他的思想观点却是很成问题的。他说：

> 《石头记》乃演性理之书，祖《大学》而宗《中庸》。

又说：

> 是书大意，阐发《学》、《庸》，以《周易》演消长，以《国风》正贞淫，以《春秋》示予夺，《礼记》、《乐记》，融会其中。

还说，他原以为刘姥姥是一个插科打诨、如戏中小丑式的人物，是为了使全书不寂寞而设的。但后来他产生了疑问：

书方第六回，要紧人物正多，且于宝玉初试云雨之次，恰该放口谈情，而乃重顿特提，必在此人，又原原本本，叙亲叙族，历及数代，因而疑转甚。于是分看合看，一字一句，细细玩味，及三年，乃得之，曰：是《易》道也，是全书无非《易》道也。太平闲人《石头记》批评是始于此。试指出一刘姥姥，一纯坤也，老阴生少阳，故终救巧姐。

不仅如此，张新之还说：

书中大致凡歇落处，每用吃饭。或以为笑柄，殊不知大道存焉。宝玉乃演人心，《大学》"正心必先诚意"。意，脾土也；吃饭，实脾土也。实脾土，诚意也。问世人，解得吃饭否？

"吃饭"也有"大道存焉"，而且也是在演《周易》，这真是"高见"。

鲁迅说，《红楼梦》"单是命意，就因读者的眼光而有种种：经学家看见《易》，道学家看见淫……"①这里，鲁迅说的首先就是张新之。其实，张新之不仅看到了《红楼梦》中的《易》，也看到了《红楼梦》中的"淫"，不过他是用儒家经典加以解说，把"淫"也归结到了儒家的道统上罢了。他在第五回回末批中说：

宝玉、贾蓉明明叔侄，则可卿此梦非乱伦而何？一部《红楼》，谈情有何大恨，而必以乱伦开谈情之首？于是读者猜疑百出，或以为骂人，或以为嫉世，致作者之罪业莫能解脱。然而，误矣。作者固自演《大学》、《中庸》，天人之微，理欲之极，必无中立处也。

---

① 《〈绎洞花主〉小引》。

在这里，张新之说神仙与凡人，差别甚微；天理与人欲，有一个极限，它们之间没有不可逾越的鸿沟。超过了这个极限，越过了这条鸿沟，就会走向自己的对面。对于这个认识，张新之在第五回警幻对宝玉说"吾所爱汝者，乃天下古今第一淫人也"处加的批语中，做了进一步解说。他说："二句石破天惊！夫第一人而警幻爱之以此字，但一转身，便直达性命之源，此仙佛圣人求其人而不得者也。"为了使读者明白无误地理解他的意思，他又特地对"一转身"一词做了解释。他在警幻要宝玉"留意于孔孟之间，委身于经济之道。说毕，便援以云雨之事"处加批说："上句是孔孟之间，经济之道，紧接授以云雨之事，千古奇事，千古奇文，便是我所说一转身佐证。"可见，张新之以为《红楼梦》中男女情事的描写，也是演说儒家经典。

这就难怪人们要说张新之的红学"以穿凿为言"，认为他是"读《红楼梦》之罪人"[1]；这就是为什么"是时谈《红楼梦》者多，而与闲人谈者则寥寥"[2]的原因吧！奇怪的是，孙桐生自己对《红楼梦》的思想意义无正面认真评论，却对张新之荒谬的思想观点如此顶礼膜拜，做出很高的评价，这就是他红学思想的一大失误。

第二，作为评点派红学家，孙桐生不仅继承了张新之的思想观点，也接受了张新之的表现形式，他在甲戌本上加的五十条批语，就与张新之的《妙复轩评石头记》是一个路数。但是，孙桐生不仅是一位评点派红学家，还是一位索隐派红学家，对"明珠家事"说深信不疑。他在甲戌本第三回加的一条墨笔眉批说：

> 予闻之故老云：贾政指明珠而言，雨村指高江村。盖江村未遇时，因明珠之仆以进身，旋膺奇福，擢显秩。及纳兰势败，反推井而下石焉。

---

① 鸳湖月痴子：《妙复轩评石头记》，《古典文学资料汇编·红楼梦卷》，人民文学出版社，第37页。

② 张新之：《妙复轩评石头记自记》，《古典文学资料汇编·红楼梦卷》，人民文学出版社，第34页。

玩此光景，则宝石之为容若无疑，请以质之知人论世者。

同治丙寅季冬月左绵痴道人记。

在《妙复轩评石头记叙》中又说：

> ……访诸故老或以为书为近代明相而作，宝玉为纳兰容若。以时事文集证之，或不谬。其曰珠曰瑞，又移易其辈行而错综之。若贾雨村，即高江邨也。高以诸生觅馆入都，主于明仆，由是进身致通显。若平安州，则保定府之别名，李御史即郭华野之易姓。……篇后有曹雪芹删定数过云云，曹雪芹或以即曹银台寅之公子，其胡老明公三子也。考其时，假馆容若，擅宏通，称莫逆者，则有梁药亭、姜西溟、顾梁汾诸君子，不能实指为某人草创，某人润色也。至书中言宝玉中第七名举人，查进士题名碑，成德中康熙十五年丙辰科二甲第七名进士，言方举人者，隐之也，……考时代暨书中事迹，信为演容若也无疑。

这里东拉西扯，随意牵合，有的地方还词语含混，竟至不知所云。然而，他还信心十足，认定《红楼梦》"为演容若也无疑"。

考之红学史事，以《红楼梦》为写明珠家事者，始于乾隆皇帝弘历。赵烈文《能静居笔记》云：

> 谒宋于庭丈翔凤于葑溪精舍，于翁言："曹雪芹《红楼梦》，高庙末年，和珅以呈上，然不知所指。高庙阅而然之，曰：'此盖为明珠家作也。'后遂以此书为明珠遗事。"

宋翔凤，字于庭，江苏长洲（明清皆为苏州府治，民国废入吴县）人，乾隆四十一年（1776）生，程乙本问世时，他已十六岁。而且他是常州学派公羊学的重要代表人物，人称他能融汉学、宋学，"泯门户之见"。所以他曾听乾隆说过《红楼梦》是写明珠家事，这一点或不谬，但《红楼梦》非写明珠家事（后文详析）是明显的。乾隆以后，认为《红楼梦》中所写为明珠家事者，有嘉庆进士江苏省娄县（今松江）人张祥河，道光进士广东番禺人张维屏，道光举人浙江鄞县（今鄞州区）人徐柳泉及其同乡和学生陈康祺，以及本文所评介的孙桐生，等等。但是，也有反对的，如周春、李慈铭、俞樾、王国维和寿鹏飞等。

明珠是康熙的宠臣和心腹。康熙中，他由侍卫累官兵部尚书，议撤三藩称旨，调吏部尚书，授武英殿大学士。康熙下诏重修太祖、太宗《实录》及编纂《三朝圣训》、《政治典训》、《平治三逆方略》、《大清会典》、《一统志》和《明史》等等，明珠皆为总裁官，之后，其又加太子太傅，累晋太子太师，真是权倾一时，炙手可热。后由于他与余国柱结党营私，市恩通贿，受到康熙的处分，也算是"翻过筋斗来的"了。之所以说"明珠家事"说不能成立，是因为《红楼梦》中的情节描写与纳兰氏家族的经历、命运，几乎全不相干，差别有如天壤。史载：

> 康熙帝出巡时，直隶巡抚于成龙于途中揭发明珠、余国柱之私。帝回京后，以于成龙言问高士奇。高士奇亦尽言之。帝问："何无人劾奏？"对曰："人孰不畏死！"帝曰："若辈重于四辅臣乎？欲去则去矣，有何惧？"未几，御史郭琇疏参明珠、余国柱背公营私罪共八款……。康熙帝因"不忍遽行加罪大臣，且用兵之时有曾效劳绩者"，命从宽处分。勒德洪、明珠革去大学士，余国柱革职……。[1]

明珠身兼十数职，这次事发却只被革去大学士一职，其余的职务尚在。不久又授内大臣。后来康熙亲征噶尔丹，明珠随征运送粮饷，班师回朝叙功时，他官复原职。卒时年七十四岁。其子纳兰性德，卒于康熙二十四年

---

[1] 《康熙起居注》第三册，转引自《清史编年》第二卷《康熙朝》上，第558页。

(1685)，时年三十一岁，这时正是纳兰氏家族的鼎盛时期。而且，明珠能够吸取历史的教训，从那以后，"万万解释，改悟前情"①，多行小惠，换取美名。据载：

> ……明太傅珠于康熙中既为郭华野（郭琇字华野，山东即墨人）所劾，曰："勋名既不获树立，长持保家之道可也。"因广置田产，市买奴仆，厚加赏赉，按口赒以银米，冬季赐以绵布诸物，使其家给充足，无事外求。……故其下爱戴，罔敢不法。其后田产丰盈，日进斗金，子孙历世豪富。②

后来，至乾隆末期，和珅当了宰相，成安"以倨傲和相故，撄于法网，乃籍没其产"③，虽然也得到了与《红楼梦》中贾府"落了片白茫茫大地真干净"似的悲惨下场，但这与《红楼梦》中所写了无关涉。因为成安已是明珠的曾孙，他垮台时离郭琇参奏已约百年，《红楼梦》以手抄本传世，"不胫而走"，也已有三十年左右的时间了。孙桐生不仔细研究明珠家史，却紧步索隐派红学家的后尘，并且说什么贾雨村影高士奇，平安州是保定府的别名，李御史（见《红楼梦》第一〇五回，书中没有名字）是郭御史郭琇的易姓，表面上看似有创见，实际上却还是用了索隐派红学家牵强附会、随意比附的惯技。其既说"曹雪芹或即曹银台寅之公子"（误，实为曹寅之孙），为什么紧接着又说"其胡老明公三子也"？这成什么话！在孙桐生的心目中，曹雪芹到底是曹寅的"公子"，还是胡老明公的"三子"？

第三，在太平闲人的真实姓名问题上，孙桐生也得出了错误的结论。他说：

---

① 借用《红楼梦》第五回警幻语。
② 昭梿：《啸亭杂录》卷三《明太傅家法》。
③ 同上。

> ……评本并未注名，亦无别号，不妄冥搜苦索，于意言之表而得之。

"得之"了什么呢？他说：

> 太平闲人姓仝名卜年，山西平陆人，嘉庆辛未进士，道光末官福建台
> 湾太守。

但是，孙桐生没有仔细看看张新之《妙复轩评石头记自记》中的这几句话：

> 及戊申（1848），得八十五卷，适不获已，为台湾之行，客都署（着重号
> 为引者所加），亦既衰且病，已喜日不过出数言，余一无事事，眠食静息，而
> 是评遂以成。①

其中的一个"客"字，就表明了张新之当时在台湾府署的身份只不过是太守的一名幕客而已。如果是太守，便是台湾府署的主脑，应是主人，而且应是很忙才是，岂能用"客"字？又怎能只"日不过出数言"，便"余一无事事"，一味地"眠食静息"？

太平闲人的真实姓名和经历，孙桐生确实不知道，但《妙复轩评石头记》书稿在他手里有十五年之久，他对书稿、对太平闲人的渊博学识崇拜得五体投地，《编纂石头记评葳事奉和太平闲人作即步原韵》三首之一，就是明证。诗云：

> 红炉点雪妙回春，不绝微言系此身。
> 才擅千秋归说部，胸罗六籍铸经神。

---

① 一粟编：《红楼梦资料汇编》上册，中华书局，第34页。

狐穷秦镜原非幻，面识庐山始是真。

蠹没翻将名氏隐，高怀何止出风尘。

但是，他没有料到，经他"冥搜苦索"之后，却是"张冠仝戴"，得出了一个错误的结论。太平闲人的真实姓名，五桂山人于道光三十年 (1850) 写的《妙复轩评石头记序》中，本来早已明确地告诉我们了。他说：

> 岁辛丑 (1841)，客莆田，张新之至自京，落拓湖海，一穷人也。既察之，觉放旷不羁中，却恬退安定。其自号太平，有以夫！遂乐与谈，风晨月夕无不俱，十三经二十一史，滔滔然，渊渊然。互相考，所见大致不径庭，而其谐可喜，其憨可畏也。偶及《红楼梦》，突称之曰："好！"予曰："吁！以子之识，而乃好《红楼梦》乎？其书大可烧也。"曰："以子之识，而乃烧《红楼梦》乎？恐子之穷于措大也。子所不能烧，而我能烧之，烧烧之火，且将人人赠一矩。"笑而启其篋，出评本，薄薄帙，捉余读，格格拒。强读及数行，振振骇；读既终，而欣欣油油有所会，曰："三百篇固各自蔽一言，《红楼梦》固不淫靡烦芜，而整齐严肃也。"遂因新之之所好而好之。[1]

这段引文，不仅对太平闲人的真实姓名做了明确的回答，对张新之的性格、学识做了详细的揭示，而且通过他们两人的对话，活脱脱地再现了张新之这个学识渊博、憨态可掬、滑稽有趣的穷书生形象。所以我们不避麻烦，将如此长的一段文字引见给读者。

可惜的是，五桂山人也没有说出自己的真实姓名，我们无从查考。他在序中，又没有介绍张新之的籍贯和生平经历，这对我们了解张新之的为人，

---

[1] 一粟编：《红楼梦资料汇编》上册，中华书局，第35页。

了解他的整个思想，都带来不便。我们热切期望，通过加强对孙桐生红学思想的研究，能促进对张新之的研究，使张新之的这红学一家言，能为广大《红楼梦》研究者和爱好者更好地了解。

三

前面，我们对孙桐生在红学方面的缺点和失误做了初步的评论。但是他在这门学问中也不是一善俱无，而是有成绩的，甚至可以说是一位有功之人。

查张新之评《红楼梦》始于道光八年 (1828)，至道光十一年 (1831) 春得二十卷。"次年夏，铭子东屏相与谈，有同见，乃是书之知见也，乞借观，三阅月，屡索未还，而失之。"之后，阅八年，到道光二十一年 (1841) 秋，张新之到福建莆田，评复起，至道光二十五年 (1845) 归京时，得五十卷；至道光二十八年 (1848) 春，得八十五卷。同年为台湾之行，客都署，由于事情不多，全力以赴，而是书遂以成。虽然张新之自信他评"能救本书 (指《红楼梦》——引者) 之害，于作者不为无功，观者不为无益，人心世道有小补焉，则灾梨枣也无不宜"，但是，他是一个穷书生，"力有未逮"，只有搁置起来。而且他对自己的书能否刊行，还抱着一种疑惑惊恐的心情："其将来成之北，成之南，或仍旧泯灭不所闻，则非闲人所敢知矣。"不知什么时候，这部书稿到了刘铨福的手里，十八年后又被孙桐生借得，即孙桐生序中所说："丙寅 (1866) 寓都门，得友人刘子重贶《妙复轩评石头记》。"①由于张评未有正文，孙桐生自同治六年 (1867) 冬天开始，至光绪二年 (1876) 十一月二十日止，整整用了十年时间，"逐句梳栉，细加排比"，手自抄录，冀成完书，还要"俟将来资斧稍裕，当付手民，以公

---

① 刘铨福在甲戌本书末记曰："此批本 (批《妙复轩评石头》——引者) 丁卯夏借与绵州孙小峰太守，刻于湖南。"孙桐生在卧云山馆刊本书末诗注中也说："忆自同治丁卯得评本于京邸。"序中说"丙寅"是记忆错误；也可能是丙寅先得甲戌本，丁卯再借得《妙复轩评石头记》。

同好"。

　　前面我们说过，孙桐生家产并不丰盈，由于从绵阳到京城求取功名，又从绵阳至湖南任所，数度往返，所费甚多，加以家口日繁，家境日蹙，因此在他五十岁前后，便在出卖店铺、典押田亩。但是，即使在如此窘迫的情况下，他还是千方百计筹措资金；又五年，到光绪七年 (1881) 终于将此一部大书在湖南卧云山馆刊刻成功。其间用过多少心思、下过多大力气、有过多少艰难，自然可想而知。孙桐生在《编纂石头记评葳事奉和太平闲人之作即步原韵》三首之二说：

　　　　情窟翻身亦太难，因情识性得金丹。

　　　　一家注疏凭谁解，万古纲常若个完。

　　　　风月鉴空儿女散，褒诛气凛雪霜寒。

　　　　十年心血编排尽，作述如何等量观。

诗末自注云：

　　　　忆自同治丁卯得评本于京邸，其文逐段分疏界划，而无正文，余为排比添注刻本之上，又亲手合正文评语编次抄录，间有脱误，不惮改订，日尽数纸，竭十年心力，始克成此完书。敢云有功前哲，差不没评者之苦心云尔。

这里，孙桐生不仅对张新之"因情识性得金丹"的红学做了又一次高度评价，而且对自己为此书付出的长期艰辛劳动也做了详细的介绍。我们说孙桐生是张新之这红学一家言的功臣，也是红学史上一位有功之人，难道不是事实吗？

　　第二，孙桐生对《红楼梦》的艺术结构和描写手法也有一些比较好的见解。比如甲戌本第五回"这日不知为何，他二人 (指宝玉、黛玉——引者) 言语有些不合起来，黛玉又气的独在房中垂泪"处，孙桐生加墨笔眉批说：

> 此是头一次生气，以后似此者甚多，故于此略伏一笔，以后便不唐
> 突，此一定章法也。

古人作文，讲究章法。"章法"应是包括现代创作理论中的艺术总体结构、逻辑层次和前后照应等等，这个问题在创作中是极其重要的。这不仅为现代作家和文学批评家所重视，古代作家和文学批评家也非常重视。刘勰在《文心雕龙·章句》中就说：

> ……章句在篇，如茧之抽绪，原始要终，体心鳞次。启行之辞，逆萌
> 中篇之意，绝笔之言，追媵前句之旨；故能外文绮交，内义脉注，跗萼
> 相衔，首尾一体。

试想，文章或创作中若没有一个中心思想和中心线索，层次不清，首尾缺乏衔接照应，那会是一种什么样的结果，是一种什么样的文字？固然，孙桐生在这里讲的章法，只是"略伏一笔"，即预先埋个包袱，使此前和此后黛玉使小性子，动不动就恼人、淌眼抹泪的情况，读来不致感到突然。

在第五回十二钗正册最后一页"画着高楼大厦，有一美人悬梁自缢，其判云：情天情海幻情身，情既相逢必主淫。漫言不肖皆荣出，造衅开端实在宁"处，孙桐生加墨笔眉批云：

> 判中才是秦可卿真正死法，真正实事，书中掩却真面，却从此遗逗。

这条墨批讲的也是照应问题，与上条起的是同样的作用。

又比如，在第五回写了"开生面梦演红楼梦，立新场情传幻境情"和第六回开始"贾宝玉初试云雨情"那样大场面、大事件之后，转入到"刘姥姥

一进荣国府"的描写处，孙桐生在这里也加墨笔眉批云：

> 截断正文，另起一笔，笔势蜿蜒纵横，则《庄子》（《南华》）差堪仿
> 佛耳。

这条批是讲笔法的，实则讲《红楼梦》的艺术描写和对优秀文化遗产的继承和发展问题。

庄子是我国战国时期的大思想家，也是优秀的散文家。他的文章气势磅礴，雄浑奇特，"汪洋捭阖，仪态万方"[1]。文字到了他的手里，便"成了活动的玩具，颠来倒云，离奇曲折"，"汪洋恣肆，妙趣横生，信手拈来，都成妙语"。[2]在孙桐生以前，已有脂砚斋指出：《红楼梦》"阅其笔则是《庄子》、《离骚》之亚"[3]。孙桐生比脂砚斋又进了一步，即不仅指出《红楼梦》在描写手法上继承了《庄子》的优秀传统，而且有所发展，即曹雪芹的描写手法不是学步邯郸，而是青出于蓝，后来居上，只有《庄子》"差堪仿佛"（二字重点引者所加）了。

写到这里，不禁使我想起李辰冬关于曹雪芹使用语言文字，或者说其"笔法"的一段生动、形象的绝妙描写：

> 往马戏班或杂耍场，常常见到一种玩手球戏的，球在他手里，忽前忽后，忽左忽右，时而球停于头，时而球立于脚。他的身上没一处不可停球，高低上下，莫不旋转自如，好像球为他一人预备的，因他真正握住了球的重心。曹雪芹对于中国文字，就有这种本领。他要喜，文字也

---

① 鲁迅：《汉文学史纲要》第三篇《老庄》，《鲁迅全集》第八卷，人民文学出版社，第270页。

② 刘大杰：《中国文学发展史》上卷，人民文学出版社1957年版，第78、79页。

③ 甲戌本第一回朱笔眉批。

喜，他要怒，文字也怒，他有多少情感，文字也有多少情感，在我们手里是死的文字，一到他手，就生龙活虎，变化无穷。①

在谈到《红楼梦》的结构的时候，李辰冬又说：

> 读《红楼梦》的，因其结构的周密，错综的繁杂，好像跳入大海一般，前后左右，波涛澎湃，且前起后拥，大浪伏小浪，小浪变大浪，也不知起于何地，止于何时，不禁兴茫茫沧海无边无际之叹！②

虽然，这里李辰冬并没有对曹雪芹的艺术表现手法的历史渊源进行探讨，但他不是用生动形象的描写在实际上对孙桐生的"笔势蜿蜒纵横"做了注脚，不是与鲁迅、刘大杰们对庄子文章所下的评语相通的吗？

　　孙桐生还有一些评语，如第六回"奇峰突起，好笔奇笔，如此方是活笔，不是死笔"；"此等出神入化之笔，试问别处可有否？其中包藏东西不少，今阅者自会作文，所悟得此处则耐人咀嚼无意耳，□直之病矣 (原文如此——引者)。读此而不长进学问，开拓心胸者，真钝根人也"；第七回焦大醉骂处，孙桐生墨笔眉批云："用背面渲染之法，指出正文，读之便不觉污秽笔墨，此文字三昧也。"紧接着在宝玉问凤姐"什么是爬灰"处，孙桐生加的眉批说："反是他来问，真耶，假耶，欺人耶，自欺耶？且天下人不易瞒也，呵呵！镜里藏春：任意起灭，文情文心，真旷绝宇宙也。"等等。认真琢磨体味起来，这些评语对读好《红楼梦》都会极有帮助，但限于篇幅，在这里我们就不再一一缕述了。

---

① 李辰冬：《红楼梦研究》，正中书局1947年版。
② 同上。

四

最后，我们还要就孙桐生对甲戌本原文的增删改动说几句话。据初步统计，这类增删改动一共二十三处，分三种情况：一是明显的错误必须改的，如第二回贾宝玉抓周处，原文为"将来色鬼无款了"，孙桐生改为"将来色鬼无疑了"；第三回贾敏死后，林如海对黛玉说，他再"无绪室之意"，孙桐生改为"无续室之意"；第五回"万目睚眺"，孙桐生改为"万目睚眦"；第十六回第十二页后半页第六行原文"难道你父亲比你还不会用人"，孙桐生改为"难道你珍大哥比你还不会用人"？以上四例，第一、二、三例原文"无款"、"绪室"和"睚眦"，错误十分明显，用不着解释。第四例却要多说几句。这里讲的是贾蓉带着贾蔷来传达已经丈量地方建造大观园的事，请贾琏次日到宁府去与贾珍面议有关具体事务。之后，贾蔷又回说，大爷（即指贾珍）派了他带领来管家的两个儿子和单聘仁、卜固修两个清客相公下姑苏聘请教习和采买女孩子。贾琏因另有盘算，听后便打量了又打量，说这里面"大有藏掖"，担心贾蔷不懂行。贾蓉见状，悄拉凤姐出来说情。这里的原文是：

> 你（指贾琏——引者）也太操心了，难道你父亲比你还不会用人？偏你又怕他不在行了。

上面贾蔷已经说明是谁派他的，凤姐也指出这是贾珍派遣的，所以这里诸本均作"大爷"（即贾珍）。甲戌本的抄手却自作高明，莫名其妙地把贾赦也拉出来，这也是明显的错误，所以孙桐生把它改了。虽然"珍大哥"与"大爷"字面上不一样，实质则一。而且，依我的浅见，这里从凤姐口中说出，用"珍大哥"似比用"大爷"好。

二是改得不对或明显改错了的，如第三回第13页后半页"体态风骚"，诸本均如是，孙桐生却改为"体态风流"，不及原来的感情色彩深；同回第17页上半页第五行，原文"自己淌眼抹泪的"，诸本均如是，孙桐生却改"淌"为

"流"，这是错了的，因为"淌眼抹泪"是北方方言，孙桐生不懂这种用法，就生造出"流眼抹泪"来，这种改法恐怕他家乡的人听了也会觉得很别扭的。又如第一回第18页第五至六行原文："昨日黄土陇头送白骨，今宵红灯帐底卧鸳鸯。"这两句是对《好了歌》中"世人都晓神仙好，只有娇妻忘不了；君生日日说恩情，君死又随人去了"之句的"解注"。意在说明，即使是夫妻恩情也不可恃。平日口中恩恩爱爱，一旦丈夫死去，妻子很快又成为别人红灯帐底的"鸳鸯"了。这里说的是人生生活中的一种常见现象。明乎此，则不在说这类人的多少；"白骨"也不一定真正指人死筋肉腐烂以后呈现出来的那种白骨。所以除程甲本"送"字作"埋"外，其他诸本均作"送"。孙桐生改"送"为"堆"，这就与曹雪芹的原意不符了。又如第二回第三页反面第五至六行，原文为"他生情狡猾，擅纂礼义，且沽清正之名，而暗结虎狼之属"，除甲辰、程甲"纂"为"改"外，其他诸本均如是。孙桐生改"纂"为"改"，又改"且"为"外"、去"而"字，我以为都不如原来的好。按，"纂"是"编纂"，这里似有第三回宝玉送黛玉一字"颦颦"时，探春笑说宝玉是"杜撰"的那种意思。"虎狼之属"是指人，孙桐生改"属"为"势"，仅说一种势力，不由人来体现。至于这一句中的"而"和"且"，在语法修辞上起一种承接转折作用，孙桐生把"且"改"外"，又点去"而"，原来的那种关系就不见了，而且改后有"外"无"内"，于语法上也不完整，所以这整个句子，原句比改句好。

三是可改可不改，改了不错，不改也可以的。如第五回第17页第10行原文为："何况尘境之情景哉？"庚辰、己卯、梦稿三本均如此；孙桐生改"境"为"世"。蒙府、戚序、戚宁、舒序、甲辰、程甲等六本亦作"世"。又如第五回第六页第七行原文"省省女子固多，不过择其紧要者录之"，庚辰、舒序两本亦作"省省"，己卯、梦稿两本作"诸省"，孙桐生改"省省"为"贵省"，蒙府、戚序、戚宁、甲辰、程甲等五本亦作"贵省"。

以上，我们就孙桐生对甲戌本中的词字增删改动举例做了一个简括的介绍，并且进行了一些评判和解说。由于水平所限，可能会有评判不够准确、解说不够周全的地方，但有一点是清楚的，这就是，虽然少数地方孙桐生存在着这样那样的错误，但总的说来，他还是比较严肃的，是下了功夫的。有人既认为孙桐生对《红楼梦》的某些地方"眼力水平不低"，但接着却又说他对真文字不知赏别，把雪芹原文描改得"一团糟"。这就不仅自己制造了矛盾，而且后面的这个指责也是不够实事求是的。

蔡元培和他的《石头记索隐》

　　蔡元培是我国资产阶级民主主义革命家，是中国近代和现代史上著名的教育家、思想家、革命家，也是著名的红学家。1917年9月，由商务印书馆出版的蔡元培的《石头记索隐》，是我国一部以完整理论体系研究《红楼梦》的专著，书中论证了《红楼梦》是一部清代康熙朝的政治小说，在红学史上较长时期内产生过重要影响，是索隐派红学的代表作之一。

　　蔡先生为什么会成为红学家？他的红学学说包括一些什么样的内容？为什么能较长时期产生影响？弄清楚这些问题，对了解蔡元培及其红学理论，对研究红学史、总结红学的历史经验、发展新时期的红学研究，无疑具有重要的意义。下面，我们将对这些问题一一进行探讨。

一

　　蔡元培，字鹤卿，别号鹤庼。在爱国学社工作期间，他常用民友为号。到主编《警钟》时，他说："吾亦民耳，何谓民友？"因于《诗经·大雅·云汉》"周徐黎民，非有孑遗"之句中各取一字，改号孑民。他是浙江绍兴人，清同治七年 (1868) 生，1940年3月5日在香港病逝。

　　蔡元培出生在一个商人家庭里，祖父延桢曾当过典当铺的经理，父亲宝煜曾担任过钱庄的经理。母周氏。兄弟三人，兄元鉁，弟元坚，他自己排行第二。当蔡元培十一岁时，父亲便因病去世，从此，母亲典衣质物，节衣缩食，抚养他们兄弟长大成人。

蔡先生六岁发蒙，十三岁受业于同县秀才王懋修，并得到叔父蔡铭恩的悉心指导，因此于1883年十七岁时便考取了秀才。从此，他自己也充塾师，设馆教书。1889年应乡试，中举人。1892年应殿试，取为二甲第三十四名进士，被授为翰林院庶吉士。从这一年开始到1898年夏天为止，他一直在翰林院任职。

1898年是中国近代史上颇为重要的一年，在光绪皇帝的支持下，康有为、梁启超等人领导了资产阶级改良主义的政治运动——"戊戌变法"运动。但是，以慈禧太后为代表的守旧派，凭借他们控制的军政实权，于九月二十一日发动政变，幽禁了光绪皇帝，杀害了谭嗣同、林旭、杨锐、刘光第、杨深秀和康广仁等"六君子"，康有为、梁启超逃亡日本，"戊戌变法"运动便彻底地失败了。蔡元培虽与戊戌变法运动中的重要人物之一的梁卓如（梁启超）是同年（他们于1889年己丑乡试时一同考取举人），又很佩服"六君子"中的谭嗣同，但当这些人受到光绪皇帝重用，"皆在炙手可热时"，蔡元培"耻相依附，不往交纳"。后来他说，"康党所以失败，由于不先培养革新之人才，而欲以少数人弋取政权，排斥顽旧，不能不情见势绌"[①]。他还认定，"戊戌变法"失败以后的清政府，已无可希望，因此他抛弃京职，携家眷回到南方，委身于教育事业。从1898年冬天开始，到1907年为止，他先后担任绍兴中西学堂监督（校长），浙江嵊县（今嵊州市）剡山书院院长，上海澄衷学堂代理监督，南洋公学特班总教习，爱国学社和爱国女学总理，中国教育会副会长、会长，以及《警钟》日报的主编，并于1907年赴德国留学。

1911年10月，孙中山领导的辛亥革命推翻了清王朝的统治。蔡元培在德国听到这个消息以后，立即经西伯利亚回国。不久，他应孙中山之召，就任中华民国临时政府教育总长，并于1912年1月，受孙先生的委派，到北京迎接

---

① 黄式辉：《蔡孑民传略》。

袁世凯到南京当总统。他很快便发现袁世凯居心不良，企图攫取一切大权于一己之手。他不愿当此"伴食"阁员，便愤然退出内阁，不与袁世凯合作，并于同年九月，先是偕妻子、儿女到德国，后来到法国留学和著译。直到袁世凯称帝身死，并接黎元洪政府的教育总长范源濂专电，才回国任北京大学校长，一直到1923年年初。此后，蔡元培或再度出国，或留国内，或从事学术、教育考察，或从事民主、人权活动。到1937年卢沟桥事变爆发，中日战争全面展开，他被迫于当年12月底从上海移居香港养病，并从事一些文化活动和反抗侵略的救亡工作，直到逝世。他一生著译甚多，主要有《中国伦理学史》、《中学修身教科书》、《哲学大纲》、《美学通论》等等，此外还有大量的文章、书信、序跋、报告和演说词，其中一部分已收入中华书局1959年出版的《蔡元培选集》中。1981年，中华书局又出版了《蔡元培全集》。《石头记索隐》则是他自1898年便已开始创作的一项专著。[①]

　　蔡元培所处的时代，是清王朝日益腐败，对内残酷镇压、对外丧权辱国的时代，是旧民主主义革命从酝酿、发生、发展到完成的时代。从蔡先生懂事之日开始，到《石头记索隐》出版的1917年为止，他除了经历过上述1898年的"戊戌变法"之外，还目睹了1884年的中法战争、1894年的中日战争、1900年的"义和团运动"和八国联军攻陷天津、北京，以及《中法条约》、《马关条约》和《辛丑条约》等不平等条约的签订。从此，帝国主义侵略者们可以在中国土地上驻军和开设银行、商行与工厂，控制中国的通商口岸、海关和交通线。帝国主义的侵略威胁中国人民的生存，阻碍中国经济的发展和政治的进步，成为中国社会进步的巨大障碍。然而，腐朽的清王朝在帝国主义的侵略面前，不仅自己不起来反抗，而且还百般阻挠、镇压人民的反侵略活动，这就激起全国人民，首先是汉族知识分子的反抗，迫使他们起来进行反对清王朝反动统治者的革命斗争。蔡元培虽然不赞成当时某些人反对整

---

① 参见高叔平：《蔡元培年谱》，中华书局1980年版。

个满民族，但是他反对作为占有特权记号的"满洲人"，即满族贵族统治者。因为他们世袭君主，以少数人把持行政官的半数，驻防全国；不事生产，却坐食多数人的劳动成果，成为中国"贫穷困苦，男盗女娼媒介"。但是，"世运所迫，非以多数幸福为目的者，无成立之理；凡少数特权，未有不摧败者"①。因此，蔡元培很早就萌发了爱国思想。1897年12月，德国帝国主义侵略者借所谓传教士二人在山东失踪，派兵在胶州海口登陆，限清朝政府在四十八小时以内必须撤去防兵，"不撤者击之"，蔡元培闻之非常气愤。他说："德人尝以英有香港，法有西贡，俄有海参崴，因亦欲得一中国海口……而外间所传，中俄密约》有以胶州湾假俄人屯战舰语，故借此小衅，图捷足先得耳。吾中国近二十年傍范睢远交之策，甚睦于德，近又推诚于俄，不自强而恃人，开门揖盗，真无策之尤也。"所以，当他看清了清王朝统治者之腐朽，政治改革"无可希望"，又意识到变法运动失败是因为领导者不注意培养人才之后，便委身教育事业，培养革命人才，传播爱国思想。从1902年起，他创办爱国学社、爱国女学，为《苏报》撰稿，参与张园演说会，主编《警钟》，积极宣传革命思想。他甚至借小说《新年梦》来表达自己的理想："冒充管账"者（即清王朝反动统治者）被驱逐了；"老法子"（即封建制度）"统统去掉"了；帝国主义侵略军被击败了；"势力范围统统消减"；被帝国主义侵占的土地统统收回了；"从此各国竟没有战争，民间渐渐儿康乐起来"②。在当时，这些当然只能是小说语言，是幻想，但这也反映了蔡元培的心声，并且促使他去积极工作，四处奔走。他说："革命只有两途：一是暴动，一是暗杀。"所谓暴动，当然是指武装起义。作为这种起义的准备的，就是军事训练。1903年，蔡元培为爱国学社总理时，便积极主张进行军事训练，甚至自己也剪去头发，身穿

---

① 《释仇满》。
② 参见黄式晖：蔡孑民《传略》。

操衣，与教员、学生一起同受军训[①]。至于暗杀，蔡元培虽曾认为"于女子更宜"，但后来他自己也是暗杀团的成员。1905年，杨笃生、何海樵、苏凤初等组织暗杀团，向日本人学习制造炸弹，并邀蔡元培参加。蔡先生应邀入团，并积极提供条件，发展组织。1905年秋，在出国考察宪政的清廷五大臣车旁爆炸的中国第一颗炸弹，就与蔡元培有关[②]。

此后，蔡元培虽曾从1907年起到欧洲留学，暂时没有直接参与国内的革命斗争，但是他对国内的革命形势是关心的，对辛亥革命成功是欢呼的，归国后立即出任教育总长。虽然后来他因为不满于袁世凯的独擅专权，辞去了教育总长的职务，并再次出国到欧洲考察和著译，但一当袁世凯身死，并得到国内的召唤时，他又立即回国出任北京大学校长的新职。从1898年开始，到整个"五四运动"期间，他不论从事教育工作，还是学术活动，始终都把矛头指向反动统治者和整个封建势力，而且立场鲜明，态度坚决。《石头记索隐》的写作和出版，就在这一时期内。蔡元培从革命形势需要出发，把研究《红楼梦》置于当时革命宣传的总的要求之下，并在自己的著作中，提出一些反对满族贵族统治者的革命思想和主张，这就不难理解了。

二

蔡元培红学思想的主要内容是什么？他在《石头记索隐》一书的开始，就以简洁明确的语言，做了极清楚的揭示。他说：

> 《石头记》者，清康熙朝政治小说也。作者持民族主义甚挚，书中本事，在吊明之亡，揭清之失，而尤于汉族名士仕清者，寓痛惜之意。

---

① 参见蒋维乔：《中国教育会之回忆》。
② 参见高平叔：《蔡元培年谱》。

为什么《红楼梦》是康熙朝的政治小说呢？按照蔡元培的意思，首先就因为作者曹雪芹是站在强烈的民族主义立场上，是为了哀悼明王朝的灭亡而进行创作的。而之所以说他是为哀悼明王朝的灭亡而作，就因为：

> 书中红字多影朱字。朱者，明也，汉也。

宝玉在大观园中所居曰怡红院，即爱红之义。所谓曹雪芹于悼红轩中增删本书，则吊明之义也。

《石头记》叙事，自明亡始，第一回所云"这一日三月十五日葫芦庙起火，烧了一夜，甄氏烧成瓦砾场"，即指甲申三月间明愍帝（思宗）殉国、北京失守之事也。士隐注解《好了歌》，备述沧海桑田之变、亡国之痛，昭然若揭。而士隐所随之道人，跛足麻履鹑衣，或即影愍帝自缢之状。"甄士"本影政事；甄士隐随跛足道人而去，言明之政事随愍帝之死而消灭也。

第二，蔡元培说，曹雪芹深信汉族正统之说，指斥清王朝为伪统，揭露满族贵族统治者的罪恶，出他们的洋相，具体表现是：

> 所谓贾府，即伪朝也。其人名如贾代化、贾代善，谓伪朝之所谓化，谓伪朝之所谓善也。
>
> 宝玉有爱红之癖，言以满人而爱汉族文化也。好吃人口上胭脂，言拾汉人唾余也。
>
> 贾宝玉，言伪朝之帝系也，宝玉者传国玺之义也，即指胤礽……胤礽生而有为皇太子之资格，故曰衔玉而生。胤礽之被废也，其罪状本不甚征实。康熙四十七年九月谕曰："胤礽肆恶虐众，暴戾淫乱，难出诸口……"又曰："朕历览史书，时深儆戒。从不令外间妇女出入宫掖，亦从不令姣好少年随侍左右……今皇太子所行若此，朕实不胜愤怒。"……是当时罪状中颇有中冓之言，即金钏儿之事所影也。

第三，对不与满族贵族统治者合作，甚至起而反抗者，则歌颂赞美，如：

> 叙婘婳将军林四娘，似以代表起义师而死者；叙尤三姐，似以代表不屈于清而死者；叙柳湘莲，似以代表遗老之隐于二氏者。

第四，对汉族名士仕清者，则不管他们得宠还是不得宠，都一一进行挖苦和抨击：

> 作者于汉人之服从清室而安富尊荣者，如洪承畴、范文程之类，以娇杏代表之；娇杏，即侥幸。……于有意接近而反受种种之侮辱，如钱谦益之流，则以贾瑞代表之。瑞字天祥，言其为假文天祥也（文小字宋瑞），头上浇粪，手中落镜，言其身败名裂，而至死不悟也。

当然，蔡元培认为曹雪芹在《红楼梦》中讽刺、抨击的，不仅限于上述洪承畴、范文程和钱谦益之流，即如对林黛玉所影的朱竹垞（彝尊），薛宝钗所影之高澹人（士奇），妙玉所影之姜西溟（宸英）以史湘云之豪放而"推证"出来的陈其年，以惜春之冷僻而"推证"出来的严荪友，以王熙凤哭向金陵而"推证"出来的余国柱，以探春之名与探花有关而"推证"出来的徐健庵，等等，都包含着是非褒贬。因为朱彝尊、高士奇、姜宸英、陈其年、严荪友、余国柱和徐健庵等等，都曾经是"汉族名士仕清者"，而他们的一生遭际，都不是一帆风顺的，有委屈，有烦恼，有的甚至遭到流放而死于贬所。所以曹雪芹对他们既痛恨，又惋惜。

那么，蔡元培是怎样知道曹雪芹创造的《红楼》人物是影射康熙朝"仕清"的"汉族名士"的呢？又是怎样影射的呢？下面，我们举几个例子看看就知道了。

（1）"林黛玉影朱竹垞也"。

朱竹垞，即朱彝尊，字锡，竹垞是他的号，浙江秀水人，明崇祯二年

(1629) 生，康熙时举博学鸿词科，授检讨，入直南书房，接着被弹劾，降一级。不久复原官，曾参与纂修《明史》。康熙四十八年 (1709) 卒。著有《日下旧闻》和《曝书亭集》。

为什么说林黛玉是影朱竹垞呢？蔡元培说：

> 绛珠影其姓也，居潇湘馆影其号也。
> 竹垞生于秀水，故绛珠草长于灵河岸上。

蔡元培又说："竹垞客游南北，必囊载十三经、《二十一史》以自随"，所以《红楼梦》第十六回林黛玉理父丧回贾府时，带了许多书来；朱彝尊与陈其年合刻所著叫《朱陈村词》，所以《红楼梦》第七十六回有林黛玉、史湘云"凹晶馆联诗悲寂寞"；朱彝尊入直南书房，不久被弹劾，降一级，究其原因，有人认为是因为他带人去抄《永乐大典》，而《红楼梦》第七十回遣紫鹃送一卷小楷给宝玉，即影竹垞带人抄《永乐大典》事。又竹垞作《咏古诗》二首，诗云：

> 汉皇将将屈群雄，心许淮阴国士风。
> 不分后来输绛灌，名高一十八元功。

> 海内词章有定称，南来庾信北徐陵。
> 谁知著作修文殿，物论翻蹄祖孝征。

蔡元培说，这两首诗，"诗意似为人所实，《石头记》中凤姐调包事，疑即指此"。

(2)"王熙凤影余国柱也"。

余国柱，湖北大冶人，顺治九年进士。康熙间由江宁巡抚晋升武英殿大学士。因与明珠结党营私，于康熙二十七年 (1688) 被御史郭琇弹劾。夺职解任后，原想在江宁购买府宅，广置田产，赋闲养老，给事中何金蔺疏奏："凡解职解任地方官仍居原任地方，例有明禁。"立即令回原籍，不久病死。

那么，王熙凤是如何影射余国柱的呢？

首先，蔡元培是从王熙凤和余国柱的名字和职掌上来进行"推证"的。他说：

> 王即柱字偏旁之省，国字俗写作"国"，故熙凤之夫曰琏，言二王字相连也（楷书王玉同式）。国柱曾为户部尚书，故琏行二，且贾氏财政由熙凤管理。国柱曾为江宁巡抚，故熙凤协理宁国府。

按照蔡元培的意思，王熙凤所以影余国柱，是因为：第一，王熙凤的"王"，是余国柱的"柱"字偏旁"主"字之省（少一点）；余国柱的国，俗写作"国"，王熙凤的丈夫贾琏的"琏"，在于表示王熙凤的"王"与余国柱的"国"中的"王"字相连。第二，余国柱曾为户部尚书，主管财政。我国自隋唐开始设立六部，是尚书省的组成部分。明太祖废宰相，六部直接向皇帝负责。清承明制，从天聪五年（1631）创设六部①。六部的顺序是：吏、户、礼、兵、刑、工。蔡元培说所以贾琏行二，王熙凤是"二奶奶"，由她掌管贾府财政。第三，余国柱曾为江宁巡抚，所以王熙凤协理宁国府。

其次，蔡元培又从王熙凤和余国柱的行事和结局进行"推证"。具体如下：

> ①康熙二十七年御史郭琇弹劾称，余国柱在明珠的唆使、指挥下，结党把持，任意轻重，"督抚藩臬缺出，辗转援引，总揽贿赂；保送学道及科道内升出差，率皆居功要索"。王熙凤逢迎贾母、王夫人，借以营私弋利。金钏儿跳井后，王熙凤接受了许多为自己女儿谋求填补这一两银子

---

① 张德泽：《清代国家机关考略》，中国人民大学出版社。

月例的人们的送礼；贾蔷、贾芸到荣府谋事干，都曾给王熙凤送礼；在水月庵，她通过老尼，坐享银子三千两，逼得张金哥和守备之子双双自杀。蔡元培说，此"皆与郭琇所劾相应"。

②余国柱在江宁巡抚任内，"曾疏请增设机房四十二间，制造宽大缎疋，遭到康熙帝的斥责"。《红楼梦》第三回林黛玉来到荣府时，王熙凤事先也派人到后楼去找过缎子，准备给黛玉做衣；第七十二回也说，晚上她梦见一个人找她说，娘娘打发人来向她要一百疋锦。蔡元培说，此二事皆影余国柱疏请增设机房织锦事。

③余国柱于康熙十八年礼科掌印给事中任内，劾浙江水师提督常进功"年老耳聋，非大声高呼，不闻一语。恐秘密军机因之泄露，所关非细"，常进功因之罢职。蔡元培说，《红楼梦》第五十四回王熙凤讲聋子放炮仗的故事，第二十七回王熙凤说林之孝夫妇"一个天聋，一个地哑"，皆影余国柱劾常进功事。

④余国柱虽进士及第，然文辞不多见。他同时代诸人著作中，只有陈其年骈文集中有他一序。《红楼梦》中王熙凤不甚识字，众姐妹妯娌赋诗填词，她只说了"一夜北风紧"一句粗话。蔡元培说，这大约"因余国柱非文学家，故以不识字形容之"。

⑤《汉名臣传》云："康熙二十八年三月，给事中何金蔺疏言：'凡解职解任官仍居原任地方，例有明禁。余国柱曾为江宁巡抚，洊陟大学士，不思竭忠图报，黩货无厌，秽迹彰闻，荷恩放归里。乃被黜后，挟辎重往江宁省城，购买第宅，广营生计，呼朋引类，垄断攫金，借势招摇，显违禁例，乞饬部严议。'事下，两江总督传拉搭察讯，以留恋原任地方，购买第宅，并设立钱店典铺覆奏，刑部拟杖折赎。诏免罪。趣回

籍，寻卒于家。"

蔡元培说，《红楼梦》第五回判词"哭向金陵事更哀"，第一〇一回散花寺神签正面有"王熙凤衣锦荣归"，第一一四回"王熙凤历劫返金陵"，第一〇五回锦衣军查抄宁国府查出两箱房地契文、一箱借票，等等，"皆与何疏相应"。

（3）"探春影徐健庵也"。

徐健庵，名乾学，字原一，健庵是他的号，江苏昆山人。生于明思宗崇祯四年（1631），卒于康熙三十三年（1694）。康熙进士，曾任内阁学士、刑部尚书，奉命总裁《一统志》、《清会典》和《明史》等书。康熙二十八年（1689）左副都御史许三礼疏参徐乾学"律身不严，教子无方，秽迹昭著"罪八款，于康熙二十九年三月革职回籍①。他藏书甚富，著有《读〈礼〉通考》和《憺园集》等。

蔡元培为什么说探春是影射徐健庵的呢？

首先，他是从徐健庵与贾探春的姓名、身份和地位来进行"推证"的。他说：

> 健庵名乾学。乾卦作"三"，故曰三姑娘。健庵以进士第三人及第，通
> 称探花，故名探春。健庵之弟元文入阁，而健庵则否，故谓之庶出。

其次，从徐健庵与探春行事和结局进行"推证"。

①徐健庵之弟徐元文拜相之后，与亲翁高士奇更加招摇。因此有人作歌谣曰："去了余秦桧（指余国柱），来了徐严嵩。乾学似庞涓，是他大长兄。"又有"五方宝物归东海（徐氏），万国金珠贡澹人"之对，是健庵虽不入阁，而其时亦有炙手可热之势。《红楼梦》第五十五回平儿说：探春"便不是太太养的，

---

① 蒋良骐：《东华录》卷十五。

难道谁敢小看他"？又同回，凤姐"小月"后，李纨、探春和宝钗受命理家。她们每于夜间带领园中上夜人等各处巡视，使得比凤姐当权时更谨慎，因此里外仆人都暗中抱怨："刚刚的倒了一个'巡海夜叉'，又添了三个'镇山大岁'。"蔡元培说："此即影射'去了余秦桧，来了徐严蒿'一谣也。"

②《徐健庵行状》载：徐为吴中文社领袖，主试顺天时，往往怜收既落之才，即使"遗卷中有一佳言迥句，咨嗟吟讽，以失之为恨"。他勤于引进人才，一时稍有成就者，均欲投奔。明朝的遗老们，不远千里，也乐于追随；有才华的年轻人，更是"延誉荐引无虚日"。蔡元培说，《红楼梦》第三十七回"秋爽斋偶结海棠社"即指吴中文社；第二十七回探春给宝玉十来串钱，托他去买"好字画，好轻巧玩意儿"，"即以表其延揽文士之故事也"。

③《憺园集》中有赐览皇太子书法，奏称："皇太子历年亲写所读书本及临摹楷法，共大小八箧有奇。"蔡元培说，"《石头记》七十回，探春'每日临一篇楷字与宝玉'影此"。

④徐健庵屡被弹劾，最后于康熙二十九年春回里，僦居洞庭东山。蔡元培说："《石头记》一百回至一百二回历叙探春远嫁；第五回'画着两人放风筝，一片大海，一艘大船，船中有一女子，掩面泣涕之状。诗曰：……清明涕送江边望，千里东风一梦遥。'皆指此。"（《徐健庵行状》曰："再疏乞骸骨，上允所请。时已仲冬，命且过冬行。二十九年春抵家。"诗中"清明"二字指此。）

这样的例子还可以不断举下去，但是我们认为没有必要，就此打住。然而，即使从蔡元培认为黛玉、凤姐和探春所影朱彝尊、余国柱和徐健庵三例，已可以看出他的红学理论是建立在怎样的基础之上，以及它具有什么样的价值了。

三

《石头记索隐》于1917年问世，到1921年胡适发表《红楼梦考证》时已经五年，发行了五版，每年出一版。仅从这个版次看，就可以知道它在读者中的影响了。寿鹏飞在他1927年6月出版的《红楼梦本事辨证》中，更认为"蔡说深得作者真意"，《石头记索隐》的出版，有如"明星曙光"，前此一切谬说，"洵足推倒"。

当然，胡适的评价就大不一样了。他说：蔡先生在书中所用的方法是每举一人，必先举他的事实，然后引《红楼梦》中的情节来配合。"但我总觉得蔡先生这么多的心力都是白白地浪费了，因为我总觉得他这部书到底还只是一种很牵强的附会。"他还对蔡元培认为王熙凤影余国柱和刘姥姥影汤斌的观点具体进行批评说：

> 假使做《红楼梦》的人当日真个用王熙凤来影余国柱，真个想着"王即柱字偏旁之省，国字俗写作国，故熙凤之夫曰琏，言二王字相连也"——假使他真如此思想，他岂不真成了一个大笨伯了吗？他费了那么大气力，到底只做了"国"字和"柱"字的一小部分；还有这两个字的其余部分和那最重要的"余"字，都不曾做到"谜面"里去：这样做的谜，可不是笨谜吗？

至于蔡元培认为刘姥姥即影顺治朝进士，后来成为工部尚书的汤斌的这一说法，胡适说：

> 其实《红楼梦》里的王家既不是专指王阳明的学派，此处似不应该忽然用王家代表王学。况且从汤斌想到孙奇逢（清初理学家，晚年寓居河南辉县夏峰，世称夏峰先生——引者），从孙奇逢想到王阳明学派，再从王阳明学派想到王夫人一家，又从王家想到王狗儿的祖上，又从王狗儿转到他的丈母刘姥

姥——这个谜可不是比那"无边落木萧萧下"的谜[①]还更难猜吗？

胡适还说：

> 蔡先生又说《石头记》第三十九回刘姥姥说的"抽柴"一段故事是影汤斌毁五通祠的事；刘姥姥的外孙板儿是影的汤斌买的一部"廿一史"；他的外孙女青儿影的是汤斌每天吃的韭菜。这种附会已是很滑稽的了。最妙的是第六回凤姐给刘姥姥二十两银子，蔡先生说这是影汤斌死后徐乾学赙送的二十金；又第四十二回凤姐又送刘姥姥八两银子，蔡先生说这是影汤斌死后惟遗俸银八两。这八两有了下落了，那二十两也有了下落了；但第四十二回王夫人还送了刘姥姥两包银子，每包五十两，共是一百两，这一百两可就没有下落了！因为汤斌一生的事实没有一件可恰合这一百两银子的，所以这一百两虽然比那二十八两更重要，到底没有"索隐"的价值！这种完全任意的去取，实在没有道理，故我说蔡先生的《石头记索隐》也还是一种很牵强的附会。

胡适的《红楼梦考证》发表以后不久，蔡元培于1922年1月30日作《〈石头记索隐〉第六版自序——对于胡先生〈红楼梦考证〉之商榷》。他说：

> 近读胡适之先生《红楼梦考证》，列拙著于"附会的红学"之中，谓之"走错了道路"，谓之"大笨伯"、"笨谜"，谓之"很牵强的附会"，我实不敢承认。

---

① 胡适说从前有一个灯谜，用杜甫诗句"无边落木萧萧下"打一"日"字。制谜人想到南北朝的齐、梁两个朝代的统治者都姓萧，他便把"萧萧下"解作这两个姓萧的朝代。二萧后是姓陈的陈朝，把"陈"字的偏旁去掉，再把"东"字里的"木"字去掉（"落木"），剩下的"日"字就是这个灯谜的谜底。

接着，他举出一些理由来为自己辩解。比如说，他撰写《石头记索隐》是由陈康祺《郎潜二笔》中记徐柳泉之说所引起。柳泉说："小说《红楼梦》一书，即记故相明珠家事。金钗十二，皆纳兰侍御所奉为上客者也。"蔡元培却说，"宝玉者，传国玺之义也，即指胤礽"；改柳泉"记故相明珠家事"说为"康熙朝政治小说"；改"金陵十二，皆纳兰侍御所奉为"的"上客"为康熙朝仕清的汉族名士。并说，大凡索隐，他是用三法来推求的，这就是："一、品性相类者，二、轶事有征者，三、姓名相关者。"比如："以湘云之豪放而推为（陈）其年，以惜春之冷僻而推为（严）荪友，用第一法也；以宝玉逢魔魇而推为胤礽，以凤姐哭向金陵而推为余国柱，用第二法也；以探春之名与探花有关而推为（徐健庵），以宝琴之名与孔子学琴于师襄之故事有关而推为（冒）辟疆，用第三法也。"他还说，他"每举一人，率兼用三法或两法，有可推证，始质言之"，所以"自以为审慎之至，与随意附会者不同"。

蔡元培还说，胡适在短期内对曹雪芹的家世生平和高鹗的略历能搜集到许多材料，固然对研究《红楼梦》有帮助，然而"吾人与文学书最密切之接触本不在作者之生平，而在其著作。著作之内容，即胡先生所谓'情节'者，决非无考证之价值"。言外之意，好像"著作之内容"与作者之生平和创作背景无关，这就直接违反了"知人论世"这一我国传统文学批评原则了。

针对这一点，胡适在他的《答蔡孑民先生的商榷》中，在回答了蔡元培的"方法论"不适用于《红楼梦》后，着重指出，他最不敢赞同的是蔡先生文中的第二节。他说，根据蔡先生文中意思，好像可以不管"作者之生平"，而可以考证出"著作之内容"。但是，蔡先生文中却引用《托尔斯泰传》中的话："凡其著作无不含自传之性质；各书之主人翁……皆其一己之化身；凡书中所叙他人之事，莫不与其己身，有直接之关系。"胡适说："试问作此传的人若不知'作者之生平'，如何能这样考证各书的'情节'呢？"所以他接着便斩钉截铁地断言：

我以为作者的生平与时代是考证"著作之内容"的第一步下手工

夫……

……要推倒"附会的红学"，我们必须搜求那些考定《红楼梦》的著者、时代、版本等等的材料。向来《红楼梦》一书所以容易被人穿凿附会，正因为向来的人都忽略了"作者之生平"一个大问题。因为不知道曹家有那样富贵繁华的环境，故人都疑心贾家是指帝室的家庭，至少也是指明珠一类的宰相之家。因为不深信曹家是八旗的世家，故有人疑心是指斥满洲人的。因为不知道曹家兴衰的历史，故人都不信此书为曹雪芹把真事隐去的自叙传。

又说：

若离开了"作者之生平"而别求"性情相近，轶事有征，姓名相关"的证据，那么，古往今来无数万有名的人，那一个不可以化男成女搬进大观园里去？又何止朱竹坨、徐健庵、高士奇、汤斌等几个人呢？况且板儿既可以说是《廿四史》，青儿既可以说是吃的韭菜，那么，我们又何妨索性说《红楼梦》是一部《草木春秋》或《群芳谱》呢？

在胡适振振有词的反驳诘难面前，蔡元培的辩解就显得苍白无力，索隐派红学的根基也就随之动摇，并很快从独占红坛的宝座上跌落下来了。

四

通过前面的介绍，我们知道蔡元培《石头记索隐》的基本研究方法是"阐证本事"，且又是通过所谓"一、品性相类，二、轶事有征，三、姓名相关"三原则来进行的，甚至他"每举一人，率兼用三法或两法，有可推证，始质言之"。这样，好像蔡元培就与他以前的索隐派红学家不同，用他自成体系的理论，比较细密而又全面系统地对《红楼梦》进行了索隐。

然而，这仅仅是表面的，实际上并不是真正科学的，所以他的结论是站不住脚的。因为在他的头脑中早已有了小说中的十二钗是康熙朝仕清的汉族名士这个大前提，所以他依照所谓三原则去寻求、去证实的，也只能是从康熙朝仕清的汉族名士和十二钗中人之间寻找出某些表面的、似是而非的东西，去任意牵合比附。然而，我们姑且以蔡元培说"探春影徐健庵"为例，试问探春之名与科举考试中殿试一甲第三名所谓的"探花"有何必然联系？徐乾学的"乾"，也未必就是指乾卦的"乾"，乾三连（☰）与"三姑娘"探春有何相干？徐乾学的弟弟徐元文，顺治进士第一，后来官至文华殿大学士，入阁，乾学则否，这与探春的庶出又有何牵扯？然而，据史料说，左副都御史许三礼疏参徐乾学"膽恃胞弟钦点入阁"，革职后"以修史为名，与高士奇招摇纳贿"，一一列举他纳贿的数目，并说以致社会上有"去了余秦桧（指余国柱——引者），来了徐严嵩（指徐元文——引者），乾学似庞涓[①]，是他大长兄"之谣，又有"四方实物归东海（指徐家——引者），万国金珠送澹人"之对[②]。这说明徐乾学是一个富有的贪污受贿的罪犯，蔡先生为何不接着从这一方面努力，去从小说人物探春身上探索出徐乾学贪污受贿的某些蛛丝马迹来？难道这一重要内容，也像王夫人送给刘姥姥"更重要"的一百两银子一样，"到底没有'索隐'的价值"？此无他，是不能也，非不为也。因为所谓"探春影徐健庵"和"刘姥姥影汤斌"，都是蔡元培先生想当然的产物，纵使他绞尽脑汁，也无法从这些小说人物身上任意探索出他所需要的重要内容来。胡适说《石头记索隐》是"附会的红学"，蔡先生的《红楼梦》研究"走错了道路"，这个评价并不为过。

当然，尽管《石头记索隐》中有着这样那样的缺点，蔡先生《红楼梦》

---

① 庞涓，战国时期魏人，军事家，与大军事家孙膑是同学，他知道自己比不上孙膑，便施展阴谋，断孙膑两足。

② 参见《清圣祖实录》卷一四二和蒋良骥《东华录》卷十五。

研究中的基本观点和基本研究方法都是错误的，但是作为在历史上曾经产生过广泛影响的红学著作，却不能把它说得一文不值、一笔抹杀。第一，蔡先生主张不要把《红楼梦》看成是纯粹的爱情小说，而认为书中有政治含义，这是符合实际情况的。他希望通过自己的努力，探索出书中的政治寓意，其用心也是可以理解的。

第二，蔡先生对《红楼梦》的表现手法、书的艺术价值，也有一些可取的见解。如他说，曹雪芹"当时既虑触及文网，又欲别开生面，特于本事以上加以数层障碍，使读者有横看成岭侧成峰之状况"；"言情之中善用曲笔，如宝玉中觉，在秦氏房中布种种疑阵；宝钗金锁为笼络宝玉之作用，而终未道破。又于书中主要人物设种种影子以畅写之，如晴雯、小红等均为黛玉影子，袭人为宝钗影子"。这些看法都比较中肯，符合书中实际。

第三，蔡先生认为曹雪芹"反对父母强制婚姻，主张自主结婚；他反对肉欲，提倡真挚的爱情，又用悲剧的哲学的思想来打破爱情的缠缚。他反对'禄蠹'，提倡纯粹美感的文学；他反对历代阳尊阴卑、男尊女卑的习惯，说男污女洁，又说女子嫁了男人，沾染男人的习气，就坏了。他反对主奴的分别，贵公子与奴婢平等相待……他反对厚貌深情，赞成天真烂漫。他描写鬼怪，都从迷信的心理上描写，自己却立在迷信的外面……我看过的书，只有德国第一诗人鞠台（今译歌德——引者）所著的《缶斯脱》（今译《浮士德》）可与比拟"①。这些观点在20世纪20年代初出现，是多么难能可贵！而且我们还要着重指出，蔡元培先生是第一个将《红楼梦》归入世界文学名著之林的人，现在这一观点已为中外所公认。这一点比起新红学派的创始人胡适、俞平伯来，无疑更为高明。

---

① 《在国语讲习所的演说》，新潮社编：《蔡孑民先生言行录》。

王梦阮、沈瓶庵和《红楼梦索隐》

一

　　1916年10月，第一部卷帙浩繁的索隐派红学著作出版了，这就是王梦阮和沈瓶庵合署的《红楼梦索隐》。这部书说是合著，实际上却主要是王梦阮的手笔，当它的主体部分"红楼梦索隐提要"在《中华小说界》1914年第六、七期上发表的时候，就只署王梦阮一个人的名字，其他很多地方，包括"序"中表现出来的，也都是王梦阮一个人的口气，或者竟用他个人的名义。

　　全书分两大部分。第一部分为"红楼梦索隐提要"。这是全书的纲领性部分，也即主体部分。在这一部分中，作者将他认为书中所隐之人、所隐之事一一予以总括提示。第二部分是原书程甲本的一百二十回正文，具体人、事的索隐，就分散在各回正文的有关位置，用夹注或者回末注的形式指出。"悟真道人"即王梦阮在书"序"中说："世所传《红楼梦》一书者，其古今之杰作乎？大抵此书改作在乾、嘉之盛时，所纪篇章，多顺、康之遗事。特以二三女子，亲见亲闻，两代盛衰，可歌可泣。江山敝屣，其事为古今未有之奇谭；闺阁风尘，其人亦两间难得之尤物。听其湮没，则忍俊不禁；振笔直书，则立言未敢。于是托之演义，杂以闲情，假宝、黛以况其人，因荣、宁以书其事。"因此他要"强作解人，寻顽石点头之趣"。于是，他"洞诀藩篱，大弄笔墨，钩沉索隐，矜考据于经生；得象忘言，作功臣于说部"。他还自信，"悼红若在，义或庶几"①，俨然已经尽得曹雪芹的三昧了。

二

《红楼梦索隐》的主要观点是什么？王梦阮在"提要"②中说：

> 然则书中果记何人何事乎？请试言之。盖尝闻之京师故老云：是书全为清世祖与董鄂妃而作，兼及当时诸名王奇女也。

又说：

> 至于董妃，实以汉人冒满姓（原注：清时汉人冒满姓，多于本姓下加一格字，或一佳字。似此者甚多，不胜枚举）。因汉人无入选之例，故伪称内大臣鄂硕女，姓董鄂氏，若妃之为满人也者，实则人人知为秦淮名妓董小宛③也。小宛侍如皋辟疆冒公子裹九年，雅相爱重。适大兵下江南，辟疆举室避兵于浙之盐官。小宛艳名夙炽，为豫王所闻，意在必得，辟疆几濒于危。小宛知不免，乃以计全辟疆使归，身随王北行，后经世祖纳之宫中，宠之专房。废后立后时，意本在妃，皇太后以妃出身贱，持不可，诸王亦尼之，遂不得为后。……妃不得志，乃怏怏死。世祖痛妃切，至落发为僧，去之五台不返。

---

① 《红楼梦索隐·序》。
② 《红楼梦索隐提要》。以下除特别注明者外，均引自此书。
③ 宛字本无"王"旁，是王梦阮为了要证明"小宛书名每去王旁，专书宛，故黛玉书名特去宛旁，专名玉，平分各半之意也"，硬加上去的。

这就说明，王梦阮认为，《红楼梦》描写的是清世祖（顺治皇帝）与董鄂妃的爱情故事，书中的贾宝玉是顺治皇帝，林黛玉即董鄂妃，也就是秦淮名妓董小宛。

那么，怎么知道贾宝玉就是隐的清世祖呢？王梦阮说，"以宝玉演情僧，故时有与世祖关合处"，如：

（1）世祖临宇十八年，宝玉便十九岁出家；世祖自肇祖以来为第七代，宝玉便言一子成佛，七祖升天，又恰中第七名举人；世祖谥章，宝玉便谥文妙。

（2）居宝玉于怡红快绿。红、绿字样，殆隐藏一青楼之青字，董"白"之"白"字（小宛名白），曰怡曰快，以见至尊所乐，固在此也。名宝玉曰富贵闲人：富食万方，贵有万乘，人而至此，断不能闲，偏偏好作闲人，以见情僧性情，自与人异。

（3）宝玉名玉，故其一辈人皆从玉。玉旁实一王字，皆隐指诸王而言也。

（4）世祖上侍文皇后，宝玉上侍史太君。

（5）宝玉不读书而文采甚茂，是言圣人天禀聪明处。世祖优于文学，与宝玉正同。

（6）宝玉一生，儿女情深，不喜谈国家正事，大有不重江山重美人之意，处处为情僧张本。

王梦阮说，宝玉关合情僧虽处处可见，然"黛玉之与小宛，其关合处尤多"。如：

小宛名白，故黛玉名黛，粉白黛绿之意也；小宛书名每去玉旁，专书宛，故黛玉命名特去宛旁，专名玉，平分各半之意也；且小宛苏人，黛玉亦苏人；小宛在如皋，黛玉在扬州；小宛来自盐官，黛玉来自巡盐御史之署。巡盐御史，即为盐官二字，谜语趣甚（原注：书中用谜语者甚多）。小

宛入宫年已二十有七,黛玉入京年只十三余,恰得小宛之半……小宛爱
梅,故黛玉爱竹;小宛善曲,故黛玉善琴;小宛善病,故黛玉亦善病;
小宛癖月,故黛玉亦癖月;小宛善栽种,故黛玉爱葬花;小宛能烹调,
故黛玉善裁剪;小宛能饮不饮,故黛玉最不能饮;小宛爱闻异香,故黛
玉雅爱焚香;小宛熟读楚辞,故黛玉好拟乐府;小宛爱义山集,故黛玉
熟玉溪诗;小宛有《奁艳集》之编,故黛玉有《五美吟》之作;小宛行
动不离书史,故黛玉卧室有若书房;且小宛游金山时,人以为江妃踏波
而上,故黛玉号潇湘妃子。

不仅如此,王梦阮说他们的相关处还有:

小宛姓千里草,黛玉姓双木林,天然绝对,巧不可阶。且黛玉之父名
海,母名敏;海去水旁,敏去文旁,加以林之单木,均为梅字。小宛生平
爱梅,庭中左右植梅殆遍,故有影梅庵之号,书中凡言梅者,皆指宛也。

又说:

小宛与黛玉,均善病工愁,大有西冷美人之态,故曰颦颦,故曰妃子。
小宛一见辟疆,便曰异人异人,黛玉一见宝玉,便吃一大惊,亦是有
意映照。
小宛以母丧回姑苏,黛玉以父丧回姑苏;小宛教冒氏幼子读诗,黛玉
教薛氏稚妾学诗。

这些似是而非的东西,能说明什么呢?

但是,据《清史稿》记载,清世祖死于顺治十八年 (1661) 正月丁巳,他没
有当过和尚。另据《影梅庵忆语》,冒辟疆于顺治二至六年一直患病,"五年危
疾者三,而所逢者皆死疾",幸有董小宛守候身旁,悉心调理,所以能"以不

死待之"。她自己却因劳累过度，积劳成疾，于顺治八年 (1651) 正月初二日死去。这样，从时间上说，从董小宛之死到清世祖之死，整整相隔十年；从环境上说，董小宛死前没有离开过冒辟疆，没有到过北方，他们怎能成为多情皇帝和痴情妃子呢？然而这不要紧，王梦阮自有办法。他说：

> 小宛既北，辟疆虑祸，托言已死，著《影梅庵忆语》以思之，故人多
> 不知小宛之在世。

又说：

> 相传世祖临宇十八年，实未崩殂，因所眷董鄂妃卒，悼伤过甚，遁迹
> 五台不返，卒以成佛。当时讳言其事，故为发丧。

原来，董小宛与顺治皇帝的死都是假的，是因为有难言之隐，故意施放的烟雾。这样，王梦阮就用自己编造的谎言代替了有第一手资料为依据的历史问题的结论。然后，他根据所谓"故老"的传说，根据吴梅村的四首赞佛诗，强拉硬拽，随意牵合，不但"索"出了贾宝玉是"隐"的清世祖，林黛玉是"隐"的董小宛，"红楼"故事就是描写顺治皇帝与董小宛的爱情故事；而且还"索"出了贾氏四春是"隐"陈圆圆，薛蟠"隐"吴三桂，史湘云"影"顾横波或孔四贞，王熙凤与贾琏"隐"豫王多铎，刘姥姥"隐"刘三秀，贾政"隐"多尔衮，等等。与此同时，他还提出了一个所谓"分写说"的理论。他说：

> 然小宛事迹甚多，又为两嫁之妇，断非黛玉一人所能写尽，故作者又以
> 六人分写之，《红楼梦》好分人为无数化身，以一人写其一事，此其例也。
> 六人为谁？一秦可卿，二薛宝钗，三宝琴，四晴雯，五袭人，六妙玉。

又说：

> 分写小琬者七人，人各得其一体，而轻重浓淡及抑扬褒贬，七人亦各不同。大体七人之中，以黛玉专寓美，以宝钗专寓刺；以晴雯专寓美，以袭人专寓刺，以宝琴专寓美，以妙玉专寓刺；可卿则美刺兼之。

"分写说"的典型例子，除黛玉等七人从各个不同侧面写董小宛之外，还有元、迎、探、惜四春从各个不同侧面写陈圆圆。王梦阮说：

> 《红楼梦》叙诸女子，除钗黛数人外，惟四春姐妹最有关系。四春姐妹盖合况陈圆圆一人者也，圆圆名沅，号圆圆，本玉峰歌姬，传者所谓声甲天下之声，色甲天下色者（原注：见陆士云《圆圆传》）。明末时为田贵妃父田宏遇所得（原注：钮氏《觚剩》则谓为周后父所进，后归田氏），以思陵忧国，进之宫中，未久旋出。书中盖以元春入宫，未久即殁，况其初一步也。圆圆后归吴三桂，留京师，适李自成入京，为其帅刘宗敏所得。以贼党之贪淫昏暴，圆圆亦曲意事之，书中又以迎春误嫁，况其第二步也。自成败走，圆圆仍随三桂以行，开藩镇南，卒以不返，书中又以探春远嫁，况其第三步也。三桂建号，圆圆知不能久，遂请于三桂，削发为尼，三桂为之筑园以居；三桂死后，不知所终，书中盖以惜春出家仍居园内，况其末一步也。作者于小宛之外，最注意圆圆，为其为种族之祸所由起，故亦以数人分写，盖重之也。

既然已经提出了一个"分写说"，就必然有一个"合写说"相补充，这是一个问题的两方面。王梦阮在他的红学理论的具体运用中，实际上就提出一个"合写说"问题，比如，他既以宝钗影小宛，又说她"有时写陈圆圆"，"有时亦写刘三秀"；既说"妙玉似小琬处，但工于烹制杯茗一事而已，然其自命过高，终归不洁，亦正合小宛前后身份，又说"但其大段，仍指圆圆"。

三

文学作品是用形象反映生活的。这种人物形象，是作家用典型化方法，对现实生活进行"去粗取精，去伪存真、由此及彼、由表及里"①的改造制作以后塑造出来的。虽然它也要求有鲜明的个性，"是一定的单个人，正如老黑格尔所说的，是一个'这个'"②，但它不是现实生活中单个个别人的照相。王梦阮红学理论的特点，就在于他要把这种典型化的人物形象还原为历史上实有的具体的人，还企图建立一种理论，说这个人物形象"隐"的是什么历史人物，那个人物形象又是"隐"的什么历史人物；或者哪几个人物形象共同"隐"历史上的某个人物，哪一个人物形象"隐"了哪几个历史人物的各一方面。简言之，就是一人"隐"一人，多人"隐"一人，一人"隐"多人。而这样一来，就正如茅盾所说："王、沈二氏之索隐除卷首有提要外，每回有总评，行间有夹注，广征博引，而穿凿附会，愈出愈奇，然而最不能自圆其说者，为一人兼影二人乃至三人。"③按照这种理论研究《红楼梦》，当然是牵强附会，生拉硬拽，显得荒唐可笑。

然而，问题还不止于此。由于王梦阮的红学理论和红学体系完全是建立在一些虚假事实的基础上，所以当这些"事实"一旦被证明是不存在时，他的整个红学体系也就彻底地动摇了。

第一，董鄂妃本与董小宛无关，她是内大臣鄂硕的女儿，原嫁与清太宗皇太极的第十一个儿子襄亲王博穆果尔。后来被顺治看中，襄亲王被逼自杀，她便成了顺治的妃子，于顺治十三年（1656）入宫，年十八岁，比顺治只小一岁，深得顺治的宠爱。顺治十四年，董鄂妃生了一个儿子，但没有多久就夭亡了，她自己也于顺治十七年（1660）八月十九日因病死去，享年二十二

---

① 毛泽东：《实践论》。
② 恩格斯：《致敏·考茨基》。
③ 茅盾：《关于曹雪芹》。

岁①。死后，"顺治帝极为哀痛，以宫女、太监多人殉葬。丧礼亦多逾制：命亲王以下、满汉四品官以上，并公主、王妃以下命妇俱于景运门外齐集哭临；辍朝五日；……二十一日追封董鄂妃为皇后，二十六日行追封礼"。九月十日将遗体火化②。另，《汤若望传》引《汤若望回忆录》云：董鄂妃死后，"皇帝陛为哀痛所攻，竟致寻死觅活，不顾一切，人们不得不昼夜看守着他，使他不得自杀。太监和宫女一共三十名，悉行赐死，免得皇妃在其他世界中缺乏服侍者。全国均需服丧，官吏一月，百姓三日。为殡葬的事务，曾耗费极巨量的国帑。两座装饰得辉煌的宫殿，专供自远地僻壤所召来的僧徒作馆舍。按照满洲习俗，皇妃的尸体连同棺椁，并那两座宫殿，连同其中珍贵陈设，俱都被焚烧"③。

董鄂氏，本作栋鄂氏，系满族的显姓之一。《清朝通志·氏族略》："栋鄂氏，世居栋鄂地方。栋鄂系地名，乃以地为氏。"其地在今吉林省恒仁县境内。鄂硕的始祖本名伦布，因率众来归努尔哈赤，被赐名鲁克素。鄂硕为鲁克素之次孙，因立有军功，初封三等男，又加至三等子，后来因他是孝献端敬皇后（董鄂妃死后所追封）之父，被晋封为三等伯，任内大臣，死后谥刚毅。④

因董鄂之丧，顺治皇帝忧伤劳累，元气大伤，体质下降，抵抗力大减，次年正月初二日，便染痘症。这在当时是一种极为危险、难以医治的病症。当时深受顺治宠遇，担任钦天监监正的德国人汤若望，在他的《回忆录》中云："如同一切满洲人们一般，顺治对于痘症有一种极大的恐惧，因为这在成人差不多也总是要伤命的。在宫中特为奉祀痘神娘娘，是另设有庙坛的。或许是因他对于这种病症的恐惧，而竟使他真正传染上了这种病症。"⑤

---

① 《清史编年》第一卷《顺治朝》，中国人民大学出版社，第580页。

② 同上。

③ 同上。

④ 布尼阿林：《董鄂妃并非满族宗室千金》，《北京晚报》1986年1月16日第3版。

⑤ 转引自《清史编年》第一卷《顺治朝》，中国人民大学出版社，第589页注①。

初六日，顺治病益重。当日三鼓，学士王熙被召进宫，起草遗诏，即有名的顺治"罪己诏"。《王文靖集》中有王熙自撰"年谱"云："初六日三鼓，奉召入养心殿，谕：'朕患痘，势将不起，尔可详听朕言，速撰诏书，即就榻前书写。'熙恭聆天语，五内崩摧，泪不能止。奏对不成语。蒙谕：'朕平日待尔如何优渥，训尔如何详切，今事已至此，皆有定数，君臣遇合，缘尽则离，尔不必如此悲痛。此何时，尚可迁延从事，致误大事？'遂勉强拭泪吞声，就御榻前书就诏书首段，随奏明恐过劳圣体，容臣奉过面谕，详细拟就进呈。遂出，至乾清门下西面屏内撰拟，凡三次进览，三蒙钦定，日入时始完。"①

《清史稿》卷二五〇所记与王熙自撰年谱所记略同。

由于顺治逝世时才二十四岁。这样一个年轻皇帝，当然不会想到这样早就定下一个皇位继承人。而且，一旦染病，病情日益恶化，需要他决定一位皇位继承人的时候，他在立嫡长子还是另外择人的问题上还是举棋不定。据载，在这个关键时刻，是汤若望的意见起了决定性的作用。

《汤若望传》引《汤若望回忆录》云：

（顺治病危时）一位继位的皇子尚未诏封，皇太后力促皇帝做这一件事体。皇帝想到了一位从兄弟，但是皇太后和亲王们的见解，都是愿意皇帝由皇子中选择一位继位者。皇帝使人问汤若望的意见。汤若望完全立于皇太后的一方面，而认被皇太后所选定的一位太子为最合适的继位者。这样，皇帝最后受到汤若望的劝促，舍去一位年龄较长的皇子，而封一位庶出的、还不到七岁的皇子为帝位之承继者。当时为促成这样一个决断所提出的理由，是因为这位年龄较幼的太子，在髫龄时已经出过天花，不会再受到这种病症的伤害，而那位年龄较长的皇子，尚未曾出

---

① 转引自《清史编年》第一卷《顺治朝》，中国人民大学出版社，第589页注③。

过天花，时时都得小心着这种可恐怖的病症。这位这样被选择的皇帝，后来在康熙年号之下，竟成了中国最大君主。[①]

顺治十八年 (1661) 正月初七日子刻，也即王熙于初六日"凡三次进览，三蒙钦定，日入时始完"的"诏书"交卷以后，"是夜，圣驾殡天"了。初八日宣读遗诏，颁行全国。初九日皇太子即皇帝位，时年八岁。明年改元，是为康熙元年。当年三月，谥顺治为"体天隆运英睿钦文大德弘功至仁纯孝章皇帝"，庙号世祖。顺治的遗体，按照他自己的遗命，于逝世百日后，也即当年四月十七日，在景山寿皇殿火化，骨灰于康熙二年 (1663) 六月葬孝陵。据《张宸杂记》载，顺治遗体火化前，曾两次焚烧他生前所用的冠袍、器用、珍玩以及无数金器、珍珠、锦绣，叫作"小丢钱"和"大丢钱"。又根据《清实录》等书记载，董鄂妃之妹亦受顺治宠爱。顺治逝世后，她亦从死，谥曰贞妃。雍正元年，在顺治庙号的"体天隆运"后加"定统建极"四字，成为"体天隆运定统建极英睿钦文大德弘功至仁纯孝章皇帝"。乾隆元年，弘历又在"钦文"后加"显武"两字，最后变成"体天隆运定统建极英睿钦文显武大德弘功至仁纯孝章皇帝"[②]。

这些历史事实细节俱在，历历可查。所以，顺治皇帝与董鄂妃的爱情故事，同秦淮名妓董小宛其实了不相关、风马牛不相及。所谓董小宛死后，"世祖痛妃切，至落发为僧，去之五台不返"，更是无稽之谈、谎言一片。

认为《红楼梦》描写的是"顺治皇帝与董小宛的爱情故事"者如王梦阮之流，往往把吴梅村的赞佛诗作为他们的一条重要根据。吴梅村是明朝遗民，他的四首赞佛诗，诗意隐晦，索解为难，具体所指为何，我们姑且不论，但即使"陛下万年寿"中的"陛下"的确实指顺治皇帝，那么下句"妾

---

① 转引自《清史编年》第一卷《顺治朝》，中国人民大学出版社，第590页注①。
② 《清史编年》第一卷《顺治朝》，中国人民大学出版社，第592页。

216

命如尘埃"中的"妾",或者"千里草"所指的"董",都只能是说董鄂妃或者后来因从死谥封为"贞妃"的董鄂妃的妹妹,而不是董小宛(满蒙本无董姓,但诗人用典是可以将董鄂氏省写为董的)。

第二,即使在清朝,满族在全国来说,也是一个少数民族。为了不被同化,整个清王朝的统治者都严禁满汉通婚。这项政策是顺治皇帝自己制定的,而且执行得很坚决。他的遗诏,即所谓的"罪己诏"的第一条就说:"朕以凉德,承嗣丕基,十八年于兹矣。自亲政以来,纪纲法度,用人行政,不能仰法太祖、太宗谟烈,因循悠忽,苟且目前。且渐染汉俗,于淳朴旧制,日有更张,以至国治未臻,民生未遂,是朕之罪一也。"①对一个连受一点汉民族生活习俗影响都认为是自己罪过的满族皇帝来说,怎么可以设想他会将一个汉族女子,而且还是一个秦淮名妓,作为自己的宠妃?

第三,据孟森《董小宛考》说,小宛生于明熹宗朱由校天启四年(1624),顺治生于清太宗皇太极崇德二年(1637)。如果按王梦阮所说,豫王多铎率"大兵下江南"时,"小宛知不免,乃以计全辟疆使归,身随王北行","辟疆虑祸,托言已死",以小宛北去之日为死日。那么,顺治八年正月初二日小宛死时已经二十七岁,而顺治皇帝才十三岁多一点,不到十四岁。一个"十三馀"的少年皇帝,要将一个二十七岁的有夫之妇,而且还曾经是秦淮名妓的董小宛从多铎手里夺过来,"纳之宫中","宠之专房",那无论如何是不可想象的。

而且,豫王多铎"移师定江南",是在顺治二年(1645)二月辛酉(3月5日),四月丙子(5月19日)清兵炮轰扬州城,丁丑(5月20日)城破,史可法被俘不屈被杀;五月丙申(6月8日),清兵到南京,福王朱由崧遁走太平,赵之龙、钱谦益等开城迎降;癸卯(6月15日),降将刘良佐引清兵追福王于安徽芜湖,朱由崧被俘。同月乙酉(6月21日),多铎奏报底定江南,次日,清廷宣布平定江南捷音。

① 《清史编年》第一卷《顺治朝》,中国人民大学出版社,第590页。

多铎于是年十月癸巳（12月2日）还师北京，顺治皇帝亲自率诸王、贝勒及文武群臣到南苑迎劳①。此后，多铎便没有再去江南，并于顺治六年（1649）三月丁丑（4月29日），也因痘症（天花）病故，享年三十六岁②。据此，则"小宛知不免，乃以计全辟疆使归，身随王北行"中的"王"，如果确系豫王多铎，则应在顺治二年十月。世祖纳小宛于宫中"宠之专房"，也应在此时或者稍后。但请不要忘记，顺治二年时福临还不满七岁，而小宛已二十一岁。一个不到七岁的儿童皇帝，要把一个二十一岁的有夫之妇从多铎手里夺过来，不但"纳之宫中"，而且还要"宠之专房"，这岂不是海外奇谈，令人笑掉大牙？

退一步说，纳小宛于宫中，不是在顺治二年，而是在顺治六年三月多铎死以前，那么小宛"身随王北行"中的"王"也不是多铎，而是别的什么王了。然而，自顺治四年丁亥（1647）明宗人朱隆武犯淮安、九月丁文山袭庙湾被清兵击败后，到顺治八年正月初二董小宛死前，如皋、扬州、姑苏一带，即所谓"淮扬徐海"一带，并无战乱③，这时哪来"下江南"的"大兵"，董小宛怎能被掳之北去？

第四，前面说过，顺治二至六年，冒辟疆多次患病，"五年危疾者三"，幸有董小宛守候身边，悉心调理。"微姬力，恐未必能坚以不死也"。而董小宛则因此积劳成疾，"星靥如蜡，弱骨如柴"，最后惨然死去。她一生"不私铢两，不爱积蓄"，死前"一身之外，金丝红紫尽却之，不以殉"。弥留之时，"元旦次日，必欲求见老母始瞑目"。死后葬影梅庵，冒辟疆的好友吴园茨在场，并曾为之作诗悼念。这些，冒辟疆都很带感情地写入他的《影梅庵忆语》中。后来张公亮为董小宛作传，在述及小宛病因及死状时说：小宛"致病之繇与久病之状，并隐微难悉，详辟疆忆语哀辞中"。这种指明参见的方法，在写作

---

① 《清史编年》第一卷《顺治朝》，中国人民大学出版社，第98页。
② 同上，第220页。
③ 酉云：《董小宛非董鄂妃考证》，《小说月报》8卷1号（1917年）。

中本来是完全容许的，没有什么可大惊小怪。张公亮没有必要将冒辟疆的约一万一千字的《影梅庵忆语》——抄录到他的只有二千一百多字的《冒姬董小宛传》之中。但是，王梦阮这位索隐家却据此大做文章。他在摘引张传这句话后说："此虽言宛死，而又特书其'致死之由与久病之状，隐微难悉'。传志尚无此例。……是小宛未死，被夺于兵，盖可见矣。"

由此可见，对主观偏见的人来说，他们宁愿相信一些荒唐的想象和毫无根据的胡乱推测，而一些具有历史真实性的史实他们却视而不见、听而不闻。王梦阮就是这样一位红学家。他的红学思想和红学体系建筑在这样一些空中楼阁、无中生有的事实基础之上，其可靠性和价值如何，就可以想见了。

<h1 style="text-align:center">四</h1>

王梦阮的红学观点和红学体系，虽然是不科学的、毫无可取之处，但他毕竟是一位文学评论家，他适应从辛亥革命前后到五四运动时期上海滩上文学潮流的发展变化，具有鸳鸯蝴蝶派文学家的某些明显的影响，对探索书中男女私情有着非同一般的兴趣。但在对文学内涵和艺术表现上，还是有一些值得称道的地方。特别是他在评论和解析书中一些人物形象的心理状况和写作手法上，有时的确入木三分，令人拍案叫绝。比如，《红楼梦》第四十一回"栊翠庵茶品梅花雪"中，当妙玉招待贾母一干人吃完茶之后，下面一段是这样描写的：

> 那妙玉便把宝钗和黛玉的衣襟一拉，二人随他出去，宝玉悄悄的随后跟了来。只见妙玉让他二人在耳房内，宝钗便坐在榻上，黛玉便坐在妙玉的蒲团上。妙玉自向风炉上煽滚了水，另泡一壶茶。宝玉便走了进来，笑道："偏你们吃梯己茶呢。"二人都笑道："你又赶了来饮茶吃。这里并没你吃的。"妙玉刚要去取杯，只见道婆收了上面的茶盏来。妙玉

忙命："将那成窑的茶杯别收了，搁在外头去罢。"宝玉会意，知为刘姥姥吃了，他嫌脏不要了。又见妙玉另拿出两只杯来。一个旁边有一耳，杯上镌着"瓟斝"三个隶字，后有一行小真字是："晋王恺珍玩"，又有"宋元丰五年四月眉山苏轼见于秘府"一行小字。妙玉便斟了一斝，递与宝钗。那一只形似钵而小，也有三个垂珠篆字，镌着"点犀"。妙玉斟了一与黛玉。仍将前番自己常日吃茶的那只绿玉斗来斟与宝玉。宝玉笑道："常言'世法平等'，他两个就用那样古玩奇珍，我就是个俗器了。"妙玉道："这是俗器？不是我说狂话，只怕你家里未必找的出这么一个俗器来呢。"宝玉笑道："俗说'随乡入乡'，到了你这里，自然把那金玉珠宝一概贬为俗器了。"妙玉听如此说，十分喜欢，遂又寻出一只九曲十环一百二十节蟠虬整雕竹根的一个大盏出来，笑道"就剩了这一个，你可吃的了这一海？"宝玉喜的忙道："吃的了。"妙玉笑道："你虽吃的了，也没这些茶糟蹋。岂不闻'一杯为品，二杯即是解渴的蠢物，三杯便是饮牛饮骡了'。你吃这一海便成什么？"说的宝钗、黛玉、宝玉都笑了。妙玉执壶，只向海内斟了约有一杯。宝玉细细吃了，果觉轻浮无比，赏赞不绝。妙玉正色道："你这遭吃的茶是托他两个福，独你来了，我是不给你吃的。"宝玉笑道："我深知道的，我也不领你的情，只谢他二人便是了。"妙玉听了，方说"这话明白"。

任何一位读者，在读了这一段叙述之后，都会觉得内涵丰厚，颇值得玩味。特别是宝玉、妙玉之间的关系，描写得云山雾雨、阴晴闪烁，很不一般。但是如果往深里问一句：曹雪芹为什么这样写？他要表现人物的一种什么样的心态？起的是一种什么样的作用？那么，一般读者恐怕很难找出一个理数，立即回答出一个一、二、三来。因此，我们觉得请这些读者读读王梦阮的评论解析，大概不会觉得是浪费时间吧：

　　此一层常屡思不得其解。以意淫之人，遇绝美之色，承相爱之雅，叨共卺之荣，自当怡然受之，惕然唯恐失之。宝哥方留神察看时，安能不觉？然忽尔舍用情之深，求用物之贵，此在常人所不肯出，况属情种，当必无之事也。而作者特书此笔何居？盖尝思之重思之，宝哥盖正以用情之深，留心之细，见妙玉之忘情造次，故诘一语，词若有憾，以代妙玉在钗、黛前掩盖也。宝哥常日来此，用此杯者，必不致一次，当已早领其意，故妙玉一切性气，均能体之细而知之深，今当钗黛之前，二人之心细，遇妙玉之矫矫不群，必先宝玉而留神察看。若见其率与宝玉共卺，设若寒酸微笑，则妙公无地自容唉。宝玉处处留心，知妙玉之独厚于己，欲为掩盖，故反以尊客之礼自居，若以不得平等为憾者，当时四人之意均微会矣。一则平两美之酸，一则掩妙人之率；既掩妙人之率，可见两美之尊，面面俱到，百节全灵，宝哥真天下第一有情人，亦第一有心人，更是第一慧捷机变人，吾真自笑莽汉矣。观后文之舍盏不收，更可见此时之孟光，若遽接梁鸿之案，钗黛尖刻，断无不退有后言者。宝玉爱玉，为之弥缝者甚微，且措词雅善，中其窍要。妙亦解人，故不以为忤而应声立撤，平时不言之亲爱，一扫而空。读《红楼》至此，真胸中三日作辘轳转。不知世间善男信女，能识此者有几？用情能至此而又仅至于此者又有几？吾不禁谓宝、妙皆天人也。

亲爱的读者，你读了王梦阮的这段评论后，有什么看法？同不同意我们关于不觉得是浪费时间的意见？宝玉为什么要舍妙玉的"用情之深，求用物之贵"，要"以尊客之礼自居，若以不得平等为憾"呢？王梦阮说，原来是宝玉"正以用情之深，留心之细，见妙玉之忘情造次"，故意用这个办法来为妙玉打掩护的。这样做"一则平两美之酸，一则掩妙人之率"。妙玉也是一个机灵人，深切理解宝哥的用心，立即将绿玉斗撤去，煞费苦心地找出一只九曲十环一百二十节蟠虬整雕竹根的一个大盉出来，并且善意而又含蓄地戏谑了宝玉，引得宝钗、黛玉，甚至包括被戏谑者宝玉，全都笑了。妙玉可能发生的尴尬局面解除了，宝钗、黛玉都被认定是"贵客"，宝玉则早知道"妙玉之独厚于己",真是"面面俱到,百节全灵",皆大欢喜。亲爱的读者,当你读到这里的时候,难道不应为王梦阮的高见拍案叫绝,高声道"好"!这时你面对宝二哥的这种慧心慧眼、思捷机变,是否也要"胸中三日作辘轳转",并且要笑自己原来也曾经是一个"莽汉"呢?

《红楼梦索隐》中这样的例子还有,我们就不再列举了。因此,我们可以肯定地说,旧索隐派红学家的著作中,也还是有一些值得总结和吸取的东西的。

王梦阮的籍贯和生平事迹待考。沈瓶庵于1914—1916年"主任《中华小说界》"[①]。他在该刊和其他刊物上发表了很多才子佳人小说,是一位鸳鸯蝴蝶派作家。虽然我们觉得他似乎只是《红楼梦索隐》一书的一位挂名的作者,但他对书中的理论观点无疑是同意的。该书的主体部分"红楼梦索隐提要",能加上"长篇名著"的题头评,在《中华小说界》上发表,这与沈瓶庵的红学观点和他在刊物中的身份,恐怕是分不开的吧!

1990年4月

---

① 瓶庵:《古今笔记平议》,《中华小说界》1916年第2期。

邓狂言和《红楼梦释真》

1919年9月，邓狂言的《红楼梦释真》由上海民权出版部出版。这是继王梦阮、沈瓶庵的《红楼梦索隐》和蔡元培的《石头记索隐》之后的第三部索隐派红学著作。

什么叫作"释真"？所谓"释真"，在这里无非说要解释和得出《红楼梦》的"真意"，从而探知小说作者所要说明和怎样说明书中的问题。同时，还从另一方面说明，红学发展到邓狂言的时代，虽然有许多人进行了研究、写出了著作，但都还没有探索到《红楼梦》的"真意"。而其所以如此，邓狂言说，这是因为曹雪芹在增删时，采取了"隐而又隐"的手法，使人不易察觉，所以即使像蔡元培那样的学者也不例外。继起而为之者，更是"漫不加察"。"瞻仰先觉，涕泣无已，后死之责，余小子其何敢让焉。"于是，邓狂言毫不犹豫地要以探索出《红楼梦》的"真意"为己任，并且写出了这部分装四册，约二十六七万字的洋洋大作。

一

《红楼梦》的"真意"到底是什么？邓狂言说，这个问题可以从两个方面做出回答。一是"原本红楼，明清兴亡史也"，书中主要是对清世祖顺治皇帝及其满汉臣僚的指刺。二是"盖红楼之作，当在康熙时代（疑吴梅村作或非一人作），其言或多不谨；一则遗老文字多放恣，二则隐语甚难，三则事实太近，故清官亦多有知之者"。在文网日密的情况下，曹雪芹出于种族思想，知《红楼梦》"有不能久存之倾向，乃呕心挖血而为之删"，把那些指刺顺治皇帝较为明显的地方删掉，并用"双管齐下之法，书中所写之重要人物，必另取一人焉以配之"；又将小说情节故事所涉及的时间拉长，使原来的"明清兴亡史"，发展成为"崇德、顺治、康熙、雍正、乾隆五朝史"。而且"后来居上，踵事增华"，以至于徐柳泉那样的学者也堕入曹氏术中，很容易就上当受骗了。陈康祺在《燕下乡脞录》中说："先师徐柳泉先生云：小说《红楼梦》一书，即记故相明珠家事，金钗十二，皆纳兰侍御所奉为上客者也。"这就说明，徐柳泉认为《红楼梦》只是指刺朝臣，没有触及最高统治者皇帝，这一点终于被邓狂言发现了。

那么，怎么知道《红楼梦》是"明清兴亡史"和"崇德、顺治、康熙、雍正、乾隆五朝史"呢？邓狂言说，这是因为《红楼梦》一开始就有"此开卷第一回也"一句话，这意思就是说，"此是人间第一日，当言人间第一事者。开宗明义第一事者何事？孝也，种族也。便是宣布全书发生之源头，而因以尽其尾者也"。所以"开卷第一回"这五字，是作者"作直截宣布宗旨之言，而微文见义，纳全书于其个中"。紧接着这五字之后，又有"此书从何而起至无才不得补天"一段。邓狂言说，这段文字内涵极其丰富，分别说明：

> 大荒山者，野蛮森林部落之现象也，吉林也；荒唐之荒，亦是此义，无稽崖，亦是此义，谓满州之所自来，多不可考，无历史之民族也。托始于女娲者何也？女娲为汉族初代之君主，并为初代中之女主。而程子以娲盟为皇，为天地间之奇变，为孝庄写照也。炼石补天，是为汉族开基之始，单单剩下一块未用，弃在青埂峰下。青者清也，言其为汉族历代君主所弃，屏诸四夷，不与同中国之义也。然既已炼之矣，而弃之而不早为之防，使自伤其无才不得入选。野蛮民族，渐染文明，遂至于灵性已通，可大可小，怨艾悲哀，则安得不为中国害？

因此，"原本红楼"作者遂"曾历过一番梦幻"，并因此产生了"国变沧桑之感"，亦即在经历了清兴明亡、改朝换代的事变后产生了感伤，于是，他要创作这部伟大不朽的小说《红楼梦》。因为种族思想起作用，曹雪芹也有"朝闻道夕死可矣之悲"，所以他"虽生于乾嘉，尤是遗民之心"。他知道《红楼梦》"有不能久存之倾向，乃呕心挖血而为之删"，而且在增删时，"甘犯迂儒忠君学说之大不韪"，"隐然言下，绝非假托。书中以甄指明，以贾指清"，以显示有"正统"、"伪朝"的区别，并对清代的统治者皇太极、顺治、康熙、雍正、乾隆诸人，特别是对乾隆皇帝及其满汉臣僚的罪过和丑行，进行了尽情的揭露和讽刺。

邓狂言说，要知道皇太极、顺治、康熙、雍正和乾隆以及他们的满汉臣僚的罪过与丑行，就必须先了解书中人物形象是隐的哪些历史人物，他们有些什么样的活动；书中的地名、故事情节和细节，具有什么样的意义，说明了什么问题；等等。邓狂言认为：

> 地陷东南是指明社之屋，姑苏城便是南京影子。兼清人南下与南巡而言之。一二等富贵风流之地，影南京也，即影北京也。
>
> （第一回）

> 西方灵河岸上，佛也，僧尼也。石即宝玉；玉玺者，不祥之物也。绛珠草者，朱已失色，喻明之亡，汉人之失节；喻夺朱非正色，异种亦称王之义。
>
> （第一回）

> 赤霞宫神瑛侍者。赤霞宫，即朱明宫阙之义，曰侍者，明其非正统也。神瑛二字，不仅映带宝玉字，盖此中有深意焉：瑛字之左偏为王，相传顺治为山东人王杲之子。……瑛字之右偏为英，相传康熙为桐城相国张英之子者是。乾隆为海宁尚书陈文恭之子，证据尤多，故以神瑛侍者发明其义。
>
> （第一回）

宝玉固指顺治，然曹氏则指乾隆。

（第一回）

曹氏之林黛玉非他，乾隆之元配嫡后，由正福晋进位，后谥孝贤皇后之富察氏也。宝钗非他，即乾隆时之由娴贵妃继后被废之那拉氏也。李纨非他，即嘉庆生母孝仪皇后魏佳氏也。

（第二回）

林黛玉之以朝臣混之，混之以方苞。苞也，灵皋也，绛珠，仙草也，甘露也，泪也，一而二，二而一者也。盖以方氏多种族之彦：光琛、孝标也，其兄百川也，皆此中之健者也。灵皋始亦其一，而下狱以后，遂变初衷，而入台阁。……书中之黛玉所谓以臭男人斥北静王者，即《先正事略》所谓方苞不为果亲王所容，又即对于履恭王直言王言有马勃味者是也。亦即作者痛骂灵皋，谓其不宜变其种族之初志，而近此腥膻，以全其性命而苟图富贵者也。

（第二回）

元妃之取义最远亦最曲。作者既取贾府为帝室，则帝室之上如何著笔？乃从女娲化出一元妃，即天女发祥之义也。所谓称天以临之，而又取义于天数，称无道之天以临之也。书中兼言明事，而时以元妃指熹宗。张后定策立崇祯，其意亦可通。然实则以指崇祯，言帝死而国亡，乃生出迎春、探春、惜春三姝，为前后三藩写也，三桂特重出，以其事迹太多，故迎春为二木头，福王昏愚之象；而又对写一孙家，以童妃表示之也。探春写唐王，才也；而又兼表以郑成功。惜春写桂王，出家为出走云南；兼表一李定国之坚贞，蒙难死猛腊也。故三春与宝玉平等。迎春表三桂，亦愚之也；兼表一吴应熊。探春表耿氏也，海疆之郑氏交涉也。惜春表尚氏可喜之为子所幽，亦出家象也。其在曹氏心中，则迎春表准部降王达瓦齐之尚主也，探春表蒙古超勇亲王额附策凌也，惜春表和珅子绅额殷德之尚主者也。

（第二回）

水者，汉字之左偏也；泥者，土也，吉林吉字之上段，黑龙江黑字之中段也。彼时汉人文明而弱，比如聪慧之女；满人野蛮而强，比如臭浊之男。满人待汉人，因汉人多数具奴隶之性，故直以女子畜之。

（第二回）

宝钗何以为顺治继后博尔济锦氏，即为乾隆之继后被废之那拉氏也？盖顺治之元后，为摄政王亲戚，故强以与顺治，后废之。其时与小琬角逐，而一得一失者，汉族与蒙族之界为之也。

（第五回）

省亲是说下嫁，然亦是说南巡，更是说乾隆南巡至海宁祭陈氏坟也。

（第十五回）

盖承畴虽因孝庄而降，其果有枕席情与否，尚不明了。欺之而不实行，亦意中事。作者恶承畴之深，乃曰："癞蛤蟆想吃天鹅肉。"此句骂得恶。

（第十一回）

邓狂言的红学思想和论证方法大抵如此，为节省篇幅，没有必要再接着列举下去，所以到这里我们便打住了。

二

从前节所述，我们不难发现，邓狂言的红学观点与王梦阮、蔡元培等人的红学观极为接近，或者可以说，他们之间存在着一定程度的继承性。比如，蔡元培说《红楼梦》"康熙朝政治小说也，作者持民族主义甚挚，书中本事在吊明之亡，揭清之失"；邓狂言也说，《红楼梦》是写明亡清兴的政治小说，而且他认为书中的反满情绪更为激烈。王梦阮说《红楼梦》中的人物形象是影射现实社会中的真实历史人物，邓狂言也说是影射明末清初现实社会中的历史人物。王梦阮说，《红楼梦》写的是顺治皇帝与董小宛的爱情故事；

邓狂言也说"原本红楼梦"写的是有关顺治皇帝与董小宛的爱情故事。但是，他们之间也有许多不同。最大的不同处，是除"原本红楼"外，邓狂言还创立了一个"曹氏红楼"。在"曹氏红楼"里，贾宝玉、林黛玉既是影射顺治皇帝和董小宛，同时又是影射乾隆皇帝及其"原配嫡后，由正福晋进位，后谥孝贤皇后之富察氏"。林黛玉这一人物形象，甚至还是采用"双管齐下之法，另取一人焉以配之"这种创作方法所指的另一历史人物——桐城派首领之一的方苞。这样，邓狂言就把《红楼梦》中的同一人物形象，说成是同时影射前后相隔一百四五十年的两个历史时期的三个以上不同性别的历史人物，从而使得索隐派红学更加混乱、更加随心所欲。

那么，邓狂言的红学观是否有根据，是否有道理呢？他的红学理论是否能成立呢？我们辨清以下两个问题，答案便很清楚了。

第一，顺治皇帝与秦淮名妓董小宛到底有无牵扯？他们之间可否发生爱情关系？

王梦阮在《红楼梦索隐》中说："吾闻之京师故老云：是书全为清世祖与董鄂妃而作，兼及当时诸名王奇女也"，"至于董妃，实以汉人冒满姓"，"因汉人无入选之例，故伪称内大臣鄂硕女，姓董鄂氏，若妃之为满人者也，实则人人知为秦淮名妓董小宛也。小宛侍如皋辟疆冒公子襄九年，雅相爱重。适大兵下江南，辟疆举室避兵于浙之盐官。小宛艳名夙炽，为豫王所闻，意在必得，辟疆几濒于危。小宛知不免，乃以计全辟疆使归，身随王北行，后经世祖纳之宫中，宠之专房"。对于此点，邓狂言深信不疑，并加以发挥说：

　　(贾)琏本非国舅也，今突于送黛玉来京时，突言国舅国舅，果何意乎？盖此段实指豫王颁师回京，挟小宛以俱来者也。顺治尚未立后，而小宛已入京。考豫王下江南时，已得刘媚。媚于途中病吞酸，并不耐车行，历历而考，是得宛实在得媚之后。又考近人记载，有史公可法弟妇黄氏，不从豫王，以头触柱事。则豫王之渔色明甚，而何必不纳小宛？观纪小宛诸书，皆有不得不止之势，则是宫中之早有诏令，必需其人可知。必需其人，而得之于豫王，顺治之喜可知。言国舅者，罪豫王之网罗小琬以惑冲主也。

（第十六回）

然而，我们在关于《王梦阮、沈瓶庵和〈红楼梦索隐〉》一文里已经介绍过，豫王多铎"移师定江南"，是在顺治二年（1645）二月辛酉（3月5日）；四月丙子（5月19日），清军炮轰扬州城，丁丑（5月20日）城破，史可法不屈被杀；五月丙申（6月8日），清军进逼南京，福王朱由崧遁走太平，赵之龙、钱谦益等开城迎降，癸卯（6月15日），降将刘良佐引清兵追福王于芜湖，朱由崧被俘；己酉（6月21日）多铎奏报底定江南，次日，清廷宣布平定江南捷音。多铎于是年十月癸巳（12月2日）还师北京，顺治皇帝率诸王、贝勒及文武群臣到南苑迎劳。此后，多铎便没有再去江南，并于顺治六年（1649）三月丁丑（4月29日）死于天花，年三十六岁[①]。

另据冒辟疆《影梅庵忆语》与孟森《董小宛考》，小宛于崇祯十五年（1642）为冒辟疆妾，顺治二至六年（1645—1649），冒辟疆一直患病，"五年危疾者三，而所逢者皆死疾"，幸有董小宛守候身旁，悉心调理，所以能"以不死待之"。她自己却因此积劳成疾，并于顺治八年（1651）正月初二日（1月22日）死去，年二十七岁。

于是，我们知道，董小宛不仅没有"身随王北行"，而且根本就没有同豫王多铎见过面。这样，"豫王颁师回京"之时，他怎么能"挟小宛以俱来"？又怎么能被顺治皇帝"纳之宫中"和"宠之专房"？

第二，包括后四十回在内，《红楼梦》也是一个整体，通过书中一系列人物形象，通过这些人物的各种各样的活动，都在于说明以贾府为代表的封

---

① 以上多铎率清兵定江南的时间进程，据《清史编年》第一卷《顺治朝》，中国人民大学出版社1985年版。

建家族已进入末世，最终必然灭亡，可是邓狂言却将同样是书中的这些人物，同样是这些人物的这些活动，硬说有所谓体现"明清兴亡史"的"原本红楼"，又有所谓体现"崇德、顺治、康熙、雍正、乾隆五朝史"的"曹氏红楼"。他还特别详细地谈到了所谓"曹氏红楼"中有关乾隆朝的一些具体情况。他说：

> 省亲是说下嫁，然亦是说南巡，更是说乾隆南巡至海宁祭陈氏坟也。乾隆南巡前四次，皆诧之于为皇太后寿。……第五次南巡，则太后之驾已崩。书中所谓他家四次接驾者，非作者不见第五次之南巡也，言四次，则此回定系五、六次矣。乃第五、六次之南巡，比前次有特异之点在耳。四次南巡接驾者，皆系盐商，独此次之特到海宁，与从前不同。相传乾隆为陈文恭嫡裔，孝圣宪皇后以女易子，而乾隆终知之，太后在，不能到海宁谒墓也，故第六次亲至海宁，置玉马于文恭墓道。……此篇实曹氏因海宁祭墓一事，特为取第末次之南巡省亲，以包括而为前数次之总代表。

（第十五回）

在这里，邓狂言认为，《红楼梦》中的"省亲"，是影射清太宗皇太极死后孝庄皇后下嫁多尔衮；也是影射乾隆皇帝到浙江海宁祭扫陈之遴墓，因为乾隆皇帝是雍正的孝圣宪皇后用自己的女儿从陈家偷换来的，后来乾隆终于知道了自己原来是这位弘文院大学士的儿子，所以想趁南巡之便，去祭扫"生父"之墓，然而由于前四次都是奉太后以往的，所以直到第五、第六次南巡时太后"崩"后，才得如愿。

历史上，孝庄皇后改嫁给多尔衮的事是有的，但把《红楼梦》中省亲说成是影射"下嫁"则是随意牵扯。至于说成是影射乾隆到海宁祭"生父"陈之遴墓，又是根据一些野史传说引发出来的，而且还附加了一个关键前提，就是曹雪芹活到了嘉庆初年，或者起码活到了乾隆四十九年 (1784) 这位皇帝第六次南巡以后。为此，邓狂言继续论证说：

> 《随园诗话》云：曹楝亭康熙中为江宁织造，其子雪芹，撰《红楼梦》一书，备极风月繁华之盛，断其非乾隆时人。按袁子才死于嘉庆年间，诗话是其晚年之作，故毕秋帆并其家人之诗稿，亦载其中。且本非显宦，而内务府之人员，在当时升迁亦易。曹楝亭若三四十岁为织造，则雪芹至嘉庆初年，不过六十余岁。五六十岁人，自然可以生子也，而继嗣之说尚不与焉。
>
> （第二十三回）

然而，邓狂言的假设是毫无根据的。现在已有确凿的材料证明，曹雪芹虽非楝亭之子，而系楝亭之孙，但即使这样，他也没有活到嘉庆初年或者乾隆第六次南巡之后，而是于乾隆二十七年壬午 (1762) 除夕（一说二十八年除夕，又一说是二十九年初），他的伟大小说《红楼梦》还没有修改补写完毕，便"泪尽而逝"了，所以他不但没有活到嘉庆初年，不可能看到乾隆的第五、第六次南巡，连第四次南巡也看不到，当然就更不可能将第六次南巡的情况写进所谓他的"曹氏红楼"里。所以，连景梅九也说："其曰'曹氏生于乾嘉最谬，曹氏盖指雪芹，而本人实死于乾隆二十九年，不及见嘉庆朝事。据此，则《释真》中所引嘉庆事及乾隆末年事，皆不真矣。"此其一。

其二，关于乾隆系陈之遴的亲生子被雍正皇帝或孝圣宪皇后用自己的女儿换过，这大概是根据《清宫遗闻》一类野史为说。现在我们姑且不说这类东西是否可信，即就邓狂言说乾隆前四次南巡"皆托之于皇太后寿"，所以不去海宁，也与史实不符。乾隆六次南巡，时间分别在乾隆十六年 (1751)、二十二年 (1757)、二十七年 (1762)、三十年 (1765)、四十五年 (1780) 和四十九年 (1784)。其中有三次到了陈之遴的故乡浙江海宁，这便是第三、第五、第六次。第五、第六次南巡，固然是皇太后已"崩"后，但第三次南巡时她却还活着，而且乾隆还是"奉"太后以往的。《清史稿·高宗本纪》云：乾隆二十七年春正月"丙午，上奉太后南巡"，"三月甲午朔，上奉皇太后临幸杭州府，乙未，上幸海宁阅海塘"。另据《清史编年·乾隆朝上》引《清高宗实录》以及其他有关史料称：乾隆二十七年正月十二日 (2月5日)，乾隆帝奉皇太后开始第三次南巡。二月初八日 (3月3日) 渡黄河，视察清江东坝、惠济闸。十三日 (3月8日) 在扬州天宁寺行宫接见哈萨克使臣。三月初二 (3月26日)、初三、初四接连数日在海宁视察海塘，并指导海塘修筑诸般事宜。十三日奉太后自杭州回銮。四月初十日 (5月3日)，乾隆帝在江苏宿迁县 (今宿迁市) 境内顺河集登陆，到徐州视察黄河。皇太后则仍由水路回京。十七、十八两日在曲阜，谒孔庙，谒孔林。五月初四日 (5月27日)，乾隆帝回京师。四日后皇太后亦从水路回到北京。乾隆此次南巡，从正月十二日开始，到五月初四日止，共历时一百一十二天，途经直隶 (今河北)、山东、江南 (清初置，辖今江苏、安徽二省)、浙江四省。看来，此次南巡的主要目的是视察河防、海防。虽然乾隆皇帝到杭州以后，孝圣宪皇后没有能够继续往前走，但由于此次南巡的中心任务所决定，乾隆皇帝去到了最后一站，并且在海宁一连待了数天，这是千真万确的。这样就彻底否定了邓狂言所谓太后在，乾隆就"不能到海宁谒墓"的理论，从而也证明"独此次之特到海宁，与从前不同"这一说法之无稽。

<h2 style="text-align:center">三</h2>

邓狂言，湖北沙市人，生卒年及生平事迹不详。他出生在一个破落的名门望族家庭，原名邓裕厘。为人嗜酒贪杯，虽有捷才，但字写得极差。光绪二十九年 (1903) 癸卯，清王朝举行了最后一科"经魁"考试。他去应试，文章做得极好，但字却写得如同蒙生一般，而且添加涂改，无奇不有。主考官始则不信，及至再试，了解了他的性格，见了他的行状，于是点头而笑，惊而赞曰："狂生，狂生。"他遂拜而谢之，取以为号，改称"狂言"，而且越到后来，他的本名反而不大为人所知。不过，他虽高中，却没有做官。后来在家闲居，撰写了这部《红楼梦释真》。

正如前面所说，邓狂言的红学思想，只不过是蔡元培和王梦阮红学思想的发挥和继续。"释真"也是索隐，名虽不同，实则一样。所以，邓狂言也是索隐派红学家，不同的只是他把索隐的范围扩大了，并且更加随心所欲，更加强调《红楼梦》的政治意义和种族思想，反满情绪更加强烈罢了。他的这种做法，在我们今天看来，当然是牵强附会、胡攀乱扯。但在当时，不仅索隐派红学家们自己，就连某些局外人也以为的确如此，甚至认为是一个了不起的发现，做出了了不起的贡献。一个署名为"太冷生"的邓狂言的朋友，就曾说过："吾友老儒邓狂言，曾得曹氏删稿于藏书家，于原书多所发明。"①说邓狂言得到了"曹氏删稿"固然不可信，但"太冷生"同意邓狂言的红学观点和论证方法，并肯定他"于原著多所发明"却是清清楚楚的。

这究竟是什么原因呢？

第一，《红楼梦》的"假语村言"背面，确实隐藏着某些真言实事，寄托着作者的政治感情和是非态度。文学作品是现实生活在作家头脑中反映的产物。大家知道，曹雪芹的先世是汉人，后来入了旗籍，从龙入关，身居要职，甚受荣宠；但毕竟是包衣奴才，仰人鼻息。至曹頫之世，终于被卷入宫廷斗争的漩涡，雍正登位以后，革职抄家，身陷囹圄，家境败落。曹雪芹恰生当其时，于是他很快地从"饮甘餍肥"的世家公子一变而为"茅椽蓬牖，瓦灶绳床"，"寒冬噎酸齑，雪夜围破毡"的落拓文人。这种生活上的骤然变化，政治上遭受的冷眼歧视，必然要在他的心灵深处产生反响。加以满汉民族之间的矛盾，特别是满族贵族统治者与汉族知识分子之间的矛盾，有清一代，几乎无时不有。在这样的家国背景之下，曹雪芹萌发某种程度的反满情绪，或者说对汉族产生某种程度的民族认同感，从思想情绪上向汉族回归，并且将这种情绪流露在他的不朽著作之中，这是极其自然的事。这正如美籍

---

① 冥飞等：《古今小说评林·大冷生》（节录），转引自《古典文学研究资料汇编》下册，中华书局，第651页。

华人学者余英时在引述敦诚《寄怀曹雪芹》诗"少陵昔赠曹将军，将军魏武之子孙。君又无乃将军后，于今环堵蓬蒿屯。扬州旧梦早已觉，且著临邛犊鼻裈"后所说：

> 这首诗红学家考证争辩甚多。我现在只想用这开首几句说明一个问题，即曹雪芹已十分明确地意识到他自己本是汉人。而他又生值清代文字狱最深刻的时代，眼看到许多汉族文士惨遭压迫的情形，内心未尝不会引起一些激动。……偶尔对满清朝廷加以讥刺则完全是可能的。曹雪芹因家恨而逐渐发展出一种"民族的认同感"，在我看来，是很顺理成章的心理过程。①

元之凡甚至认定，《红楼梦》第六十三回关于芳官薙发和改名故事情节中，寓有反满意识。他说，芳官薙发很可能是乾隆十三年有清一代唯一一次国恤期间薙发案的艺术反映。薙发留辫本是满民族的标记，所以满族贵族统治者入主中原后，一再下令汉人薙发，作为民族奴役特有的标记。但它也同时作为顺从归降清王朝的耻辱的标记，所以必然遭到汉人的反抗，并为此进行长期的、拼死的斗争。然而，按照满族的祖制，国丧期间，百日内又明禁薙发，"违者处斩"。乾隆十三年，随乾隆东巡的孝贤皇后那拉氏在德州崩逝，乾隆为她举行葬仪。在这次国恤期间，河南总督周学建违制薙发，被逮下狱，不久又被乾隆赐以自裁，终于丢了性命。芳官薙发，也是在"老太妃已薨"的国恤期间，这就表明了曹雪芹对薙发令的态度。元之凡说：

> 正像严令薙发，汉人却偏反对一样，清制明申国恤百日期内不许薙

---

① 余英时：《关于红楼梦的作者和思想问题》，《红楼梦的两个世界》，台北市联经出版事业公司印行，第192—193页。

发,《红楼梦》却偏让芳官违制。事情的颠倒,不过是薙发之恨这一强烈的民族感情从一个极端跳向另一个极端的曲折隐蔽的反映。①

至于芳官改名耶律雄奴,则由于"雄奴"二字字音与"匈奴"相当,耶律是大辽国姓,它只犯宋而不是犯唐,从而说明,这里是采用"避宋指唐,覆辽射金"手法。所以宝玉说耶律、匈奴"这两种人自尧舜时便为中华之患,晋唐诸朝,深受其害",全是曹雪芹借端生发,"假正大堂皇之词,操拐弯抹角之术",在这些大不通的字缝里,我们将会看到那大出人意表之外的隐隐覆着的一篇对异族统治者痛加讨伐的檄文"②。

曹雪芹惯于采用"烟云模糊法",而且由于他的艺术表现手法高妙,神龙见首不见尾,似藏似露,很容易引发读者揣摩联想、追根讨源。虽然对于这个问题,红学家们见仁见智,也是长期以来争论不休,但上面两位的论述起码是很重要的一家之言。

第二,文学作品的思想意义虽是客观存在,但读者接受它,总要同自己的立场、思想和生活发生联系,而且还得受他们所处的那个时代的社会背景和社会情势所制约。邓狂言出版他的《红楼梦释真》的时候,正是伟大的五四运动爆发的时代,他开始研究和写作这部论著的时间当然更早。而19世纪末和20世纪头十年,是我国人民为推翻腐朽的清王朝统治的民族民主革命的鼎盛期。1911年,辛亥革命成功了,封建王朝垮台了,但封建势力还没有完全消灭。后来,袁世凯还做了八十三天短命皇帝,张勋也妄图复辟,清朝的最后一个皇帝还继续住在紫禁城里,日本帝国主义者更是气势汹汹,疯狂向我伸出侵略的魔爪。所有这些,都说明了这时还是一个需要揭露,需要反抗,需要革命的年代。正是适应这种需要,1919年5月4日爆发了举世闻名的

---

① 元之凡:《薙发案、土番儿、耶律、荳童及其他》,《红楼梦学刊》1986年第1辑,第239页。
② 同上,第228页。

伟大民族民主主义爱国运动。具有强烈反满情绪的邓狂言，曾经在京城他侄儿的公寓门口书写"打倒满洲"的大字口号①，又把第五回警幻仙姑说要"访察机会，布散相思"解析为"机会者，革命之机会；相思者，革命之思想"的《红楼梦释真》，在这样一个革命高涨时期写成和出版，作者的政治态度如何就可以想见了。不过，正如我们前面所说，《红楼梦》本身的思想意义是一个客观存在，但它的内涵和外延却有一个限度，不是漫无边际、可以胡攀乱扯的。所以，邓狂言的红学思想在当时产生虽可理解，但毕竟不正确。他的失误，借用元之凡的话说，就是"不肯径直呆板地去读《红楼梦》，总存着一个《红楼梦》有微言大义的想头在心里，疑神疑鬼地弄出一些任意牵合的文字来"②。

---

① 漆忠衍:《邓狂言和红楼梦释真》,《沙市纵横》1986年第2期。

② 元之凡:《薙发案、土番儿、耶律、荳童及其他》,《红楼梦学刊》1986年第1辑, 第246页。

胡适对红学的贡献

胡适，字适之，安徽绩溪人，生于1891年，卒于1962年。他于1910年赴美留学，先后就读于康奈尔大学和哥伦比亚大学，是实用主义哲学家杜威的学生。1917年学成回国，先后任北京大学教授、国民党政府驻美大使、国民党政府行政院最高政治顾问、北京大学校长、"台湾中央研究院"院长等职。他不但是一位哲学家，著有《中国哲学史大纲》上卷，而且是一位新文学运动的创始人和诗人。震惊中外的五四运动，经过了一个较长的酝酿和准备期后，到1917年才开始蓬勃兴起。当年1月，《新青年》杂志上刊登了胡适的《文学改良刍议》，文中高倡"八不主义"，这就是："一曰，须言之有物。二曰，不摹仿古人。三曰，须讲求文法。四曰，不作无病之呻吟。五曰，务去滥调套语。六曰，不用典。七曰，不讲对仗。八曰，不辟俗字俗语。"后来这"八不主义"改成：(1) 不作"言之无物"的文字；(2) 不做"无病呻吟"的文学；(3) 不用典；(4) 不用套语滥调；(5) 不重对偶——文须废骈，诗须废律；(6) 不做不合文法的文字；(7) 不摹仿古人；(8) 不辟俗话俗字。虽然胡适在文中避免了"文学革命"的字眼，而且用了讨论的口气，对当时那种陈腐的封建主义文学理论和创作缺乏战斗性气概，但还不失为文学革命运动的第一个宣言书。而且，他很快又用作品来实践自己的主张，创作了我国文学史上的第一部新诗集——《尝试集》。后来又编写了《白话文学史》（上卷），并把他写的文章结集为《胡适文存》一至四集出版。不过，胡适是资产阶级改良主义者，不是真正的革命家。所以，当五四运动在新的革命思想影响和领导之下发展起来之后，他就与旧势力妥协，提倡组织"好人政府"，要青年学生去"整理国故"，"多研究些问题，少谈些主义"。而且随着中国革命的发展，他便越来越反对革命，反对中国共产党。对于这些，我们当然不可能一一论述，本文所要讨论的，是作为红学家的胡适，在红学史上的贡献和地位。

一

如果说整个19世纪是评点派红学所独占，那么在20世纪前二十年，便由索隐派红学取而代之了。在这段时期，出版了三部索隐派红学巨著，这就是王梦阮、沈瓶庵的《红楼梦索隐》，蔡元培的《石头记索隐》和邓狂言的《红楼梦释真》。

《红楼梦索隐》于1916年由上海中华书局印行。全书分两大部分。一为王梦阮的《红楼梦索隐提要》。这是本书的主要部分、纲领性部分，作者将他认为书中所隐之人、所隐之事，一一予以总括提示。第二部分是原书的一百二十回正文，具体人事的索隐就分散在各自正文的有关位置，用夹批或回末注的形式指出。王梦阮说"吾闻之京师故老云：是书全为清世祖与董鄂妃而作，兼及当时诸名王奇女也"。在王梦阮看来，《红楼梦》写的是顺治皇帝与董鄂妃的爱情故事。

蔡元培开始红学研究比王梦阮早，然而他的《石头记索隐》成书却在王、沈之书出版一年之后，他说："《石头记》者，清康熙朝政治小说也。作者持民族主义甚挚，书中本事是在吊明之亡，揭清之失，而尤于汉族名士仕清者寓痛惜之意。"蔡元培还把小说中的十二钗说成是明末清初的十二位汉族名士，如说薛宝钗影高澹人、妙玉影姜西溟之类。

1919年9月，上海民权出版部又出版了邓狂言的《红楼梦释真》。所谓"释真"无非说要解释和得出《红楼梦》的"真意"。《红楼梦》的"真意"是什么？邓狂言认为，一是"原本红楼，明清兴亡史也"，书中主要是对清世祖顺治皇帝及其满汉臣僚的指刺。二是曹雪芹知道《红楼梦》有不能久存之倾向，乃呕心挖血而为之删，把那些指刺顺治皇帝较为明显的地方删掉，并用双管齐下之法，对书中所写之重要人物，必另取一人焉以配之；又将小说情节故事所涉及的时间拉长，使原来的"明清兴亡史"发展成为"崇德、顺治、康熙、雍正、乾隆五朝史"。邓狂言的观点，实际上是继承了王、蔡的观点，并加以扩大。

我们知道，19世纪末和20世纪前二十年，题咏派红学家虽然曾一度大盛过，但认真说来，他们没有提出像样的红学观点，没有造成足够的声势，所起的作用也小。在这一时期，索隐派红学可以说是独占红坛。但是，索隐派红学是曲为比附，他们的结论不可能是科学的。19世纪末和20世纪初，在自然科学发展的同时，社会科学也有了长足的进步。由于这种世界发展潮流的影响，我们这个闭关锁国的社会也开始要求变化。新文化运动时期提出科学与民主，即提出所谓拥护德谟克拉西和赛因斯的口号，就是适应这种时代发展潮流要求的表现。就在这种时代潮流的影响下，再加上一些留学西方的知识分子学成回国，他们利用西方的科学方法来研究国内的各种问题，审视国内的科学文化，包括红学在内，自然也会起一个变化，于是索隐派红学家随心所欲、主观武断的研究方法，必然要被科学研究方法所代替，他们的错误结论，必然要被正确的结论所替代。胡适从事红学研究，就是在这种时代潮流要求下开始的。

二

如果说索隐派红学的奠基性著作是王、蔡两"索隐"，那么胡适、俞平伯、顾颉刚开创的新红学的奠基性著作便是胡适的《红楼梦考证》了。而它的矛头，当然首先是对准了索隐派红学。

《红楼梦考证》是1921年3月初稿，同年11月改定的。全文约三万言，分两大部分。第一部分是对索隐派三说，即王梦阮的《红楼梦索隐》写的是

"清世祖与董鄂妃的爱情故事"说、蔡元培的"康熙朝政治小说"和徐柳泉等人的明珠家事说等的批判。

王梦阮说的《红楼梦》"全为清世祖与董鄂妃而作",实际上是说为顺治皇帝与秦淮名妓董小宛的爱情故事而作。他说:"相传世祖临宇十八年,实未崩殂,因所眷董鄂妃卒,悼伤过甚,循迹五台不返,卒以成佛。"还说:"至于董妃,实以汉人冒满姓。因汉人无入选之例,故伪称内大臣鄂硕女,姓董鄂氏,若妃之为满人者也,实则人人皆知为秦淮名妓董小宛也。小宛侍如皋辟疆冒公子襄九年,雅相爱重,适大兵下江南,辟疆举室辟兵于浙之盐官,小宛艳名凤炽,为豫王所闻,意在必得,辟疆几濒于危,小宛知不免,乃以计全辟疆使归,身随王北行。后经世祖纳之宫中,宠之专房。废后立后时,意本在妃。皇太后以妃出身贱,持不可,诸王亦尼之,遂不得为后,封贵妃,颁恩赦,旷典也。妃不得志,乃泱泱死。世祖痛妃切,至落发为僧,去之五台不返。诚千古未有之奇事,史不敢书,此《红楼梦》一书所由作也。"

关于王梦阮的此一观点,孟森曾作《董小宛考》,证明董小宛生于明天启四年甲子 (1624),顺治于清崇德二年 (1637) 出生时,她已十四岁了;顺治二年 (1645),豫王多铎"移师定江南"时,小宛二十一岁,顺治皇帝才八岁。即使到顺治八年小宛二十七岁死时,顺治皇帝也不到十四岁。所以多铎把小宛"掳之北去"后,就被一个八岁的儿童皇帝"宠之专房",当他二十七岁死时,这个不到十四岁的少年皇帝又一往情深,悲伤得竟到五台山出家当了和尚,这委实是一件离奇得不可思议的事。不仅如此,胡适说王"索隐"中还有许多绝无道理的附会。例如,王梦阮说《红楼梦》系他人之作,大约在康熙中叶写成,曹雪芹只不过对该书进行了修改,并于嘉庆年间成书,第十六回凤姐提起南巡接驾,是"作者自言";康熙二次南巡,驻曹寅署中,"雪芹以童年召对,故有此笔";至于赵嬷嬷说甄家四次接驾,则为"乾隆时事"。胡适说,从上述几点可以看出王"索隐"的以下几个错误:(1) 第十六回赵嬷嬷明明说,因为她年长,所以二三十年前"太宗"南巡的几次接驾,她能"亲眼看见"。怎么能说前面是康熙南巡,后面四次是乾隆南巡呢?(2) 康熙第二次

南巡在二十八年 (1689)，曹寅到康熙四十二年 (1703) 才做两淮巡盐御史，康熙在第二次南巡时如何能驻在曹寅的盐署中？(3) 王"索隐"说，康熙二十八年雪芹以"童年召对"。假定当时曹雪芹为五六岁，到嘉庆元年，雪芹已在一百一十岁以上，到修改成书时，则年岁更大，而实际上曹雪芹只活了四十多岁，——"年未五旬而卒"。(4) 袁枚死于嘉庆二年，他的《随园诗话》在乾隆五十七年已有刊本，而书中已提到"雪芹撰《红楼梦》一部，备记风月繁华之盛"；且《红楼梦》一书在乾隆时已风行，有当时版本可证，怎么能说到嘉庆时才作呢？

上面胡适所提的四点都很重要，然而王梦阮都无法回答。

关于《红楼梦》是写清世祖与董小宛的爱情故事说，我曾撰专文加以辩证，文长不引，这里只提出文中的几个主要观点：(1) 董鄂妃是内大臣鄂硕的女儿，首先嫁与清太宗皇太极第十一个儿子襄亲王博穆博果尔，后来被顺治皇帝看中，襄亲王被迫自杀，她便成了顺治的妃子，与董小宛无关。(2) 顺治皇帝制定了禁止满汉通婚的政策，而且执行得很坚决，他不可能将一个汉族的名妓作为自己的宠妃。(3) 二人年龄相差悬殊。(4) 董小宛与冒辟疆感情深厚，冒长期患病，她悉心料理，积劳成疾，死后葬影梅庵，冒辟疆的朋友吴园茨在场，并曾作诗悼念。冒辟疆后来也将董小宛的这些情况满含深情地写入了他的《隐梅庵忆语》中。(5) 董小宛没有到过北方，也根本没有与豫王多铎见过面。[①]

蔡元培以《红楼梦》为康熙朝政治小说，书中本事在吊明之亡、揭清之失，对"汉族名士仕清者寓痛惜之意"后，又说：作者"当时既虑触及文网，又欲别开生面，特于本事以上加以数层幛幕，使读者有'横看成岭侧成峰'之状况"，"书中'红'字多隐'朱'字。朱者，明也，汉也。宝玉有

---

① 见拙文《谈〈红楼梦索隐〉》，《济宁师专学报》1984年第2期；《邓狂言》，《红楼梦学刊》1986年第3辑。

'爱红'之癖，言以满人而爱汉族文化也；好吃人口上胭脂，言拾汉人唾余也"，"书中女子多指汉人，男子多指满人"。他认为曹雪芹创作《红楼梦》是站在强烈的民族主义立场上，是为了哀悼明王朝的灭亡而作的。第一回写葫芦庙中和尚炸供起火，接二连三，牵五挂四，将一条街烧得如火焰山一般，这是"指甲申三月间明愍帝（思宗）殉国，北京失守之事"。曹雪芹是通过小说人物，影射康熙朝政场中的现实人物，以表示自己的是非爱憎的。他说："余为此索隐也，实为《郎潜二笔》中徐柳泉之说所引起。柳泉谓宝钗影高澹人，妙玉影姜西溟。余观《石头记》中，写宝钗之阴柔，妙玉之孤高，正与高、姜二人之品性相合。"他还认为，以湘云之豪放，当推为陈其年；以惜春之冷僻，当推为严荪友；以宝玉曾逢魔魇，当推为胤礽；以凤姐哭向金陵，当推为余国柱；以探春之名与探花有关，当推为徐健庵；以宝琴之名与学琴于师襄之故事有关，当推为冒辟疆。"汉人之服从清室而安富尊荣者，如洪承畴、范文程之类，以娇杏代表之。……于有意接近而反受种种之侮辱，如钱谦益之流，则以贾瑞代表之。瑞字天祥，言其为假文天祥也。头上浇粪，手中落镜，言其身败名裂，而至死不悟也。"

《石头记索隐》的基本研究方法是"阐证本事"。为此，蔡元培在第六版自序——《对于胡适之先生〈红楼梦考证〉之商榷》中，还提出了三条原则："一、品性相类者；二、轶事有征者；三、姓名相关者。"他还说，他"每举一人，率兼用三法或两法，有可推证，始质言之"，所以"自以为审慎之至，与随意附会者不同"。然而，因为蔡元培的头脑中早已有了小说中的十二钗是康熙朝汉族名士仕清者这个大前提，所以他依照所谓三原则去寻求、去证实的，也只能在汉族名士仕清者与十二钗中人之间寻找某些表面的东西，去任意牵合比附，根本无法成立。对此，胡适说：

> 蔡先生这部书的方法是：每举一人，必先举他的事实，然后引《红楼梦》中情节来配合。……但我总觉得蔡先生这么多的心力都是白白地浪费了，因为我总觉得这部书到底还只是一种很牵强的附会。

胡适还说：

> 假使做《红楼梦》的人当日真个用王熙凤来影射余国柱，真个想着
> "王即柱字偏旁之省，國字俗写作国，故熙凤之夫曰琏，言二王字相连
> 也"——假使他真如此思想，他岂不真成了一个大笨伯了吗？他费了那么
> 大力气，到底只做了"国"字和"柱"字的一小部分；还有这两个字的
> 其余部分和那最重要的"余"字，都不曾做到谜面里去！这样做的谜，
> 可不是笨谜吗？用麒麟来影"其年"的"其"，"迦陵"的"陵"；用三姑
> 娘来影"乾学"的"乾"；假使真有这种影射法，都是同样的笨谜！假使
> 一部《红楼梦》真是一串这么样的笨谜，那就真不值得猜了！

还有更滑稽的是，蔡元培在引用了并同意删若木关于刘姥姥是影汤潜庵的观
点时说：

> 潜庵受业于孙夏峰，凡十年。夏峰之学，本以象山、阳明为宗。《石
> 头记》刘姥姥之女婿曰王狗儿。狗儿之父曰王成，其祖上曾与凤姐之
> 祖、王夫人之父认识，因贪王家势力，便连了宗，似指此。

这里，蔡元培从汤斌想到孙夏峰，从孙夏峰想到陆象山、王阳明学派，从陆
王学派想到王夫人及其父亲，从王夫人及其父亲想到王狗儿的祖上，这样层
层"推证"，最后从王狗儿及其祖上转到刘姥姥，并得出刘姥姥既是顺治朝进
士、后来又成为工部尚书汤斌的结论。这就难怪胡适要批评蔡元培的《石头
记索隐》"走错了路"，是一连串的"笨谜"，"很牵强的附会"了。

赵烈文《能静居笔记》中转引宋翔凤的话说："曹雪芹《红楼梦》，高庙
（指乾隆皇帝）末年，和珅以呈上，然不知所指。高庙阅而然之，曰：'此盖为明
珠家作也。'后遂以此书为珠遗事。"所谓"为明珠家作"，实则为明珠之子纳兰
性德而作。

此说出现较早，且又经乾隆皇帝"阅而然之"，所以曾较长时间产生过影响。甚至连俞樾、钱静方等人，也认为《红楼梦》一书"世传为明珠之子而作，……于书中所述颇合"①；"宝玉固全书之主人翁，即纳兰侍御容若也。使侍御而非深于情者，则焉得有此情影？余读《饮水词抄》，不独于宾从间得欣合之欢，而尤于闺房内致缠绵之意，即黛玉葬花一段，亦从其词中脱卸而出。是黛玉虽影他人，亦实影侍御之德配也"②。

但是，胡适说："这一派的主张，依我看来，也没有可靠的根据，也只是一种很牵强的附会。"胡适之所以敢于这样提出问题，是因为：（1）纳兰性德生于顺治十一年（1654），死于康熙二十四年，年三十一岁。纳兰性德死时，他的父亲明珠正处于极盛时期，与贾府衰败时宝玉的处境不同。（2）钱静方说纳兰的夫人即黛玉，并引《饮水词》中的悼亡词加以附会。但这种悼亡词，中国文学史上多有，且大都千篇一律，不足为信。（3）说大观园里的十二钗都是纳兰性德所奉为上宾的一班名士，这种附会法与《石头记索隐》所用的方法同样危险。

尽管上述对索隐派红学中的三家所做的批判是很有说服力的，但胡适说更有说服力的，是根据可靠的版本与可靠的材料，考定《红楼梦》的作者究竟是谁，作者的生平事迹与家世、成书年代，《红楼梦》一书有几种版本以及这些版本的来历。因此，胡适根据当时自己所拥有和朋友们所提供的材料，如《随园诗话》、《楝亭诗钞》、《江南通志》、《上元江宁两县志》、《雪桥诗话》、《四松堂集》、《懋斋诗钞》和雍正《珠批谕旨》等，分别进行研究，首先指出：

《红楼梦》是曹雪芹"将真事隐去"的自叙，故他不怕琐碎，再三

---

① 俞樾：《小浮梅闲话》。
② 钱静方：《红楼梦考》。

再四的描写他家由富贵变成贫穷的情形。我们看曹寅一生的历史，决不
像一个贪官污吏；他家所以后来衰败，他的儿子所以亏空破产，大概都
是由于他一家都爱挥霍，爱摆阔架子；讲究吃喝，讲究场面；收藏精本
的书，刻行精本的书；交结文人名士，交结贵族大官，招待皇帝，至于
四次、五次；他们又不会理财，又不肯节省；讲究挥霍惯了，收缩不回
来；以至于亏空，以至于破产抄家。《红楼梦》只是老老实实的描写这
一个"坐吃山空"、"树倒猢狲散"的自然趋势。因为如此，所以《红楼
梦》是一部自然主义的杰作。那班猜谜的红学大家不晓得《红楼梦》的
真价值正在这平淡无奇的自然主义的上面，所以他们偏要绞尽心血去猜
那想入非非的笨谜，所以他们偏要用尽心思去替《红楼梦》加上一层极
不自然的解释①。

接着，他还将自己对作者问题进行研究的全部结果，写出六条结论性意见：

（一）《红楼梦》的著者是曹雪芹。

（二）曹雪芹是汉军正白旗人，曹寅的孙子，曹頫的儿子，生于极富
贵之家，身经极繁华绮丽的生活，又带有文学与美术的遗传与环境。他
会作诗，也能画，与一班八旗名士往来。但他的生活非常贫苦，他因为
不得志，故流为一种纵酒放浪的生活。

（三）曹寅死于康熙五十一年。曹雪芹大概即生于此时或稍后。

（四）曹家极盛时，曾办过四次以上的接驾的阔差，但后来家渐衰
败，大概因亏空得罪被抄没。

（五）《红楼梦》一书是曹雪芹破产倾家之后，在贫困之中作的。作
书的年代大概当乾隆初年到乾隆三十年左右，书未完而曹雪芹死了。

---

① 胡适：《红楼梦考证》，北京大学出版社，第99页。

（六）《红楼梦》是一部隐去真事的自叙：里面的甄、贾两宝玉，即是曹雪芹自己的化身；甄、贾两府即是当日曹家的影子。

这六条意见，除第六条囿于他的"自叙传"说而需要做较大修订，曹雪芹是曹颙的儿子而不是曹頫的儿子这一点需要改正外，其余都是正确的。

第二，关于版本问题。

当胡适1921年作《红楼梦考证》的时候，在社会上流行的《红楼梦》版本只有乾隆五十六年和五十七年先后出版的两个一百二十回本，胡适称之为程甲本和程乙本。此外还有有正书局石印、前面有德清戚蓼生所作序的一部八十回本，后来人们简称戚序本。其他像甲戌本、己卯本、庚辰本、甲辰本、梦稿本、王府本、舒序本、脂宁本和列藏诸本都还没有被发现。他原以为像戚序本那样有总评、有夹评、有韵文评赞，又往往有题诗的本子，"可见已是很晚的钞本，绝不是'原本'了"。但随着甲戌、庚辰诸本的出现，后来他改变了看法，并根据程伟元、高鹗的序以及与俞樾《小浮梅闲话》所引《船山诗草》中《赠高兰墅同年》一诗及其题注，不仅考证出曹雪芹原著只有八十回，而且提出后四十回是高鹗续的。高是镶黄旗汉军人，乾隆六十年乙卯科进士，殿试第三甲第一名；嘉庆六年以内阁侍读为顺天乡试同考官；嘉庆十四年考选江南道御史、刑科给事中。

胡适指出，根据史料论证后四十回不是曹雪芹原作，这固然是重要的，但通过对内容的研究，更可以证明后四十回与前八十回绝不是一个人做的。为此，他转述了与俞平伯所得的三点结论：（1）后四十回和第一回自序的话不合；（2）八十回以后，史湘云没有着落；（3）不合作文时的程序。胡适说，虽然高鹗的续书有这么一些缺点，但也有一些不可埋没的好处。对于这些，我们先不详述，留到后边去谈。

就在此时，蔡元培发表了他的《〈石头记索隐〉第六版自序——对于胡适之先生〈红楼梦考证之商榷〉》。蔡元培说："近读胡适之先生《红楼梦考证》，列拙著于'附会的红学'之中。谓之'走错了道路'；谓之'大笨伯'，

'笨谜';谓之'很牵强的附会';我实不敢承认。"他还列举出几个理由，特别是指出"吾人与文学书，最密切之接触，本不在作者之生平，而在其著作"，来为自己辩解。对此，胡适说："我以为作者的生平与时代是考证'著作之内容'的第一步下手工夫"；"要推倒'附会的红学'，我们必须搜求那些可以考定《红楼梦》的著者、时代、版本等等的材料。向来《红楼梦》一书所以容易被人穿凿附会，正因为向来的人都忽略了'作者之生平'一个大问题。因为不知道曹家有那样富贵繁华的环境，故人都疑心贾家是指皇室的家庭，至少也是指明珠一类的宰相之家。因为不深信曹家是八旗的世家，故有人疑心此书是指斥满洲人的。因为不知道曹家盛衰的历史，故人都不信此书为曹雪芹把真事隐去的自叙传"。又说："若离开了'作者之生平'而别求'性情相近、轶事有征、姓名相关'的证据，那么，古往今来无数万有名的人，那一个不可以化男成女搬进大观园里去？又何止朱竹垞、徐健庵、高士奇、汤斌等几个人呢？况且板儿既可以说是影的汤斌买的一部《廿四史》，青儿既可以说是影的汤斌每天吃的韭菜，那么，我们又何妨索性说《红楼梦》是一部《草木春秋》和《群芳谱》呢？"在胡适理直气壮、振振有词的答辩面前，蔡元培显然已缺乏当年的锐气，它的"商榷"只是徒作无力的辩解。因为正如鲁迅所说：

（《红楼梦》为康熙朝政治状态说）发端于徐时栋，而大备于蔡元培之《石头记索隐》。开卷即云："《石头记》者，清康熙朝政治小说也。作者持民族主义甚挚，书中本事，在吊明之亡，揭清之失，而尤于汉族名士仕清者寓痛惜之意。……"于是比拟引申，以求其合。以'红'为影'朱'字；以'石头'为指金陵；以'贾'为斥伪朝；以'金陵十二钗'为拟清初江南之名士：如林黛玉影朱彝尊，王熙凤影余国柱，史湘云影陈维崧，宝钗、妙玉即从徐说，旁征博引，用力甚勤。然胡适既考得作者生平，而此说遂不立。①

三

胡适的《红楼梦考证》发表六年之后，1927年8月，他用重价购得了《脂砚斋重评石头记》（甲戌本）。他认为这是一个"奇遇"，"一大喜事"，所以带着一种欣喜的心情，立即写信向钱玄同"远道奉告"。次年（1928）二月，他又写了长篇专文《考证〈红楼梦〉的新材料》，分成七节，介绍了这个甲戌本。

第一节介绍了这种本子只有十六回，即一至八回，第十三至十六回，第二十五至二十八回。介绍了这个本子的一些特征，以及这个本子的藏主刘铨福的简单情况。第二节说，这个本子有一条脂批说曹雪芹卒于壬午（乾隆二十七年）除夕（1763年2月12日），因此它改变了原来认为曹雪芹卒于甲申年的看法。他还认为贾政即是曹頫，《红楼梦》写的是曹家的事。第三节，根据此本脂批，他认为第十三回秦可卿之死，是因为她与公公贾珍通奸，被丫头瑞珠碰见，"淫丧天香楼"。第四节通过对此本"凡例"的研究，胡适认为："雪芹写的是北京，而他心里要写的是金陵；金陵是事实所在，而北京只是文学的背景。"又说："贾妃本无其人，省亲也无其事，大观园也不过是雪芹的'秦淮残梦'的一境而已"。第五节用甲戌本与戚序本做比较，断定两本"同出于一个有评注的原本，而戚本传钞（抄）在后"。正因为传抄在后，《红楼梦》的底本已经过不少的修改，故戚本有些地方与甲戌本不同。有些是作者自己改的，但大部分"似乎都是旁人斟酌改动的；有些地方似是被钞写的人有意删去，或无意钞错的"。第六节从文字方面论证了"脂本的文学价值远在各本之上"。第七节从脂本里推论曹雪芹未完之书：已成的残稿不止八十回——（1）残稿中有卫若兰射圃一段文字，卫若兰是湘云的丈夫，故有"伏白首双星"的话。(2) 袭

---

① 鲁迅：《中国小说史略》，《鲁迅全集》第八卷，人民文学出版社1957年版，第197—198页。

人与琪官的结局也在残稿之内。（3）小红的结局也有成稿。（4）惜春的结局也有成文。（5）有宝玉"悬崖撒手"的情节，如戚序本第二十一回宝玉续《庄子》之前有夹批说：

> 宝玉之情，今古无人可比，固矣。然宝玉有情极之毒，亦世人莫忍为者。看至后半部则洞明矣。……宝玉有此为世人莫忍为之毒，故后文方有悬崖撒手一回。若他人得宝钗之妻，麝月之婢，岂能弃而为僧哉？

据此，胡适说：看这一条评语的口气，似是原底本所有的。如果这一条是甲戌、戚序两本所同有，那么，曹雪芹在早年便已有了全书的大纲，也许还已经"纂成目录"了。胡适说，不过这一回文字脂砚斋明说"叹不得见"，大概雪芹只有此一回目，尚未写出正文。当然，这只是胡适的一个猜测。是曹雪芹真的没有写出来，还是"迷失无稿"，我们已经难以确知了。

　　1933年胡适看到了徐星署所藏《脂砚斋重评石头记》庚辰秋月定本，现通称庚辰本，也有人叫它为脂京本。同年1月22日，他作了《跋乾隆庚辰本〈脂砚斋重评石头记〉钞本》的一篇长文，认为这"确是一个很值得研究的本子"。之所以说它是一个很值得研究的本子，胡适说，这是因为此本的底本出于戚序本之前，除甲戌本外，它是今日最古的一个本子。同时此本的批语里也有极重要的材料，可以帮助我们考证《红楼梦》的掌故。如看了这个本子，更相信"脂砚斋即是那位爱吃胭脂的宝玉，即是曹雪芹自己"。根据是：

　　（1）第二十二回有珠批云："凤姐点戏，脂砚执笔事，今知者聊聊（寥寥）矣。"此下又另行批云："前批书者聊聊，今丁亥夏，只剩朽物一枚，宁不痛乎！"胡适说："凤姐不识字，故点戏时需别人执笔；本回虽不曾明说是宝玉执笔，而宝玉的资格最合。所以这两条批语使我们可以推测脂砚斋即是《红楼梦》的主人，也即是它的作者曹雪芹。"

　　（2）原本有作者自加的评注，特别表现在第七十八回《芙蓉女儿诔》中。如"鸠鸩恶其高，鹰鸷翻遭罦罿"下面的注。又如"钳诐奴之口，讨岂从宽"下注云："《庄子》：'钳杨墨之口。'《孟子》：'诐辞知其所蔽。'"胡适说："此类注语甚多，明明是作者自加的注释。其时《红楼梦》刚写定，决不会已有'红迷'的读者肯费这么大的气力去作此种详细的注释。"

（3）第五十二回晴雯补裘完成，"只听见自鸣钟已敲了四下"，下有双行小注云："按四下乃寅正初刻。寅此样（写）法，辟违也。"胡适说：雪芹是曹寅的孙子，所以辟违"寅"字，由此"最可证明曹雪芹是无疑的《红楼梦》作者"。

（4）胡适曾怀疑甲戌本第十六回凤姐说太祖皇帝访舜巡事，是追忆康熙南巡曹寅接驾事。当他读到庚辰本的十六回"我们贾府只预备接驾一次"，"现在江南的甄家……独他家接驾四次"两处的批语后，他更坚信他原来的看法。他说：

> 这可证实我的假设了。甄家在江南，即是三代在南京做织造时的曹家;贾家即是小说里假托在京城的曹家。《红楼梦》写的故事的背景即是曹家，这南巡接驾的回忆是一个铁证，因为当时没有别的私家曾做过这样的豪举。

上面介绍的胡适对甲戌、庚辰两个本子所提出的一些问题，虽不一定都很准确和恰到好处，但论证还是比较全面和细致的。而且，其在《红楼梦》研究史上是一项开创性工作，在胡适以前，我们没有看到任何一个人对《红楼梦》的本子做过如此认真的研究。

1933年以后，胡适对于红学一直不曾懈怠。到1962年2月24日因心脏病猝发去世的前四天，即2月20日，他还给金作明写信谈《红楼梦》的版本问题。后三十年中，他写过大量红学书信，做过有关《红楼梦》的讲演，对于一些本子的出版写了序、跋。但其对重大红学问题的提出、重大史料的发现、版本的考定和判断，主要是在从1921年开始后的十二三年中，特别是《红楼梦考证》、《考证〈红楼梦〉的新材料》和《跋乾隆庚辰本〈脂砚斋重评石头记〉钞本》等三篇主要论文中。

四

那么，胡适在红学史上有些什么样的贡献呢？当我们做了上述介绍后，可以明显地看到下面几点：

第一，胡适经过论证，确知了《红楼梦》的作者是曹雪芹。

我们知道，曹雪芹原书八十回以后所描写的情节与程本不同，倾向上更存在着巨大的差别。程本虽也写了抄家，但不久贾家又被发还了家产。接着贾宝玉、贾兰中举，贾政、贾珍仍袭世职，贾府家道复初，兰桂齐芳，显示出"皇恩浩荡"。曹雪芹却把贾府结局写得非常凄惨："树倒猢狲散"，"好一似食尽鸟投林，落了片白茫茫大地真干净"，书中"伤时骂世"的味道也很浓。"碍语"既多，当然不为当局所容许。所以"《石头记》传至八十回，已为当局者注目，后之三十回遂不敢出"。程、高既补写了后四十回，为了保持内容和形式上的大体一致，对前八十回也必将做相应的删改。这样，他们虽然知道《红楼梦》原书为曹雪芹所作，但修改续补之后，他们既不好署雪芹的名字，也不能署自己的名字，所以就钻了曹雪芹为避免文字狱，在第一回中设下的《红楼梦》作者不是他曹雪芹自己，他只做了批阅增删工作的这一空子，说："《红楼梦》小说本名《石头记》，作者相传不一，究未知出自何人，惟书内记雪芹曹先生删改数过。"加以曹雪芹出生于"罪人"之家，而他的书又"追踪蹑迹"，多"指奸责佞，贬恶诛邪"等"碍语"，所以他的至亲好友如敦敏、敦诚、永忠、张宜泉一干人，也都不敢将书的作者问题捅破，于是程、高的做法能够得逞。又因为他们用木活摆字刊行以来，长期垄断了发行权，原来的脂评传抄本反而慢慢湮没，致使一般读者，甚至某些研究者，对《红楼梦》的原作者也就不甚了然了。

胡适的第一大贡献，就是根据袁枚的《随园诗话》、俞樾的《小浮梅闲话》引杨钟羲的《雪桥诗话》、《八旗人诗钞》（即《熙朝雅颂集》）等，并参照

《红楼梦》书中的有关故事，论证了"《红楼梦》的著者是曹雪芹"。到敦诚、敦敏的《四松堂集》、《懋斋诗钞》，永忠的《延芬诗集》等发现后，这一问题就更成为定论了。

第二，根据上述袁枚、俞樾两书，又根据吴修《昭代名人尺牍小传》《扬州画舫录》，韩菼的《有怀堂文稿》，《陈鹏年传》，《江南通志》，《八旗氏族通谱》，曹寅的《楝亭诗钞》以及《文钞》、《词钞》、《诗别集》、《词别集》等，不仅论证了曹雪芹是《红楼梦》的作者，而且还论证了曹雪芹的家世及《红楼梦》一书的性质。这就是我们在本文第二部分介绍《红楼梦考证》时所引胡适的六条结论性意见。这六条意见，除最后一条外，其余都已被证实。即使第六条，如果说《红楼梦》是以曹家为原型，贾宝玉的所作所为有曹雪芹自己生活的影子，那也是符合创作实际的，但胡适强调说这完全是曹雪芹的"自叙"，把小说人物等同于实有的历史人物，后来竟发展成有名的"自叙传"说，这就有悖于文学创作中的典型化原则了，因此它后来受到批判是毫不奇怪的。

第三，他论证了后四十回是高鹗的续书，以及续书的功过。

由于我们在前面提到的原因，再加上程、高续补后四十回时所布下的迷阵，如说《红楼梦》原目一百二十卷（回），所传只八十卷，经他们"竭力搜罗"，才把遗失的四十回全都找了回来，终得"全璧"。后人遂以一百二十回为一个整体，一百二三十年内，很少有人知道后四十回是高鹗续作。胡适的第三大的功劳，就是他根据俞樾的《小浮梅闲话》引《船山诗草》的《赠高兰墅鹗同年》一首中的诗句"艳情人自说《红楼》"和注，根据乡会试增五言八韵诗始于乾隆朝二十一二年，而书中叙科场事已有诗，因而揭示出后四十回是高鹗续作的真相。

但对于高鹗补作后四十回的失误，胡适首先转述了前引俞平伯的三条意见之后，又提出质疑：小红在八十回中已得到凤姐的赏识提拔，但后四十回中没有了下场；香菱应是被夏金桂折磨致死，可后四十回中却让夏金桂死了，香菱扶正；宝玉后来突然肯作八股文，肯去考举人；等等。

对于高鹗的功劳，胡适则说：

> 但我们平心而论，高鹗补的四十回，虽然比不上前八十回，也确然有不可埋没的好处。他写司棋之死，写鸳鸯之死，写妙玉的遭劫，写凤姐的死，写袭人的嫁，都是很有精彩的小品文字，最可注意的是这些人都写作悲剧的下场。还有那最重要的"木石前盟"一件公案，高鹗居然忍心害理的教黛玉早死，教宝玉出家，作出一个大悲剧的结束，打破中国小说的团圆迷信。……我们试看高鹗以后，那许多续《红楼梦》和补《红楼梦》的人，那一个不是想把黛玉、晴雯都从棺材里扶出来，重新配给宝玉？那一个不是想做一部"团圆"的《红楼梦》的？我们这样退一步想，就不能不佩服高鹗的补本了。

胡适对高鹗续书的功过做如此评价，还是比较公允的。新中国成立以后，特别是近十年来，红学界内外有一些评论者，由于对高鹗的褒贬不同，对原作与续作问题的看法不同，因而对胡适都曾提出批评意见，但似乎都还没有影响胡适评论的可信性。

第四，将索隐派从红坛盟主的地位打下去，使新红学取索隐派红学而代之。

我们在第一部分曾提到，从19世纪末到20世纪的第二个十年，索隐派红学适合当时的政治形势和思想潮流，曾得到大发展，成为整个红坛的盟主。但是从胡适的《红楼梦考证》问世，索隐派红学经不起这当头一击，就偃旗息鼓、溃不成军。这究竟是为什么呢？这是因为胡适考证出了《红楼梦》的作者是曹雪芹。曹雪芹是曹寅孙子；曹玺、曹寅、曹颙、曹頫三代四人曾长期担任江宁织造，曹家是一个官僚富贵之家，但后来被革职抄家，家道衰落，曹雪芹后来过着极其贫困的生活，《红楼梦》是他的"自叙传"。这样就从根本上制服了索隐派，使他们的所谓清世祖与董小宛的爱情故事说、康熙朝政治小说说、明珠家事说、和珅家事说等种种索隐派主张失去了凭借，不攻自破。这样胡适就成了索隐派红学的掘墓人和新红学的主要开创者。

第五，胡适发现了敦诚的《四松堂集》，收藏甲戌本，并将这两个本子和庚辰本中的材料比较快地公布于众，对研究曹雪芹的生平、家世，对研究《红楼梦》，起了极其重要的推动作用。比如，1922年4月19日，他发现了《四松堂集》，便在当天的日记中指出了这个写本的重要性。同年5月3日，在《跋〈红楼梦考证〉》中，更具体地指出，通过这个本子已刻和未刻的诗篇，可以看出最有价值的几点：(1) 曹雪芹名霑，是曹寅的孙子。(2) 他死于乾隆二十九年甲申 (1764)，死时不能在四十五岁以上。(3) 曹雪芹的儿子先死了，他感伤成疾，不久也死了，他死后，"似乎没有后人"。(4) 曹雪芹死亡后，还有一个"飘零"的"新妇"。

这个甲戌本，胡适于1927年8月用重价购得后，立即写了《考证〈红楼梦〉的新材料》一文。文中的内容，我们在前面已经做了介绍。当这个本子于1961年影印出版时，他又写了一篇长文——《跋乾隆甲戌〈脂砚斋重评石头记〉影印本》，中心内容是：(1) 指出甲戌本是"最近四十年内'新红学'的一件划时代的新发现"，它的重要性在于："在此本发现之前，我们还不知道《红楼梦》的'原本'是什么样子；自从此本发现之后，我们方才有一个认识《红楼梦》'原本'的标准。"(2) "曹雪芹在甲戌年写定的稿本只有第十六回——第一到八回，第十三到第十六回，第二十五到第二十八回。中间的缺卷，即第九到第十二回，第十七到第二十四回，都是曹雪芹晚年才补写的。"(3) 介绍了这个本子流传和收藏的情况。胡适不仅评介了上面说的包括《四松堂集》在内的几个本子，而且还用乾隆早期的几个《红楼梦》抄本中的材料，与程、高本进行比较研究，创立了《红楼梦》的版本学。

就胡适的学术研究态度来看，也是十分严肃的。他曾提出了一个著名的口号，叫作"大胆的假设、小心的求证"。他在很长时间里，在很多地方、很多场合，反复讲这个问题。他说：

> 科学态度在于撇开成见，搁起感情，只认得事实，只跟着证据走。科学方法只是"大胆的假设、小心的求证"十个字。没有证据，只可悬而

不断；证据不够，只可假设，不可武断。必须等到证据之后，方才奉为
定论。

又说：

假设人人能提，最紧要的是小心的求证，为了小心的求证，就必须：
"上穷碧落下黄泉，动手动脚抄材料"。[①]

胡适自己正是这样做的。这里有一个实例。胡适说：他在1921年作《红楼梦考证》的时候，从袁枚的《随园诗话》、杨钟羲的《雪桥诗话》续集、《八旗文经》、《熙朝雅颂集》中所收敦敏、敦诚与雪芹唱酬诗中得到一些证据，因而得出结论：曹雪芹死于乾隆三十年左右，大约生于康熙末叶，他死时约五十岁左右。1922年，胡适得到了敦诚的《四松堂集》的写本，见其挽雪芹的诗题下注有"甲申"二字，诗中又有"四十年华"的话，故对前一年的结论做出修正说：

曹雪芹死在乾隆二十九年甲申（1764），……他死时只有"四十年华"，我们可以断定他的年纪不能在四十五岁以上。假定他死时年四十五岁，他的生时当康熙五十八年（1719）。

到1927年，胡适重价购买甲戌本，该本第一回有脂评云："壬午除夕，书未成，芹为泪尽而逝。"因此，他又根据新发现的这一重要材料，认为曹雪芹死于乾隆二十七年壬午除夕（1763年2月12日），生年大概在康熙五十六年。

曹雪芹的生卒年问题，到此似已解决，然而胡适还没有停止"求证"。

---

① 胡适：《治学方法》第一讲。

1961年当他写《跋乾隆甲戌〈脂砚斋重评石头记〉影印本》的时候，他对有关这一问题的看法，又做了这样的回顾：

> 周汝昌先生曾发现敦敏的《懋斋诗钞》残本有《小说代简》寄给曹雪芹的诗，其前面第三首诗题目着"癸未"（乾隆二十八年）二字，故他相信曹雪芹死于癸未除夕[①]。我曾接受周汝昌先生的修正。但近年那本《懋斋诗斋》影印出来了，我看那残本里的诗，不像是严格依年月编次的；况且那首"代简"止是约雪芹"上巳前三日"（三月初一）来喝酒的诗，很可能那时敦敏兄弟都还不知道曹雪芹已死了近两个月了。所以我现在回到甲戌本（影印本9页至10页）的记载，主张雪芹死在"壬午除夕"。

一个卒年问题，前前后后"求证"了四十一年，这是怎样的一种严肃认真的精神啊！

五

通过上面的介绍，我们可以清楚地看出，胡适在《红楼梦》的研究中做出的贡献是巨大的，在红学史上的地位是崇高的，是他第一个批判了牵强附会"猜笨谜"的索隐派红学，把《红楼梦》研究引向现代化的科学道路。他是红学史上的杰出功臣，六十余年来，红学界很少有几个人能比得上他。

当然胡适的考证未必全都是准确的，他的意见也不是都正确的。比如，他说甲戌本只有十六回，即一至八回、十三至十六回、二十五至第二十八回，即使是前二十八回中所缺的第九至十二回、第十七回至二十四回都是后来曹雪芹晚年补写的。这种主张因为不符合创作规律，所以很少有人信服。

---

① 见周汝昌1948年1月发表在天津《国民日报·图书》副刊第七十一期的《曹雪芹生卒年》。

其次，他把《红楼梦》仅仅视为曹雪芹的自叙传，也大大缩小了《红楼梦》的思想意义和社会历史认识价值，且又违反文学典型化规律。第三，胡适还对曹雪芹的思想水平和艺术成就持怀疑态度。他说：

> 我平心静气的看法是：雪芹是个有天才而没有机会得着修养训练的文人——他的家庭环境、社会环境、往来朋友，中国文学的背景等等，都没有能够给他一个可以得着文学的修养训练的机会，更没有能够给他一点思考或发展思想的机会。……在那个贫乏的思想背景里，《红楼梦》的见解当然不会高明到哪儿去，《红楼梦》的文学造诣当然也不会高明到哪儿去。[1]

又说：

> 《红楼梦》在思想见地上比不上《儒林外史》；在文学技术上比不上《海上花》（指韩子云的《海上花列传》——引者），也比不上《儒林外史》——也可以说，还比不上《老残游记》[2]。

胡适甚至还说曹雪芹有种种大不幸：

> 他有天才而没有受到相当好的文学训练，是一个大不幸。他的文学朋友都不大高明，是二大不幸。他的贫与病使他不能从容写作，使他不能从容细细改削他的稿本，使他不得不把未完成的稿本钞去换银钱来买面买药，是三大不幸。他的小说的结构太大了，他病中的精力已不够写完

---

① 胡适：《与高阳书》，《胡适红楼梦研究论述全编》，第290页。
② 同上。

成了，是四大不幸。①

由于贫病交加，曹雪芹最后终于无力将结构庞大的《红楼梦》写完，这固可备一说，然而胡适对《红楼梦》深邃的思想内涵和突出的艺术成就，估计显然是错误的，是不符合《红楼梦》实际的。

对于这些，如果给以适当的批评，并在此基础上积极地探寻正确的结论，这是有益的，也是必要的。然而，1954年在开展批判俞平伯《红楼梦研究》之后不久，迅即被引上了对胡适的全面批判。当时胡适正困居美国。当然，胡适作为既是学者又是涉足政坛的特殊人物，在新中国成立初期那个特殊的年代，对他进行政治批判，虽然是可以理解的，其中是非曲直、孰得孰失，事隔三十多年之后，自有历史学家们去做出评价，不在本文的研究范围之内。但有一点是显而易见的——他绝对不像有的人说的那样是"头号战争罪犯"和"买办资产阶级第一号的代言人"。他具有爱国之心。他虽曾较长时期住在国外，但他没有去谋求当个白华，像石原皋同志所说的那样：

> 二次大战以迄于今，三十年来中国文化史上忽然出现了一个前所未有的一批"留美学人"。他们基本上是在中国受过大中学教育，然后浮洋至新大陆，在那里留学取得了或大或小的功名；嗣后又向美国政府申请"绿卡"（永久居留权）以至"公民权"；从此便在异国定居。胡适之先生事实上也是这个新兴行业中的基本队员。胡公之所以与众不同者：一是他未申请过"绿卡"，二是未同美国抢饭吃。可见，他就是身填沟壑，也不会"降志辱身"，到洋衙门去看人脸色，乞讨救济。可是他既不能像伯夷叔齐那样饿死，唯有回到台湾讨饭吃，终于一九五八年离开美国，回到

---

① 胡适：《与苏雪林、高阳书》，《胡适红楼梦研究论述全编》，第292—293页。

台湾担任"中央研究院"院长了。[1]

生是炎黄子孙，死为中华鬼雄，这就是胡适的爱国主义的具体表现。

然而1954年的那次批判，正如列宁所形容的，"倒洗澡水时连小孩也一起倒掉了"，在从政治上批判胡适的同时，把他在红学上的积极成果也一并批判了，而且特别批判了他的"大胆的假设、小心的求证"这一研究方法和研究态度。如有的论者认为："所谓'大胆的假设、小心的求证'……就是：与剥削阶级本身有利的不妨大胆地假设，然后从材料中去寻求出来证实他的假设。"[2]郭沫若更说：

> 胡适在进行他的研究工作上所贩卖的那两句话，所谓"大胆的假设，小心的求证"，他自己吹嘘，这就是科学的方法。……我的回答是这样：这是把科学的研究方法根本歪曲了。科学是允许假设的，科学当然更着重实证。假设是什么？假设是从不充分的证据所归纳出来的初步的意见。它还不能成为定论，但假如积累了更多的证据或经得起反证，它有成为定论的可能。所以真正的科学家倒是采取相反的态度的，便是"小心的假设，大胆的反证"。[3]

又说：

> 他大胆地假设一些怪论，再挖空心思去找证据，证实这些怪论。那就是先有成见的牵强附会，找田引水。他的假设就是结论，结果自然只是

---

① 石原皋：《闲话胡适》，安徽人民出版社，第202页。

② 《我们对于〈红楼梦〉研究的初步意见》，《胡适思想批判》第一册，第181页。

③ 郭沫若：《三点建议》，《胡适思想批判》第一辑，三联书店，第10页。

　　一些主观的、片面的、武断的产物。①

前面我们在对胡适红学研究方法和研究态度的介绍中可以看出，胡适的所谓
"大胆的假设"，并不只是冥思苦想、信口开河、不要证据，也看不出胡适的
假设和求证只对剥削阶级有利。至于郭沫若先生将胡适的口号改为"小心的
假设，大胆的反证"，却应该警惕，因为如果执行起来"假设"而不能"小
心"，就会使整个口号变样，成为"大胆的假设，大胆的反证"。尤其应该警惕
的是，这样做有时为了迎合某一个人的看法，甚至可以抛弃自己原来的正确
观点，可以连假设也不要，却用一些随意编造的证据去证实别人的意见。郭沫
若的《李白与杜甫》一书就是很典型的一例，正如何耀文同志所指出：

　　　　在《李白与杜甫》一书中，郭老对杜甫的评价是错误的，往杜甫身
　　上加了许多"莫须有"的东西，极力把杜甫描写成一个装穷的地主。为
　　此，不惜旁征博引，任意发挥，有的地方到了荒唐的地步。例如，杜甫
　　的《茅屋为秋风所破歌》是忧国忧民的千古名篇，但郭老居然考证出
　　"卷我屋上三重茅"中的"三重"为"三尺"，做出"三尺厚"的茅屋
　　"夏凉冬暖，非地主不能盖、不能住"的结论。这与原诗的"床头屋漏
　　无干处"，通篇呼天唤地的悲惨景象，哪有一丝一毫共同之处？②

这是多么遗憾的一件事情啊！

　　过去，我们常说，学术问题要百家争鸣，文艺创作要百花齐放。又说，
学术问题要与政治问题分开。这无疑是正确的主张。根据这些主张来看，
1954年对胡适的这场批判显然是有偏差的。

---

① 郭沫若：《三点建议》，《胡适思想批判》第一辑，三联书店，第10页。
② 《北京晚报》1988年1月30日第3版。

过去，我们有说，"有反必肃，有错必纠"，这无疑也是正确的主张。事隔三十多年之后，既然发现了1954年对胡适的批判有偏差、有不实之词，我们就应该予以澄清、予以纠正，使被颠倒的问题重新颠倒过来，还历史以本来面目，还胡适以本来面目，使胡适死而无憾。

1988年12月

先进的文学思想和悲观主义的人生观

——关于王国维的《红楼梦评论》

一

王国维，字静安，一字伯隅，号观堂，浙江海宁人，1877年生，1927年卒，享年五十岁，是我国近代史上的一位著名的学者。他七岁入私塾，十六岁考取秀才。1898年，他来到上海，在《时务报》任司书和校对，同时到东文学社学习日文，因此有缘结识了该社校长罗振玉。后来得到罗的支持，于1901年赴日本留学。但只在东京物理学校学习了几个月，便因病回国。回国后仍在上海工作和学习，并开始研究哲学，攻读德国哲学家的著作，尤其崇拜叔本华。1903年至1906年，他历任通州、苏州等地师范学堂教学，1907年，从事图书编辑和中国戏曲史以及词曲的研究。辛亥革命以后，他以遗老自居，从1913年起，改为从事中国古代史料、古器物、古文字学、音韵学的考订，尤其致力于甲骨文、金文和汉晋简牍的考释。1925年起，他任清华研究院讲席，直到1927年6月2日在颐和园鱼藻轩前投昆明湖自沉身死。

王国维作为一位著名学者，不仅是哲学家、文学批评家、语言文字学家和史学家，也是一位红学家。他一生著述甚丰，共有六十二种，分别收集在《静安文集》、《海宁王静安遗书》和《观堂集林》中。作为红学家，他不同意索隐派红学家的观点，也不满足于评点派红学家那种随笔札记式评论，并用哲学和美学观点为研究《红楼梦》的理论基础，写出了一篇体系比较完整、结构严谨的《红楼梦评论》，指出了索隐派红学牵强附会的诬妄，开创了红学研究的新途径，在红学史上做出了自己的贡献。

二

王国维的《红楼梦评论》是在1904年夏天写成的，当年便在《教育丛书》上连载，次年收入《静安文集》中。这篇论文是以叔本华哲学思想和老庄、佛教思想为指导，评论《红楼梦》的思想价值和艺术成就的。全文共分五章。

第一章是"人生及美术之概观"。这一章的中心内容，是阐明作者对人生及文学的基本观念。他说："生活之本质何？欲而已矣。"[①]（以后引王国维该评论文字，不再注出）而人的欲望是没有止境，不会满足的；既不满足，就会有苦痛。即使人们的欲望都满足了，再没有所说"欲"的对象，那时厌倦之情就会随之产生。所以王国维认为："故人生者，如钟表之摆，实往复于苦痛与倦厌之间者也。"人们生活的性质既然如此，那么什么东西可以使之摆脱"欲与生活与苦痛，三者一而已矣"的状况呢？王国维说，那就是美术，亦即文艺，因为艺术之美可以"使人易忘物我之关系"。王国维还将这种"艺术之美"分为"优美"与"壮美"两种。他说，如果人们心中无丝毫生活之欲存在，观察事物时就不会把它视为与我有关系的东西，而会仅仅看成一件外物，这时人们的心情就会处于一种非常宁静的状态。这就叫优美之情，而谓此物为优美。如果此物对人们大为不利，人们的意志因之破裂并随之遁去，智力得独立之作用，能够对物进行深入的观察，则称此时的心情为壮美之情，谓此物为壮美。但是，王国维说，壮美之物与优美之物，其最后的效果是一致的，因为壮美之物，"其快乐存于使人忘物我之关系，则固与优美无以异也"。王国维还说，与优美和壮美相对立的是"眩惑"。优美与壮美使人

---

① 《红楼梦评论》，《中国近代文论选》，人民文学出版社。

们离生活之欲而入于纯粹之知识，而眩惑则又使人们自纯粹知识出而复归于生活之欲"故眩惑之于美，如甘之于辛，火之于水，不相并立者也。吾人欲以眩惑之快乐，医人世之苦痛，是犹欲航断港而至海，入幽谷而求明，岂徒无益，而又增之"。何谓"眩惑"？这里王国维指的就是那些能够激起人们善恶美丑的文艺作品。而《红楼梦》不是这样的作品，所以人们于是得了此一"绝大著作"。这样，从表面上看，王国维对《红楼梦》虽然评价甚高，然而实际上却是歪曲和贬低了这部伟大的古典小说。关于这一点，我们将在后面反复对它进行评述。

第二章"红楼梦之精神"。这一章的中心内容是论述《红楼梦》的主题。王国维认为，《红楼梦》的主题乃是宣传"人生之苦痛与其解脱之道"的。

在这一章的开始，王国维就引人们常说的"饮食男女，人之大欲存焉"一句，并加以发挥。他认为男女之欲有害无利。对于这个道理，一般人都不知道，两千年来，只有叔本华从哲学上解决了。古今中外，诗歌小说中描写这一问题的人虽然很多，但解决的人却极少，只有《红楼梦》不仅提出来了，而且也解决了。他认为，从《红楼梦》第一回叙石头来历一段，"可知生活之欲之先人生而存在，而人生不过此欲之发现也。此可知吾人之堕落，由吾人之所欲，而意志自由之罪恶也"。又认为，从第一百一十七回中叙述宝玉与和尚谈论送玉还玉之事，"始知此不幸之生活，由自己之所欲；而其拒绝之也，亦不得由自己，是以有还玉之言"。他还说："所谓玉者，不过生活之欲之代表而已矣。故携入红尘者，非彼二人之所为，顽石自己而已；引登彼岸者，亦非二人之力，顽石自己而已。"从这里可以看出，王国维之所以说《红楼梦》是一"绝大著作"，就在于这种小说"实示此生活此苦痛之由于自造，又示其解脱之道不可不由自己求之者也"。这就叫作"自犯罪，自加罚，自忏悔，自解脱"。

然而，王国维说："解脱之道，存于出世，而不存于自杀。"因为"出世者，拒绝一切生活之欲者也"。如果生活之欲如故，而仅仅因为不满足于现在之生活，为此自杀的人，"则死于此者，固不得不复生于彼，而苦海之流，又将与生活之欲而无穷"。所以，像金钏儿之跳井，司棋之触墙，尤三姐、潘又安之自刎，那都不叫解脱，而是"求赏其欲而不得"。《红楼梦》中真正得到解脱的，只有宝玉、惜春和紫鹃三人。

第三章"红楼梦之美学上之价值"。这一章主要在于论证《红楼梦》是悲剧，是"彻头彻尾之悲剧"。王国维说，我国人民是乐天的，所以代表这种精神的戏曲小说，无不著此乐天之色彩。"始于悲者终于欢，始于离者终于合，始于困者终于亨。"如果不是这样，是难以满足读者要求的。但《红楼梦》不是这样，"凡此书中之人有与生活之欲相关系者，无不与苦痛相终始"。

王国维说，按照叔本华的理论，悲剧可分为三种：第一种是由极恶之人造成的；第二种是由于盲目的运命；第三种是"由于剧中人物之位置及关系而不得不然者，非必有蛇蝎之性质，与意外之变故也，但由普通之人物，普通之境遇，逼之不得不如是"。关于这第三种悲剧，王国维用宝黛之恋爱悲剧来加以说明。他说：

> 贾母爱宝钗之婉嫕，而惩黛玉之孤僻，又信金玉之邪说，而思厌宝玉之病；王夫人固亲于薛氏；凤姐以持家之故，忌黛玉之才而虞其不便于己也，袭人惩尤二姐、香菱之事，闻黛玉"不是东风压倒西风，就是西风压倒东风"之语，惧祸之及，而自同于凤姐，亦自然之势也。宝玉之于黛玉，信誓旦旦，而不能言之于最爱之祖母，则普通之道德使然；况黛玉一女子哉！由此种种原因，而金玉以之合，木石以之离，又岂有蛇蝎之人物，非常之变故，行于其间哉？不过通常之道德，通常之人情，通常之境遇为之而已。由此观之，《红楼梦》者，可谓悲剧中之悲剧也。
>
> 由此之故，此书中壮美之部分，较多于优美之部分，而眩惑之原质殆绝焉。

在本章行将结束的时候，王国维说，叔本华置诗歌于美术之顶点，又置悲剧于诗歌之顶点；而于悲剧之中又特重第三种，因为它能显示人生之真相，又揭示出解脱之不可已。故美学上最终之目的，亦与伦理学上最终之目的合。"由是，《红楼梦》之美学上之价值，亦与其伦理学上之价值相联络。"

第四章"红楼梦之伦理学上之价值"。上章说，悲剧中之悲剧是《红楼梦》美学上之价值。然而如果没有伦理学上的价值相连续，则它在文学上的价值尚未可知。那么，《红楼梦》伦理学上之价值是什么呢？王国维说，"解脱"是伦理学上"最高之理想"。

王国维说，在世俗人的心目中，所谓绝父子、弃人伦如宝玉者，是不忠不孝的。因为太虚中之所以有今日之世界，世界上之所以有今日之人类，不得不有普通之道德，以为人类之法则。在这个法则面前，顺之者安，逆之者危；顺之者存，逆之者亡。所以在今日之人类中，我们固不能不承认普通道德之价值。"然吾人从各方面观之，则世界人生之所以存在，实由吾人类之祖先一时之误谬。……夫人之有生，既为鼻祖之误谬矣，则夫吾人之同胞，凡为此鼻祖之子孙者，苟有一人焉，未入解脱之域，则鼻祖之罪，终无时而赎，而一时之误谬，反复至数千万年而未有已也。则夫绝弃人伦如宝玉其人者，自普通之道德言之，固无所辞其不忠不孝之罪；若开天眼而观之，则彼固可谓干父之蛊者也。知祖父之误谬，而不忍反复之以重其罪，顾得谓之不孝哉？"这就不仅是宣传宗教禁欲主义，而且是宣传种族灭绝主义了。

接着，王国维还就两个问题进行自问自答。一是人类尽入"解脱"之域以后，宇宙还有无物的问题。他说："然有无之说，盖难言之矣。夫以人生之无常，而知识之不可恃，安知吾人之所谓有非所谓真有者乎？则自其反面言之，又安知吾人之所谓无非所谓真无者乎？即真无矣，而使吾人自空泛与满足、希望与恐怖之中出，而获永远息肩之所，不犹愈于世之所谓有者乎！"二是种族人生灭绝以后，原来宇宙间那些可宝贵的文化作品是否废弃的问题。他说，文艺作品没有绝对的价值，因为它的材料取于人生，其理想亦视人生之缺陷逼仄，而走向它的相反的方面。这样的文艺作品，只有在这样的世界、这样的人生中才有价值。如果有人自"无始"以来，无生无死，无人世之挂碍，而唯有永远之知识，那么被人们视为宝贵的文艺作品，在他看来不过"蛩鸣蝉噪"而已。又，如果有人备尝人世之痛苦以后，入于"解脱"之域，那么，对他来说，文艺作品也就没有什么价值了，因为"美术之价值，存在使人离生活之欲，而入于纯粹之知识。彼既无生活之欲矣，而复进之以美术，是犹馈壮夫以药石，多见其不知量而已"。

这两个提问和解答的中心之点，王国维都是在说明世界与人生之存在并无一定之根据，一切皆以人生之解脱与否为转移；而且世界上一切宗教，如印度的婆罗门教和佛教、希伯来的基督教等等，皆以解脱为宗旨。一些大哲学家，如柏拉图、叔本华等，"其最高之理想，亦存于解脱"。《红楼梦》也是"以解脱为理想"，所以这也就是《红楼梦》的伦理学上之价值。

第五章"余论"。这一章主要是对索隐派和自传说红学家的批评。他说，综观人们对《红楼梦》的评论，约有二说。一是述他人之事，即索隐派，大抵以贾宝玉即纳兰性德；一是作者自道其生平，即自传说。当然这里的自传说不是指后来胡适的主张，而是指安徽旌德人江顺怡在其《读红楼梦杂记》中发表的观点。索隐派红学家从纳兰性德《饮水词集》中找到一些在《红楼梦》中也用过的词语，如"红楼"、"葬花"之类，即认为贾宝玉就是纳兰性德。王国维说："然诗人与小说家之用语，其偶合者固不少，苟执此例以求《红楼梦》之主人公，吾恐其可以傅合者，断不止容若一人而已。"又说："至谓《红楼梦》一书，为作者自道其生平者，其说本于此书第一回'竟不如我亲见亲闻的几个女子'一语，……然所谓亲见亲闻者，亦可自旁观者之口言之，未必躬为剧中之人物。如谓书中种种境界，种种人物，非局中人不能道，则是《水浒传》之作者，必为大盗，《三国演义》之作者，必为兵家，此又大不然之说也。"

三

很明显，王国维的红学思想，既有正确的东西，又有错误的东西；既有精华，也有糟粕。那么，我们应该怎样来评价他的是非功过、优劣得失呢？

我们在第一部分曾经说过，王国维作为一位红学家，是因为他不满足于评点派红学家那种随笔札记式评论和不同意索隐派红学家的观点与做法，并以哲学和美学观点为研究的理论基础，写出了一篇结构严谨、问题系统的《红楼梦评论》，开创了红学研究的新途径。这就是这篇专论的主要优点和王国维在红学史上的主要贡献。在距今九十年以前，王国维写作这篇专论时，由于传统观念的影响，小说被视为小道，是不登"大雅之堂"的，当然没有人肯花工夫去研究它，更不会以如此严肃的眼光，从哲学和美学方面对《红楼梦》进行如此细致的研究。然而，王国维却这样做了，并且取得了成绩，这是多么难能可贵啊！

其次，王国维对索隐派和自传说的批评也很正确，特别是在批评自传说时指出："如谓书中种种境界，种种人物，非局中人不能道，则是《水浒传》之作者，必为大盗，《三国演义》之作者，必为兵家，此又大不然之说也。"这就很中肯，很有说服力，而且已经成为名言。

再次，关于文学典型和《红楼梦》的艺术成就，王国维也发表过较好的意见。比如他说："夫美术之所写者，非个人之性质，而人类全体之性质也。惟美术之特质，贵具体而不贵抽象，于是举人类全体之性质，置诸个人的名字之下。……善于观物者，能就个人之事实，而能发现全体之性质。"这些话如果从文学典型化的角度去看，其中还是有合理的东西的。又如，王国维把《红楼梦》和《浮士德》相提并论，并且说："欧洲近世之文学中，所以推格代（今译歌德）之《法斯德》（今译《浮士德》）为第一者，以其描写博士浮士德之苦痛，及其解脱之途经，最为精切故也。若《红楼梦》之写宝玉，又岂有以异于彼哉？……且浮士德之苦痛，天才之苦痛；宝玉之苦痛，人人所有之苦痛也。其存于人之根柢者为独深，而其希救济也为尤切，作者一一掇拾而发挥之。"这里，王国维虽主要从所谓"苦痛"与"解脱"立言，但如果我们能拂去它表面上的这一层宿命论和悲观主义色彩，从两部作品的写作水平和艺术成就上看问题，也会得出一些有益的结论。

当然，王国维这篇专论的毛病也是很突出的。他对《红楼梦》中不少重大问题的评论，不仅是错误的，而且有的牛头不对马嘴，最突出的是关于

《红楼梦》主题的评论。

《红楼梦》的主题是什么？两百年来，特别是数十年来，说法很多。这许多说法的主张者，他们各各是其所是，而非其所非，这些因与本文无关，兹不赘述，我们要评论的是王国维的意见。那么，王国维说《红楼梦》的主题是宣传"人生之苦痛与其解脱之道"，是"实示此生活此苦痛之由于自造，又示其解脱之道不由自己求之者也"的。他的这种说法是否符合《红楼梦》的实际呢？不是的。我们可以从三个方面来对此加以说明。

第一，它不符合曹雪芹的创作意图。

曹雪芹在《红楼梦》第一回中说：

> 作者自云：因曾历过一番梦幻之后，故将真事隐去，而借"通灵"之说，撰此《石头记》一书也。……自又云："今风尘碌碌，一事无成，忽念及当日所有之女子，一一细考较去，觉其行止见识，皆出于我之上。何我堂堂须眉，诚不若彼裙钗哉？实愧则有余，悔又无益之大无可如何之日也！当此，则自欲将已往所赖天恩祖德，锦衣纨绔之时，饫甘餍肥之日，背父兄教育之恩，负师友规谈之德，以至今日一技无成，半生潦倒之罪，编述一集，以告天下人：我之罪固不免，然闺阁中本自历历有人，万不可因我之不肖，自护己短，一并使其泯灭也。虽今日之茅椽蓬牖，瓦灶绳床，其晨夕风露，阶柳庭花，亦未有妨我之襟怀笔墨者。虽我未学，下笔无文，又何妨用假语村言，敷演出一段故事来，亦可使闺阁昭传，复可悦世之目，破人愁闷，不亦宜乎？"

可见，曹雪芹的《红楼梦》是他在经历过一番梦幻之后，感到自己有"背父兄教育之恩，负师友规谈之德，以至今日一技无成，半生潦倒之罪"而写的，不是为了说明什么他已觉悟到人们由于男女之欲所产生的痛苦是自己造成的，解脱这痛苦的方法也要靠自己去寻找而写的。甚至还可以认为，曹雪芹所以要写《红楼梦》，是由于对当时"行止见识，皆出于我之上"的"所有女子"之不能忘怀，所以他虽处在"茅椽蓬牖，瓦灶绳床"的极其艰苦的生活条件之下，也要克服重重困难，并不为"晨夕风露，阶柳庭花"所妨，努力创作出这部《红楼梦》来。这就说明，曹雪芹创作《红楼梦》，是有希冀、有寄寓、有隐衷的，而不是因为他有了什么"知识"，已入于"解脱之域"的结果。

第二，关于如何看待贾宝玉这一人物形象的"生活之欲"，以及他最后是否已经得到"解脱"的问题。

王国维在这里引用了古人的"饮食男女，人之大欲存焉"一句话，接着便发挥说：人七日不食即死，一日不再食则饥。若男女之欲，则于一人之生活上，更是有害而无利。人们自少壮以后，大半光阴，大半事业，为什么要这样周密计划而又辛勤操劳？汉代的成帝和哀帝，为什么这样匆匆地丢了性命？殷纣王、周幽王为什么会亡国？励精图治的唐明皇，英勇奋发的后唐庄宗，为什么后来都没有好结果？此无他，原因都在"男女之欲"上。只可惜这个问题一般人都不理解，只有叔本华在哲学上解决了；曹雪芹在他的《红楼梦》中则不仅提出了，而且也解决了。接着，王国维就引《红楼梦》中的一些情节来加以说明。首先，他引用第一回中有关顽石，也即后来的主人公贾宝玉的一段话：

> 却说女娲氏炼石补天之时，于大荒山无稽崖，炼成高十二丈，见方二十四丈的顽石三万六千五百零一块。那娲皇只用了三万六千五百块，单单剩下一块未用，弃在青埂峰下。谁知此石自经锻炼之后，灵性已通，自去自来，可大可小。因见众石俱得补天，独自己无才，不得入选，遂自怨自艾，日夜悲啼。

据此，王国维说："可知生活之欲之先人生而存在，而人生不过此欲之发现也。"然而，这里顽石"自怨自艾，日夜悲啼"，是因为"众石俱得补天，独自己无才，不得入选"，与所谓"生活之欲"无关，更不得因此断定"生活之欲之先人生而存在"。顽石后来来到尘世，是因为听了一僧一道关于红尘中"荣华富贵"的谈话以后，打动凡心，硬缠着僧道二人将它携带下来的。《红楼梦》第一回关于这一段的描写说：

> 一日，正当嗟悼之际，俄见一僧一道远远而来，生得骨格不凡，丰神迥异，说说笑笑来至峰下，坐于石边，高谈快论。先是说些云山雾海，神仙玄幻之事，后便说到红尘中荣华富贵。此石听了，不觉打动凡心，也想要到人间去享一享这荣华富贵；但自恨粗蠢，不得已，便口吐人言，向那僧人说道："大师，弟子蠢物，不能见礼了。适闻二位谈那人世间荣耀繁华，心切慕之。弟子质虽粗蠢，性却稍通；况见二师仙形道体，定非凡品，必有补天济世之材，利物济人之德。如蒙发一点慈心，携带弟子得入红尘，在那富贵场中，温柔乡里，受享几年，自当永佩洪恩，万劫不忘也。"二仙师听毕，齐憨笑道："善哉，善哉，那红尘中有却有些乐事，但不能永远依恃；况又有'美中不足，好事多魔'八个字紧相连属，瞬息间则又乐极悲生，人非物换，究竟是到头一梦，万境归空，倒不如不去的好。"这石凡心已炽，那里听得进这话去，乃复苦求再四。二仙知不可强制，乃叹道"此亦静极思动，无中生有之事也。既如此，我们便携你去受享受享，只是到不得意时，切莫后悔。"石道："自然，自然。"

因为这一段对王国维的主张不利，他不敢引，故略去了。但从这里我们可以知道，顽石原来是不知道有"生活之欲"的，及至知道有"生活之欲"，并恳求僧道将它携入凡尘后，它便成了贾宝玉。贾宝玉在贾府这温柔富贵乡里，确是尽情地"受享"了这"生活之欲"：不仅有着优裕的物质生活，而且也有所谓"男女之欲"，"为许多女孩子所喜欢，而且他也多情地喜欢许多女孩子"，[①]甚至还同花袭人偷试过"云雨情"。然而，贾宝玉始终是把自己的爱倾

---

① 何其芳：《论〈红楼梦评〉》。

注在黛玉身上。虽然有时不免"有求全之毁，不虞之隙"，甚至还为此引起过风波，最厉害的一次是第五十七回"慧紫鹃情辞试忙玉"，但是他们的爱情不仅没有受到损害，反而是更明确了、更坚定了。后来围绕着"金玉良缘"与"木石前盟"的斗争越来越明朗化，并且最后以宝钗的胜利而告终。这强捏拢来的婚姻当然不可能是美满的。第五回《红楼梦》十二支曲子中的《终身误》说：

> 都道是金玉良缘，俺只念木石前盟。空对着山中高士晶莹雪；终不忘，世外仙姝寂寞林。叹人间，美中不足今方信。纵然是齐眉举案，到底意难平。

曲子写的是贾宝玉婚后仍念念不忘林黛玉，薛宝钗受冷遇。这就可以看出宝玉对宝钗的最后态度。庚辰本第二十一回有脂批说："宝玉有此世人莫忍为之毒，故后文方能'悬崖撒手'一回。若他人得宝钗之妻，麝月之婢，岂能弃而为僧哉？"其实，这并不难理解。这是宝玉失去"木石前盟"以后感到"意难平"时所采取的一种绝望的反抗手段，不是像王国维所说，是因为他有了什么"知识"、得到了"解脱"，而是"求赏其欲而不得"的必然结果。

第三，王国维说："此书中真正之解脱，仅贾宝玉、惜春、紫鹃三人耳。而柳湘莲之入道，有似潘又安；芳官之出家，略同于金钏。故苟有生活之欲存乎？则虽出世而无与于解脱。"贾宝玉是否得到了"解脱"，已于上述。这里，我们着重讨论惜春和紫鹃。

先说惜春。

惜春是贾敬的女儿、贾珍的妹妹，自幼丧母，寄居在堂祖母家中。在堂祖母贾母的庇护下，她与元、迎、探三春一起，并称贾府的四大小姐，绫锦纱罗，美肴珍馐，生活固然是优越的。但贾敬一心炼道修仙，"参星礼斗，守庚申，服灵砂，妄作虚为"，成日与小道士们胡羼，一直不回家来。哥哥贾珍是淫魔色鬼，天香楼的丑事白白送了儿媳秦可卿的年轻生命；嫂子尤氏是

"没嘴的葫芦",她的所作所为,惜春也看不起。抄检大观园时,惜春就当着众人的面对她嫂子说:

> 如今我也大了,连我也不便往你们那边去了。况且近日我每每风闻得有人背地里议论什么多少不堪的闲话,我若再去,连我也编排上了。

惜春说这话,不是因为她年轻,既"不知好歹,又没个轻重",而是因为有些事在她心中积之已久,不吐不快。所以她说:"我虽年轻,这话却不年轻。"尤氏心中有病,不便发作,只好赌气去了。惜春处在这样一个环境里,没有父爱和母爱,得不到家庭的温暖,后来贾府惨遭抄没,三个姐姐的悲剧先后发生,宝黛恋爱失败,一件接着一件。她预感到自己也不会比三个姐姐和宝黛有更好的命运,因此只得洁身自好,以图得到心情的相对安静。她的出家是对世事之纷扰所取的一种消极的逃避行动,所以她也是"薄命司"里的人物。"勘破三春景不长,缁衣顿改昔年妆。可怜绣户侯门女,独卧青灯古佛旁"。这里,曹雪芹不是赞美惜春有了"知识"和得到了"解脱",而是对她的悲惨结局表示同情和惋惜。

至于紫鹃,她是一位纯洁善良而又多情深思的姑娘。我们不知道她的家庭身世,曹雪芹也没有把她的言行作为众钗中的主体故事之一来描写。她的全部生活系于黛玉一身,以黛玉的忧乐为忧乐。所以,她们虽名为主仆,却情同姊妹。紫鹃知道宝黛二人感情极深,是一对年轻的热恋者,但由于宝玉"爱博而心劳"[1],有时候"见了姐姐,就把妹妹忘了",所以她十分忧虑。于是,她苦心孤诣,导演了一场"情辞试忙玉"的闹剧,摸清了黛玉在宝玉心中的分量。当时虽曾受到贾母的斥责、王夫人的埋怨,自己也忙碌了好几天,但她毫无怨言。后来,在"木石前盟"与"金玉良缘"的较量中,宝

---

[1] 鲁迅:《中国小说史略》。

黛失败了，她们的恋爱悲剧无可挽回地发生了。紫鹃是宝黛悲剧自始至终的见证人，所以这不能不在她的心灵中留下阴影，促使她去深入思考自己的问题。她从宝黛的悲剧结局中，开始领悟到像她这样一个侍女，不会比自己的主子有更好的命运。于是，她在惜春毅然出家的启发下，也断绝对现实人生的一切希冀，决定伴青灯古佛了却一生，所以她的出家也是被迫的、不得已的。高鹗的续书描写紫鹃在惜春最后决定出家时对王夫人等说：

> 我服侍林姑娘一场，林姑娘待我也是太太们知道的，实在恩重如山，无以为报。她死了，我恨不得跟了她去。但是她不是这里的人，我又受了主子的恩典，难以从死。如今四姑娘既要修行，我就求太太们将我派了跟着姑娘，服侍姑娘一辈子。

所以，说到底，紫鹃也是为了"求赏其欲而不得"，不是因为她有了"知识"、得到了"解脱"。

以上，我们就王国维《红楼梦评论》中的一个主要问题，即他对《红楼梦》主题的理解，从三个方面进行了分析、做出了评论。我们认为，他的结论是不能成立的。其实，王国维红学理论中的问题还不止于此。比如，他宣传了悲观主义的人生观，超利害、超欲望的艺术观；宣传"人生最大的不幸，非例外之事，而人生所固有故也"的宿命论观点，并为悲剧的制造者开脱了罪责；等等。这些，我们就不一一评说了。

四

王国维是我国近代史上一位著名的学者，为什么在《红楼梦》的评论中宣传如此低沉的思想，甚至左支右绌、牛头不对马嘴呢？首先，一个主要的原因，就因为世界观、人生观作怪。

王国维出生于中产家庭，父亲王乃誉于太平天国革命之后弃儒从商。据王国维自己说："余家在海宁，故中人产也。一岁所入，略足以给衣食。"[①]
辛亥革命时，他才三十四岁，是京师图书馆的编译。在那半封建半殖民地的
中国，民族资产阶级备受帝国主义和封建统治势力的摧残，作为一个中产商
人家庭出身的知识分子和小职员的王国维，按理不应有抵触情绪。然而，事
实上却不然。武昌起义成功，当月他便携家眷跑到日本。我们在读他的文集
和研究他的历史时，总觉得他对革命以后的中国政局有着一种难以言状的感
情。虽然他很少直接谈论这个问题，但是，他几次改变研究科目就含有政治
因素。这一点在他的《论政事疏》中就表现得很清楚。疏文中这样写道：

> 原西说之所以风靡一世者，以其国家之富强也。然自欧战以后，欧洲
> 诸强国情见势绌，道德堕落，本业衰微，货币低降，物价腾涌，工业之
> 斗争日烈，危险之思想日多。……而中国此十余年中，纪纲扫地，争夺
> 频仍，财政穷蹙，国几不国者，其源亦半出于此。[②]

这里，我们当然没有必要为第一次世界大战以后欧洲各国的形势去同王国维
开展讨论，但从这个《论政事疏》中，我们却能清楚地看出一点，即王国维
对辛亥革命以后的中国是厌恶的、否定的。当然，也可能有人会这样说，辛
亥革命以后，旧的政权被冲垮了，新的政权还没有完全建立起来，还很不巩
固，以致有袁世凯称帝，张勋复辟，军阀混战，政党相争，把一个中国搞得
乌烟瘴气，王国维把形势看得严重一点是可以理解的。但是，正如俗话所说，
"不怕不识货，只怕货比货"。王国维在对辛亥革命厌恶和否定的同时，却
对已经被推翻的清王朝表现了无限的忠贞。在辛亥革命成功十二年之后，即
1923年5月，他居然应废帝溥仪的征召，由上海取海道北上，接受溥仪封赠的

---

① 《静安文集·自序》。
② 转引自叶嘉莹：《王国维及其文学批评》，河北教育出版社，第45页。

五品官，在南书房行走；一直到死，他写文章不用"民国"，而仍称事实上已不存在的"清朝"为"本朝"或"国朝"；1924年11月，冯玉祥逼溥仪出宫，王国维以为"受辱"；等等。王国维为什么自杀？虽然后来有种种猜测，但有一点是清楚的，那就是由于政治原因，而非经济原因或其他别的什么原因。他死了以后，人们从他的衣袋里发现了他的绝命书，内云："五十之年，只欠一死；经此世变，义无再辱。"这与所谓罗振玉在经济上的陷害无论如何是沾不上边的。顾颉刚认为王国维之死是由于害怕革命军队与他过不去，甚至害怕要步叶德辉的后尘，被革命军杀头。这种推测是近于实际的，因为当北伐军节节胜利之际，王国维当然会胆战心惊，怕革命军给他一个保皇复辟的罪名，使他难堪。据容庚回忆，王国维"自沉之前曾过访余，谈及共产党枪杀叶德辉事，颇致忧虑"[1]，就提供了一个有力的佐证。

而且，王国维政治思想的保守是前后一贯的。在"戊戌变法"时，他深恶康有为和梁启超；在辛亥革命时，他痛恨孙中山[2]；一条长长的辫子，一直拖到他跳入昆明湖，直接带进了棺材。这难道不表明了他效忠清王朝的政治态度？

然而，王国维是生活在一个革命变革的时代，清王朝统治者的昏淫腐朽、丧权辱国，激起了全国人民此起彼伏的反抗；太平天国、义和团和小刀会等大规模革命运动，给予了清王朝的反动统治以沉重的打击；康、梁变法，也使清廷受到极大的震动。所以辛亥革命义旗一举，全国响应，清王朝霎时土崩瓦解。在这种情况下，王国维欲救不能、欲言不敢，于是便以死一般的沉默和频繁变换学术上的研究科目来避开政治上的这种大动荡可能给予他的心灵上的冲击。但他关心整个政局的心情又不可能一日或止，所以他的内心是忧愁难熬的，于是，他悲观失望，忧郁不欢。再加上他的身体健康状

---

① 容庚：《甲骨学概述》。
② 韩进廉：《红学史稿》。

况一直不好，这就更加加深了他的悲观主义情绪。"体素羸弱，性复忧郁，人生之问题，日往复于吾前。"①这就是产生他的悲观主义人生观的重要原因之一。大家知道，《红楼梦》是我国一部杰出的古典小说，它以精深的思想内涵和栩栩如生的人物形象，反映了我国17、18世纪深广的社会生活，被论者誉为封建社会百科全书式的作品。但它的作者曹雪芹，因为"生于荣华，长于苓落"②，家庭遭遇和"翻过筋斗"来的生活经历，在他的伟大作品里，也留下了一些人生虚幻和消极悲观的情绪。这些东西一旦与王国维的悲观主义人生观相接触，就会一拍即合，产生共鸣。

第二，叔本华是德国唯心主义哲学家，他的哲学认为"自在之物"即"意志"。自然界只是现象，"意志"才是宇宙的本质。他说，所有的人都是利己的；利己的"生活意志"在现实世界是无法满足的，所以人生充满着痛苦，而要摆脱这痛苦，就要断绝"我执"，否定"生活意志"，使自己得到"解脱"。这就正如前面所说，叔本华哲学的一个明显的特点是悲观主义。这种悲观主义一旦与王国维的人生观相接触，就又会一拍即合。而"根据《静安文集·自序》，《红楼梦评论》一文乃是写作于他正在耽读叔本华哲学的年代，所以这篇文章乃是全部以叔本华的哲学及美学观点为依据所写的一篇文学批评论文"③。但是，由于王国维无论对叔本华的哲学还是对曹雪芹的《红楼梦》，都缺乏全面、正确的理解，而这种没有吃透两头的情况，遂不免使他将《红楼梦》中的某些内容，强拉硬拽、牵强附会地装入现成的叔本华哲学的套子之中，于是他的《红楼梦评论》中出现某些牛头不对马嘴的情况，就是毫不奇怪的了。

---

① 《静安文集续编·自序（一）》。
② 鲁迅：《中国小说史略》。
③ 叶嘉莹：《王国维及其文学批评》，第176页。

李辰冬和他的《红楼梦研究》

20年代初，胡适的《红楼梦考证》和俞平伯的《红楼梦辨》问世以后，在将近二十年的时间里，虽然有寿鹏飞的《红楼梦本事辨证》、阚铎的《红楼梦抉微》和景梅九的《石头记真谛》（又名《红楼梦真谛》）相继出版，但寿、景两书还是旧索隐派生拉硬扯、牵强附会的老一套，谈不上有什么科学价值。阚铎的《红楼梦抉微》认定《红楼梦》为"淫书"，"全从《金瓶梅》化出"，并一个劲地从《金瓶梅》中去寻找"红楼"人物原型，比如他以为黛玉即影潘金莲、宝玉影西门庆之类，且又多从男女两性关系的猥亵描写处着眼，这不是严肃的红学，而是红学史上的恶札。1942年，李辰冬的《红楼梦研究》中文版问世，才打破了《红楼梦》研究史上较为长久的沉寂局面，使红学有了一个可喜的新发展。

一

李辰冬，原名李振东，后改名辰冬，河南省济源县（今济源市）南李庄人，1907年8月2日生。他的家是一个农村大家庭。父亲李葆惠曾当过小学校长和县长；母亲李魏氏亦识文墨，在"中国小说里，她对《红楼梦》特别喜爱，对其中的故事也特别熟习，加以我的父亲也是《红楼梦》迷，因此，我的弟妹们没有一个不爱读这部小说的。由喜爱而互相讲述，由讲述而互相辩论，由辩论而有研究的意向。这样，使我们全家充满了《红楼梦》的气氛"①。这里，李辰冬把他们家研读《红楼梦》的学术空气和他后来立志研究《红楼梦》的动向，都做了很清楚的说明。

李辰冬于1912年入学，1920年就读河南省立临汝第十中学。在父亲的鼓励下，他勤读古典小说，奠定了终生研读的兴趣。1922年，他转入开封基督教办圣安德烈中学，为日后用英文研读和写作扎下根基。1924年赴北京，就读于燕京大学国文系，开始对文学批评感兴趣，写成《章实斋的文论》一文，被胡适主编的《现代评论》发表以后，更激发了他的写作兴趣，很快又续写了刘知几、刘勰、陆机、曹丕、曹植等人的文论，从而奠定了他对中国文学批评的兴趣与一生研究之路线。1928年，李辰冬于燕京大学毕业后赴法国，在巴黎大学研究所攻读比较文学及文学批评。在学期间，他极喜泰勒的《巴尔扎克论》。他把它译成中文，寄回国内，发表在北平出版的《文学季刊》上。然后，他又继续研读泰勒的《英国文学史》、《艺术哲学》等书。在泰勒文学思想的影响下，从1931年开始，他以法文撰写《红楼梦研究》。1934年，法文本《红楼梦研究》的写作完成，他也因此获得文学博士学位。同年，李辰冬回国，就教于母校燕京大学和天津女子师范学院，教授近代欧洲文学史和西洋名著导读等课程。同时，还将《红楼梦研究》改写成中文（1942年该书由重庆正中书局出版，并于1944年获国民政府教育部学术奖）。

1937年，全面抗日战争爆发，李辰冬辗转到了重庆，执教于中央政治学校。当时中央文化运动委员会主任委员张道藩，深爱李辰冬之才，聘他为委员兼秘书，从而中断了他的教学生涯，后来李辰冬历任重庆北碚教育部教科用书编辑委员会特约编辑、中央文化运动委员会《文化先锋》半月刊主编、《新思潮》月刊主编、北平参议会秘书长等职。1948年辞职，结束公务员生活，并远走兰州，任教于国立西北师范学院。至于他为什么要

---

① 李辰冬：《红楼梦研究·自序》。

辞去公职，远远地跑到兰州去任教的原因，后来他在《陶渊明研究》初版"自序"中做了详细的说明。他说：

> 我在机关里混了十年，就读书写作来说，自然是损失；但就人生体验来说，胜读十年书。我国作家，多有用世之志，即令"隐"，也由于作者不得志或由官场里栽过跟头来的。欣赏中国文学，如果没有尝过官场滋味，就无法深切地欣赏。我在机关里越混越乏味，越混越苦恼，真如陶渊明所说的"冰炭满怀抱"，于是毅然决然于卅七年（即1948年——引者）暑期由北平直飞边远的兰州。朋友们都很奇怪，教书不在北平而到兰州，不是迁乔木而入幽谷么？实际上，我还觉得飞得太近，真想离开那见不得的社会愈远愈好。[1]

在西北师范学院任教期间，李辰冬讲授文学批评，完成《陶渊明作品系年初稿》，写作《陶渊明评论》，并开始研究《诗经》。他还制定了一个十年读书计划，拟完成六部著作。但是，一年以后，即1949年春夏之交，全国政治形势迅速发展，解放战争进展迅速，李辰冬辗转经广州，抵达台湾，受台湾省立师范学院（后改名为"国立"台湾师范大学）之聘，担任国文系教授。

1952年，李辰冬与赵友培合办中国文艺协会小说研究组，任教务主任。1954年创办中华文艺函授学校。1963年，应新加坡义安学院之聘，辞去函授学校校长职务，赴新加坡专心读书和写作《诗经》研究。到1969年止，他在新加坡六年，完成《诗经研究》和《诗经通释》两部大书，共一百万字。同年，李辰冬返回台湾，执教于台湾师范大学国文系和国文研究所。1978年8月1日自师大退休，但仍兼课，并专心治学和写作。此时李辰冬已年逾古稀，健康状况明显转弱，且患有心脏病、糖尿病和高血压等症。1979年年底，他的

---

[1] 转引自郑明娳：《李辰冬教授年表初稿》，《文讯周刊》第13期。

左脚大拇指患骨疽症，开刀后，因糖尿病，伤口不能愈合，经再次开刀，却已不良于行。1982年，他创办复兴国学院，并继续不懈地写作。1983年赴美国休斯敦明湖城探望儿女并就医，同年8月28日晚10时，因心脏衰竭病逝于明湖城医院，享年七十六岁。

李辰冬是一位涉猎广泛的文学评论家，他的著作除《红楼梦研究》外，还有《三国、水浒与西游》、《文学与青年》、《新人生观与新文艺》、《文学与生活》、《文学欣赏的新途径》、《文学与人生》、《文学原理》、《文学新论》、《陶渊明评传》、《杜甫作品系年》、《怎样开辟国学研究新境界》、《诗经研究》、《诗经研究方法论》、《诗经通释》和《李辰冬文学批评自选集》等。另外，还有译作《巴尔扎克研究》和《浮士德研究》。在他的学术研究成果中，影响最大的是《诗经》研究和《红楼梦》研究。

《诗经》是我国最古老的一部文学作品，流传到现在已经有两千好几百年了。历来的学者大都认为这是一部采自民间或者献自民间的诗歌总集，作者不详；原来的篇目也不止这么多，后来经孔子删定，只保留了三百零五篇，简称"诗三百"；《诗经》这个名字，是到汉朝才开始出现的。李辰冬经过二十多年的研究，认为全都是尹吉甫一人所作，内容与尹吉甫的生活和经历有关，无疑是自传式的叙事诗；也记载了周宣王到周幽王五十年间的史迹①。这一结论发表以后，在学术界引起了广泛的注意，在台湾引发了一场声势浩大的论战，而发表的文章中以反对者居多。当然，李辰冬也有坚定的支持者，第一位便是我的同乡——江西九江籍的罗盘先生。他说：

怎样断定三百篇都是尹吉甫的作品？他（指李辰冬——引者）是从地理的统一、人物的统一、时代的统一、史事的统一、名物的统一、诗句的统

---

① 参见罗盘：《李辰冬教授的学术贡献——为纪念逝世一周年而作》，台湾《文讯月刊》（1984年）第3期。

一、风格的统一、声韵的统一、起兴的统一、人格的统一、体裁的统一等十一点论据而来，析论堪称严密周详。

李氏以极认真的态度，极审慎的精神，极科学的方法，穷二十余年的苦心，获得结论，得知诗经三百篇均系尹吉甫一个人所作，其中人、事、时、地、物，没有一样不真实。不但是尹吉甫的自叙诗，也是一部活生生的宣王复国史与幽王亡国史。

因此，罗盘认为，李辰冬的《诗经》研究是一个"伟大突破"。

另一位坚定的支持者是黄国彬先生。1982年，他在香港《诗风》杂志104期上，发表了《石破天惊识吉甫》一文。文中说：

读他（指李辰冬先生——引者）的《诗经通释》，他竟以浩繁得令人震惊的资料和缜密得令人叫绝的科学方法，逐章、逐句、逐字地证明，三百零五篇都是出于尹吉甫之手。这项两千多年来未有人能做也从来未有人敢做的艰巨工作，郑玄、朱熹、戴震、闻一多等学者，是梦也未梦过的。在一般读者的心目中，这样的工作简直是徒劳。二千多年的权威如山，要想独力推倒，真是妄想！然而，这项令人咋舌的工作，竟叫李先生做到了。李先生拿《诗经》和史料印证，不但建立了自己的论点，而且还把二千多年来无数学者和考证家们的"定论"一一驳倒。

又说：

一再检测李著，觉得它鲜有可击之懈，两千多年来在《诗经》的考证上，的确没有人能和他匹敌，二千多年的翳障从此全予扫清。在此研究上，如果郑玄、朱熹是牛顿，那么李辰冬就是爱因斯坦了。①

李辰冬的《诗经》研究结论，在《诗经》研究史上，虽是一个重要问题，所以我们做了以上的概略介绍。但是，在本文中，我们的主要任务是要评介李辰冬在红学研究中的主要观点；了解他在《红楼梦》思想和艺术成就的研究中，做出了什么样的贡献；他在红学研究中，还存在着哪些不足。所以，现在我们还是回到这一主要论题上来。

二

李辰冬的《红楼梦研究》，全书七万余言，由五章组成，前面还有一个"自序"。

在"自序"里，他的第一句话就是"《红楼梦》不成问题是世界的杰作"。然而，中国与西欧不同。西欧的著名作家或作品几乎都有研究专著，甚至有人用毕生精力去研究一位作家。在中国，则一直到清末，在文学批评史上尚很少有人去研究小说。《红楼梦》是唯一的例外。自它问世之后，很快就拥有难以一一统计的评论者，虽然褒贬不一，但总在中国文学批评史上开了先例。清朝末年至民国初年，更有专论和专著相继问世，如王国维的《红楼梦评论》，王梦阮、沈瓶庵的《红楼梦索隐》，蔡元培的《石头记索隐》，邓狂言的《红楼梦释真》，胡适的《红楼梦考证》和俞平伯的《红楼梦辨》等。其中尤以王国维和胡适两篇专论，学术价值最高、影响最大。因为王国维以哲学和美学观点为研究的理论基础，写出了这篇观点明确、结构严谨的《红楼梦评论》，开创了红学研究的新途径，"规定了此书的价值"；胡适的《红楼

---

① 以上两段引文转引自罗盘：《李辰冬教授的学术贡献——为纪念逝世一周年而作》，台湾《文讯周刊》(1984) 第3期。

梦考证》，运用从西方学来的新的科学文学评论方法，"决定了作者是谁的争论"。但是，李辰冬又说：

> 我们深知要了解像《红楼梦》这样的著述，不是一年两年的时光，一个两个人的精力，和一个两个时代的智慧所能辨到。研究者的眼光不同，它的面目也不同；时代的意识变异，它的精神也变异。

因此，他在本书中的目的，就是要用欧洲第一流批评家研究他们第一流作品的结果和方法，来与《红楼梦》做一比较，以论定《红楼梦》在世界文学中的地位。

第一章"导言"谈了两个问题，一是"对以往各种考证应有的态度"，二是"红楼梦前后的异同问题"。

《红楼梦》是一部什么样的书，为谁所作？在20世纪20年代以前，在一个相当长的时间里，人们都不甚了然。1921年，胡适的《红楼梦考证》面世，他根据当时自己所拥有和朋友们所提供的材料，论证了"《红楼梦》的著者是曹雪芹"、曹雪芹的家世和《红楼梦》一书的性质。后来，他用重价购得甲戌本，又详细研究了庚辰本，使他的结论更为充实。所以，李辰冬在这一章的开始就说：

> 《红楼梦》为曹雪芹所写，且一部分材料取于他的家庭，这无疑地成了定论，尤其《脂砚斋重评石头记》本的发现，更为这种定论成了铁案。

稍后，他又说：

> 自从胡适之先生考出《红楼梦》为曹雪芹作的以后，他下一个结论说此书是作者的"自传"，于是十数年来大家都认作定论。

但是，李辰冬这样说，并不等于他完全同意胡适的"自传说"，也跟胡适一样，认为"《红楼梦》是曹雪芹'将真事隐去'的自序"，《红楼梦》"只是老老实实地描写"曹家"'坐吃山空'、'树倒猢狲散'的自然趋势"，"甄、贾两宝玉，即是曹雪芹自己的化身"。不！完全不是这样。这个问题我们在下一部分还要详细谈到，这里就暂时略去了。

《红楼梦》是由曹雪芹的前八十回和高鹗续补的后四十回组成的，李辰冬说，这个问题"胡适之与俞平伯两位先生已经分辨的很详尽了，勿须再来画蛇添足"。但是，他又认为，按照胡、俞两人的意见，仅从版本、回目、故事以及章法等方面着手是不够的，还必须在此基础上，再从思想、风格与环境这三种"人人各异，不能强同的特质"上下功夫，才有可能得出全面、正确的结论。

第二章"曹雪芹的时代个性及其人生观"主要是从文学发展角度阐明《红楼梦》是一部什么性质的作品。李辰冬在这一章里的第一句话就说："《红楼梦》，以中国文学史的分期，应为绅士阶级复兴时代的作品。"接着，他比较扼要而又系统地讲述了他对这个问题的看法。

李辰冬说，"所谓个性，指由特殊的环境、教育、血统、生活等而形成的个人意识"。那么，曹雪芹的个人意识，当然也是由他所处的环境，他所受的教育，他的血统和生活所造成。然而，由于有关曹雪芹的环境情况，包括他的生平经历和家世，当时知道的东西很少，所以李辰冬只把胡适在《红楼梦考证》和《考证〈红楼梦〉的新材料》中所披露的一些材料做了介绍。他之所以全部引用这些材料，无非为了了解"由特殊环境、教育、血统、生活"等所形成的"曹雪芹的个性"，以及这种"个性"对曹雪芹创作《红楼梦》所起的作用，尽管他并没有用文字来界定这"曹雪芹的个性"具体所指是什么。什么是曹雪芹的人生观？李辰冬说，曹雪芹写作《红楼梦》的目的，只在观察并搜集一种人生的生活资料，把这种生活资料直接地表现出来。"他对这种人生知道的如是清楚，自然而然对人生就有相当的认识与了解，有意地，又把他的见解表现到作品里。这种留下有系统之思想的痕迹、我们称之为曹雪芹的人生观。"

文学创作是现实生活的反映。照李辰冬的说法，"文学是再组合后的社会"，作品中人物的活动有其显著、一贯的道理，所以根据《红楼梦》中的人物之共同生存道理，是可以推求到曹雪芹的人生观的。在这里，李辰冬拿《枕中记》中那个野心勃勃的卢生与曹雪芹做比较。卢生原想建立功业、出将入相，但在吕翁授之以枕，在梦中经历了一番兴衰际遇、悲欢离合之后，才知道人生不过是一场梦幻而已。李辰冬说，曹雪芹虽然没有做过大官，他也不想做官，但他享受过荣华富贵，又亲身经历过自己家里由富而贫、由贵而贱的过程。他看破了人生，"是醒后的卢生"，所以在《红楼梦》的写作中，就能以旁观者的态度来塑造他的人物。"他的人物虽各有其独特的意志，独特的性格，独特的行为，然总而观之，不论刚强的或懦弱的，忠厚的或刻薄的，正直的或卑贱的，慷慨的或悭吝的，诚实的或刁猾的，孤僻的或和蔼的，以及任何的典型，其结果都是梦而已。"他还举《红楼梦曲·飞鸟各投林》来加以证实。正是出于这样的认识，李辰冬对王国维的"解脱说"极为欣赏。他说：

> 王国维在他的《红楼梦评论》里，认为这部书的精神和价值，在其指示人生一种"解脱"的道路，确是的论。

第三和第四章分别是"红楼梦重要人物的分析"和"红楼梦的世界"。李辰冬说，他设置这两章的目的，是为了"分析《红楼梦》的时代意识"。他说，《红楼梦》卷帙浩繁，章回结构庞大，涉及贾府十九年的家庭琐事，亲戚朋友的荣辱兴衰，四百四十八个人物以及家庭、社会、教育、宗教、政治、经济、婚姻、风俗等中国物事。像这样的作品，要分析它的时代意识不是一件易事。因此，他设置第三章，是要做"纵的研究"，即从小说的四百四十八个人物之中，选出有代表性的贾宝玉、林黛玉、薛宝钗、王熙凤、贾雨村和薛蟠等六人，作为分析人物的枢纽，叙述他们的生活、性格和他们在作品中的地位与关系。

第四章做"横的研究"，是从社会、教育、法律、政治、经济、宗教以及婚姻等外在现象，研究《红楼梦》中"这四百四十八位人物所组合的社会意识"。如他说：中国社会的基础是家庭，主持家庭大政的是家长，荣府的太上家长是贾母，她的话是家庭中的法律，必须绝对服从，所以贾政必须服从贾母，宝玉必须服从贾政；《红楼梦》既是绅士阶级复兴时代的作品，其表现的教育意识也必然是绅士阶级的，家庭教育要养成斯斯文文的绅士风，学校教育则以为官作宦为目标；政治组织则是大家庭制的扩大，"皇帝可以看作全国国民的家长，官吏是管辖区域的住民的家长"，在婚姻问题上，由于中国社会长期实行封建婚姻制，所谓父母之命、媒妁之言，青年男女却无权自己选择，男子可以三妻四妾，妇女则只能从一而终，这些在《红楼梦》里有典型的反映。他又说：《红楼梦》的社会，由世家、平民和奴隶三部分组成，对以贾府为代表的世家做了淋漓尽致的描写，对以晴雯、袭人为代表的奴隶也描写得极其深刻细致，至于平民，则描写甚少，这是因为曹雪芹自己也生于世家，后来虽然穷了，但他所熟悉的还是世家生活的缘故；中国人对宗教颇冷淡，"自己不产宗教，而外来宗教，不是改变本来面目……就是于精神不生关系，而哲学文学不受影响"，至于佛教，《红楼梦》中既未加以叙述，而对迷信似又反对，所以提到《红楼梦》的宗教意识，只有出家；《红楼梦》没有正面谈到经济生产与交换，而于开卷第二回，就着重指出了贾府"主仆上下，安富尊荣者尽多，运筹谋画者无一"，"如今外面的架子虽未甚倒，内囊却也尽上来了"的严重趋势。因此，李辰冬说，"曹雪芹的本意，或许要写'坐吃山空'、'树倒猢狲散'的贾府，可惜中途停笔，令我们无法知其怎样的倒塌"。

第五章是"红楼梦的艺术价值"，分别论述了《红楼梦》的结构、风格、人物描写和情感表现，最后归结到曹雪芹在世界文学之林中的地位，并得出结论说："如果我们将曹雪芹置在莎士比亚之旁，作为客观主义作家最伟大的代表者，恐不会有人反对吧。"这一章是全书的精华，它对曹雪芹的艺术表现手法和艺术成就做了深入细致的分析，提出了很多精辟的见解。关于这一点，我们将在下一部分论述李辰冬的红学成就时详细谈到。

三

在上一部分，我们对李辰冬《红楼梦》研究的内容做了比较系统和概略的介绍。从这个介绍中可以看出他在《红楼梦》研究方面所做的贡献。他做了哪些贡献呢？我们认为，至少有下面三点。

第一，继承和发展了新红学派的研究成果，对《红楼梦》一书的性质和后四十回之为续作，有了更为正确的进一步研究。

前面说过，李辰冬对胡适关于《红楼梦》一书性质的意见做了某种程度的肯定，但又不同于胡适的"自传"说。他说，曹雪芹虽然把自己家里的事作为《红楼梦》的骨干，但绝不是《红楼梦》里的每一个人物、每个事件、每个人物的一举一动都取之于自家。因为文学创作不同于历史事实，它可以根据创作需要，对现实生活和历史材料任意增加和取舍。以往的故事，当代发生的事件，都可能"给曹雪芹一种引意和影响"。比如索隐派红学中，有一种主张认为，《红楼梦》写的是纳兰性德的家事，"金钗十二，皆纳兰侍御所奉为上客者也"[①]，即宝钗影高澹人、妙玉影姜西溟之类。李辰冬说，现在我们虽然可以用确切的史实反证这种主张之不能成立，但却不能说纳兰性德的家事不可能"给曹雪芹一种引意或兴会"。因为纳兰词出版于康熙十七年 (1678)，"其中之情思笔调，与林黛玉之情思笔调又相合；加以曹家与纳兰氏往还甚密，不见得曹雪芹不受纳兰性德的影响"。这种影响之所以成为可能，是因为曹雪芹创作《红楼梦》，是要通过描写一个繁华的世家大族由盛而衰的历史以寄慨，并且要为"闺阁昭传"。然而，曹家原先虽很贵盛，但曹頫被革职抄家解回北京戴罪时，曹雪芹才十三岁，对昔日自家的阔绰情形记忆自然比较

---

① 陈康祺：《燕下乡脞录》引徐柳泉说。

模糊，现在要以原来在南京的曹家为甄（真）府，重新在北京创造一个贾（假）府，自然不能不参照当时北京世家大族的情况，而曾经贵盛已极的纳兰氏家庭，很自然地就会在他的考虑之中了。

然而，这仅仅是影响，绝不是照抄。李辰冬说：

> 小说家的一位人物，并非仅从一位模特儿而来。他不知观察了十位二十位之后，竟从这些实在的模特儿里，创造他想象的人物。小说家的理想人物，无不从实际的社会产生。他起始观察时，或者从一个模特儿起，但久而久之，观察和思索的太多了，反把原始的模特儿忘记。所以创造出来的人物是普遍的，共性的。现在固然考不出他的人物之模特儿是谁，即令他自己恐怕也难确实指出。正同思想家的思想一样，在初读几部书的当儿，他很可指出那种思想是从那位作家那部作品来的，但日积月累自己有了一贯的主张，且天下事物无不为他所有的时候，他原来所受的影响，就渐渐消逝了。

又说：

> 作者的经验愈丰富，他的想象力也愈丰富。想象决不是无源的东西，不过愈是伟大的作家，愈难寻找他的根源罢了。曹雪芹不知观察和思索多少实在的宝玉、黛玉、袭人、宝钗、熙凤、贾政、贾母、袭人、薛蟠以及一切其他的人物，然后才产生他理想的人物。现在想指出那一位是实在的谁，真有点做梦，徒劳无益。……他的人物可以附会清初的名人，且也可以附会清以前的名人。

文学作品，是作家通过艺术概括，把日常生活中的人和事典型化，特别是通过塑造典型的人物，来反映社会生活，表达作家的创作意图。当然，这种典型必须是从生活中来，以丰富的社会生活为基础，做到源于生活又高于生活。托尔斯泰说:"我需要做的恰恰是从一个人身上撷取他的主要特点,再加上我所观察过的其他人们的特点。那么,这才是典型的东西。"①据说,托尔斯泰塑造的安娜·卡列尼娜这个典型,她的美丽的外貌是根据普希金的女儿玛丽亚·哈亨描写的,她的事件是从一个朋友苏克何蒂娜的生活中汲取来的,她的结局却是从另一个妇女碧罗柯娜那里得到的启示。鲁迅在谈到自己的创作时也说:"所写的事迹,大抵有一点见过或听到过的缘由,但决不全用这事实,只是采取一端,加以改造,或生发开去,到足以几乎完全发表我的意思为止。人物的模特儿也一样,没有专用过一个人,往往嘴在浙江,脸在北京,衣服在山西,是一个拼凑起来的角色。"②凡名家和名作,大都这样,几乎没有例外。

用托尔斯泰、鲁迅等名家的创作经验来衡量上述李辰冬对《红楼梦》人物和事件描述的理解,我们认为是完全符合的,与胡适的"自传"说是根本不同的。

其次,《红楼梦》是由曹雪芹的前八十回和高鹗的后四十回所组成的,这个问题,胡适、俞平伯做了系统、详尽的论证,到现在虽然还有人有不同意见,但在大多数研究者看来,这似乎已经成为定论。在论证这一问题时,胡适、俞平伯确实做出了努力,具有首创之功。然而李辰冬却进一步认为,按照胡、俞两人的意见,仅从版本、回目、故事以及章法等入手是不够的,而且他们的有些意见还不能令人同意。比如,湘云与小红在八十回以后没有下落,香菱的结局与第五回册词所示不切,就不能做出前后绝不是一个人所作的结论。如果以前后故事不尽符合,就认定不是一个作者的作品,那么《堂·吉诃德》和《浮士德》也不是一个作者作的了,因为这两部书中前后矛盾和不连接处甚至比《红楼梦》还要多,然而,这两部书的前后都确系

---

① 段宝林:《西方古典作家谈文艺创作》,春风文艺出版社,第351页。
② 鲁迅:《我怎么做起小说来》。

分别出自塞万提斯和歌德之手。又如，俞平伯认为绝对没有可能先把回目定好，然后再去写内容的，必是先写好了内容，然后再定回目。李辰冬说，这个看法也未必正确。一个作家进行创作，必事先拟订一个整体的计划，因此很可能先把整部小说的回目拟好，然后一面创作一面修改。歌德创作《浮士德》下卷采取的就是这个办法。"胡、俞二先生即把《红楼梦》考出是作者未完著作，没有深想一步，既系未完，作者绝不会从头至尾，详加订正，一字也不误，一字也不掉；他一定中途停笔，则前后不接之处，自属难免。后来传抄的人，看到不通或前后不合的地方，随自己的意思修改，弄得我们现在莫名其妙。"所以专在回目、故事、章法上下功夫，是得不出很正确的结论的。而必须在此基础上，再从思想、风格与环境这三种"人人各异，不能强同的特质"上下功夫，才有可能得出全面、正确的结论。

比如，伟大作家的思想都是一贯的，前后绝不会互异。但前八十回与后四十回的思想和处世态度就相差很远。曹雪芹的思想是达观的、厌世的，而后四十回作者的思想是积极的、入世的。宝玉对自己家庭的贫富贵贱，对父兄们的升降荣辱，从不介意。元妃归省和得宠，别人看来是天大的喜事，宝玉却视有如无。然而，在后四十回里，贾政升任郎中后，宝玉却"喜的无话可说，忙给贾母道了喜，又给邢、王二夫人道喜"，前后判若两人。

在创作态度上，前八十回与后四十回之间也存在着极大的差异。曹雪芹有着特殊的家世经历，对人生认识得比较透彻，所以创作时比较冷静。他"写甄府与贾府，甄宝玉与贾宝玉，仅提醒读者贾（假）从甄（真）来，甄宝玉也就是贾宝玉启蒙时代的情形，此后便没有再提的必要"。高鹗没有曹雪芹那样的家世经历，不懂得曹雪芹的创作意图，所以后四十回里要将甄宝玉复活过来，而且"大多数的人物，都给他一个报应的结果：薛蟠无赖，让他娶一个夏金桂；夏金桂泼悍，让她自焚身；赵姨娘以魔魔法害人，让她见鬼而死；妙玉孤高，让她被污；宝钗冷酷，让她守寡；熙凤贪财，所以被抄；宁府依势欺人，贾珍、贾蓉被控"。高鹗还说，后来"荣宁两府，善者修德，恶者悔过，将来兰桂齐芳，家道复兴，也是自然的道理"。李辰冬认为，这是将《红楼梦》搞成一本《醒世姻缘传》了。

作家生活的环境会给予他的创作以巨大的影响，他会将自己经历和见到过的事物反映在他的作品里。作品中的某些东西是可以模仿的，但"环境的气概无法模拟"。曹雪芹出生在一个由盛而衰的官僚家庭，"做过繁华的梦，他家几代做大官，且藏书又多，加以他的祖父曹寅能诗，养成一种喜欢美术的环境，饮食起居，日用应酬，无不讲究，所以他的见闻异常广博。……这样，曹雪芹在前八十回里，处处留下了堂皇富丽的痕迹"。可是，到后四十回里，不但贵重陈设、稀世珍品、海外奇物没有了，连宝玉等人的衣服饮食，也不像前八十回那样细心地描写。"只以《红楼梦》里所表现的气象，就知道前后非出一人之手"。

风格即人。曹雪芹非常注意北京话，处处照着自然语言，且又把自然语言美化了。他笔下的人物无不能言善语，而且个个显示着自己的特点：宝钗的言辞和平老成，黛玉的尖刻妒忌，熙凤的流畅毒辣，刘姥姥的粗趣，迎春的柔弱，探春的刚强，等等。这就造成了不问其名，只闻其声，即可断定是谁的效果。这就是曹雪芹的风格。可是在后四十回里虽然用的也是北京的官话，但却是"人造的官话，一点也不流畅，一点也不生动"。黛玉本来是很善于说话的，可是第八十六回她对宝玉论琴一段，完全像一位冬烘先生，在咬文嚼字、发挥腐论。

李辰冬又说：

自从八十回后我们处处觉得言辞的生涩，语句的人造，完全失了自然性。前八十回能使我们哭，使我们笑，使我们喜，使我们怒，使我们悲，使我们爱，使我们憎。要之，他所描写的是人类的灵魂，事实少而意象与情感多，即令事实，也为附着意象与情感而设，并非无缘无故，充塞篇幅。自八十回后，描写的全是事实，所以读的时候，味如嚼蜡，枯燥生涩，好像从八十回里取些事实，把这些事实结束罢了，引不起我们一点意象与情感。它所描写的是中国大家庭的琐事，非人类的灵魂。

认识和评价一部文学作品，主要从以上这些方面着手，若再概括一下，就是从时代与个性两方面着手。所谓时代，李辰冬认为系指由经济生产关系而产生的时代意识；所谓个性，是指由特殊的环境、教育、血统、生活等而形成的个人意识。这种个人意识，是组成一部作品特点的重要因素。即使时代意识彼此相同，若个人意识殊异，则对人生的认识、创作手法也会随之而异。"由此而论，可知只做版本、回目、故事及章法等等之表面工作是不够的。"

李辰冬的这一番论证对确认后四十回之非曹雪芹原著，就更加清楚、更加有力了。而且，他论证这一问题的思想和方法，直到现在，还在启迪和引导我们去对这一问题作做一步的探讨。

第二，充分评价了《红楼梦》的成就，确认了它在世界文学名著之林中应有的地位。李辰冬说，意大利有但丁的《神曲》，英国有莎士比亚的戏剧，西班牙有塞万提斯的《堂·吉诃德》，德国有歌德的《浮士德》，法国有巴尔扎克的《人间喜剧》，所有这些，都是公认的世界名著，然而，"如果我们将曹雪芹置在莎士比亚之旁，作为客观主义作家最伟大的代表者，恐不会有人反对吧"。他说，这个结论是他用欧洲第一流批评家研究他们第一流作品的结果与《红楼梦》进行比较后得出的。

他首先从生活体验、生活积蓄上进行了比较。李辰冬说，曹雪芹生活在一个官僚大家庭里，幼年生活富裕豪华。他家有众多的亲戚和朋友、帮闲、帮忙以及供役使的佣人与下人。他终日和他们应酬来往，熟悉他们的性情爱好，甚至他们的"最细微，最琐细的情节"。然而，青年以后，他的家庭破败了，生活穷困了，于是有"燕市哭歌悲遇合，秦淮风月忆繁华"，《红楼梦》才由此产生。李辰冬说：

　　曹雪芹艺术的成功，就在这一点：他之所以写，因为不能不写，如同

> 莎士比亚似的，著作的目的，一点也不是要证明什么，解释什么，而系自然地，从容地，一幕一幕的意象，一幅一幅的绘画，不断地而去抄写实在。再把曹雪芹、莎士比亚的作品与巴尔扎克、福罗贝尔（福楼拜）、托尔斯泰的比较一下，就知前者的目的不在著作，而系自然的流露，后者系先要著作，而后去经验人生，观察人生，好像籍努力，以达到自己的目的。

这里，李辰冬说曹雪芹和莎士比亚推进创作的目的，"一点也不是要证明什么，解释什么"，虽然不一定准确，但是他强调生活积蓄的重要作用，却是完全正确的。

其次，他从作品在文学发展中所具有的意义进行了比较。

日本学者森谷克已在《中国社会经济史》中说："在清朝时代的中国社会，因为历史的地理的诸条件，包括一切的文化阶段，是现社会诸关系的极度复杂的一国。"李辰冬摘引了这句话，并加以引申发挥说：

> 文学是社会意识的表现，而社会意识跟社会演变之复杂而亦复杂，清朝既包括中国的一切文化阶段，那社会意识自然也包括一切的阶段。《红楼梦》以前，因社会还未演变至此田地，不能产生《红楼梦》；《红楼梦》以后，因不久即受西洋文化的侵入，中国文化势必走向新的路线，也不能再产生《红楼梦》。如果要说，但丁是意大利精神的代表，莎士比亚是英格兰的代表，塞凡蒂斯（塞万提斯）是西班牙的代表，歌德是德意志的代表，那曹雪芹就是中国以往一段灵魂的具体化。

这就是说，曹雪芹与但丁、莎士比亚、塞万提斯、歌德等世界第一流名作家一样，开创了各该国的一个时期的文学。

再次，他从作品结构上进行了比较。

人们喜欢拿《红楼梦》与《战争与和平》进行比较。李辰冬说：不错，这两部小说相同之处很多，但从结构上讲，《红楼梦》远远超过《战争与和平》。因为《战争与和平》里的每一回故事自有起落，好像是百数十篇前后相关的短篇小说集合而成，选文比较容易。《红楼梦》则不然。如果从《红楼梦》中选一段精彩的文字，往往令人莫名其妙。因为它的起，已在前数回中伏下；它的落，到后数十回还有余波。

再者，泰勒论巴尔扎克的《人间喜剧》，认为作品之所以伟大，是因为它有系统，每部小说彼此相关，提到一个人物，就会联想到其他的人物。五六十部作品，虽每部都是单独，而实际却是一个整体。简单的小说或戏剧，仅能描写宇宙的一部，且往往误解了宇宙，至于《人间喜剧》，它却包括了全体。李辰冬说，《红楼梦》之所以伟大，也因为它以一部小说而描写了整个宇宙。泰勒又说，巴尔扎克好像马戏班里的驭马人，手里驾着五十匹又肥壮又可怕的马，各行其道，一点也不减少这些马的凶猛。李辰冬也说：

> 是的，巴尔扎克的确有这种力量。但我们仔细观察，就知他驾驭这些马的态度，并非自然的，从容的。他用了平生的精力，使得浑身出汗，耳不敢旁听，目不敢旁视，全力都注意到这些马上。可是曹雪芹，他不像巴尔扎克用尽精力，去驾驭这五十匹马，让人家喝彩。他对他的人物，一点显不出故意驾驭的色彩，好像海对波涛一样，任其澎湃泛滥，一点也不约束，一点也不领导；然各个波涛，没有不连结的，各个波涛，没有不相关的。古人用"白马奔腾"四个字来形容海面波涛的凶猛与不平，《红楼梦》的海面，却也是同样的光景。

关于此类例子还可以举出一些，限于篇幅，我们就不再罗列了。

在李辰冬以前，虽然已有王国维、蔡元培等人拿《红楼梦》与歌德的《浮士德》进行比较，初步评估了它在世界文学名著中的地位，但像李辰冬这样全面、这样深刻、这样形象，而且又是这样令人信服地论证曹雪芹是世界第一流作家、《红楼梦》是世界第一流作品的，恐怕直到现在也还没有人能超过吧!

第三,他对《红楼梦》的写作技巧和艺术成就做了充分的评价,提出了一些非常精辟的见解。

《红楼梦研究》第五章"《红楼梦》的艺术价值"是本书的重点,也是它的精华。这一章的前四节"《红楼梦》人物的描写"、"《红楼梦》的结构"、"《红楼梦》的风格"和"《红楼梦》情感的表现",详细地论述了《红楼梦》的艺术特点和艺术成就,而且时有精辟的见解。比如,在论及《红楼梦》结构的时候,李辰冬说:

> 读《红楼梦》的,因其结构的周密,错综的繁杂,好像跳入大海一般,前后左右,波涛澎湃;且前起后拥,大浪伏小浪,小浪变大浪,也不如起于何地,止于何时,不禁兴茫茫沧海无边无际之叹!又好像入海潮正盛时的海水浴一般,每次波浪,都带来一种抚慰与快感;且此浪未覆,他浪继起。使读者欲罢不能,非至筋疲力倦而后已。

又说:

> 《红楼梦》虽然也照其他小说的惯例,"纂成目录,分出章回",然这些章回不过为装订的便利,并不像我们读《堂·吉诃德》、《战争与和平》一样,读了一回以后,好像告一段落,可以心安意足,等那一天有工夫或高兴的时候再读。它系一浪接一浪,无间断无痕迹,即令回末,不是余波未尽,就是新浪重起,使游泳《红楼梦》海面的人,食无心,睡无意……

又比如作品的风格问题。

一个成熟的作家,都有自己的风格。风格体现在作品的内容和形式的各种要素中。作家作品中表现出来的思想感情和艺术特色的总和,就构成他的独特的风格。不过，在论述《红楼梦》风格的时候，李辰冬把他的注意力主要放在了语言上，或者更具体一点说，主要放在了"北京话"上。他以为《红楼梦》之所以特别成功，就是因为曹雪芹善于向自然语言学习，或者说善于向北京话学习。因而，"北京话"给他一种不灭的光荣，同时"北京话"也因他而永传不朽。

那么，《红楼梦》的风格是一种什么样的风格呢？李辰冬说：

> 《红楼梦》的风格没一点润饰，没一点技巧，并且也不用比拟，也不加辞藻，老老实实，朴朴素素，用最直接的文字，表现事物最主要的性质。

这样，表现在人物塑造上，贾母有贾母的语言，王熙凤有王熙凤的语言，黛玉有黛玉的语言，宝钗有宝钗的语言，刘姥姥有刘姥姥的语言，甚至声音语调都不会混淆。

由于《红楼梦》语言是从日常语言中来，又把日常语言美化了，所以它比日常语言还要流畅、还要自然，即使红楼人物中如薛蟠之流使用最下等的语言，到了曹雪芹手里，也失去了它的卑贱性，而产生出一种美感。所以李辰冬认为：

> 曹雪芹给中国文字辟了一种新的道路，且给一种新的教训：就是要改良文学，丰富文字，必得往日常的语言里去找，唯有这些正活着的语言，才能表现正活着的生活。语言之能否成为美丽，这在作者的天才，不在语言的本身。《红楼梦》在艺术上，是中国一部不朽的珍品，在语言上，是中国将来文字的模范；和但丁《神曲》，在现代意大利的艺术与语言史上，有同样的价值。

关于《红楼梦》的情感表现。

刘彦和云："文之思也，其神远矣。故寂然疑虑，思接千载；悄然动容，视通万里；吟咏之间，吐纳珠玉之声；眉睫之前，卷舒风云之色。"又说："故神思方运，万途竟萌，规矩虚位，刻镂无形。登山则情满于山，观海则意溢于海，我才之多少，将与风云而并驱矣。"①优秀的作家和作品，就是这样充满激情，并且善于表现激情，而且它在读者中引起的是意象、是情感，不是意念、不是说教。李辰冬说，《红楼梦》就是这样的作品，曹雪芹就是这样的作家。曹雪芹关于情感的表现，即以宝玉挨打一节为例，就表现了多种情感，如贾政、贾母的怒，王夫人、袭人、黛玉、宝钗的悲，甚至还会有赵姨娘、贾环一类人的喜。然而，贾政、贾母怒的内容不同，甚至完全相反：贾政怒宝玉，贾母却是怒贾政。王夫人、袭人、黛玉、宝钗的悲也各有其原因、各有其目的。反映在不同读者的心里，大概也会出现相类似的情况。情感这种东西，如电闪雷鸣，稍纵即逝，不易把握，曹雪芹却能在同一个故事里，表现如此多种感情，而又各不重复，各自独立，这是怎样的一支妙笔啊！

又如《红楼梦》中关于各种人物之死的描写，也是突出的一例。对此，明斋主人有很好的体会。他说：

> 人至于死，无不一矣。如可卿之死也，使人思；金钏之死也，使人惜；晴雯之死也，使人惨；尤三姐之死也，使人愤；二姐之死也，使人恨；司棋之死也，使人骇；黛玉之死也，使人伤；金桂之死也，使人爽；迎春之死也，使人恼；贾母之死也，使人羡；鸳鸯之死也，使人敬；赵姨娘之死也，使人快；凤姐之死也，使人欢；妙玉之死也，使人疑。竟无一同者——非死者之不同，乃作者之笔不同也。②

---

① 刘勰：《文心雕龙·神思》。
② 《增评补图石头记》卷首，中国书店1988年版。

在我们看来，明斋主人的评语虽不能说个个准确、人人妥帖，但绝大部分都是能够成立的。一支笔而能将一部书里的十数个不同情况的文学典型之死描写得各具特色，并使读者产生相似的感情反映，除曹雪芹外，试问古今中外，能有几人？关于《红楼梦》情感的表现，李辰冬有一个绝妙的比喻。他说：

> 往马戏班或杂耍场，常常见到一种玩手球戏的，球在他的手里，忽前忽后，忽左忽右，时而停球于头，时而球立于脚，他的身上没一处不可停球，高低上下，莫不旋转自如。好像球为他一人预备的，因他真正握住了球的重心。曹雪芹对于中国文字，就有这种本领。他要喜，文字也喜，他要怒，文字也怒，他有多少情感，文字也有多少情感，在我们手里是死的文字，一到他手，就生龙活虎，变化无穷。

《红楼梦》的写作手法和艺术成就，二百年来，论者甚多，然大都三言两语，一鳞半爪，浅尝辄止。即如戚蓼生《石头记序》那样重要的篇什，全文也不足五百言，因而只能是概括原则，不能尽如人意。新红学派的创始人胡适、俞平伯们，在《红楼梦》作者、曹雪芹的家世生平、后四十回续书和版本诸方面进行了大量工作，做出了重要贡献，但对《红楼梦》的思想意义、写作手法和艺术成就，甚至比他们的论敌索隐派红学家中的某些人还要消极。比如，胡适说：

> 红楼梦毫无价值。[1]

俞平伯则说：

---

[1] 转引自罗德湛：《红楼梦的文学价值·李（辰东）序》，台湾东大图书有限公司印行。

平心看来，《红楼梦》在世界文学中底地位是不很高的。……总不过是身世之感，牢愁之语。即后来的忏悔了悟，以我从楔子里推想，亦并不能脱去东方思想的窠臼；不过因为旧欢难拾，身世飘零，悔恨无从，付诸一哭，于是发而为文章，以自怨自解。其用亦不过破闷醒目，避世消愁而已。故《红楼梦》性质亦与中国式的闲书相似，不得入于近代文学之林。[①]

就在前人对《红楼梦》这种低格调的评价中，李辰冬运用他从西方学来的先进文学理论以及欧洲第一流文学批评家研究他们第一流作品的结果和方法，与《红楼梦》进行比较研究，获得了丰硕的成果，并为《红楼梦》研究进入一个更科学、更深入发展的新时期做出了重要贡献。

四

当然，李辰冬的《红楼梦研究》也是有缺点和不足的。

第一，他推崇王国维"绝父子，弃人伦"的"解脱"说，认定王国维以为《红楼梦》"这部书的精神和价值，在其指示人生一种'解脱'的道路，确是的论"，从而对《红楼梦》的主题做了错误的理解。

关于这个问题，我们在有关王国维的专文中，从三个方面做了比较详细的论述，为节省篇幅，这里不再赘述，只是重复一下先前的要点。首先，王国维的"解脱"说不符合曹雪芹的创作意图。因为曹雪芹在小说的第一回即已交代，他是在经历了一番梦幻之后，感到自己"背父兄教育之恩，负师友规谈之德"，"一技无成，半生潦倒"，而又对当时"行止见识，皆出于我之

---

① 俞平伯：《红楼梦辩》，人民文学出版社1973年版，第92页。

上"的"所有女子"不能忘怀,才满怀"辛酸",用"十年辛苦"创作了这部小说《红楼梦》。这就说明,他在创作中是有隐衷、有希冀、有寄寓的,绝对不是因为他有了什么"知识",已入于"解脱之域"的结果。其次,《红楼梦》写的是一个社会大悲剧,曹雪芹笔下的贾宝玉是我国17世纪封建社会中先进青年的典型,他反对皇权,反对科举制度,反对封建制度,反对男尊女卑,主张婚姻自主,主张主奴平等,等等,具有深广的社会历史意义。只因他的主张不能实现,理想一一破灭,才悬崖撒手,愤然出家。而王国维把贾宝玉的最后出家,仅仅说成是由于"男女之欲"方面的原因,这就局限了《红楼梦》的主题,贬低了这一伟大小说的意义。再次,贾宝玉的出走,不是什么已经"拒绝一切生活之欲",且"形如槁木,而心如死灰",不是他已"知生活之无所逃于苦痛,而求入于无生之域"的结果,而是当他的理想、希望都已破灭,特别是当他失去"木石前盟"以后,感到"意难平"时所采取的一种绝望的反抗手段,是"求赏其欲而不得"的必然结果。至于惜春,她是由于得不到家庭的温暖,后来贾府又惨遭抄没,三个姐姐的悲剧相继发生,宝黛恋爱失败,一件未了接一件,使她预感到自己也不会有更好的命运,因此只得洁身自好,以求得心情的相对安静。她的出家是对世事纷扰所采取的一种消极逃避行为。"勘破三春景不长,缁衣顿改昔年妆。可怜绣户侯门女,独卧青灯古佛旁。"这里,曹雪芹不是赞美惜春有了"知识"和得到了"解脱",而是对她的悲惨结局表示同情和惋惜。紫鹃是一个婢女,她从宝、黛爱情悲剧中领悟到,像她这样的侍女,不会比自己的主人有更好的命运。于是,在惜春出家的启发下,她也打消对现实人生的一切希望,决定伴青灯古佛于此一生。说到底,她的出家也是被迫的、不得已的,是为了"求赏其欲而不得",而不是因为有了"知识"和得到了"解脱"。所以,王国维说"此书中真正之解脱,仅贾宝玉、惜春、紫鹃三人耳"的说法,是不能成立的。

对于王国维的不能成立的"解脱"说,李辰冬在本书中又重新加以强调和鼓吹,这样,他对《红楼梦》的思想意义怎么能够有正确的认识?

第二,理论问题上的矛盾和含混。

　　在理论问题上，李辰冬既有一些比较好的见解，但有的则缺乏科学性，含混、反复，甚至前后矛盾。

　　比如，前已谈到胡适的"自传"说，李辰冬既说了小说家笔下的人物并非从一个模特儿来，而是不知观察了多少模特儿之后，才从这些模特儿里概括创造出他理想的人物来；曹雪芹不知观察和思索了多少实在的"宝玉"、"黛玉"、"宝钗"和"熙凤"，然后才创造他理想中的宝玉、黛玉、薛宝钗、王熙凤来，现在要想指出他们之中的哪一位是实在的谁，是徒劳无益的，别的小说虽不一定都不可能，"但最低限度想指出曹雪芹的模特儿是谁，这是不可能的"。这就说明，李辰冬在这里是否定"自传"说的，他不认为《红楼梦》是曹雪芹的自传。可是，紧接着他又说："自从胡适之先生考出《红楼梦》为曹雪芹作的以后，他下一个结论说此书是作者的'自传'，于是十数年来，大家都认作定论。这定论本不错。"又说"贾政就是曹頫，贾宝玉就是曹雪芹"。这样在"自传"说这个问题上，李辰冬就前后反复，自己制造了矛盾。

　　又如，李辰冬认为，就中国文学史的分期来说，《红楼梦》是绅士阶级复兴时代的作品，"是绅士阶级的产品"，而"复兴"是对唐代而言。"唐代以科举取士，新兴一种绅士阶级，这时的文学，不论诗歌与小说，都是绅士们所写，也为绅士们所读。"这里，我们对李辰冬说《红楼梦》是"绅士阶级的产品"的说法是否正确先且勿论，但其只根据社会发展阶段和作家出身就断定《红楼梦》为"绅士阶级的产品"，也失于武断，缺乏科学性。

　　不错，唐代沿袭隋制，开科举取士制度，使一些中小地主阶级的子弟也能从熟读经书、考试及第，得以从事政治、文化活动。由于他们比较接近下层群众，与六朝以来的门阀势力相比，是一支新生力量，富于进取精神，勇于探索包括发展文学在内的各种问题，所以对唐代文学的发展自有积极意义。但是，唐代文学的发展还有其他一些重要原因，如开国后一百余年的时间里，农工商业发展迅速，财力充足。有了雄厚的经济力，就有可能发展文治，扩大武功。又如唐前期的统治者们，特别是唐太宗李世民，能吸取前朝的历史教训，政治比较宽松，一些有识有志之士敢于提出自己的主张，发表意见，勇于进取，而且有一定的竞争意识。这表现在文学方面，就有近体诗这一体式的确立，文学社会功用问题的探讨，古文运动的开展，新的文学体裁的创立，等等。

的确，曹雪芹写作《红楼梦》的时代，有些条件与唐前期有着类似之处，如：史家多以"康乾盛世"与贞观之治、开元盛世并称；唐以科举取士网罗人才，康、雍、乾时代亦如之；清前期虽屡兴文字狱，但最高统治者们也注意社会反应，特别是注意明遗民的政治动向，如人们大都认为曹雪芹的祖父曹寅，就暗中受康熙皇帝的委派，负有做统战工作的任务，笼络汉族知识分子，收买人心，安定社会。这是历史上一切开明统治者都注意采取的一种统治术以及必然取得的结果，谈不上复兴问题。至于小说创作经验的积累和借鉴，更是文学发展长河中的必然现象。曹雪芹如果没有自唐代开始的传奇小说、话本、拟话本和长篇说部，特别是《水浒传》、《三国演义》、《西游记》和《金瓶梅》等长篇小说的写作经验的积累和借鉴，即使他有盖世天才和特殊经历，也写不出这部伟大小说《红楼梦》来。同理，在唐代也不可能出现像《红楼梦》这样一部伟大巨著，因为文学发展的历史还没有为它提供必要的条件。因此，这里也谈不上是什么复兴问题。

第三，面面俱到，空泛而谈，浅尝辄止。

这个问题，主要表现在对《红楼梦》思想意义的论述和一些理论问题上，对艺术成就和写作技巧的评论不在此内。比如前已谈到，李辰冬说《红楼梦》是"绅士阶级的产品"，就没有对此做出必要的论证。其实，严格说来，《红楼梦》能不能称为"绅士文学"，是不是"为绅士阶级所写，且充分表现绅士阶级的社会意识"，还是大可商榷的。因为在中国历史上，官、绅是并称的。曹雪芹没有做过官，也谈不上是"绅"，因为他一无权，二无势，当他还活着的时候，也没有地位。他的书中"假风月，寓雷霆"①，后来被一些人说成是"诲淫之甚者也"②，"诱坏人身心性命"③，甚至遭到禁毁。如果它果真是"充分表现绅士阶级的社会意识"，梁恭辰、毛庆臻辈何以要对它这样切齿痛恨？

又如，对"《红楼梦》的时代意识"做"纵的研究"的第三章"《红楼梦》重要人物分析"，过分注重人物体现的类型象征意义，而忽视阐述人物的思想倾向和社会意义。第四章在对"《红楼梦》的时代意识"进行"横的研究"时，他虽视野开阔、涉及面广，目光所到，兼及家庭、教育、政治与法律、婚姻、社会、宗教、经济等诸多方面，可惜的是，他对问题看得不准、开掘不深，以致像第一回说"偏值近年水旱不收，贼盗蜂起，官兵剿捕，田庄上难以安身"，第六回王熙凤向刘姥姥告艰难，第五十三回乌进孝、贾珍的对话，四大家族的日用排场，分管对外贸易的金陵王和皇商薛家所具有的经济意义，它们对《红楼梦》的主题，甚至对人物塑造方面所起的作用，都放过未提，因而就在一定程度上影响了这一部专著的深度，这是非常遗憾的。

---

① 观鉴我斋：《儿女英雄传·序》。
② 梁恭辰：《北东园书录》四编。
③ 毛庆臻：《一亭考古杂记》。

何其芳同志和他的《红楼梦》研究①

一

何其芳同志已经逝世十一周年了，他的音容笑貌至今还留在我的眼前，言谈话语至今还响在我的耳边，令我回忆，促我向前。

何其芳同志的名字，我是在20世纪50年代就知道的，然而与他相识却已是70年代初了。那时我在北京出版社文艺编辑组工作。"文化大革命"期间，在经历了前五年的动荡之后，周恩来同志于1971年下半年，在出版工作会议上提出要加强对《红楼梦》等四部古典小说的宣传出版问题。我在单位领导的支持下，着手组织宣传四部古典小说的书稿，于是专门去找了其芳同志，请他撰写评介《红楼梦》的小册子。那时，其芳同志虽未恢复中国社会科学院文学研究所的所长职务，但已在所里协助工作。在了解我的来意之后，他非常恳切地说：在《红楼梦》研究方面，李希凡同志是毛主席树立的榜样，你去请希凡同志写吧!

这一次的约稿虽然没有成功，但后来他支持我在文学所里组织了四五个书稿。文学所的同志告诉我，后来何其芳同志在所里的一次会上还说：在我

---

① 本文发表于《红楼梦学刊》1988年第4辑，发表时题为《回忆与悼念》。

们最困难的时候，是邓庆佑同志第一个来找我们约稿，他有什么要求，尽量想法予以满足。我听了以后，心中非常感激，从心底里感谢其芳同志，感谢文学所的同志们对我工作的热情支持。可不到一年，当"四人帮"安排在北京的一男一女中的那个男的——迟群进驻中国社会科学院支"左"以后，他立即下令让各个所的同志辞掉一切约稿，让他们重新进行学习，"接受改造"。为此，其芳同志专门给我打了电话，做了解释，还表示了歉意。

1976年10月，"四人帮"被粉碎了，从此以后，科研、出版工作慢慢地提到了正常化的日程，出版工作也要开始拨乱反正了。在此之前，1975年的某个冬日，我去看望其芳同志，我们都对当时的科研出版工作颇多感慨。其芳同志说，有一次他在图书馆里看见一个年轻人伏案抄写《唐诗三百首》，并请他向有关部门呼吁为年轻人多提供精神食粮，特别是迫切需要出版一些优秀的古典文学作品。其芳同志说，当时他心里非常难过，认为这是包括他在内的文学研究工作者的失职。但是，在那个时候，除了这样严格要求自己，表示内疚、表示不满之外，他又能有什么办法改变这种现状呢？也就在那天，我们在发表一通感慨之后，其芳同志提出了要重编一部唐诗选本的愿望，认为这个工作是一定可以做好的，而且按照我们今天的水平，不论在思想和艺术方面，都有可能超过蘅塘退士的《唐诗三百首》。不用说，他的设想我是完全赞成的，而且当时就定下了《唐诗选注》这个选题。

但是，遗憾的是，当我回到单位汇报以后，并没有得到主要领导人的赞同；相反，他却视其芳同志为"资产阶级学术权威"，认为出版这类人的作品容易出问题，因而颇有怪我多事之意。我是新中国成立以后，由党和人民培养出来的国家干部，领导的话我向来是说一不二、指东不西的。然而坦率地说，在这件事上，我却采取了阳奉阴违的态度，虽然我并不积极地催稿，但我还是抓住不放。到1976年初夏，我还打印了选目和样稿，组织座谈，征求意见，并且首先给出版社的主要领导送了一份，虽然当时他并不热情，但也没有明确反对，所以从那以后，我便公开地放开手脚去干，甚至后来还因此搞了一个"中国古典文学普及读物"的系列选题，由我以及我的接任人出版了一套丛书，并且还确实拥有了比较广泛的读者，这套丛书时隔十年之后，还在继续印刷发行。

当然，这些都是顺便提到的话，使我不能忘怀的是其芳同志那种认真负责、一丝不苟的工作精神。《唐诗选注》从选目、注释到修改定稿，前后花了约一年半的时间，而工作最紧张的阶段是在1976年下半年，特别是唐山发生大地震的前后几个月里。为了选目准确，其芳同志翻遍了《全唐诗》，而且反复斟酌，认真取舍。出差时，他甚至把工作做到旅途中。闹地震那些令人紧张得难忘的日子里，他夜以继日、孜孜不倦地工作在地震棚里。为了使评价更为准确、注释更为精当，他反复推敲，一改再改，有时甚至推倒重写。因而本书出版以后，质量较为理想，得到广大读者的好评。正像本书"前言"中所说："在本书即将与读者见面的时候，我们特别怀念倡议和支持这项工作的何其芳同志。他参加了除前言和附录以外的全书的审订工作。他曾经坚持在地震棚里选诗和改稿，常常工作到深夜甚至黎明，在去世之前还关心着前言的写作。他一丝不苟的工作作风，实事求是的科学态度，热情关怀和培养年轻同志的精神，对于提高本书质量，促使本书早日完成，都起了积极作用。"1977年夏天，《唐诗选注》开始排版了，但就在这时，7月24日，忽然传出噩耗，其芳同志因患胃癌，与世长辞了。消息传来，我久久不能平静，并且产生了沉痛的悲哀。

其芳同志是四川万县人，1912年生，1935年毕业于北京大学哲学系。之后，他曾在天津和山东莱阳等地任中学和师范学校教员。1938年到延安参加革命。后来历任鲁迅艺术学院文学系主任、中国作家协会书记处书记、中国社会科学院文学研究所所长、《文学评论》主编。有诗集《汉园集》、《预言》、《夜歌》，散文集《画梦录》、《还乡杂记》，文艺理论集《关于现实主义》、《西苑集》、《关于写诗和读诗》，红学著作《论红楼梦》等。他逝世以后，人民文学出版社为他出版了《何其芳文集》，四川人民出版社为他出版了《何其芳选集》。

二

正如前面所说，我与其芳同志相识，首先是因为宣传《红楼梦》的缘故。想不到其芳同志逝世两周年之后，即1979年7月，我便调到中国艺术研究院红楼梦研究所专门从事红学工作来了。其芳同志是当代红学史上一位重要的红学家。虽然他的红学著作不那么多，然而由于所论的问题抓得比较准确，阐述得比较透彻，尤其是他的长篇论文《论"红楼梦"》，对《红楼梦》研究中一些重大问题都做了系统、细致的论述，提出了自己深思熟虑的见解，所以受到学术界的广泛注意，产生了巨大和深远的影响。

那么，其芳同志有些什么样的红学观点，它们各包涵一些什么样的具体内容？概括起来，主要有以下几点。

第一，《红楼梦》是我国古典小说艺术成就的最高峰。

《红楼梦》是一部怎样的书，它在中国文学史上具有什么样的地位和价值？二百多年来，有各种各样的说法。有的说："《红楼梦》一书，诲淫之甚者也。"[①]有的说："《红楼梦》为小说中无上上品。"[②]鲁迅在《〈绛洞花主〉小引》中更把各种各样的读者在读了《红楼梦》后所生的反应，归纳为"经学家看见《易》，道学家看见淫，才子看见缠绵，革命家看见排满，流言家看见宫闱秘事"。以上这些人大都就《红楼梦》的思想意义着眼，很少或根本没有从《红楼梦》的艺术表现上考察问题。相反，如戚蓼生等一类红学家，则又主要从艺术表现上立言，而较少触及书中的思想意义。这是旧时代红楼梦研究的基本情况。进入中华民国时期以后，有些红学家已经在研究作品思想意义的同时，也开始研究《红楼梦》的艺术价值了。当然，把这两者真正很好地结合起来，却是新中国成立以后的事，而何其芳同志便是其中杰

---

① 梁恭辰：《北东园笔录》，《红楼梦卷》第一册，第15页。

② 杨恩寿：《词余丛话》，《红楼梦卷》第一册，第25页。

出的一位。

其芳同志在长篇专论中的第一句话就是："伟大不朽的作品《红楼梦》是我国古典小说艺术成就的最高峰。"①（以下凡系专论中的引文，不再注出）他说，所以得出这个结论，是因为：(1)《红楼梦》在我们面前展开了许多大幅的封建社会的生活图画，它们色彩斑驳而明晰。书中那样众多人物的面貌和灵魂，那样多方面的封建社会的制度和风习，都栩栩如生地再现在读者的眼前。我们每次读到它都感到它像生活本身一样新鲜和丰富，每次都可以发现一些以前没有察觉到的有意义的内容。(2)它像世界上为数不多的伟大作品一样，能获得不同年龄和不同生活经历的读者的衷心喜爱，能丰富和提高我们的精神生活，吸引我们去反复阅读；而且因为它蕴藏的意义是那样丰富和深刻，需要我们去做多次的探讨，以后才可以比较明了。(3)它为我们这个古老的社会做了一次最深刻的描写，像在新社会到来之前，对旧社会做了一次总的判决一样。它的内容不仅限于反对和暴露某些个别的封建制度，而是巨大到几乎批判了整个封建社会的上层建筑和整个封建统治阶级；而且在批判旧东西的同时，还提出了一些关于人的合理的幸福生活的梦想。

第二，宝黛爱情悲剧是《红楼梦》中的中心故事，是许多线索中的一个主要线索。

《红楼梦》内容丰富，描写的生活面很广，而且往往交错推进，所以对什么是《红楼梦》中的中心故事，什么线索是《红楼梦》中的主要线索，就容易产生不同的看法。在20世纪70年代末和80年代初所展开的关于什么是《红楼梦》的主线的讨论中，就有说是宝黛爱情的，也有说是四大家族的衰败过程的，也有说是宝黛的恋爱和贾府的盛衰的。也有同志说：

　　一部《红楼梦》是以贾宝玉的叛逆性格的形成和发展为中心，以贾宝

---

① 何其芳：《论〈红楼梦〉》。

玉和贾政等在人生道路问题上的叛逆和反叛逆为主线，以四大家族的衰败为结局，全面地批判了封建社会和地主阶级，深刻地反映了当时社会阶级的分化，从而预示了封建主义制度的必然溃灭，依稀透露出近代资本主义新纪元的微光。应该说，主题、主线、主人公三者高度一致，这是《红楼梦》在艺术结构上的一大特点。[1]

以上这几种主张，作者虽然都能谈出一些自己的理由，而且也似不无道理，但是，黄立新同志说：

所谓"主线"：第一，它应该是由具体事物构成的；第二，既云"线"，它应该具有使读者清晰地感到的情节发展的连续性的特点；第三，既称"主线"，它应该是以书中主人公为描写对象的，贯穿全书的。这样，所谓"主线"，就应指描写主人公具体活动的具有连续性的、贯穿全书的一个中心事件。……而"宝黛爱情故事"，却正是贯穿全书的描写主人公具体活动的具有连续性的一个中心事件。[2]

我完全赞成黄立新同志关于《红楼梦》主线问题的理解，因为这不仅符合《红楼梦》中的客观描写，也符合曹雪芹对全书的情节安排。而且，在这里我们还要高兴地提醒读者，其芳同志在他的长篇专论中，不仅早在三十二年前按这样的理解做了详尽的说明，而且还提出了一些极为深刻的见解。其芳同志指出：

（一）虽然曹雪芹并没有把这个悲剧写完，但在小说的第五回，在贾宝玉梦游太虚幻境时所听到的《红楼梦》十二支曲里，就通过《终身误》告诉

---

① 张锦池：《也谈〈红楼梦〉的主线》，《红楼梦学刊》1979年第1辑。
② 黄立新：《宝黛爱情故事应是〈红楼梦〉的主线》，《红楼梦学刊》1980年第4辑。

读者，这个爱情故事的结局将是不幸的；又通过《枉凝眉》把贾宝玉和林黛玉互相爱恋而不能结合的痛苦写得很沉重，简直是一首声泪并下的悲歌。

（二）《红楼梦》继承了包括《西厢记》、《牡丹亭》在内通过爱情故事反对封建礼教的传统，而又有所发展。《西厢记》描写的是张君瑞与崔莺莺一见倾心式的爱情。《牡丹亭》描写的爱情更离奇，它甚至不发生于"一见"，而发生于梦中。而《红楼梦》描写的贾宝玉与林黛玉的爱情却是通过日常生活中互相了解和互相接触，建立在思想一致的基础上。这就使《红楼梦》中的爱情描写，产生了一个与以前不同的明显的特点。曹雪芹生活在我国近代历史开始之前，他描写的这一恋爱和婚姻原则，毫无疑问在当时是无法实现的，它是为未来提出的理想。这样它就和世界上其他伟大作品一样：他所提出的理想不属于它那个时代，而是属于未来。

（三）伟大作家可以提出未来也适应的理想，然而他却不可能描写出当时并不存在的生活。曹雪芹的时代，还不曾出现近代和现代那样的恋爱，因此他笔下的宝黛的恋爱又有一个显著的特点，那就是它仍然带有强烈的封建社会的恋爱色彩，这首先表现在那种特有的曲折和痛苦的表达爱情的方式上。然而，宝黛爱情所处的环境尽管如此恶劣，但他还是顽强地生长起来了，尽管是弯曲的、畸形的。他们的爱情，痛苦多于甜蜜，或者说痛苦和甜蜜紧密地交织在一起。《红楼梦》就这样出色地写出了这种"儿女之真情"，写得那样细腻，那样激动人心。当然，贾宝玉、林黛玉的恋爱带有强烈的封建社会的恋爱色彩，不仅表现在表达爱情的方式上，而且表现在他们的行动没有更大胆地突破封建礼教的限制，这就说明，他们的恋爱不但同近代和现代的恋爱不同，而且同封建社会比较下层的人民中间的恋爱方式也有差异。

（四）宝黛的爱情成为悲剧，不是决定于宝钗，也不决定于凤姐、王夫人、贾母，或其他任何个别人，而是因为制度问题。他们的爱情悲剧之不可避免，不仅因为他们在恋爱上是叛逆者，而且因为是一对叛逆者的恋爱。这样，他们的悲剧便成了双重悲剧：封建礼教和封建婚姻制度所不能容许的爱情悲剧与封建统治阶级所不能容许的叛逆者的悲剧。

第三，贾宝玉这个名字一直流行在生活中，成了一个共名。人们叫那种为许多女孩子所喜欢，而且他也多情地喜欢许多女孩子的为贾宝玉。人们也叫那种身体瘦弱、多愁善感、容易流泪的女孩子为林黛玉。

其芳同志首先指出，在阶级社会里，人总是有阶级性的，人总是有一定的政治倾向的，不管他是自觉还是不自觉。然而任何一个人又绝不会是抽象的阶级性和政治倾向的化身。他或她各有各的个性和特点。成功的文学作品中的人物形象，特别是那些成功的典型形象，更应是这样。他们容易为人们所记住，并在生活中广泛地流行。这是因为这样的典型概括性高，不仅概括了一定阶级人物的特征以致某些不同阶级人物的某些共同的东西，而且总是个性特点鲜明突出，两者又总是异常紧密地结合在一起。

贾宝玉的特点是什么？是他多情地喜欢许多女孩子。曹雪芹在《红楼梦》中反复写了这个特点。在贾宝玉还没有出场时，第二回里就传出他说了这样的话："我见了女儿，我便清爽，见了男子，便觉浊臭逼人。"后来，作者又一再地描写了他为女儿们尽心效力的事。以至于《红楼梦》中一再渲染出来的贾宝玉的这一特点是如此重要，假如去掉了，便没有了贾宝玉。

林黛玉的特点也是这样的。她还没出场，第一回就写了她"还泪"的故事。后来，又反复写了她"无事闷坐，不是愁眉，便是长叹，且好端端的，不知为了什么常常的便自泪道不干的"，以至于后来觉得"眼泪恰像比去年少了些似的"，"心里只管酸痛，眼泪却不多"；还有，她冰雪一样聪明，孤高自许，心直口快，又"好弄小性儿"，终日悲哀和愁苦。如果去掉了这些，同样也就没有了林黛玉。

当然，不管贾宝玉多情地喜欢许多女孩子也好，或林黛玉悲哀愁苦、好弄小性也好，又都和他们的性格特点有关。

第四，曹雪芹的基本立场"是封建地主阶级叛逆者的立场"。

其芳同志说，《红楼梦》以十分罕见的巨大艺术力量，描绘了像生活本身一样丰富、复杂和浑然天成的封建社会的生活图画，塑造了可以陈列满一个长长的画廊的性格鲜明的人物和典型人物。通过这些人物和他们的生活，深刻地揭露了封建统治阶级的丑恶和腐败，封建主义的残酷和虚伪，封建社会的男女不平等；而在这个黑暗、污秽和罪恶的社会里，又描写了青年男女纯洁、美丽的爱情，描写了封建社会叛逆者和奴隶们的反抗。因此，它的总的意义和效果，就不能不是对于整个封建社会的批判和否定。而且，《红楼梦》对很多具体事物的否定和肯定，都是出于作者的自觉。不过在当时的历史条件下，他不可能整个地否定封建社会，整个地否定封建统治阶级。即使像乌进孝向贾珍交租那样的情节，作者的原意也不过要写出贾府经济上的人不敷出，而不一定会像现在我们所理解的那样，认为地主阶级的腐化生活是建立在对农民剥削的基础之上。

这样就牵涉到一个问题，即曹雪芹所赖以进行创作的思想基础是什么？是像有的同志说的那样，"《红楼梦》应该被认为是代表十八世纪上半期的中国未成熟的资本主义关系的市民文学的作品"，"曹雪芹就是属于贵族官僚家庭出身而受了新兴的市民思想影响的一个典型的人物"，"他基本上是站在新兴的市民立场上来反封建的"[1]呢，还是如另外有的同志说的那样，"《红楼梦》的思想基础，是建筑在农民力量的基础上，是建筑在农民的生活思想的基础上"[2]呢？其芳同志认为，不管是"市民说"也好，或者"农民说"也好，它们都是缺乏根据的。因为《红楼梦》里面所描写的那些丫头，他们的身份既不是农民，也不是市民；但是也不能把他们排斥在封建社会的人民范围之外，而且不能不承认她们也有反封建的要求，甚至在封建统治阶级内部也可以出现一部分这样的分子。所以，《红楼梦》的全部内容所表现出来的作者的"基本立场是封建地主阶级的叛逆者的立场，他的思想里面同时也反映了一些人民的观点。前者是和人民相通的；后者是直接地或间接地受到了人民的影响"。

① 邓拓：《论〈红楼梦〉的社会背景和历史意义》。

② 刘大杰：《〈红楼梦〉引论》。

三

根据前面的介绍，我们知道，其芳同志在《红楼梦》研究中的成就是比较突出的、多方面的。最显著的有三点：第一是它的通俗性，第二是它的系统性，第三是对诸多理论问题提出了深思熟虑的、合乎作品实际的见解。

第一，关于其芳同志红学论文的通俗性。

前面说过，其芳同志当过中学教员，但同时他又是一位诗人和散文家。中学教员讲课要通俗易懂，引人入胜；诗人和散文家，要使自己的文学洗练而又充满感情色彩，以更好地感染读者、抓住读者。其芳同志的红学论文，特别是《论〈红楼梦〉》，就明显地具备这样两种特质。比如在文章的前面，他就用亲身感受，浓笔重墨地描述了自己认识和理解这部伟大小说由浅入深、由一般到具体的过程。他说：

> 我们少年时候，我们还没有读这部巨著的时候，就很可能听到某些年纪较大的人谈论它。他们常常谈论得那样热烈。我们不能不吃惊了，他们对它里面的人物和情节是那样熟悉，而且有时爆发了激烈的争辩，就如同在谈论他们的邻居和亲戚，如同为了什么和他们自己有密切关系的事情而争辩一样。后来我们自己读到了它。也许我们才十四岁或十五岁。尽管我们还不能理解它所蕴含的丰富的深刻的意义，这个悲剧仍然十分吸引我们，里面那些不幸的人物仍然激起了我们的深深的同情。而且我们的幼小的心灵好像从它受过了一次洗礼。我们开始知道在异性之间可以有一种纯洁的痴心的感情，而这种感情比起在我们周围所常见的那些男女之间的粗鄙的关系显得格外可贵，格外动人。时间过去了二十年或者三十年。我们经历了复杂的多变化的人生。我们不但经历了爱情的痛苦和欢乐，而且受到了革命的烈火的锻炼。我们重又来读这部巨著。它仍然是这样吸引我们——或许应该说更加吸引我们。我们好像回复到少年时候。我们好像从里面呼吸到青春的气息。那些我们过去还不

能理解的人物和生活，已不再是一片茫然无途径可寻的树林了。这部巨著在我们面前展开了许多大幅的封建社会的生活的图画，那样色彩炫目，又那样明晰。那样众多的人物的面貌和灵魂，那样多方面的封建社会的制度和风习，都栩栩如生地再现在我们眼前。我们读了一遍又一遍。我们每次都感到它像生活本身一样新鲜和丰富，每次都可以发现一些以前没有察觉到的有意义的内容。

这真是经验之谈。我们年纪稍大一些的同志，在不同年龄、不同经历处境下阅读《红楼梦》的时候，谁不曾产生过其芳同志提到的这种种不同心境和不同感受呢？可有谁像其芳同志这样写出过呢？他作为一名受人尊敬的红学家，原因就包括这一点，即：他能将这种人人心中所有而笔下所没有的东西（或者还没有来得及写出的感受），明白无误地介绍给读者，使有同样经历的人能够唤起回味、加深理解。即使对没有读过《红楼梦》的读者，他们看了这段经验之谈后，也会受其影响，产生领略一下《红楼梦》艺术魅力的愿望。前几年，在其芳同志的文集和刊有他红学论文的参考书没有出版以前，一些相识或不相识的红学界朋友，托我购买其芳同志的红学著作时，就深情地谈道：读其芳同志的红学论著，有时简直是一种享受。这是一种多么高的评价啊！其实，何止是他的红学论著，其他论著不也是一样吗！

第二，关于何其芳同志红学论著的系统性。

其芳同志的论红著作，内容是非常广泛的，即以他的长篇专论来看，就涉及了有关曹雪芹的生平和家世，《红楼梦》前八十回原作和后四十回续作中的所有问题，而且有一个完整的体系，对所有问题的论著，都是按照这个体系进行安排，前后有条不紊地进行的。

这篇专论，全部共分十三节。第一节是引言，简要叙述了自己读《红楼梦》的体会和对这部伟大小说总的评价。在这一节中，他对产生《红楼梦》的社会背景做了简单介绍，认为《红楼梦》这部巨著为中国"这个古老的社会作了一次深刻的描写"，"它好像对读者说：这些古老的制度和风习是如此根深蒂固又如此不合理，让它们快些灭亡吧"！第二节主要叙述作者的家世、经历和创造过程。认为曹雪芹是谁的儿子、生于何年都不能确知。他经历过一段繁华的生活，又遭到家境败落的打击。而曹雪芹所写的《红楼梦》，正是以他的生活经历为基础编织成的一部故事情节虚构的作品。第三节着重分析了宝黛的爱情及其产生悲剧的必然性。认为他们之间的悲剧之所以不可避免，是因为不仅他们"在恋爱上是叛逆者"，而且因为他们"是一对叛逆者的恋爱"。第四节评述宝、黛两人叛逆的思想性格及其特点，提出了为大家所熟知的"典型共名说"。第五节评述晴雯、鸳鸯、香菱、二尤以及元、迎、探三春和史湘云等"性格鲜明、使人不能忘记"的一群女子和她们怎样被摧残与被虐杀。第六节简单评述秦可卿、李纨、妙玉之后，着重评述薛宝钗、袭人和贾政、王夫人，说宝钗和袭人都是封建主义的信奉者，坚决维护统治阶级的利益；但宝钗不是存心害人的奸险之辈，袭人也不是罪恶多端的"蛇蝎"。第七节集中评析王熙凤。认为"她是一条美丽的蛇"，"是一个笑得很甜蜜的奸诈的女性"。第八节主要评价《红楼梦》的艺术成就。认为它"最大限度地发挥了小说这一形式的性能和长处，因而成为我国小说艺术发展的最高峰"。第九节主要评述人物形象塑造的成功。认为《红楼梦》"塑造了众多性格鲜明的人物，而且其中不少人物流形在生活中，成为不朽的典型"。第十节是对《红楼梦》的主要内容做的总结，并评述书中的局限性和糟粕。第十一、十二两节则是针对写作这篇论文时，《红楼梦》研究中的一个不同意见，即曹雪芹创作的指导思想所进行的争鸣。他既不赞成"市民说"，也不赞成"农民说"，而认为曹雪芹是站在地主阶级叛逆者的立场上来创作《红楼梦》的。第十三节则是评述后四十回的得失，认为高鹗"保存了宝钗悲剧的结局，这是他的最大的优点，但另外有些部分的思想内容却违背了曹雪芹的原意，在艺术的描写方面，除了有些片段还写得较好或可以过得去而外，绝大部分都经不住细读"。

看了上面的简介，可知这十三节的写作，不仅内容丰富系统，而且结构严密，是一个完整的整体，甚至先后次序都容不得调换。它简直是一部《红楼梦》的概论，其芳同志却把它浓缩在这篇七八万字的专论之中。

第三，关于其芳同志在《红楼梦》研究中的理论贡献。

其芳同志是我党的一位著名文艺理论家，不仅对诗歌创作、对一般文艺理论问题发表过很有影响的论著，而且在《红楼梦》研究中曾就不少理论问题发表过非常精辟的见解。他认为作为一个理论研究工作者，必须学习马克思主义，用马克思主义的立场、观点和方法来指导自己的研究工作。他说文学研究工作者必须认识到，"研究《红楼梦》和整个文学遗产都必须有马克思主义列宁主义的立场、观点和方法，都必须用阶级分析的方法。充分地肯定了《红楼梦》的巨大的反封建的意义，并进而探讨《红楼梦》所表现的思想的阶级性质，这都是我们企图运用阶级分析方法的表现"①。他不仅严格要求文学所的同志，而且更严格地要求自己。所以，他虽在不少地方谦虚地说，他的世界观没有改造好，马克思主义、毛泽东思想没有学好，然而他的一些红学观点都是非常符合马克思主义的，也是非常符合《红楼梦》实际的。

其芳同志红学理论的第一大贡献是提出了"典型共名说"。

这个问题，我们在第二部分介绍其芳同志的主要红学观点及其内涵时已经做过介绍，但由于它最著名、影响最大，既是完全马克思主义的，又曾被视为"修正主义"观点，一度受到批判，所以有必要再次提出来加以详细介绍。

其芳同志是怎样提出这个问题的呢？他说：

> 同中国的和世界的许多著名的典型一样，贾宝玉这个名字一直流行在生活中，成为了一个共名。但人们是怎样用这个共名呢？人们叫那种为许多女孩子所喜欢，而且他也多情地喜欢许多女孩子的人为贾宝玉。

---

① 何其芳：《曹雪芹的贡献》，刘梦溪编：《红学三十年论文选编》上，百花文艺出版社，第715页。

当然，如果仅仅讨论到这里为止，是容易被人误认为缺乏阶级性或是超阶级的。笔者在70年代中期的"评红热"中，由于对其芳同志的红学著作没有系统细读，且又受当时报刊宣传的影响，也曾一度认为这是"错误"的观点。但是，其芳同志提出这个理论的时候，是做了充分论述的，前后的限制都是很严密的。比如在上面引文之后，紧接着其芳同志又说：

> 是不是我们可以笑这种理解为没有阶级观点和很错误呢？不，这种理解虽然是简单，不完全的，或者说比较表面的，但并不是没有根据。

接着，他就解释了这种"根据"之一是：

> 在阶级社会里，人总是有阶级性的，人总是有一定的政治倾向的，不管他是否自觉。然而任何一个人都决不是抽象的阶级性和政治倾向的化身。他或她各有各的性格和特点。文学中的人物，如果不是公式化概念化的而是现实主义的作品中的人物，当然也是这样。特别是那些成功的典型人物，他们那样容易为人们所记住，并在生活中广泛地流行，正是由于它们不仅概括性很高，不仅概括了一定阶级人物的特征以至某些不同阶级人物的某些共同的东西，而且总是个性和特点异常鲜明，异常突出，而且这两者总是异常紧密地结合在一起。

最后，其芳同志还指出贾宝玉这个"共名"还有它的时间性和局部性，不是永远如此、一成不变的。他说：

> 贾宝玉的性格上的这种特点也是打上了他的时代和阶级的鲜明烙印的。然而少年男女和青年男女的互相吸引，互相爱悦，这都不是一个时代一个阶级的现象。因此，虽然他的时代和阶级都已经过去了，贾宝玉这个共名却仍然可能在生活中存在着。这并不是说今天还会有

贾宝玉那样的人，而是某些人的某一方面可能还有和贾宝玉类似之处，人们也就可能戏称他为贾宝玉。但是，如果今天有人有意地去仿效贾宝玉，而且欣赏他身上的那些落后因素，那就只能说是他自己犯了时代的错误。

由此可见，其芳同志的论述中，是不存在所谓无阶级性或超阶级的。

中外文学作品中，确实存在不少"不仅概括了一定阶级的人物的特征以至某些不同阶级的人物的某些共同的东西"的作品。外国的暂且不说，仅拿中国著名的文学典型，除贾宝玉、林黛玉之外，还有鲁迅《阿Q正传》中的阿Q。阿Q是个雇农，但是他的身上有着当时中国社会各阶级人物所共有的东西。据许寿裳在《亡友鲁迅印象记》中说，鲁迅在日本留学时，就注意研究中国的"国民性"，而且他主观上就有通过阿Q来抨击自己心目中的"国民性"的弱点的意思在内。所谓"国民"，不仅仅指地主，而且也包括其他阶级在内。又如《三国演义》中的诸葛亮，是罗贯中概括了当时的和历史上的中国人民的智慧的结果。"三个臭皮匠，凑成一个诸葛亮。"罗贯中以后，各个时代、各个阶级，都希望有自己的"诸葛亮"，这是大家都熟悉的。

至于外国的这类典型人物，列宁曾提到奥勃洛摩夫。他说：

> 在俄国生活中曾有过这样的典型，这就是奥勃洛摩夫。他老是躺在床上，制订计划。从那时起，已经过去很长一段时间了。俄国经历了三次革命，但仍然存在着许多奥勃洛摩夫，因为奥勃洛摩夫不仅是地主，而且是农民；不仅是农民，而且是知识分子；不仅是知识分子，而且是工人和共产党员。①

---

① 列宁：《论苏维埃共和国的内外形势》，《列宁全集》第33卷，人民出版社1957年版，第194页。

这里，不仅有了"共名说"的外国的例证，而且还有了最直接的马克思列宁主义的理论依据。

其芳同志对红学理论的第二大贡献是提出了"双重悲剧说"。

贾宝玉和林黛玉两个典型人物形象产生的时代是清王朝的中期，是中国封建社会的"末世"。在长期的中国封建社会里，尽管统治阶级荒淫无耻，男盗女娼，但青年男女的婚姻却只能是取决于"父母之命、媒妁之言"。而曹雪芹笔下的贾宝玉、林黛玉，却要求婚姻自主、爱情建立在男女双方思想一致的基础上。所以他们的爱情，是不符合封建规范的，是叛逆的。不仅如此，贾宝玉在反对包办婚姻、要求婚姻自主的同时，还在政治上反对"仕途经济"，反对科举制度、奴婢制度，反对贪赃枉法，反对官僚，甚至反对皇帝。总而言之，贾宝玉在政治上也是叛逆的，而且他在这方面得到了林黛玉的完全支持。这样，他们的恋爱遭到失败就是必然的了。对这个问题，其芳同志做了透彻的阐述，并且提出了"双重悲剧说"的著名理论，他说：

> ……作者所写的薛宝钗本来并不是一个成天在那里想些阴谋诡计，并用它来破坏别人幸福的人。只是因为她是一个封建正统思想的忠实信奉者，贾府才选择她做媳妇。……宝玉和黛玉的爱情成为悲剧，不是决定于薛宝钗，也不是决定于凤姐、王夫人、贾母，或者其他个别人物……这就写出来了它是一个封建制度的问题。

又说：

> 贾宝玉和林黛玉的悲剧的必然性，还不只是由于个别的封建制度。不幸的结局之不可避免，不仅因为他们在恋爱上是叛逆者，而且因为那是一对叛逆者的恋爱。

还说：

> 贾宝玉和林黛玉的悲剧是双重悲剧，封建礼教和封建婚姻制度所不能
> 容许的爱情悲剧和封建统治阶级所不能容许的叛逆者的悲剧。

这样，用"双重悲剧说"来认识贾宝玉这个悲剧人物形象，比单从爱情一方面来理解就深刻多了。

其芳同志在红学理论上的建树还有不少。如他说："如果我们在她（薛宝钗）身上看出了虚伪，那也主要是由于封建主义本身的虚伪"；曹雪芹进行创作的思想基础，既不是"市民说"，也不是"农民说"，他的"基本立场是封建地主阶级叛逆者的立场"；等等。所有这些，对读者更深入地认识曹雪芹、理解《红楼梦》，对丰富红学的理论宝库，无疑都具有重要的意义。

四

其芳同志红学著作中论述的问题是广泛的，内容是丰富的，而且精辟透彻，深入浅出，赢得了广大的读者。他对帮助读者特别是青年读者读好《红楼梦》，对丰富和发展红学，都做出了巨大的贡献。他成为新中国成立以后全国著名红学家之一，受到广大读者和红学界的称赞和尊敬，是理所当然的。然而，由于我们的理论工作过去长期受苏联模式的禁锢，思想僵化，对不少问题做了教条主义的绝对化理解，缺乏辩证法。比如"共名说"，其芳同志不仅在理论上，而且在实践上都已经很好地解决了的问题，结果反被说成是错误的；甚至在粉碎"四人帮"和"实践是检验真理的唯一标准"的大讨论开展之后，在80年代初出版的一些红学论文和红学著作中，谈到"共名说"时依然被说成是错误的。当然，这些同志都是属于认识问题，只要把问题搞清楚了，就会知道，珍珠终归是珍珠，不会被误认为鱼眼睛的。

最值得提出的是，在那令人不堪回首的十年"文革"期间，曾经有一段

时间，我们的一些号称马列主义的理论家，却把其芳同志在马克思主义指导下写出的红学著作说成是"修正主义"的"毒草"，并且对他进行批判斗争，使其芳同志人格受侮辱、身体被摧残。这究竟是怎么一回事？难道是俗话所说的"大水冲了龙王庙，一家人不认一家人"么？然而，事情的发展，越来越证明，问题绝非如此。那些号称"马克思主义的理论家"如姚文元、张春桥之流，不过是一度窃取高级领导职位的马克思主义的敌人。他们指使自己的喽啰造谣诬蔑，编选黑材料，把其芳同志的正确红学理论说成是"修正主义红学"理论。1976年4月26日，姚文元还对《红旗》杂志编辑组的召集人说："……何其芳给上海一个反革命分子（这个所谓"反革命分子"，是上海一位与"四人帮"英勇斗争过的青年工人——引者按）写过三封信，内容很坏，对过去受批判的许多事都翻案。如《红楼梦》问题上的观点等等，充满胡风语言。"①姚文元在"四人帮"覆没之前的垂死挣扎中，之所以再一次在他们控制的宣传舆论阵地的工作人员面前诬蔑其芳同志，其目的不过是对其芳同志进行又一次迫害做舆论准备罢了。然而，他没有想到，他们的末日已经快到了。

其芳同志是一个刚直不阿的人。虽然他在党面前严格要求自己，甚至可以委曲求全；然而，面对"四人帮"的倒行逆施，他是据理力争，从不低头的。为此，他长期接二连三地遭到迫害，行动没有自由，身体受到摧残，以至种下胃癌病根，当"四人帮"垮台后不到一年，他认为又一个文学艺术的春天即将来临的时候，就匆匆离开了人世。

岁月如流，其芳同志逝世已经十一年了。正如本文开头所说：他的音容笑貌至今还留在我的眼前，言谈话语至今还响在我的耳边。他对党的事业的忠心，与人为善、平易近人的人生态度，永远是我学习的榜样。十一年来，我不时想到他。每逢他的忌日，都想到应该写点什么来纪念他。今天，在他

---

① 转引自何京颉、何辛卯：《俯首为牛，朗心如月》，《衷心感谢他》，上海文艺出版社。

的第十一个忌日，我的这一愿望终于实现了。其芳同志如果有知，在他看到当前全国红学研究大繁荣、大发展，他的红学思想在全国红学界发挥着越来越积极的影响的时候，一定会含笑九泉吧！

1988年7月24日

吴世昌和他的《红楼梦探源外编》

    我与吴世昌先生第一次见面是在1979年5月20日。那天，《红楼梦学刊》编委会在北京西单绒线胡同四川饭店召开成立大会，我也有幸参加了。到会的人很多，有老一代的红学家茅盾、王昆仑、叶圣陶、俞平伯和顾颉刚等；也有如吴世昌先生一类五六十年代开始享有盛名的红学家；当然，更多的是70年代的后起之秀；此外，还有少数几位是像我这样与红学稍有牵连的编辑工作者。由于当时我与他们之中的大多数人，包括吴世昌先生在内，都是第一次见面，所以除了点头、握手、问好之外，谈不上有什么交谈和沟通。

    但是，两个月以后，我就调到红楼梦研究所工作来了，而且被指定为《红楼梦学刊》编辑部的临时负责人，这样，我同包括吴世昌先生在内的编委的接触就渐渐多起来了。而且由于一些并非偶然的原因，我同吴先生的接触比同其他编委们的接触更多。比如《红楼梦学刊》1980年第1辑上刊发有吴先生的《论明义所见〈红楼梦〉初稿》，仅此一事，我们就接触了好几次。同年7月下旬，吴先生参加了在哈尔滨召开的《红楼梦学刊》讨论会暨中国红楼梦学会成立大会。会后，我们一道到长春、沈阳参观访问。他的兴致很好，每到一处，必看个清楚、问个明白。在长春参观伪满皇宫时，甚至连宫前那座象征性的长白山也不放过。他走路有时一高一低，显得步履不稳，我原以为是因他年事已高，体力减退，所以时时左右照顾，以防他跌倒，后来才知道这是因他小时候一只眼睛失明长期带来的消极影响。

游沈阳北陵时，因天气较热，吴先生想喝啤酒解渴。但那时物品匮乏，啤酒供不应求，商店便想出一个办法，要顾客在买啤酒时，搭配一样滞销品，或者是买一定数量的酒菜，而且执行得比较坚决。吴先生对此种做法很是不满，并对店家进行责问。从酒铺出来，迎面就有马戏团围幔演出。吴先生兴致勃发，立即要购票入观。然因天气不早，接待单位规定的发车时间将到，所以我提醒他注意这一开车时间，他才算作罢。

1982年春，吴先生撰有《〈红楼梦〉后半部的"狱神庙"》一文，交《红楼梦学刊》。文中对"狱神庙"的性质和它的历史演变进行了仔细的考证，提出了一些很好的看法。读了以后，我认为文章当然是写得很好的，但对论战方法注意不够，不利于开展心平气和的学术争鸣，因而想去找他谈谈。我把这一想法对一些人谈了，一位常务编委劝我别去，说要吴先生修改文章不易办到，而且举例加以证明。我并不气馁，并且确是特地去找了他。我称道了文章的学术质量，但又指出文中某些地方与《红楼梦学刊》提供的摆事实、讲道理、以理服人的论战原则不符，请他再加斟酌。吴先生毫不犹豫地将文章留下了，并且约好时间，请我去取。届时，我如约前往，当面读后，仍觉不足。但面对像他这样一位学者，我在未经仔细推敲以前，又不好立即提出要他如何如何修改，所以便将文章取走，准备向主编请示汇报后再作道理。出乎意料，我第三天忽然接到吴先生给我的简短一信，大意是说他发现我当面读稿时脸上尚有难色，并说如果还有困难，可以再行商量。我读信后，心中非常高兴，好像此前出现的问题顿时便已完全解决。记得那时我已决定第二天到南京出席江苏省红学会成立大会，但当晚还是挤出时间到了吴先生家，并且在见面后，直截了当问他与论战对立方的关系如何。吴先生说他们是朋友，关系还不错。我说，既然这样，为什么文章不可以写得更加心平气和一些，免得对方读了不愉快。吴先生再一次接受了我的意见，并且当场就与我一起推敲修改。这样，那天我回家虽然晚了一些，但心中真有说不出的痛快，甚至到第二年10月在南京举行的曹雪芹逝世220周年学术讨论会上，当我谈起这件往事时，还兴奋得有些控制不住自己的感情。代表们听了我的介绍，也对吴先生通情达理、平易近人的学者风度甚为称赞，并报以长时间的热烈掌声。

从此以后，我对吴先生的了解更深了、接触更多了，不仅每年一次的编委会必然请他参加，而且平时有空我也乐意去看望他，请教一些有关《红楼梦学刊》编辑工作和红学研究中的问题。没有料到，不到三年，就听到了他于1986年8月31日因病不治的噩耗，这使我陷入了沉痛的悲伤中。

吴世昌先生逝世后，我总想写点追忆和悼念性的文章，但一直未能如愿。现在一晃三十八年过去了。我决心写出以下一些文字，一来寄托我的怀念之情；二来宣扬他光明磊落、疾恶如仇的为人；三来介绍他在学术方面，尤其在红学方面的成就，使我们红学界同仁，特别是年青一代《红楼梦》研究者和爱好者，对他有一个比较清楚的了解。

一

吴世昌，字子臧，浙江海宁硖石镇人，1908年生。他的父亲是乡村油榨坊的伙计，母亲是家庭妇女。兄弟六人，吴先生年纪最小。他八岁时母亲病故，十岁时父亲又离开人世，十二岁时小学没有念完的他便被亲戚送到杭州望仙桥一家参号当学徒，从此走上独立生活的道路。贫寒的出身和坎坷的经历使吴世昌从小就铸炼出一股可以克服任何困难、奋发向上的精神；清末民初满族贵族统治者的腐朽，军阀的杀伐争夺，人民的困苦生活，使吴世昌早早就孕育了一颗拳拳爱国心。

1925年春，吴世昌考取美国教会办的嘉兴秀州中学工读生。5月底，日本帝国主义者在上海制造了震惊中外的五卅惨案，中国工人阶级的鲜血激起了吴世昌的爱国激情。他和同学们一起，编写反帝传单，自刻自印，到街头巷尾散发。因此，第二年他被选为全校爱国学生会会长。他在整个中学期间，刻苦学习，发愤求知，仅用了两年半的时间就学完了中学的全部课程，而且成绩优异、名列前茅。

1927年秋，吴世昌考入南开大学预科二年级。1928年秋，又考入燕京大学英文系和清华大学西洋语文系，后来他进了燕大英文系。1932年大学毕业后，他获得了哈佛燕京学社国学研究所的奖学金，三年后获得硕士学位。

吴世昌在燕京大学深造期间，正是日本帝国主义加紧侵略我国东北的时期，祖国和人民处于生死存亡的紧要关头。吴世昌一面读书写作，一面积极参与救国运动。"九一八"事变后，日本侵占了东北三省，吴世昌和他的哥哥吴其昌登上南京的中山陵，为国土沦丧抱头痛哭。日本侵华激发起全国广大人民的爱国热情，吴先生被选举为燕大学生抗日会第一届主席，负责主编抗日刊物《火把》。他还与地下党员杨刚合编《大众知识》杂志，写作大量文章，进行抗日宣传。在这期间，吴世昌对功课也抓得很紧，特别是寒暑假，整天都在图书馆看书和写作，晚上则在宿舍里，夜以继日地勤奋攻读。他在大学二年级时写的《释〈书〉〈诗〉之"诞"》，在《燕京学报》1930年第8期上发表之后，很快被译成德文和俄文，传到国外。胡适因此写了《我们还不配读经》一文加以称赞，说："燕京大学的吴世昌先生释'诞'为'当'……方可以算是认得这个字了。"并且把他和杨树达、丁树声并列为当时研究经书的三位专家。

1935年，吴世昌二十七岁，从燕京研究院毕业。当时，顾颉刚为北平研究院史学所所长，便约请吴世昌先生到该所担任编辑；上海博物馆董事长叶恭绰和馆长林肇椿也函聘他为特约研究员。这时，日本帝国主义正步步进逼华北。在帝国主义的侵略魔爪面前，胡适却撰文主张对日退守妥协。吴世昌虽知胡适对己有知遇提携之惠，但在民族大义面前，对胡适的谬言他却不能不据理抗争。胡适说在日本侵略者面前，"我们可以等候五十年"，吴世昌反驳说："为了这篇文章，多少天真的青年真的打算等五十年，希望七十岁以后，再对儿孙写'王师北定中原日，家祭无忘告乃翁'的遗嘱。但是今日此时，欲求再等五十天，岂可得乎？"

由于吴世昌坚决主张抗日，1937年日军侵占北平后，他被列入日本宪兵队的黑名单。为免遭敌人搜捕，吴世昌化装成商人，转移到大后方。1938

年，他到西安担任西北联大国文系讲师。1939年秋至1947年，先后任中山大学、湖南国立师范学院教授，桂林师范学院国文系教授兼系主任，重庆中央大学国文系教授。这一时期，吴世昌除热心教学外，也时刻没有忘记关心国家、民族的命运。他撰写了大量的时局政论文章，激励民心，鼓动抗日，被誉为抗日政论家。他的最后一篇抗日政论文章是《日本投降指日可待》。这篇文章1945年8月15日在重庆《时事新报》上发表后几小时，电讯中就传出了日本帝国主义无条件投降的消息。

日本投降后，吴世昌随中央大学迁返南京。抗日战争虽然胜利了，但胜利以后，当局的专制独裁、贪污腐化，使吴世昌深为不满，于是他重操旧业，拿起政论之笔，对时弊多加揭露和指斥，这就为当局所不满：中央大学要解聘他，当局把他列入黑名单，他的生命和人身安全都受到极大的威胁。恰好这时英国牛津大学来电聘请他去讲学，他不得已而接受了聘请，并在稍事准备后，立即启程，于1948年1月8日抵达英国。在牛津大学期间，他先是担任高级讲师兼导师，用英语讲授中国文学史、中国散文史、中国诗及甲骨文等课程，后被举为该校东方学部委员，亦曾担任牛津、剑桥两所大学的博士学位考试委员。他还出席过英、法、意和苏联等国举办的学术讨论会，向到会代表宣读自己的学术论文。在英国工作期间，有关机构劝他加入英国国籍，他婉言谢绝了；牛津大学的同事劝他买所房子长期住下去，他也没有接受这个意见，却一心想回到祖国，参加新中国的文化建设。他向中国社会科学院文学研究所所长何其芳写信，表达了自己的这一愿望。因为这时正是我国经历所谓三年困难时期，生活非常艰苦，当时我国驻英代办宦乡向吴先生介绍了这个情况，他却说："英国再好、再富，也是人家的。我是中国人，不怕中国穷。"还说："我人生的最后一站在北京。"1962年9月，他与夫人严伯升女士偕同两个女儿，登上驶向东方的海轮，毅然回到已阔别十四年之久的祖国。

回国后，吴世昌被分配在中国社会科学院文学研究所任研究员。与他在英国工作的情况相比，虽然物质生活比较清贫，居住条件也不理想，但一点没有削减他的爱国热情和研究工作的积极性。他除撰写学术论著之外，还接连写了《真的回到了祖国》、《回国之后》、《空前强大的祖国》和《我和北京》等文，抒发了他回国以后的欣喜之感和热爱祖国的真挚之情。1964年，他当选为全国政协委员。

然而，没有料到，就在吴世昌全家回国三年多以后，我国历史上发生一次历时十年，使人民生活、国家生产建设都遭受极大损失，国民经济几乎陷入崩溃边缘的"无产阶级文化大革命"。在这场"革命"中，吴世昌也受到极大的冲击。他的大女儿因受不了这种巨大的刺激而得了精神病，一直未愈；二女儿本来已经获得英国教育部为中学生设立的最高奖学金，可以免费任意选择入牛津或剑桥深造，但没想到回国后不久，就遇到了这场"文化大革命"的浩劫，她被迫中断了学业，到农村接受"再教育"，当了整整三年农民。吴世昌自己更是在劫难逃。他同中国社会科学院的其他许多专家学者一样，被戴上"资产阶级反动学术权威"的帽子，关进"牛棚"，失去自由，天天挨批斗，"触灵魂"；后来他又被驱赶到"五七"干校，喂猪、种菜。

吴世昌长期侨居国外，从新中国成立到60年代初期，不管是国内发生的和风细雨式的政治运动，还是疾风暴雨式的阶级斗争，他都没有经历过，对新中国成立以后形成的中国社会政治环境，他了解不多，甚至完全缺乏了解。他只是凭着一颗赤子之心对待工作和生活，所以无论遇到什么困难和挫折，他都能泰然处之，从未丧失信心。

按照国务院的指示，吴世昌与中国社会科学院的其他十一名老专家一起，于1971年提前回到北京。回来以后，当然还要不断地学习、"改造"、"斗私"、"批修"。

1978年全国范围内开展的"实践是检验真理的唯一标准"的大讨论，标志着拨乱反正时刻的到来，我国开始了实行改革开放的新时期。吴世昌以极大的热情欢呼新时期的到来。就在这一年，他当选为政协全国第五届委员。1979年，他加入中国作家协会，在当年召开的第四次文代大会上，被推举为主席团成员，当选为全国委员。1983年，他又当选为第六届全国人民代表大会代表、人大常委会委员，出任人大教育、科学、文化、卫生委员会副主任委员。从1978年开始，吴世昌还兼任中国社会科学院文学研究所学术委员，1979年国务院建立学位委员会时，又被任命为该会学科评议组成员，一直到他去世。

吴世昌对待工作认真负责、任劳任怨，对待科研和著述认真细致、一丝不苟。在治学上，他一贯主张探本、求实、存真；主张独立思考，发前人之所未发，言前人之所未言，不迷信权威，不人云亦云。他有一句名言："你所写的论文，如果是在现有的一百篇当中，再加上你一篇，成为一百〇一篇，那就没多大意思；你所写的论文，应当是某一方面的第一篇。"

吴世昌治学兴趣非常广泛，在文史研究领域可以说是一位通才，既是词学家，也是学贯中西的文史学家，他的《罗音室学术论著》第一卷《文史杂著》所收论文，就有古代经籍的训诂，甲骨文和金文的考释，古代社会风俗以及古今文学的比较研究，古代诗歌、乐府中问题以及宗教问题的探讨，敦煌学中有关资料的考订和旧中国流失文物的调查报告，等等。而他在红学研究方面的成就，甚至比他在文史领域其他方面研究的成就还大，知名度更高，因此他是一位在中外享有盛名的红学家。他的第一部红学专著，是1956年开始写作，1961年由牛津大学出版的英文本《红楼梦探源》。1980年，他将从1962年到1972年发表在国内外报刊上的单篇红学论文收集成册，名曰《红楼梦探源外编》。在这两部著作之外，他尚有其他若干单篇。

虽然吴世昌的研究领域非常广泛，但是我这篇文章的主要任务，只是介绍、评论他在红学研究方面的成就（本文所选取的论述材料大部分来自《红楼梦探源外编》），即他在红学研究方面做了哪些工作，做出了什么样的贡献。下面，我们就把主要注意力集中到这个问题上来。

二

吴世昌虽然在念初中三年级时便已开始读《红楼梦》，但那时是拿它当作

"闲书"消遣的。至于他开始研究《红楼梦》，则已是到英国牛津大学任教以后的事了。他说，来到英国之后，因为有的学生研究《红楼梦》，由他指导，使他不得不对此书前后两部分的作者、著作过程和版本年代这些问题重新加以考虑。

当然，促使吴世昌对《红楼梦》做深入研究的更为重要的原因，是50年代中期巴黎、海牙联合出版的《汉学要籍纲目》的编者约他为《红楼梦》写个"提要"，而当他做了充分的准备后，因"提要"字数限制甚严，许多问题不能说透。他不能将已经发现的问题和掌握的材料丢开，便继续深入研究下去，因而有了1961年《红楼梦探源》英文本的出版。

《红楼梦探源》共分五卷，作者又把它说成是"五步"，这就是：（1）抄本探源；（2）评者探源；（3）作者探源；（4）本书探源；（5）续者探源。吴世昌说，确定这样一个次序是完全必要的，因为如果不先弄清脂评抄本的内容、评语分类和性质，则读者不知"脂评"究竟指什么；如果不先分析各抄本所根据的原底本，即不能判断任何一个抄本本身的年代，也不能推测脂砚斋当年写评语时用了几个本子；如果不分析脂砚斋所写各期评语的年份，便无法把评中所指之事和雪芹实际生活中的事迹联系起来。吴世昌认为，这是一项繁重而细致的工作。但是若能把这些问题理出一个眉目，则对于解决以下各卷中的许多问题都有无穷的帮助，以下各卷的论据全靠这一卷的结论，所以这一卷是"基本的基本"。

吴世昌说，从脂评的整理中，对照甲戌本和庚辰本（按照吴世昌自己的说法是"脂评甲本"和"脂评丙本"），同一条评语此详彼略，一本署"脂砚"，一本署"畸笏"，"故知二者是一人化名"。脂评中既说到他自己亲见"南巡"，而康熙最末一次南巡是在康熙四十六年（1707）丁亥，则知脂砚最迟的生年应在康熙三十五六年，比曹雪芹大二十岁左右。那么，脂砚斋是谁呢？吴世昌说他"是曹雪芹的叔父"，"是曹宣第四子，名硕，字竹"。

至于《红楼梦》的作者是曹雪芹，吴世昌与绝大多数研究者一样是认同的。所谓作者问题，只是着重谈了曹雪芹的生年和卒年。吴世昌说，自胡适认为曹雪芹卒于壬午除夕之后，不少人都相信他，实际上曹雪芹是卒于癸未除夕。而根据张宜泉《伤芹溪居士》题注曹雪芹"年未五旬而卒"推测，雪芹当是生于康熙五十四年，卒年四十九岁。此时脂砚已是八十老翁，他用干支记十多年前之事，记错了一年，但除夕这个节日是不会错的，故可信雪芹卒于癸未除夕。敦诚在甲申年初有挽雪芹诗两首，第一首中"鹿车荷锄葬刘伶"一句，写刘伶生前常乘鹿车载酒而行，命仆人荷锄相随，说"死便葬我"。敦诚借用此典，把自己放在雪芹仆人的位置。

后四十回是高鹗的补作，张问陶在赠高鹗的诗注中说得很清楚，杨钟义的《八旗文经》、李葆恂的《旧学庵笔记》、俞樾的《小浮梅闲话》、李放的《八旗画录》说得也很明白，所以程伟元说他曾多年收集曹雪芹的残稿，然后请人拼凑编辑成书，才有后四十回，这完全是谎言。但是，曹雪芹是否留有后四十回的残稿，高鹗是否利用过这些残稿呢？高鹗补作的后四十回既然与前八十回原作的情节线索不符，则他即使见到过这些残稿，也必然改写过；既经改写，则有些地方自必与前八十回有出入，他在编合前八十回时，便不免要东改西抹，以便和他自己写的部分大致相符。这一点，程伟元、高鹗在《红楼梦引言》中也是承认了的，这就是所谓："前八十回抄本各家互异，今广集核勘，准情酌理，补遗订讹。其间或有增损数字处，意在便于批阅……"吴世昌说，程、高这样轻描淡写，好像真与雪芹原作没有多少出入，因此从来没有人认真查对过。一经查对，就会发现不是"间或有增损数字"，而是有时整页整页地删削，而且在1791年排印的程甲本改得还少，次年春天重排的程乙本中，有时"竟大刀阔斧，横砍竖劈，不但改动许多重要故事，而且一有机会，就加入一些对'当今皇上'颂圣的阿谀"。吴世昌问："在短短的三个月内，高鹗为什么匆匆忙忙要干这勾当？他的动机是什么？程伟元为什么不惜工本，在三个月内又把这部大书重排一次？"这是在考察今本《红楼梦》全书时不能不考虑的一个问题。

吴世昌在回国前，曾计划要出《红楼梦探源》的中文版，而且在中文版中要增加若干新内容，但最后终于没有能够实现。我们介绍的有关英文版中的内容，是根据他回国前于1961年12月在牛津大学所写的《我怎样写〈红楼梦探源〉》一文转述的。虽然我们想尽可能谈得更详细些，但因作者在文中对书的内容并没有做全面系统的介绍，所以也就只能如此了。

吴世昌回国的时候，正是曹雪芹逝世200周年的前夕。为纪念这位伟大作家的200周年忌日，当时国内正在积极筹办纪念活动，学术界写出了一大批纪念文章。这些文章除谈《红楼梦》思想艺术价值占据主导地位外，当然还涉及《红楼梦》的成书过程、版本情况、语言风格、作者的生平家世、脂砚斋其人及评语等诸多方面。吴世昌在回国之前，实际上也已经开始了这项工作；回国之后，则显得更为积极。他在这前后三四年里写了《我怎样写〈红楼梦探源〉》、《再论脂砚斋与曹氏家世》、《敦诚挽曹雪芹诗笺释》、《综论曹雪芹卒年问题》、《曹雪芹与〈红楼梦〉的创作》、《〈红楼梦〉稿的成分及其年代》、《残本脂评〈石头记〉的底本及其年代》、《论脂砚斋重评〈石头记〉（七十八回本）的构成、年代和评语》、《论〈石头记〉中的棠村序文》和《从高鹗生平论其作品思想》等等。这几年不仅是吴世昌红学研究生涯的最旺盛期，而且其所写文章大多比较重要，有些甚至正像他所提倡的那样，是"某一方面的第一篇"。

1966年至1976年期间，当极"左"思潮在全国，特别是在意识形态领域盛行的情况下，红学研究表面虽然轰轰烈烈，实际上也只能在"为阶级斗争服务"这个圈子内跳舞，不可能有真正的学术研究。所以1971年吴世昌提前从"干校"回到北京后，他的学术活动也只能"重订"1963年就写有初稿的《论王冈绘曹雪芹小像——驳胡适谬论》，谈谈《从马王堆汉墓出土的'羽毛贴花绢'到〈红楼梦〉中的"雀金裘"》，以及讨论新发现的曹雪芹"佚诗"之类。1974年，南京师范学院（南京师范大学的前身）的《文教资料简报》第23期发表吴世昌《〈红楼梦〉后半部若干情节的推测——试论书中人物命名的意义和故事的关系》一文以后，某"工农兵作者"还给他戴上"材料挂帅"、"知识私有"、"繁琐考证"、"复活地主资产阶级"、"修正主义红学"等帽子，并且号召人们"警惕《红楼梦》研究中的沉滓泛起"，使好心的人们都为他捏着一把汗。在这样的政治环境下，真正的学问怎么能开展起来啊！

"文革"结束后，吴先生社会职务众多，政务繁忙，教务繁忙，红学研究就相对受了影响。不过，即使这样，从1977年到1986年他逝世前的这十年里，除了上述发表于《红楼梦学刊》上的两篇文章外，他还写了《〈红楼梦〉百二十回本中的问题》、《论〈石头记〉的"旧稿"问题》、《〈红楼梦〉原稿后半部若干情节的推测》等文章，从不同角度研究了程高本，特别是程乙本对曹雪芹原著的删并、篡改、歪曲和增添。

三

吴世昌极重视版本研究。他认为，在红学研究中，这项工作是"基本的基本"。当然，这里他说的首先是对脂评抄本的研究。在这项工作中，他用力最勤，收获最大，是继胡适、俞平伯以后最有影响的版本学研究家之一。

首先，他是全面系统地研究庚辰本的第一人。他对庚辰本的成因、组成部分以及命名本身，都提出了一些深思熟虑的新看法。

比如，他认为，这个本子虽然是现存各本中底本年代较早的，然而，由于其中有"己卯冬"、"壬午春或夏"、"乙酉"和"丁亥夏"的脂批，所以它的底本自必出于丁亥年 (1767) 之后。虽然在它的后四册题页上，《石头记》题名之下有"庚辰秋月定本"字样，但这"至多 (重点原有——引者) 只能认为这四册的底本是'庚辰定本'，而此抄本何时过录，仍不可知"。加以此本的前十一回 (即第一册的一至十回和第二册的第十一回) 全无评语，这说明，这十一回"分明是从一个连'一次'也没有'评过'的白文本抄来的"。因此吴世昌认定，所谓"庚辰本"，其实是"一个在不同时间内用若干底本拼凑起来的合抄本"。所以他不同意用这个书名，而称之为"脂京本"，因为这个本子保存在北京大学图书馆中。

吴世昌认为这个本子出自四个底本。底本之一，就是上述第一至十一回那个白文本。底本之二，是从第十二回到第四十回。"在这里，脂砚斋的头两

期评语都被缩成小字，用墨笔改成双行，插入正文之间。这个'脂京底贰'
是一部分的脂京本、'脂配本'、'脂晋本'和'戚序本'的共同祖本，因为所
有脂京本中的双行小字评注，在上述其他各脂本中大体上也都有，而且也已
抄成双行小字"。底本之三是从四十一回至八十回，中缺第六十四和六十七两
回。这四册（十回一册）的题页上，"有'庚辰秋月定本'一行副标题，而在前半
部的四册上没有，这正表示从第四十一回起是另外一个来源"。底本之四是脂
京本的原主人将"脂京底一"、"脂京底二"、"脂京底三"抄成了"这部'三
位一体'的配合本之后，又得到了一个十七回（第十二至二十八回）的残本，眉端
行间，写满了朱笔的评语……保存了比他所见的任何本子更多的评语。为了
收集最大数量的脂评，并且力求保存原状，他把这些朱评，仔仔细细原样加
抄在他的本子中——自然也是用朱笔。在本书的各个底本中，现在我们所能
追迹的，只有这个'脂京底肆'可能是脂砚斋亲自手抄的一个残本"。吴世昌
把脂京本（即庚辰本）的组成情况用算式表示如下：

脂京本＝前四十回

〔1至11回脂京底一+12至40回脂京底二+（12至28回）脂京底四〕
+

后四十回〔41至80回-64、67回脂京底三+64、67回脂配本〕

　　第二，他系统深入地研究了甲戌本，首先对此本的命名提出了不同意
见，又指出了胡适对此本的一些错误看法，还对此本的脂批、回前题诗的作
者、此本卷首的"凡例"等提出了自己的看法。特别是他提出了此本中呈现有
棠村小序，这是迄今为止红学界的独家主张。

　　此本的原藏主是大兴（今北京市大兴）人刘铨福。他于1863年收藏此本，不知
何时流入社会，1927年胡适用重价购得，至1961年才影印出版、公布于世。
因此本有甲戌"脂砚斋重评石头记"字样，所以胡适称它为"甲戌本"。此
后，真有点像人们所说"约定俗成"，大家就习惯地这样称呼起来了。但是，

此本中分明有丁亥 (1767) 和甲午 (1774) 两年的脂批，所以它的底本不能早于甲午，当然也不会晚于刘铨福获得此本的1863年。吴世昌说，胡适把它叫作"甲戌本"是"时代错误"，只能引起版本学上的混乱。

第三，他认真研究了"梦稿本"，以为这个抄本的前八十回未改以前的原文，是根据脂评本的《石头记》过录而来而用墨笔删改后的文字，欲与程高刊行的百二十回本相同，所以据此删改的底本应该是一个经高鹗删改过的脂本。至于后四十回，其未改前原文，系从高鹗一个初稿本抄来，以后又用一个高氏的修改本校改。"但这个修订本，仍非高氏最后付刻的定本，故其中有一部分文字与程伟元的刊本不同"。根据这个认识，"梦稿本"至少是从四个底本抄集校改而成的，它们是：

（1）一个脂评《石头记》抄本，据以过录未改前的第一至第八十回正文。这是底本甲。

（2）一个高鹗修改过的《石头记》抄本，据以校改从底本甲过录来的前八十回正文。这是底本乙。

（3）一个高鹗后四十回的初稿本，据以过录未改前的后四十回文字。这是底本丙。

（4）一个经过高鹗修订的后四十回本，据以校改从底本丙过录来的后四十回文字。这是底本丁。

吴世昌说，他推测在乾隆壬子 (1792) 程乙本付刊之前，《红楼梦》的后四十回至少也有四个稿本，即上述的底本丙和底本丁，即程甲本据以付刊的底本和程乙本据以付刊的最后修改本。据此可以说明，高鹗续后四十回和曹雪芹的前八十回一样，也是经过几次增删修订，不是像有些人设想的那样，是他于乾隆戊申 (1788) 至辛亥 (1791) 年冬天以前"闲且惫矣"这三年中写成的。吴世昌认为，高鹗计划写后四十回，应该是在乾隆甲辰 (1784) 年他化名"梦觉主人"，为自己删改的《石头记》作序，改题为"红楼梦"之前。

注：本文未完待续。作者已故，这是作者最后一篇红学文章。

半生辛苦为红楼

——怀念吴恩裕先生

吴恩裕先生逝世于1979年，距今已经十二年了。他工作勤劳、认真负责，为人光明磊落，待人诚恳、平易近人的崇高品德，至今依然清晰地留在我的记忆里。

我在1972年已知有吴恩裕先生其人，认识他却已是1974年下半年了。那时我在北京出版社文艺编辑组工作，适应当时读者的迫切需要，已经开始组织一些有关红学的读物出版。大概是经我的一些朋友介绍，他知道我当时在这家出版社工作。一天，我突然接到沙滩后街54号的一封来信，拆开一看，原来是吴恩裕先生约请我去他家商谈他的红学著作的出版问题。我应邀如期到了他家。他很客气地接待了我，仔细地介绍了《考稗小记》的情况，并问我北京出版社有无可能接受出版。我虽然喜爱这一类出版物，但因只是一个普通编辑，不能立即自作主张，便答应将稿件带回，待向出版社领导汇报后再做答复。吴先生同意我的意见。过了不几天，我再次去看望了吴先生，并带去了出版社领导的意见：按照中央的出版分工，作为一个地方出版单位，北京出版社当时还没有出版过如此专门性的读物。吴先生很理解我的处境，丝毫没有介意。这次事情虽然没有办成，但我们的接触却因此多起来了。以后，我曾多次去拜访他，并请教他一些红学研究方面的问题，他都很细致认真地谈了，而且总是那么循循善诱、平易近人、和蔼可亲，给我留下了永远不可磨灭的印象。

1979年7月，我被调到中国艺术研究院红楼梦研究所，并作为《红楼梦学刊》编辑部的临时负责人，主持日常工作。吴恩裕先生是学刊的编委，因此我们的接触就更加多了。他对刊物的工作非常热心，不但积极写稿，而且对编辑部的其他工作也非常关心，并及时提供指导。遗憾的是，这样的时间太短了，学刊创刊刚刚半年，吴先生就匆匆辞世。这是《红楼梦学刊》一个不可弥补的损失，也是中国红学界的一个不可弥补的损失。

光阴如流。吴恩裕先生逝世后，转眼就已十二年了。在他逝世12周年的前夕，对他的生平事业，特别是他在红学研究方面的成就，做些评介，使关心红学事业的年轻朋友能更好地了解他，这恐怕不会是没有意义的吧！

一

吴恩裕，辽宁省西丰县人，满族，生于1909年，卒于1979年。他于1933年毕业于北京大学哲学系，1936年至1939年在英国伦敦大学政治经济学院学习，取得了政治学博士学位。回国后，先后任重庆中央大学、北平师范大学、清华大学、北京大学教授。1952年全国高等学校院系调整时，调北京政法学院任教授；1978年调中国社会科学院任研究员。他是政治学、法学专家，有专著《政治思想与逻辑》、《民主政治的基础》、《马克思的政治思想》、《西洋政治思想史（上古中世编）》、《政治学问题研究》、《批判资产阶级国家学说》、《中国国家起源的问题》、《西方政治思想史论集》等等。此外，他还撰写了不少哲学、法学的学术论文。

吴恩裕不但是一位政治学、法学专家，而且还是一位有成就、有影响的红学家。还在青年时代时，他就对《红楼梦》做过评注。后来，当他的专业课程开不成时，便于1954年以后，对于红学研究工作用力更勤，并收获更丰。从那以后，直到他逝世的二十余年里，他不辞劳苦，多方收集有关曹雪芹和《红楼梦》的资料。他说："从1954年起，我决心要搞一本曹雪芹的传记，但直到现在，我认为严格的曹雪芹传所需要的材料还远远不够，无法写成。可以说从那时直到今天，我一直是一个从各方面访求、搜集关于曹雪芹生平材料的资料员。"①他还从六个方面总结了他二十多年来的红学研究工作及其成果，撰写了六十多万字的红学研究著作。他的红学著作有《曹雪芹的故事》、《考稗小记》、《有关曹雪芹八种》，以及后来在八种基础上扩充的《有关曹雪芹十种》和《曹雪芹丛考》、《曹雪芹佚著浅探》、《曹雪芹的生平》、《曹雪芹佚著和传记材料的发现》等专著和专论。就在他逝世前的短暂时刻，即1979年12月12日下午三时半，他还在伏案撰写《我对曹雪芹上舞台或上银幕的看法》一文，对将曹雪芹这样一位伟大作家的生平创作成剧本，搬上银幕和舞台，严肃认真地提出自己的意见。当个别人的作为引发起他的情趣，使他激动不已时，他的心脏病突然复发，使这篇文章没有写完，就掷笔长逝，终年七十岁。

那么，吴恩裕红学研究的主要成就有哪些呢？

二

第一，他最先发现，曹雪芹于雍正六年随乃叔从南京解回北京，在曹頫因"亏空内帑，骚扰驿站"服罪期满之后，曾在西单石虎胡同右翼宗学任过职。这个结论是吴恩裕从追寻敦诚一首诗中"虎门"一词的解释开始，并搜寻大量旁证后得出的。

乾隆二十二年 (1757)，敦诚兄弟跟随他们的父母来到山海关。当时他们的父亲瑚玱在山海关掌管税务。不久，他们的母亲死于税所。丧事完毕之后，敦诚就到松亭关 (即今喜峰口) 司分榷事。夏秋之交，他就来到了松亭关。尽管敦诚来到这里，也是参与管理一般的税务工作，但是，由于他只身一人，地处山僻，远离亲友，故于公余之暇、生活百无聊赖之际，容易生思念家乡、感怀

---

① 吴恩裕：《〈曹雪芹丛考〉自序》，上海古籍出版社。

亲友之想。当时年仅二十四岁的敦诚，由于与曹雪芹有着深厚的友谊，所以
刚到松亭关不久，他就写了一首满怀感情的《寄怀曹雪芹（霑）》。全诗是：

> 少陵昔赠曹将军，曾曰魏武之子孙。
> 君又无乃将军后，于今环堵蓬蒿屯。
> 扬州旧梦久已觉，且著临邛犊鼻裈。
> 爱君诗笔有奇气，直追昌谷破篱樊。
> 当时虎门数晨夕，西窗剪烛风雨昏。
> 接篱倒著容君傲，高谈雄辩虱手扪。
> 感时思君不相见，蓟门落日松亭樽。
> 劝君莫弹食客铗，劝君莫叩富儿门。
> 残杯冷炙有德色，不如著书黄叶村。

人们一看，便知这是一篇极为重要的关于曹雪芹历史传记性质的诗。这是一
位好友对知心朋友的介绍、称赞、叮嘱和期待。它对于我们了解曹雪芹的家
世、经历，比如他在乾隆二十二年以后是否曾到南方去充当两江总督尹继善
的幕僚，他的诗才，他的高谈雄论，他的伟大小说《红楼梦》最后有没有写
完，都有极为重要的参考价值。吴恩裕把他的眼光放在了胡适、周汝昌等人
不得其解，其他人却不大注意的"虎门"一词的实际含义上，并且认定"虎
门"就是"宗学"。而敦诚在本诗中具体所指，就是右翼宗学。这个结论，是
吴恩裕1957年从《八旗文经》中发现了果毅亲王允礼的《宗学记》一文以后
得出的。允礼在文中说：

> 我宗室弟子，尤教育所宜先。特谕设立东西二学于禁城之左右。自王
> 公庶位以及凡百属籍者，其子弟愿学则入焉，即周官立学于虎门之外以
> 教国子弟之义也。

接着，吴恩裕又寻找出另外八条材料，对此做了进一步的论证。这八条材料是：

（1）敦敏于乾隆二十七年夏有《黄去非先生以四川县令内升比部主事进京相晤感成长句》。诗云：

> 百里何能滞祖鞭，征书群识汝南贤。
>
> 剑关远自七千里，燕市重逢十四年。
>
> 清级纲曹新紫绶，遗篇蠹简旧青坛。
>
> 虎门绛帐遥回首，深愧传经负郑玄。

诗中表明黄去非是敦敏的先生，乾隆十三年曾在"虎门"（右翼宗学）执教。敦敏将黄去非比作汉朝的郑康成。

（2）敦诚于乾隆四十八年有《寿伯兄子明》一诗。诗云：

> 先生少壮时，虎门曾翱翔。
>
> 文章擢巍第，笔墨叨恩光。
>
> 当年功射策，至今宗署藏。

子明即敦敏，生于雍正七年（1729），乾隆四十八年（1783）虚龄五十五岁。敦诚在为乃兄祝寿的诗里，还要追溯敦敏三十六七年前在右翼宗学的这段往事，赞美他的文章和射策，可见郭敏成绩之优异。

（3）《懋斋诗钞》内有敦敏《书怀联句同敬亭用昌黎纳凉联句原韵》，敦敏在"对策御笔新，赐墨天恩渥"两句下加注道：

> 故事宗学季课，钦命题优等，颁笔墨，余同敬亭屡承恩赐。

这也是追忆敦敏、敦诚在右翼宗学学习成绩优异，屡受乾隆皇帝赏赐的往事。

（4）敦诚《先妣瓜尔佳氏太夫人行述》文中说：

乙亥（乾隆二十年，1755）宗学岁试，钦命射策。诚随伯兄（指敦敏），试于虎门。……诚忝优等之末，御赐笔墨有差。

这里又是追忆自己兄弟二人在右翼宗学学习时成绩优异的荣耀。

（5）敦诚死后，敦敏在所作《敬亭小传》中说：

乙亥二十二（指乾隆二十年，时敦诚二十二岁），宗学岁试，考入优等者，以宗人府笔贴式用，因记名焉。

此条与上条敦诚所记是同一件事。

（6）敦诚乾隆三十五年有《寄子明兄》，信中有云：

《松堂草稿》，嵩山已序之矣，尚留简端，待兄一言，幸即挥付。瞿仙旧序，希为转致，异日同在虎门一书，何如？

瞿仙即永忠，是胤禵的孙子，乾隆三十五年任右翼宗学总管（即校长），敦敏从乾隆三十一年起任右翼宗学副管（即副校长），所以敦诚在信中说，永忠的旧序，可以将来同在"虎门"（右翼宗学）书写。

（7）敦诚于乾隆四十六年有《感怀》十首，其第六首《徐明府秋园（培）先生》，诗中有云：

三年膏火西黉夜，一帐凄凉东馆风。
秋老兰陵人不见，至今城北忆徐公。

"西黉"即右翼宗学。

（8）同上《感怀》第一首《世父拙庵公》有云：

东山丝竹尝教预，北岭烟霞许从游。

（原注：记戊辰、己巳间，余年十五六，每归自宗黉，伯父便来召，家优歌舞，使预末座，回忆卅余年事矣。）按：这里的"宗黉"也是说的右翼宗学。

至于曹雪芹什么时候在右翼宗学，他在右翼宗学的具体工作是什么，何时离开右翼宗学，等等，吴恩裕也做了认真的探考。

首先，他认为曹雪芹在右翼宗学与敦诚、敦敏相处一起，大概在乾隆十三四年。因为敦诚于乾隆九年入右翼宗学时才十岁，敦敏十六岁，如果曹雪芹生于康熙五十四年，那么这时他已经三十岁了。三十岁的人同一个十一岁的小孩成为亲密朋友，那是不大可以想象的。然而，从他们当时往还和酬唱看，两人的关系又不像是师生，因为看不出有师生之间的那种感情和礼数。所以吴恩裕推测雪芹当时只是一般职员，敦诚诗中说的"当时虎门数晨夕，西窗剪烛风雨昏。接篱倒著容君傲，高谈雄辩虱手扪"，大概是回忆乾隆十三四年或者竟是十五六年，他们弟兄与雪芹在右翼宗学相聚时的一段生活。当然，这里还需说明两点。一是雪芹与敦氏弟兄"西窗剪烛风雨昏"和"高谈雄辩"的时间，虽然可能只是在乾隆十三四年或者十五六年，但不能据此断定他到右翼宗学也只是在这个期限之内；他到这里来的时间有可能更早一些。二是雪芹离开右翼宗学与敦氏弟兄分别后，到敦诚写这篇诗的乾隆二十二年，已经有一些时日了。他早已移居西郊，"环堵蓬蒿屯"，"著书黄叶村"了。而且，敦诚诗的最后四句大概也不会是凭空之论，而是有所指和有所感的。所以，吴恩裕以为，雪芹"自乾隆十五六年离开宗学，这个时间大体上是可以相信的"。当然，如果把他的离开时间再推迟一两年，我认为也不是不可能的事。因为《脂砚斋重评石头记》甲戌本是乾隆十九年 (1754) 才问世的，而红学界大都认为《红楼梦》的创作开始于乾隆九年。这样，当他的创作已经进行多年之后，他离开宗学，专心致志地去进行创作和润饰，有两三年的时间，甲戌本的问世是完全有可能的。何况这个本子还只是一个手抄本，而且还未全部完成。

至于曹雪芹为什么要离开右翼宗学，吴恩裕认为不外乎两种可能：一是被"裁汰"，二是自动辞职，"而其根本原因则是由于他的反封建的思想同封建秩序的矛盾"。当时的宗学是培养统治阶级接班人的高等学府，这里存在着钩心斗角、你争我夺的宗派斗争。吴恩裕在《红楼梦丛考》中引袁枚《随园诗话》中的一个例子，就说明了这一点：

> 嘉禾征士曹廷枢古谦与葛卜元同教习宗学。葛北方人，长于考据，自负博雅；而曹专攻词章，二人不相能。虞山蒋公，满洲世公，各有所庇，遂相参劾。古人洛、蜀之分，皆由门下士起也。

这个例子充分说明，这些学人因所学不同，才有长短，各有自负的理由，而且个个依靠自己的后台，互相攻讦；但终因后台势力有强弱，或者还因某种偶然因素，生出得意或倒霉的结果。雪芹虽然不是教师，但他的才学自不在教师之下，他的"诗笔有奇气，直追昌谷破篱樊"，"高谈雄辩虱手扪"，所以如敦诚、敦敏等一般青年人，都喜欢追随在他的周围，这就必然引起一些人的嫉妒。另一方面，雪芹傲岸不羁，愤世嫉俗，他痛恨当时那种世俗丑态，因此，终于离开右翼宗学，去"著书黄叶村"，这不管从上述两种原因中的哪一种来说，都是有可能的。

三

吴恩裕红学研究的第二个功劳，就是对曹雪芹离开右翼宗学以后，到他去世之前的住址和行踪，进行了比较广泛的调查研究，收集了丰富的参考资料。

曹雪芹离开右翼宗学以后，去到了哪里？吴恩裕经过较长时间的多次调查以后，从一些老人口里得出几种结果。一种说法是他先到蓝靛厂火器营；

第二种说法是南辛庄的杏石口；第三种说法是卧佛寺西南侧的北沟村；第四种说法是镶黄旗的门头村；第五种说法是颐和园后红山口去温泉的镶黄旗营；第六种说法是白家瞳；第七种说法是健锐营。甚至有的说就是现在正白旗39号（原38号）。那里有镶黄旗已故老人张永海说的门前有一棵二百多年的歪脖老槐树；70年代又在西屋山墙的复壁上发现一些题壁诗文，其中有所谓鄂比给曹雪芹的一副对联："远富近贫，以礼相交天下少；疏亲慢友，因财失义世间多。"这一发现，影响所及遍于海内外。

吴恩裕对以上诸说，不仅做了介绍，有的还发表了肯定或否定的意见。比如他对卧佛寺西南侧北沟村的说法就提出了否定性意见，认为它存在的最大问题就是不符合敦诚《赠曹雪芹》诗中"日望西山餐暮霞"的地理位置。他说，按照敦诚诗中所示，"则曹的居处不是坐东向西便是坐北向南的了，而绝对不可能是坐西向东。如果曹雪芹是住在北沟村的话，那他就只能'日望东山餐朝霞'了。因为北沟村正是位于西面的山根下，在那里能'日望'地藏沟，但那是东；也能望卧佛寺，但那是北。我们总不能假定曹雪芹每天走出屋来，转过身子回'望'那就在鼻子前面的西山罢？"他对颐和园后过红山口去温泉路上镶黄旗营的说法也予以否定，因为那里没有镶黄旗营。对其他几种说法，吴恩裕基本投了赞成票。比如他说："曹雪芹在北京西郊也住过火器营—蓝靛厂，而且很可能是迁出北京城后的头一个郊居所在"；"曹雪芹在香山的健锐营一带住过，居住地点是镶黄旗营上边，玉皇顶下面的公主坟亦即北上坡和正白旗两处"；"曹雪芹当时是住在正白旗营子外附近的一般居民房屋。他的住处是在从正白旗营下的河滩向峒峪村去的中间一带的某一个地方"；曹雪芹住杏石口，那是远在乾隆二十三年以前，是从蓝靛厂迁出后，逐步经过其他地方，如杏石口、门头村等地，然后到达香山的。至于曹雪芹是否在白家瞳住过，吴先生首先提出过疑问，以为这时距怡亲王允祥之死已经有二十九年，与怡府不可能有什么关系，雪芹也不是趋炎附势之辈，不能设想他会投入怡亲王府的势力范围中去。而且这个观点的证据也只见于敦敏的《瓶湖懋斋记盛》，此外再没有其他材料能够证实。但吴先生继而又说，白家疃"泉甘林茂，风景极佳……张宜泉的诗'爱将笔墨逞风流，庐结西郊别样幽，门外山川供绘画，堂前花鸟入吟讴'……不正是一个远避尘嚣、专心著书的所在吗？所以，我认为曹雪芹迁居白家疃的原因，大概是以这最后一条为主"。

吴恩裕对曹雪芹住在西郊什么地方的看法，概如上述。但这些看法是否都正确，怎么来正确加以理解呢？我们认为必须弄清楚以下两个问题。一个是正确地理解"庐结西郊"这一句诗的确切含义。我们认为所谓"庐结西郊"，就是在西郊盖房子，较长期地定居下来。如同陶潜《饮酒》二十首之五中所说"结庐在人境，而无车马喧"一样，在一个无车马喧嚣、往来客人稀少的地方盖一所房子定居下来。不能把在这里住三天五天，在那里住十天半月的情况统统计算在内。尽管曹雪芹于乾隆十三四年或十五六年离开右翼宗学以后，就立即来到西郊，到他逝世（不管是死于壬午、癸未，还是甲申），最多也只有十一二年或者十三四年。在这短短的十几年里，他拉家带口（首先起码有个儿子，后来还有个"新妇"），要先从蓝靛厂、杏石口、门头村，再到香山；在香山几经周折之后，还要经红山口等地，最后到达白家疃。要一路迁徙，一路盖房子，像他这样一个肩不能挑、手不能提，而且又是在政治上、经济上遭受过严重打击的人，不可能有这个力量。

第二，曹雪芹的先祖是汉人，他的高祖曹振彦与乃父曹世选都曾经是明朝的军官。大约在清太祖天命六年（明熹宗朱由校天启元年，1621）努尔哈赤攻占沈阳、辽阳时被俘，归附清兵，编入次总兵官额驸佟养性部下当教官。但曹家的旗籍后来有了变化，由佟养性统辖的汉军旗，变成了多尔衮领导的满洲正白旗。据《清太宗实录》卷十八天聪八年（明崇祯七年甲戌，1634）条记载：

> 墨尔根戴青贝勒多尔衮属下，旗鼓牛录章京曹振彦，因有功，加半个前程。

这就说明，天聪八年时，曹振彦已是多尔衮部下的旗鼓牛录章京。那么曹振彦至少在这一年，甚至在这一年之前，就已从佟养性领导下的汉军旗转为多尔衮领导下的满洲正白旗，充当多尔衮的府旗包衣。顺治八年 (1651)，多尔衮被罪，满洲正白旗改归顺治皇帝自己掌管，曹家成为内务府包衣。所以，曹家在多尔衮被罪之前，在军事组织上既已满洲化，而且当时军事与政治是一体的，所以曹家在政治上也完全满洲化了。从此，他们由汉人的子孙成了旗人的正式成员。而且曹雪芹的曾祖母孙氏又是康熙皇帝的乳母，祖父曹寅是康熙的乳兄弟，后来成为康熙的心腹。从曹玺、曹寅到曹颙、曹頫三代四人，都被内务府派驻江宁 (今南京) 织造署任织造官。在康熙晚年诸王子争夺继承权的斗争中，由于曹家也深深卷了进去，所以当康熙死后，曹雪芹的叔父曹頫，就因"亏空内帑"、"骚扰驿站"的罪名被革职抄家，他的家属，包括曹雪芹在内都要解回北京，听候处置。《钦定大清会典事例》说：

> 八旗外住官员，凡有降级革职，……应归营者，一经离任，该督抚即令接任官，将该员所有家口，逐一详查，共有若干名数，备造清册，一面限催令起程，一面出具并无遗漏隐匿印结，同册一并咨送该旗，以备查覆。①

曹頫既是内务府的外任官，又是正白旗佐领下的正身旗人，他和他的家人回到北京以后，就要到内务府和他所属佐领下 (即所谓"该部该旗") 报到。而且，不管曹頫的官儿多大，被革职抄家、治罪结案以后，就只能回到他所属的正白旗当一名普通士兵，即所谓满洲阿哈。当然，关于曹頫结案以后的下落，迄今尚未发现任何可靠史料，但根据上述满洲旗人的法律，他要回到他所属的正白旗是无可变易的。

据一些专家考证，曹雪芹因曹頫案的牵累被解回北京时，只有十三岁，

---

① 《钦定大清会典事例》卷九十三。

但他作为曹頫的家属，成丁以后，他的军籍同样只能是正白旗佐领下满洲阿哈，"叶落归根"。当后来曹頫案了结，继而雪芹又不在右翼宗学任职时，从他的具体情况出发，就只能是以满洲旗下"闲散人丁"的正身旗人身份，到香山正规的军营中去当一名挂名的士兵。这不仅是当时的制度使然，而且是他当时最好的去处——可以领取钱粮。像吴恩裕和夫人骆静兰以及其他三位先生1963年往访镶黄旗老人张永海时，这位老人所说的那样，每月可以拿四两银子，每季一担米，住三间房子，可以维持起码的生活。不过，曹雪芹到香山以后，只能按照规定住在他所属的正白旗范围之内，否则就违犯了旗人的制度。

有人说曹雪芹是包衣旗，曹家被抄等于被剥夺了政治权利，不能到正白旗范围内居住。吴恩裕还引1963年北京市文化局的调查报告说：各营都有营墙，营房属于禁地，从不允许外人居住；曹雪芹既非各营的成员，他就不可能住在正白旗营子里面。然后吴先生又说："这就自然得出这样一个结果：曹雪芹当时是住在正白旗营外附近的一般居民房屋。"

很明显，这些看法是不能成立的，这是由于不了解曹家旗籍变化所产生的误解。另一方面，还由于他对雍正皇帝既严刑峻法又机巧权变的统治术缺乏全面的了解。雍正初年，为了惩治敌党、巩固统治，雍正皇帝对曹家也采取了严厉的打击政策，主要原因就是曹家与他的主要政敌之一胤禩关系密切，而且又认为曹家与他的另外两个政敌"阿其那"、"塞思黑"，即胤禩、胤禟有某些牵连。不过为了不致太显眼，他主要把曹頫的罪名局限在"亏空内帑"、"骚扰驿站"等经济原因上，将其抄家封产，"枷号催追"。但是，雍正并非不知道曹家的"亏空"是因为四次"接驾"造成的，像《红楼梦》第十六回中赵嬷嬷所说的那样，"不过是拿着皇帝家的银子往皇帝身上使罢了"，这不是曹寅的罪过，更不是曹頫的罪过。而且，雍正也并不是不知道曹寅是一位颇得民心的清官；曹颙年纪尚小，只任职三年，就猝然死去；曹頫以"黄口小儿"的年龄继任，到雍正五年革职，总共也只有十一年，年龄大概也只有二十几岁。待到查清他在政治上陷得不深，那么因曹寅接驾康熙亏欠下的

"内帑"和因"骚扰驿站"应分赔的四百四十三两二钱银子，就会替他减免，而不一定要曹頫把那二十五斤重的木枷永远戴下去。果然，我们从雍正七年十一月初八日的"上谕"里，就可以看出当时政治上的某些转机：

> 从来开国之初，必有从龙之佐。或辟疆拓土，茂建崇勋；或陷阵冲锋，捐躯殉节。至于承平之后，伐叛讨逆，其抒诚宣力之臣，壮猷忠节，并足以垂光竹帛，流誉无穷。凡为人主者，据情据理，无不存笃念忠勋之心，于本身厚加赠卹，尤切望其子孙人人成立，克绍前徵，永受优待功臣之泽。若忠节之后，废坠家声，乃朝廷所不忍闻也。……且使国家遇此等之人，若宠之以恩，则法有所不伸；若置之于法，则情有所不忍。为君者，实处两难之地。……上年降旨，令各旗将功臣之子孙犯法问罪及亏空拖欠者，一一查出具奏。今年各该旗陆续查奏前来，朕详加披览，斟酌情罪，或其中勋节之后，嫡派只此一二人者，如施世华、马尔玑、三格……共六十二员，名下应追未完之银共五十四万六百五十九两，米一千七百二十一石，此项钱粮俱系国家公帑，非朕所得私用恩者，着内库银两照数拨补，代为伊等完项。其或充发，或问监，候及妻子亲属入辛者库等罪者，概行宽释。……凡此宽宥之人等，倘有穷乏不能自给者，准其于该都统处具呈。俟该都统奏闻，朕当另行加恩，恤以存养之。其余八旗所查功臣之子孙可宽者，亦无及候朕再详加细阅发出。特谕。

虽然从这条上谕本身，我们找不到它对曹頫这一案件所产生的直接结果，但是它使我们从中看到了曹家命运的一个转机，因为曹頫的祖先是"从龙之佐"，"辟疆拓土，茂建崇勋"，是"冲锋陷阵"、"伐叛讨逆"、"抒诚宣力"的有功之臣。他们的子孙如果能"人人成立，克绍前徵"，是要永远"受优待功臣之泽"的。即使"废坠家声"，也要慎重考虑"若宠之以恩，则法有所不伸"，但"若置之于法，则情有所不忍"。所以，根据这一条上谕的总的精神，曹頫的命运从此会有一个有利的某种转变，这是肯定的，只是我们到目前为止还没有找到有力的历史资料来加以证实。至于对包括曹雪芹在内的曹頫的家属，当然更是要"概行宽释"；如果他们有困难，雍正还要"另行加恩，恤以存养"。这样，后来曹雪芹就不仅有生活所需之资，甚至还有可能得到读书上进的机会。不然，他小小年纪，天天看着叔叔戴枷服罪就够受，哪里还有可能去谋求长进学业？异日又怎可能成为"贡生"？[①]如果如上述有的论者所说，曹雪芹家被抄，就等于被剥夺了政治权利，他就不能住到健锐营正白旗营地内，那么曹雪芹怎么能够到当时宗室的高等学府——右翼学宗去工作，并且在那里"高谈雄辩"、目空一切？所以如前面所说，曹雪芹离开右翼宗学之后，为了"著书黄叶村"，他来到香山健锐营他本家所属的旗营内，这是完全可能的。何况，从乾隆元年起，曹雪芹的亲表兄、袭多罗平郡王爵位的福彭任正白旗满洲都统，正管着正白旗满洲旗人的户籍，如果曹雪芹凭借他的关系去到香山正白旗营地当个挂名的兵士，按期领取钱粮，得到几间住房，那也是很合情理的事。这里，我们简括地谈谈最近有人从原住正白旗内、现住内蒙古包头市的一位老人手里，得到一部正白旗官学藏康熙朝进士何焯（义门）所注《文选》，书上盖有官学的图章，内面有"楝亭"（即曹寅）的亲笔签名，就是一条很可注意的线索。现已初步查明，正白旗官学原来就建在现在曹雪芹纪念馆（正白旗39号）西墙外的河滩上。这一事实说明，这部书有可能是曹家迁到健锐营正白旗时献给官学的。

据此，我们认为，曹雪芹的"庐结西郊"只可能在健锐营正白旗的范围之内，不可能在别的地方。至于有些研究者认为现在的正白旗39号（原38号）就是曹雪芹的故居，我们则认为还没有坚实的资料可以佐证；但是把它作为曹雪芹纪念馆是完全可以的。这个意见，我在《曹雪芹的西郊故居在哪里——

---

① 梁恭辰：《北东园笔录》四编。

兼谈曹雪芹纪念馆的地理环境》①一文中，已做了较详细的论证，这里不再赘述了。

四

吴恩裕在红学研究中的第三项功绩，就是做了大量的实地调查，收集了极为丰富的资料，为红学界的研究工作提供了方便。吴先生收集的资料主要包括以下几个方面：

第一，不断访求和收集有关曹雪芹的著作和曹雪芹自己的佚著和遗物。如：发现了敦敏的《懋斋诗钞》手稿，敦诚的《四松堂诗钞》手稿，《鹪鹩庵笔麈》手稿，永忠的《延芬诗集》稿本；介绍了明义的《绿烟锁窗集》诗选；考证了据传是曹雪芹用过的两只书箱及书写在书箱上的亲笔字、曹雪芹续弦芳卿的悼亡诗手迹。

第二，根据文化、文物界一些同志提供的线索，跑遍了北京西郊一带，访问了当地一二十名七八十岁的老人，听取了他们所知的有关曹雪芹的各种传说，参照敦敏、敦诚和张宜泉有关诗篇，是了解和研究曹雪芹晚年在西郊的住地、生活和待人接物、立身处世的极有价值的参考资料。

第三，从孔祥泽那里获知了曹雪芹佚著《废艺斋集稿》的大概内容，获得了其中的部分具体材料。

《废艺斋集稿》共有八册。第一册是讲金石的，如说怎样选石，怎样制钮、制印，刻的技巧、章法、刀法，等等。第二册《南鹞北鸢考工志》是关于扎、糊、绘、放风筝的，有不少扎、绘风筝的歌诀。这一册中还包括有曹雪芹自己写的一篇序和当时大画家董邦达所作的序。第三册是关于编织工艺

---

① 按照清朝的法律，曹頫结案释放以后，也要到正白旗兵营中去当一名普通士兵（即满洲阿哈）。请参见拙文《曹雪芹的西郊故居在哪里——兼谈曹雪芹纪念馆的地理环境》，《史志之友》1990年第1辑。

的。第四册是关于脱胎手艺的。第五册是讲织补的。第六册是讲印染的。第七册是讲雕刻竹制器皿和扇股的。第八册是讲烹调的。

据书中透露，曹雪芹编写这部手稿，主要是为了帮助残疾人自谋生计。如《南鹞北鸢考工志》，就是因"故人"于叔度"从征伤足，旅居京师，家口繁多，生机艰难"，应他的要求特意编写的。这部手稿，后来流传到了礼王府，20世纪40年代初，被日本商人金田氏从礼王后人金鼎臣手里用重金买得。1943年孔祥泽在北平北华艺术学院读书时，由他的日本老师高见嘉十从金田氏那里借来，供他和他的同学们描摹。孔祥泽描摹了曹雪芹写的自序和全部风筝歌诀、董邦达的序文。关于《南鹞北鸢考工志》的真实可靠性，吴恩裕说他从国内的一些人和日本早稻田大学教授松枝茂夫那里得到了证实。比如从曾于1944年与孔祥泽一起参加描摹的赵雨山、目击者金福忠等人的口里得到了证实。日本红学家、《红楼梦》一百二十回日本文版翻译家松枝先生1973年看到《文物》杂志上发表吴恩裕的《曹雪芹佚著及其传记材料的发现》一文以后，立即主动到离东京约六七百公里的富山县找高见嘉十访问；之后，他用中文写了一封长信，将这次访问的结果告诉吴恩裕。当时，高见先生虽已八十高龄，且因患病，记忆力大受影响，但对孔祥泽描摹《南鹞北鸢考工志》一事，还有极清楚的印象。当松枝先生提问时，他点头说："记得，我还替他改一改了。"可惜的是，从金鼎先生手里高价买得《废艺斋集稿》的藏主金田氏，只知其姓，不识其名，所以虽赖日本友人的协助多方寻找，但尚无下落。这部珍贵手稿现在还在人世间否，也就令人担忧了。

这里还要提到作为《南鹞北鸢考工志》附录的敦敏《瓶湖懋斋记盛》。在这篇叙文中，除有前已谈到尚属孤证的雪芹最后曾在白家疃营新居外，其他还有谈雪芹之惜老救贫，他的多才多艺，他在当时名流董邦达一类人眼中的位置，特别是详细地描写了他放风筝的高超技术。

第四，1978年4月中旬到5月初，9月底到11月中，他两次去南方与曹家、曹雪芹和《红楼梦》有关的地方，访问故老，调查遗迹，收集了不少可贵的材料。比如，他在扬州看到了曹寅当年的盐署、主持刊刻大型图书《佩文韵府》、《全唐诗》的书局所在的天宁寺；在瓜洲看到了康、雍、乾时期的新老渡口，这是曹家被抄家后解回北京和曹雪芹后来从北京到南京的必经之地；在三汊河看到了康熙的行宫，曹寅也曾在这里接过驾；在南京，他看到了织造府与织造局的遗址，看到了一直沿用至今的曹家任织造时织造局所用的一类织锦木制织机，参观了织锦工人的操作表演；在苏州，他去看了苏州市织造府的旧址——苏州第十中学，游览了从阊门至虎丘的七里山塘，查询了这一带在清前期和中期商店林立、富贵繁华、河中画舫穿梭往来、歌舞不断的盛况，观赏了苏州的园林，认为"作为艺术构成的大观园，它的素材与其求之于北京的王府，远不如求之于苏州的名园"。

吴恩裕对《红楼梦》的版本问题也有所涉猎，然除了对怡府本，即现存已卯本有所论述外，其他均未予深究。

<h2 style="text-align:center">五</h2>

以上，我们对吴恩裕从50年代中期到80年代前夕其逝世前的四分之一个世纪中，他在红学研究方面所做的贡献，以及他访问故老，探寻有关曹雪芹、《红楼梦》的历史遗迹和口碑传说的情况，做了一个比较概略的介绍，也表达了我们对某些问题的意见。从这个介绍中，可以清楚地看出，吴恩裕红学研究的最大功绩，是使人们确切地知道，在乾隆十年以后，到乾隆十四五年或者十五六年间，曹雪芹曾在右翼宗学工作过。而在吴恩裕发现这一问题之前，人们对曹頫被革职抄家、解回北京以后，对曹家和曹雪芹在这一段期间的情况，几乎一无所知。而当知道曹雪芹曾在右翼宗学工作过之后，就不仅了解了这一事实本身，而且还可以由此断定曹頫的案子早已结束，并推测出曹家（包括曹雪芹）后来的行止。所以，这是一个很大的贡献。此其一。其次，他收集了大量的资料，为日后人们的研究，提供了便利条件。吴恩裕在《曹雪芹丛考》的"自序"中说，有的人见他收集到这么多材料以后，说："怎么这些东西都让吴恩裕发现了呢？"吴恩裕回答说："这有什么办法呢？我口勤，不

断地问。手勤，不断地翻阅和抄录。腿勤，我不是总坐在书斋里，而是各处访问口碑和遗迹。"的确，有谁像吴恩裕这样，从1954年起的二十四五年里，沿着曹雪芹的足迹，无数次地在北京城和西郊调查访问？有谁像吴恩裕这样，在他辞世前一年多一点的时间里，还长途跋涉，两次到南方去追寻曹雪芹及其家人留下的踪影？他取得如此丰硕的成绩，难道不是必然的么？

当然，吴恩裕收集的材料中，有的还只是抄的存者的口传，没有出示实证，因而引起了一些人的议论。有的研究者在经过较为深入的研究后，甚至对《南鹞北鸢考工志》中曹雪芹自序、董邦达序以及该书附录《瓶湖懋斋记盛》那样重要篇什的真实可靠性提出了严重的怀疑。他们之所以这样提出问题，不仅因为文中提到的气候情况与当时北京晴雨录所记相差悬殊，而且这三个部分的用词习惯、文字风格，也似出于一人之手[①]。与《废艺斋集稿》同时公布的还有一首所谓曹雪芹的佚诗《题自画石》[②]。吴恩裕在介绍中说："我现在要谈的这首《题自画石》诗，就是孔祥泽从他外祖父富竹泉所著《考槃室札记》手稿中抄出来的。"诗云：

> 爱此一拳石，玲珑出自然；
> 溯源应太古，坠世又何年？
> 有志归完璞，无材去补天；
> 不求邀众赏，潇洒做顽仙。

"诗无定估"，历来如此，这首诗也不例外。人们因为各自的理解不同、眼光不同，故做出了截然不同的评价。如吴恩裕说：《题自画石》表明了作者"自己的理想和所持的态度"，"在当时这是个有进步意义的'理想'，它是作

---

① 参见陈毓罴、刘世德：《曹雪芹佚著辨伪》，《红楼梦论丛》，上海古籍出版社。
② 富竹泉：《考槃室诗草》（手抄本）作"自题画石"。

者在《红楼梦》中闪射出的些微'光明'的扩大"①。而有的评论者却说,《题自画石》"实在平庸得很,……与我们大家都知道的艺术大师曹雪芹作品相比,其思想水平和艺术水平都相差得很远"②。我们认为,问题主要还不在于如何评估这首诗。首先由于吴恩裕介绍它时,只是根据存者孔祥泽的口传,迄今没有公布这首诗的来源——富竹泉《考槃室札记》的原件。而《考槃室诗草》却已为吴晓玲先生所得,其中又确实收有这首诗。在吴恩裕逝世将近三年之后,在1982年10月上海举办的全国第三次红楼梦学术讨论会上,吴晓玲出示了这个抄本,介绍了他得到这个抄本的经过,以及《题自画石》所在的位置和书主原来准备如何撤换下来的情形。后来,他又写成《试揭所谓曹雪芹佚诗〈题自画石〉之谜,并以"回向"故吴恩裕先生》一文,1983年发表在《红楼梦研究集刊》第10辑中。文末还附有《考槃室诗草》的封面题签、卷一中的《题自画石》诗等的影印件多份。

我们知道,"札记"中是可以抄录别人作品的,"诗草"是个人专辑,断不能将他人的诗作冒充己有。所以这个问题不仅为红学界人人关心,而且还牵涉到富竹泉其人的文德,事情所关非小。不过,不说吴恩裕逝世已将十二易寒暑,即使他还活着,也难解决问题,因为他仅仅是一个传播者。解铃还须系铃人,要想把问题弄清楚,还需要拥有《考槃室札记》的孔祥泽先生拿出真东西来,把它公之于世,并做出必要的说明和解释。为了满足红学界同人的心愿,也为了证实富竹泉的美好文德,我们衷心地期待着。

1991年6月20日

---

① 吴恩裕:《曹雪芹的〈自题画石〉诗解》,《曹雪芹丛考》。
② 陈毓罴、刘世德:《曹雪芹佚著辨伪》。

秋风一载祭英灵

——悼念红学家朱彤兄

1993年9月9日，朱彤兄逝世整整一年了。当周年祭到来的时候，历历往事一一涌上心头，催我不能不写下这篇文字，追忆十余年来我与朱彤兄的友谊，工作中他给予我的支持，他在红学研究中的贡献，他的为人，他在生活中、教学科研中以及在与病魔做斗争的过程中的默默奋斗，使红学界及古典文学界的朋友们了解他，以寄托我的哀思，并告慰亡友在天的英灵。

一

我与朱彤第一次见面，是在1978年9月下旬。那时我还在北京出版社工作，朱彤则刚从安徽师大中文系借调到《红楼梦》校订注释组搞注释。校订注释组是红楼梦研究所的前身，当时组内有好几位曾是我的同事和朋友，所以我不仅为了求教，就是平时没事也愿意到那儿走动，因此很快就认识了朱彤。

朱彤是辽宁省复县人，虽然不能说是标准的关东大汉，但个头究竟与一般南方同志不同。至于为人豪爽正派，性格刚直，襟怀坦荡，敢说敢做，敢做敢当，这又是典型关东汉子的气质。多接触几次后，就知道他好谈吐，有时还近似诙谐，所以我乐意与交。

1979年7月，我应允调红楼梦研究所工作，主持《红楼梦学刊》编辑部，而朱彤与新版《红楼梦》校订注释组一班人，正进入紧张的收尾工作，所以我们每天都在一起，茶余饭后，工作间隙常与之谈，东西南北，天上地下无所不及。当然，中心话题还是《红楼梦》，这就是所谓"三句话不离本行"吧！

校订注释组的扫尾工作是1980年初结束的，朱彤由于学校教学任务需要，很早就离开北京回芜湖去了。当年7月下旬，全国第一次《红楼梦》学术研讨会在哈尔滨召开，中国红楼梦学会也在这次会议的后期诞生，作为在红学研究上已取得重要成果的朱彤，理所当然会参加这次大会，我作为当时两个红学刊物之一的《红楼梦学刊》编辑部负责人，也有幸出席了这次盛会，所以我们又在哈尔滨见面了。会上，朱彤配合我进行工作，帮助看文章、组稿，还介绍有关作者的情况，帮助我认识他们、了解他们，同他们交朋友。之后，1981年的济南会议，1982年的上海会议，1983年的南京会议和1985年的贵阳会议期间，他都为我做了不少工作、出了不少主意，我与朱彤的友谊与日俱增。1985年10月19日，贵阳举办的"全国第五次《红楼梦》学术研讨会"结束后，我因回江西参加"黄庭坚诞生940周年学术讨论会"及黄庭坚纪念馆开馆典礼，而朱彤要回芜湖，我们便相约从重庆乘船东下。同行的有我们红楼梦研究所的吕启祥、沈阳师范学院的马国权、南京大学的吴新雷、扬州师范学院的黄进德和秦皇岛中国环境管理干部学院的胡绍棠。

第一天宿于万县江心。第二天船过三峡，恰又天气晴朗，大家伫立甲板上，观两岸景色，指点江山。但见山峰相连，略无阙处，或迎面耸立，陡如刀削；或重岩叠嶂，苍翠入云。巫山十二峰，云蒸雾绕，随着江船前行，宛若神女正脚踩莲花，飘然仙去。船过夔门，江窄流急，江水似万马奔腾，声闻数里，至南津关，由于葛洲坝将长江拦腰截断，江面顿觉宽阔，水平如镜。真是良辰美景，赏心悦目。大家频频赞叹，均谓此行得时，一旦将来三峡工程上马，"高峡出平湖"，长江上游就不会是如今这样的本来面目了。李白诗云："朝辞白帝彩云间，千里江陵一日还。两岸猿声啼不住，轻舟已过万重山。"其实长江胜景，主要在万县至宜昌间。且船过葛洲坝闸门，已是万家灯火，但见烟波浩渺，波浪翻滚，江渝二号乘风破浪，行进在霭霭夜色中。

25日，多云间阴，且两岸可看景点不多，所以大家围坐舱中，高谈阔论，神聊海吹，但大多在品评红学界同人口才，如某某九段、某某八段、某某七段、某某六段、某某不入段之类。朱彤嗓门最大，声调最高，且不时继以一阵笑声，转入下一个话题。这样，不知不觉间，一天就已经过去，到武汉时，三镇灯火已亮彻半空。这时，马、吕、胡三位要上岸转乘火车北上，我和朱彤亦要寻觅晚餐。毕业三十一年后重游故地，虽然只是码头附近一隅，然街道楼宇，迥异过去，旧貌换新颜，几令我不辨东西南北了。

26日，换船继续东行。我与朱彤虽也不断谈及红学研究现状，展望将来的发展，但兴致气氛远不如前两天热烈，且一早便云雾缭绕，天气阴沉，有下雨之象。到中午，果然飘起小雨。船抵九江，已下午五时许，我必须上岸，转乘南浔路火车去南昌，而此时的雨却在阵阵秋风中飘洒，淅淅沥沥，下得一阵紧似一阵。我的行李不多，本想就此告别，然朱彤坚持送我上岸，并且拎起提包，径直走在前面，到车站售票厅前，将行李放下，与我握手道珍重，然后转身，一溜小跑，消失在风雨中。我望着他湿得半透、逐渐远去的身影，心中顿时热浪翻滚，不觉自语：多么热情实在的朋友，多么深厚而难得的友情！此情此景，时隔八年，至今还浮现在我的眼前，烙印在我的脑里，而斯人西去，已永无会期，每忆及此，宁不怆然泪下！

此后，1986年的哈尔滨国际红学研讨会，1987年3月的扬州红学专题研讨会，朱彤也都应邀出席。而且在后一次会议期间，他受安师大校、系两级领导的委托，向中国红学会提出申请（1988年5月），由该校举办"全国第六次《红楼梦》学术讨论会"。自那以后到次年会议召开的一年多的时间里，朱彤多次往返于芜湖与北京之间，代表校方就有关会议的各种问题研究商量。朱彤一非学校领导，二非系里负责人，虽有校、系两级以及有关职能部门的支持，但是"一娘生九子，连母十条心"，特别是在80年代末期改革开放深入以后，在讲求物质利益原则的情况下，做具体工作的同志并不是轻松的。为了工作，他们有时不得不低声下气，好言求助，这种情况在我们今天的社会里是屡见不鲜的。然而，朱彤就凭着为发展红学事业的满腔热情，经过一年多的操劳奔波，终于使这次大会开得圆满成功，对中国红学发展做出了自己的贡献。

二

1989年春，忽然传来一个坏消息——朱彤得了直肠癌。这使我十分不安，忙写信去问。不久得知，其癌症还不是晚期，而且已经动了手术，这使我心情稍安。因为据我所知，随着现代医学科学的发展，已有无数事实证明：癌症≠死亡。过去那种认为癌症为绝症、谈癌色变的情况早已过去了。我的一位大学同班同学，1974年患直肠癌，当年7月动手术，至今依然活得结实。从他的经验看，关键是及早发现、及早治疗，而且注意经常保健锻炼。我把这些情况都告诉了朱彤，鼓励他树立战胜癌症的坚强信心。此后，在较长时期内，没有听说有异样情况发生。

然而，1990年春夏间，又传来了坏消息——朱彤动手术时因消毒不彻底，癌细胞转移，伤口下端又发现肿块，经学校同意，他已决定来京医治，而且很快就由夫人金素云陪同来到北京，住进北京医科大学 (现为北京大学) 第一附属医院。我得知确信后，迅往探视，并建议他在医院实施治疗之前，先去找我的一位朋友——一位肿瘤医院治癌专家，请他提供治疗意见，因为我的那位患肝癌的朋友，就是由他主刀手术的。

朱彤果然在第一附属医院动了第二次手术。术后，按照医生的建议，他到中日友好医院住院做了一段放疗。之后，为了生活方便，朱彤曾较长时期住在通县 (今通州区) 他姐姐家。经过半年多的治疗休养，眼见他的气色已经好转，精神也更足了。我原以为经过第二次手术，又凭着北京的医疗条件，他会慢慢好起来。没想到第二年 (1991) 4月，原伤口上端左边又发现一个肿块，经过一个多月的观察，第二次手术的主刀大夫认为，不管是不是癌，割掉总比任其生长好。于是，很快又确定了动第三次手术的时间。但是，恰在这时，该院教授发现，这个硬块不仅是癌，而且癌细胞已经转移到盆腔，只割掉伤口部位的肿块无济于事，要解决问题，必须打开盆腔，切掉膀胱，将小便改道。

朱彤第一次手术时，就已备了一个人造肛，将大便改道，现在又说要切掉膀胱，将小便改道，他觉得太难堪了，承受不了。他说，宁死也不愿意接受这个事实，所以在原定动手术的前一天，他便跑出医院，来到我家同我商量，看是否可以到北京肿瘤医院看看，争取在那里动手术。不巧的是，肿瘤医院我的那位专家朋友已出国讲学去了。幸好我的一个熟人当时在北京医科大学进修，肿瘤医院院长的女儿是她要好的同学，她同她说了以后，没过两天，医院便同意朱彤去化验、照相和做B超，结果出来以后，这位院长又亲自排队为朱彤挂号。

看病那天，已是6月中旬，朱彤由夫人和我陪同，一早就到了医院。给他看病的是腹外科主任、肿瘤医学权威余宏迢教授。轮到朱彤进去看病时，我们在外面等候，我这时的心情真是七上八下，牵肠挂肚，而且以为需要仔细检查，花费很长一段时间。可是，大约五分钟以后，他就出来了，要他夫人进去。他说余教授看了化验和B超结果，又研究了照片之后说"没有你的事了，去到外面休息，请你的家属进来"。我听了这个简单的介绍，觉得情况不妙，心情顿时沉重起来。朱彤却说："现在我也满足了。我来到全国最好的医院，这里有最好的医疗设施，又是全国第一流的专家给我看病，纵使最后不行，我虽死也无遗憾了。"他说这话时，虽然显得平静，脸上甚至挂有一丝笑容，但是看得出来，他是极力压抑着自己忐忑不安的心情。

一会儿之后，朱夫人出来了，看得出她脸上的严峻和内心的不安。起初她没有说什么，后来便悄悄告诉我，医生说朱彤的腹腔和盆腔内都长满了癌细胞，不仅只切掉伤口部位的肿块不解决问题，就是打开盆腔切掉膀胱，将小便改道，也为时已晚，甚至要加速病情的恶化。说到这里，她哽咽了，流泪了。我赶忙提醒她止住哭泣，擦干眼泪，免得使病人更加紧张。然而，即使到这时，我们还怀抱希望，没有丧失信心。

没过几天，朱彤告诉我，他要到海拉尔去，而且很快就要成行。我知道他有两个妹妹在内蒙古海拉尔工作，他们的家境都很不错，兄妹间感情又极好；而且海拉尔的夏天很凉快，不似北京高温闷热，到那里去过夏天，对养病有利。

9月中旬以后，我得知海拉尔的气温转低，而离10月15日《红楼梦学刊》庆祝出版五十期和第七次编委会召开的日期已近，于是写信催朱彤尽快返回北京。结果他于10月11日回到通县，当天就给我来了电话。13日下午，李希凡同志邀我一起去看朱彤。因学刊开会在即，我建议他提前进城，所以谈了一会儿，就请他收拾洗漱什物，随车来到我家。第二天，我陪同他到招待所，以便利用这次机会，多与外地来京的几位编委叙谈。

15日是庆祝《红楼梦学刊》出刊50期和召开第7次编委会的第一天。当朱彤出现在会场时大家都争相与他握手，祝福他早日战胜病魔，恢复健康。冯其庸主编还特别请朱彤和他合影留念。在那两天里，朱彤显得特别兴奋，他在16日上午的会上说：

> 为见到了许多老朋友，我很激动，心情很愉快，尽管这些日子很疲劳，但是现在我感觉精神状态很好。
>
> 这次本来只是想来和大家见见面，我没料到昨天的场面。大家对我的热情，比我原来想象得要热得多。我觉得有这么多的老朋友的关怀，我一定要战胜癌症。

又说：

> 每个时代学习《红楼梦》，都会有各自的看法和心得。随着时代的发展，《红楼梦》研究也要随着发展，所以还是有文章可做，这就需要我们大家努力。组稿问题，作为编委，也要负起责任来，力争每期都有两三篇学术性较强、有见地的文章，我觉得这就足以保持我们学刊的质量。

由于两天来的过度兴奋，更由于前几天从海拉尔回京途中长时间的劳顿，16日午饭后，他就觉得体力难支，要回到我家休息。第二天，我同编辑部的同志们商量，租了一辆小车把他送回通县。

大约10月底，朱彤忽然告诉我：或因受凉，也许吃东西不合适，他的肚子有时微微作痛，而且越来越频繁、越来越重，以致后来到难以忍受。这就表明，他的癌痛已经开始了。不过当时他自己未必清楚，或者他不愿意往这方面想。

朱彤的病情急剧变化，他的姐姐和姐夫都紧张起来，怕万一出现紧张情况，他们拉不走、背不动，怕误了大事，可是又不好对朱彤说。我觉察出他们的两难处境，便建议朱彤此时回芜湖，这对养病更为有利：一是天天与夫人和子女在一起，有更好的护理，可以改善心境；二是南方的天气较好，营养源丰富；三是可以及时得到校系领导的关心和照顾。他们都同意我的建议。恰在这时，朱彤的研究生俞晓红小姐来到北京，这样在他回芜湖途中有人陪同照顾，就更令人放心了。于是，在与朱夫人联系好之后，他便决定于11月28日乘火车回芜湖去了。

几日不见，当我登上汽车为朱彤送行时，觉得他的气色变了，精神不如以前了，说话时底气不足了。凭我的直觉，朱彤将不久于人世，这一天会是我们最后一次见面。三闾有云："悲莫悲兮生别离，乐莫乐兮新相知。"①十几年来，我与朱彤互相了解，友谊甚深，是彼此信得过的同志和朋友，今日尚同处一地、同乘一车，但从此一别，将成永诀，昔日的"新相知"今日成了"生别离"，心中升起的是一种多么悲伤的感情啊！然而，为了不使朱彤难过，此时此刻，我不但要强忍悲痛，还要绽开笑脸，好言相慰，鼓励他坚定战胜癌症的信心，回到南方后好好养病，待来年水暖花开时节仍旧回到北京，那时我不但会前去迎接，还要设宴欢迎。当然这只是一种难以实现的愿望，但不如此，我又能怎么说呢？

---

① 屈原：《九歌·少同命》。

三

朱彤回到家后就躺倒在床上，以后除了去医院看病，他很少起来，而且病情迅速恶化，新年刚过，就进食艰难，高烧昏迷，小便不通，出现尿毒症。为此，朱夫人及一家大小都神情紧张。消息传来，我也非常不安，以为他怕是过不了春节了。幸而医生及时为之导尿，他小便稍通，高烧退去，能少量进食，病情就暂时得到缓解。以后他继续求医觅方，或住院，或在家，然病情不但不见好转，反而每况愈下。到9月9日晚上11点过后，电话铃响起，那端传来晓红的声音，她沉痛地告诉我：朱彤已于当天上午9时56分离开了人世。

朱彤的死我虽是早已料到，而且以为不会拖到这个时候，但噩耗传来，预想变为现实，我心灵上还是受到非同一般的颤动。大约两天以后，朱夫人在电话中比较详细地谈到朱彤最后阶段的病情和死状时，我忍不住哽咽失声，久久不能平静。

朱彤是有才华的，他是1930年9月生人，1961年于北京大学中文系毕业，学术基础扎实，学识渊博，教学和科研成绩突出。在实绩面前，1987年安师大评定职称时，将他从讲师直接晋升为正教授。然而他结婚晚，孩子小，到1988年，儿子和女儿都还在学习。朱夫人当时还有一位年逾八旬的老奶奶需要他们赡养。他们的工资不多，负担却重，于是不得不在繁重的教学工作之余，千方百计寻找门路，增加收入，以补不足。而可行之道，不外两途：一是朱夫人业余抽空到社会上讲课；二是朱彤不分日夜，辛勤写作，谋求发表，取得稿酬。1984年9月下旬，我到南方组稿，路经芜湖，住在安师大旁边的铁山宾馆，因此有机会不止一次去他家看望、交谈，并承他们留饭，那时他们家连一台电视机都没有。记得第一次到他们家时，就发现书桌上摆着一篇还没有写完的红学论文《从猿到人——孙悟空、贾宝玉思想性格纵横谈》。我翻开读了一部分，就被它的新鲜见解和优美流畅的文字所吸引，当即说定，文章写完后交我发表。他告诉我，写这篇文章是因为在刚完成的《西游

记》新校注本（此书于1987年由四川文艺出版社出版）的工作中，积累了一些材料，有了
一些想法，就想把它写出来。这项校注工作的关键部分和难解的问题，主要
是在这个暑假完成的。芜湖的夏天，天气热，气温高，出版社要求急，时间
紧，所以他不仅暑假没休息，晚上也天天熬到深夜。朱彤是北方人，虽已在
安徽生活了二十多年，也还难耐有"小火炉"之称的芜湖的夏日高温天气，
所以多次中暑、发烧。听了他的介绍，我既佩服，也很担心。我提醒说，来
日方长，要细水长流，不要干得太紧。常言道，"欲速则不达"。累坏了身子，
后果不堪设想。然而，据我了解，为补生活中之不足，他的这种不分昼夜、
拼命写作的生活决非自1984年始。常言道"积劳成疾"，他四年后发作的这个顽
疾，难道不是这时种下的病根么！

　　朱彤死了。作为朱彤的好友，限于条件，我没能去向遗体告别，也没能
去参加追悼会。直到1992年扬州国际红楼梦学术研讨会结束，也即朱彤逝世
一个半月之后，我才专程赶到芜湖，并于10月25日上午，与杨光汉兄一道，
在俞晓红的陪同下，到神山灵堂，请出朱彤兄的骨灰盒，置于祭坛，上香，
烧纸，放鞭炮，然后深深三鞠躬，默默致诵哀思。光汉兄还写有挽诗《哭朱
彤》并序，其言曰：

　　　　壬申暮秋，偕邓兄庆佑间关千里奔芜湖，捧朱彤教授骨殖于神山窀
　　穸，焚香烛纸钱拜祭之。青烟袅袅，哀思如潮。返程经沪，诗示陶兄剑
　　平，斟酌音律，缅怀彤兄道德文章，欷歔不已。
　　　　十月神山白草枯，音容宛在已殊途。
　　　　满腔豪气半成梦，两袖清风一部书。
　　　　虽道黄泉无地府，也焚钱纸寄幽都。
　　　　愿君常得沽佳酿，相约曹侯醉玉壶。

四

目前五六十岁的红学家和红学研究者，除少数于50年代开始研究外，其余大多数都是从"文化大革命"期间走出来的。朱彤也不例外。在所谓"伟大的无产阶级文化大革命"时期，中国古典文学，甚至整个古代社会科学，都被视为"封建主义毒草"，归入被扫荡之列，只有《红楼梦》例外。由于毛泽东的爱好、推崇，它不仅可以继续出版，供人们学习、研究，还出现了一个全国性的"评红热"。当然，毛泽东认为，意识形态的各个门类都是为现实政治服务的，红学当然也不例外。1954年3月10日，毛泽东在杭州同身边工作人员谈话时说过：多年来，很多人研究《红楼梦》，但并没有真懂——它是讲阶级斗争的。[①]他又说：

> 《红楼梦》写四大家族，阶级斗争激烈，几十条人命。统治者二十几人（有人算了说是三十三人），其他都是奴隶，三百多个，鸳鸯、司琪、尤二姐、三姐等等。讲历史不拿阶级斗争观点讲，就讲不通。[②]

因而，当时谈红学，都着眼于农民受地主阶级的剥削、压迫，农民的反抗，等等。到林彪反革命集团、"四人帮"猖狂肆虐的时期，更发展到利用《红楼梦》搞阴谋活动，把矛头指向全国人民敬爱的周恩来总理。当然，真正的红学研究，是研究者以严肃认真的态度、实事求是的精神，运用科学的文学理论，探讨曹雪芹的创作意图，《红楼梦》的艺术结构、表现手法、人物设置，等等。朱彤是大学教师，而且是教元、明、清文学的，处在当时时局下，我敢肯定，他也曾按照毛泽东讲话的精神，讲授过、辅导过《红楼梦》。

---

① 边彦军：《毛泽东论〈红楼梦〉》，《红楼梦学刊》1993年第4辑。
② 毛泽东1964年8月18日在北戴河同几位哲学工作者的谈话。

但是，我也同样相信，朱彤不会受那种千部一腔、千人一面的红学束缚，会以严肃认真的态度对《红楼梦》进行真正科学的研究。果然，"四人帮"垮台刚好一年，在1977年8月出版的《安徽师大学报》第4期上，就推出了十年"文革"结束以后他的第一篇高质量的红学论文《史湘云结局简探——兼析〈红楼梦〉第三十一回回目》。文中，他对以前诸家之说提出质疑，并认为史湘云虽曾有过短暂的美满婚姻，但最后还是永作牛郎、织女相隔银河，有不能相会之叹，她与宝玉婚姻无关。此文一经发表，就引起红学界的注意。但因它是一篇短文，论证未充分展开，后来他接受友人的建议，加以修改补充，易题名为《"白首双星"考释——关于史湘云的结局》，发表在1979年8月出版的《红楼梦学刊》创刊号上。

大家知道《红楼梦》是一部最后尚未写完的小说，"书未成，芹为泪尽而逝"(脂砚斋语)，八十回以后可能还有部分原稿，但已"迷失"。后四十回是后来由高鹗续补的。正因为原作是一部未完稿，所以绝大多数情节线索、人物命运都还没有得到最后归结。比如金陵十二正钗，除秦可卿外，其他十一钗的最终结局都还没有得到明确的展示。但是，在前八十回中，曹雪芹对她们的命运结局却都留有伏线，虽然有的"草蛇灰线，在千里之外"(脂砚斋语)，但细心的读者在读完八十回以后，对她们各自的命运结局都是清楚的——她们都是"薄命司"里的悲剧人物，不会有好的结果。当然，由于红学家的理解不同，对某些词语细节不得确解，所以结论会有分歧。

史湘云是书中重要人物之一，她的结局如何？根据第五回金陵十二钗正册判词、《红楼梦曲·乐中悲》和前八十回情节线索交代：她父母早逝，从小寄养叔婶家，缺乏母爱和亲情；幸而她心胸阔大，比较乐观，随遇而安，且又得到姑祖的爱怜，经常来到贾府，倒也缺忧少虑。但牵动湘云人生结局的关键情节在八十回之后，而此后数十回，或因没有完成，或因"迷失"，无从查考。高续后四十回对她结局的描写却十分简单，只说她嫁给一个才情学问都好的姑爷，但丈夫不久就得痨病死了，使她后来守寡。这种结局显然与前八十回的伏线不合。第三十一回回目是"因麒麟伏白首双星"，这麒麟是指

第二十九回清虚观打醮时张道士送给宝玉，然后又被湘云、翠缕拾到的那个麒麟，也即脂批所说卫若兰腰间佩带的那个麒麟。"白首"，就是白头，指老年人。"双星"因为用在"白首"之后，于是人们就断定它是指"寿星"之"星"。所以四川省立图书馆藏佚名氏《读〈红楼梦〉随笔》转引一种人的意见认为：

> 或曰三十一回篇目曰："因麒麟伏白首双星"，是宝玉偕老者，史湘云也。殆宝钗不永年，湘云其醮者乎？

后来，王梦阮在《红楼梦索隐》中推测产生这种说法的原因时说：

> 是书内廷进本，义取吉祥，特以湘云配宝玉，俾得两不鳏寡，故三十一回有"白首双星"之目。

但王梦阮不同意这种说法。他认为这里说的"白首双星"与张道士和贾母有关。他说：

> 因麒麟为张道士所赠，道士又荣国替身，湘云配雌的是史家故物，一张一史，即一雄一雌。"白首双星"与上归省元宵参看，可见作者意在追衬，以明其事。故本段特着湘云已将聘定一层，以见"双星"之说非指湘云、宝玉。"白首"二字须要往"老"字一方面看，不是偕老，是已老也。"伏"字与"隐"字同意，读者须细意参详。

王梦阮的意思是，第三十一回回目是隐喻贾母与张道士之间的暧昧关系。这不仅是无稽之谈，且以后文伏前事，亦于文理不通。

俞平伯和顾颉刚曾在20世纪20年代初的通信中，专门就第三十一回回目进行切磋讨论，后来俞平伯在《红楼梦辨》中将他们讨论的问题详细地做了介绍。新中国成立之初，他将《红楼梦辨》重新修订，并易名为《红楼梦研究》出版时，又对他们的讨论做了这样的回顾：

> 湘云从八十回里原来是不嫁宝玉的。……第三十一回回目却作"因麒麟伏白首双星"。这有两个暗示：（1）因金麒麟而伏有姻缘，这因发现未完的书而解决了。（2）是白头偕老的姻缘，这不但不合册子曲文的预见，况且当真如此，史湘云根本不当入薄命司了。所以顾颉刚说，无论湘云早卒或守寡，总是个不终的夫妇，怎能说白首双星？只能假定为原作自己的矛盾，或者回目的措语失检了。

接着，俞平伯在这里加了一个注释。他说：

> 受他人的启示，方得到一个新解释……此回系暗示贾母与张道士之隐事，事在前而不在后。所谓"白首双星"即是指此两老；所谓"因""伏""麒麟"，即是说麒麟本是成对的，本都是史家之物，一个始终在史家，后为湘云所佩，一个则由贾母送与张道士，后入宝玉手中。因此事不可明言，故曰"伏"也。

不过，俞平伯自己就说：

> 这全是一面之词，未为定论。颉刚也说："新解似乎有些附会，不敢一定赞成。"

我们认为，史湘云当然还是薄命司里的人物。曹雪芹的原作没有矛盾，回目的"措语"更没有"失检"，俞平伯的"新解释"也只不过是王梦阮旧说的重提罢了。

周汝昌以李煦被罪，雍正下令发往打牲乌拉，家属及家仆男女共二百余口在苏州变卖为例，认为贾、史两家籍没时，家属家仆包括史湘云在内，也会遭受同样命运。他说：

> 由此，我们可以推测，湘云系因此而流落于卫若兰家。当她忽然看见若兰的麒麟，大惊，认准即是宝玉的旧物后，伤心落泪，事为若兰所怪异，追询之下，这才知道她是宝玉的表妹，不禁骇然，于是遂极力访求宝玉的下落。最后，大约是因冯紫英之力，终于寻到，于是二人遂将湘云送到可以与宝玉相见之处，使其兄妹竟得于百般坎坷艰难之后重告会合。这时宝玉只身（因宝钗亦卒）并且经历了空门（并不能空诸一切）撒手的滋味，重会湘云，彼此无依，遂经卫、冯撮合，将二人结为患难中的夫妻。——这应该是"因麒麟伏白首双星"一则回目的意义和本事。①

这是重复清代无名氏的宝湘成婚、白头偕老的意见，只不过增加了不少新的想象而已。

朱彤之文，历举以上诸家之说，并一一加以评论，指出他们的说法都与曹雪芹的原意不符，所以此事最后还是一个疑案。

那么，这个疑案是否可以破解呢？朱彤说：能。关键问题是要对三十一回回目有一个正确理解。他列举唐代诗人沈佺期、杜甫，宋代词人张元乾、辛弃疾，金代诗人李俊民，元代诗人元好问和词人马祖常、张翥，明代作家吴承恩等的作品，引用"双星"一词，"都确切无疑地指牵牛、织女二星"。因为：

> "双星"一词，在中国古代文学语言里，是一个专用名词，从古以来，它一直具有固定的、特有的内涵，即指牵牛、织女二星，不能另作他解。

---

① 周汝昌：《红楼梦新证》下，人民文学出版社1976年版，第921页。

朱彤还进一步解释说：

> 曹雪芹无非是通过这个回目和这里写的关于金麒麟的情节，暗伏后来史湘云跟她的丈夫婚后因某种变故而离异，一直到老，就像神话传说中天上隔在银河两岸的牵牛、织女双星那样，虽然都活在世上，但却不得离剑再合，破镜重圆，永抱白头之叹。

朱彤又说：

> 如此解释，似较顺理成章，过去的一切疑点都将顿然冰释，既与这条回目的字面含义不乖，又与作者的创作意图无冲突，符合第五回图册题咏和《乐中悲》曲子给史湘云所规定的"云散高唐"的悲剧命运。我们知道，太虚幻境里的题咏和曲子，是作者用以描写人物性格命运的提纲，"楚云飞"、"云散高唐"都是化用宋玉《高唐赋》中楚襄王梦见能行云作雨的巫山神女欢会的梦境一样，好景不长。这与牛郎织女双星婚后被拆散，不得重聚的神话，是前后一致，遥相呼应的。

朱彤之文，就像冯其庸先生在《红楼梦散论·序》中所说，它"以力排众议，独抒己见的气概，提出了个人独到之见"，他"对'白首双星'的解释，言之有据，且较合情理……新人耳目"，所以一经发表，就"声动京华，名重红学界"。因而，长期以来，为湘云结局困扰着的红学家们都可以舒一口气了。

冯其庸先生在《序》中又说：

> 从此，朱彤兄时有所作，作必有为，健笔凌云，妙思入微。

果然，从1980年起，我们接着又读到了朱彤的《论〈红楼梦〉的主题》、《〈红楼梦〉的细节描写》、《漫论〈红楼梦〉人物性格补充艺术手法》、《蕴深曲之致，出难写之境——〈红楼梦〉诗歌艺术断想》、《"从猿到人"——孙悟空、贾宝玉思想性格纵横谈》、《论曹雪芹的生活、思想和创作》等等。现在，它们都已收集到《红楼梦散论》一书中，给红学宝库中增添了一笔可贵的遗产，又给当今和后世热爱红学的人们留下了一部可供永远学习和借鉴的红学论著。

1993年10月

编　后

中国艺术研究院领导为提高院里的学术质量和品位，决定出版一套学术文库，我的《红学人物研究》也在其中。

1984年我的第一篇红学人物研究文章《王国维》在《红楼梦学刊》第4期上正式发表，距今已过去了三十年，到现在我已发表二十多个红学人物的研究文章，并部分收录在2011年10月出版的《红学人物志》一书中。

我一生都是在搞编辑出版工作，从中国人民大学出版社、北京出版社、中国艺术研究院《红楼梦学刊》编辑部，直到1990年退休，接触的多是古典文学和研究古典文学的人，特别是我调到红楼梦研究所做编辑部主任后，被浸泡在红学的甜酿里，朝夕相处的是红学研究文章和研究红学的人，使我对这部中国历史上伟大的名著《红楼梦》及其研究也有了更深的理解。

退休以后我的时间充裕了，觉得自己所知太少，便待在家里看书，同时继续研究一些红学人物和他们的著作。我写《二知道人（蔡家琬）及其红楼梦说梦》一文时，由于自己没有蔡家琬的书，《陶门弟子集》又借不出来，我只有从红庙乘公交到国家图书馆分馆（文津街）看书，一天最多能看四五个钟头。读后觉得有话要说，就把它写出。写好后，起码读两三遍，引用别人的文字也应多校对一次，自己觉得可以了，就投寄出去。

如有错误，请读者批评、指正。

作者

2015年12月1日